领悟多元视角下

的

拉丁美洲

张森根／著

中国社会科学出版社

图书在版编目(CIP)数据

领悟多元视角下的拉丁美洲/张森根著.—北京：
中国社会科学出版社，2015.8
ISBN 978-7-5161-6751-9

Ⅰ.①领… Ⅱ.①张… Ⅲ.①拉丁美洲—文集
Ⅳ.①D773-53

中国版本图书馆 CIP 数据核字(2015)第 182396 号

出 版 人	赵剑英
责任编辑	张 林
特约编辑	蔡同昌
责任校对	张依婧
责任印制	戴 宽

出　　版	中国社会科学出版社
社　　址	北京鼓楼西大街甲 158 号
邮　　编	100720
网　　址	http://www.csspw.cn
发 行 部	010-84083685
门 市 部	010-84029450
经　　销	新华书店及其他书店

印　　刷	北京市大兴区新魏印刷厂
装　　订	廊坊市广阳区广增装订厂
版　　次	2015 年 8 月第 1 版
印　　次	2015 年 8 月第 1 次印刷

开　　本	710×1000　1/16
印　　张	28
插　　页	2
字　　数	475 千字
定　　价	102.00 元

序　言

我与张森根先生已经有了 20 多年的交往。记得第一次见到张森根先生是 1988 年秋天在拉美所图书馆，当时我是山东师范大学历史系的研究生，为准备硕士毕业论文到拉美所查找资料，图书馆管理员告诉我："张森根研究员是研究拉美土地制度的，刚才来借书的那个人就是他。"那时，张森根与高铦合著的《拉丁美洲经济》以及与他人合译的《拉丁美洲的经济民族主义》已经出版并在拉美学界产生了较大影响，我读过他的大作，久仰他的大名，但当时我未能有勇气追上前去认识他，那一次我们擦肩而过。但此后我们有了书信来往，我对拉丁美洲大庄园制度的研究得到了张森根先生的热情鼓励。1991 年 7 月，张森根先生到泰安开会，特意提前一天来济南看我，并给我带来了由他主持翻译的刚刚出版的《剑桥拉丁美洲史》（第 4 卷）。这次是我们两人相互认识的第一次见面。由于共同的志趣，也由于张先生的平易近人、提携后学，我们成了忘年交。

2015 年 1 月张森根先生将他即将出版的《领悟多元视角下的拉丁美洲》电子版发给了我，请我写个序言。我一时不知道怎样作答。因为先生是拉美学界的资深前辈，我是浅学后生，学生给老师写序，的确感到有些惶恐。但一想到与先生多年的交往和深受先生的影响，也许先生认为我是一个"知人识书"的合适人选，我自然不能辜负先生的信任，只好勉力而为了，就算把这个任务看作是一次学习的机会。以下的文字不敢言"序"，仅仅是一个学习体会。

张森根先生 1937 年生于上海，1951 年至 1956 年就读于上海华东师范大学附属中学，1956 年至 1961 年在南京大学历史系读大学本科。1961

年毕业后考取了复旦大学拉美史研究生，师从程博洪教授，从此与拉丁美洲研究结缘。1964 年研究生毕业之后被分配到了当时由中国科学院哲学社会科学部和中联部共管的拉丁美洲研究所，他后来回忆说：从此"我的一生永远地绑在拉美所这棵大树上，固定在拉美研究这个行业上"。"文化大革命"开始之后，他与拉美所的其他老同志一起经历了各种政治运动和下放劳动，大家处于"非研究状态"，拉美所的业务工作中断，直到 1976 年才重新恢复。1981 年初，拉美所转归中国社会科学院领导，所内的机构设置也逐渐健全，张森根先生先后担任了经济研究室的副主任和主任，社会及文化研究室的主任，拉美所学术委员会的副主任，中国社科院研究生院拉美系主任等职务。1988 年晋升为研究员，1995 年被批准为博士生导师。

本文集选编了张森根先生自 20 世纪 60 年代至今的 49 篇文章，编者按照文章内容将其分成三个部分，即第一部分"拉美经济与拉美政治"（19 篇），第二部分"拉美研究、墨西哥、中美洲及加勒比地区"（17 篇）；第三部分"书评、序、跋等"（13 篇）。其中第二部分中的"拉美研究"实际上是作者关于"拉美研究"学科建设的一些论述。但是，我在通读该文集之后，更愿意按照时间顺序来介绍张先生的文集，因为这样更能够使读者看清张先生的学术发展道路，并更加清楚和深入地了解张先生的学术思想和学术品格。

按照时间顺序，张先生文集可分为三个部分，第一部分是 20 世纪 60 年代的两篇文章；第二部分是 80 年代和 90 年代的文章；第三部分是退休之后在新世纪发表的文章。

第一部分包括的两篇论文分别是《1944—1954 年危地马拉民族民主革命的发展》和《试析 19 世纪初拉美独立战争的性质》，虽然篇数不多，但分量不轻，单从字数上看，两篇论文合计 6 万余字，约占全书字数的四分之一。前一篇是张先生在复旦大学当硕士研究生的毕业论文。该文以成功的古巴革命为坐标，提出 1944—1954 年危地马拉革命是一条民族民主革命中途夭折的道路的论点。然后，通过对 20 世纪 40 年代危地马拉的社会发展状况、阶级结构、革命进程的分析，认为在俄国十月社会主义革命以后，旧的资产阶级世界革命的时代已经结束。危地马拉革命失败的原因是美帝国主义的颠覆；民族资产阶级的动摇、妥协和屈服；无产阶级把反帝反封建的领导权拱手让给资产阶级。"没有努力解决无产阶级的革命领导权、统一战线和武装斗争的三大问题。"最后作者指出，"不同的革命道路产生不同的结局。胜利的古巴和失败的危地马拉是拉美民族民主革命的两面镜子。对于革命人民来说，古巴革命的成功经验和危地马拉革命的失败教训都是同样可贵的"。作者是我国拉美史著名学者程博洪先生指导的第一位硕士研究生，"名师出高徒"，不难看出，作者谙熟列宁的民族解放运动理论和毛泽东的新民主主义革命理论，这篇文章理论积淀深厚，逻辑思维缜密，论证充分，资料翔实，文笔流畅，可称得上是一篇以革命史观研究拉美史的范文。这篇论文是张森根先生学术生涯的奠基之作。据我所知，这也是国内第一篇系统研究危地马拉"十年之春"的专题论文。

《试析 19 世纪初拉美独立战争的性质》一文撰写于 1962 年，经过修改之后发表在 1983 年第 5 期的《拉丁美洲丛刊》上，该文对拉美独立战争是一次资产阶级革命或资产阶级性质的革命的论点提出了质疑，为此具体考察了三个问题，即美洲殖民地生产力的增长是否已导致新的生产方式的形成？独立战争时是否已存在着革命的资产阶级？独立战争的几项革命成果是不是"资产阶级社会革命的鲜明标志"？作者认为，"就整个拉美来看，在独立战争前并没有真正意义上明显发生生产者和生产资料的分离过程，在拉美，根深蒂固的前资本主义生产关系窒息着社会生活的各个方面。"独立战争爆发时，"由于殖民地社会发展的落后性，还不存在能够领导这场战争的资产阶级，土生白人地主、商人和知识分子在斗争中居于领导者的地位"。"殖民地的社会发展还没有成熟到向独立战争提出资产阶级革命的任务"从"独立战争的成果来看，1810—1826 年拉美独立运动主要是一次民族解放战争"。因此，作者的结论是，不能将拉美独立战争视为一次资产阶级革命，它"主要是一次民族解放战争"。作者在 1962 年就能够注意到拉美独立战争的局限性，对将拉美独立战争教条式地理解为资产阶级革命的论点提出异见，是难能可贵的。如果说前一篇论文是循规蹈矩的话，那么这后一篇论文则体现了作者的怀疑精神和问题意识，是他学术才能的锋芒初露。

文集的第二部分包括 20 世纪 80 年代和 90 年代的 30 篇文章，主要是关于拉丁美洲地区经济和政治、国别经济和政治以及地区经济史的文章，国别主要集中于墨西哥，另外是 7 篇书评类的文章。在关于拉美经济的文章中，有两篇文章引人注目，一篇是《拉丁美洲多症并发的资本主义发展危机》，这篇文章是作者在 1987 年拉美所召开的拉美经济危机讨论会上的一个发言稿。当时有学者提出拉美的经济危机是周期性危机，也有学者提出是结构性危机。而作者指出，拉美经济中出现的问题，包括经济萎缩、债务负担沉重、部门结构严重失调在内，都同它采取的发展模式有不可分割的联系。因此，这场危机实质上是拉美发展战略的危机，也是拉美几十年资本主义发展道路的危机。该文的可取之处在于作者不仅揭示了拉美危机的性质，而且还从国际经济关系的角度分析了导致拉美危机的原因：拉美资本主义并不是在一个自然发育的历史过程中进行的，带有明显的弱点。它起步走的时候，正是欧美资本主义开始进入垄断资本主义时代。它采用进口替代战略进入初级工业化的时候，正是欧、美国家从私人垄断走向国家垄断的时代。拉美新生的资产阶级不仅不可能如同欧、美资产阶级早期推行工业化时大量利用外部资源和资金来壮大自己，而且不断受到欧、美资本主义的盘剥。拉美发展中资本主义在当代世界资本主义经济体系中只能扮演被支配者的角色。因此，一旦发达资本主义国家爆发经济危机，它就在劫难逃。在这里，作者强调了拉美经济错位发展的负效应，在当时是极具新意的。

另一篇是《90 年代拉美经济：不会成为另一个"失去的 10 年"》，这篇文章发表于 1991 年，作者没有就事论事，而是着重于在对影响 90 年代拉美经济前景的四个因素（各国政局的稳定程度；各国经济调整的进展情况；外债问题；国际经济环境）进行深入地分析，在此基础上，得出了 90 年代拉美经济会实现稳定增长的结论。这是一篇为拉美经济"算命"的文章，现在回头看，作者的判断是基本准确的，这不能不说是作者研究功力的体现。

但是，在我看来，张先生关于拉美经济史的文章更有力度，这里有三篇文章最值得称赞：一是《对拉美资本主义发展进程的认识》，该文发表于 1984 年。当时拉美学界展开了一次对拉美社会性质问题的大讨论，张先生将马克思的社会形态理论与对拉美资本主义发展进程的考察相结合，发表了自己的见解。他认为，落后国家面临两种不同的发展道路，一是在帝国主义资本输出的条件下走上资本主义的发展道路，二是在先进国家无产阶级帮助下走非资本主义道路。拉美国家是由前资本主义社会经济结构向资本主义社会经济结构的转变。这种转变的途径是多样化的，方式是渐变的，外国资本和民族国家在转变的过程中发挥了重要作用，转变的主要标志是雇佣劳动制的确立。他反对那种认为拉美在20世纪50年代就已经向垄断资本主义阶段过渡的观点，也不同意那种将拉美国家资本主义与发达国家的国家垄断资本主义混为一谈的观点，并主张，"由于历史条件的不同，对拉美资本主义发展问题的分析，应尽量避免采用中国的民族资产阶级和买办资产阶级的概念"。"不能把拉美的国家资本主义与旧中国的官僚买办资本主义混为一谈"，"不要把旧中国资本主义发展的概念和资产阶级区分的概念生搬硬套地运用到拉美去"。该文体现了作者力图突破中国学者的某种习惯思路，按照拉丁美洲的本来面貌去研究拉美的思想。

二是《评拉美问题研究中的两个理论观点》，该文发表于1988年。这篇文章是前一篇文章的深化。作者着重批判了拉美研究中流行的两种观点：第一种观点认为殖民地时期的拉美属于"早期资本主义"，否认拉美历史上存在奴隶主义和封建主义。第二种观点认为政治独立后的主要拉美国家属于"半封建半殖民地"社会，只是到了20世纪六七十年代才基本完成向"畸形发展的资本主义社会的转变"。作者通过考察殖民地土地所有制、劳动力和商品经济，认为前一种观点夸大了外部力量对拉美的影响，忽视了对拉美社会自身前资本主义因素的考察，殖民地时期的拉美占统治地位的生产方式并不是资本主义的，它在西属美洲是殖民地封建制，在葡属巴西是殖民地种植园奴隶制。他通过联系经典作家的理论考察拉美资本主义发展进程和阶级关系的变动，认为后一种观点强调了拉美社会内部的封建主义根源，但没有充分估计外国资本主义对拉美社会演变的影响。并指出，把"半殖民地半封建"这一概念套用在拉美，特别是将它的下限定在第二次世界大战结束甚至20世纪六七十年代，显然不符合拉美国家的实际情况。并认为，拉美显然不存在如旧中国类似的民族资产阶级与买办资产阶级的区分。该文与前文一样，意在克服拉美研究中的教条主义，体现了作者实事求是、独立思考的科学精神。

三是《小农制和拉美农业资本主义发展》，该文发表于1988年。在当时，拉美小农制是国外学术界研究的前沿问题，因为小农制被认为是拉美农业资本主义发展道路的一个特性。在传统的欧美资本主义国家，无论是农业资本主义发展的英国道路还是普鲁士道路或美国道路，小农几乎没有立锥之地。但在拉美，资本主义在农业中的发展同广大农民的无产阶级化并非完全同步，众多的小农没有在这一过程中被淘汰，小农制作为拉美农业资本主义发展中独特的土地关系形式被保存下来。作者对拉美小农制的基本特点及其产生原因进行了分析，认为半自给自足的生产活动与短期出卖劳动力相结合使得他们不至于破产，他们滞留在土地上，对于拉美城乡资本主义经济来说，"一则可以缓解他们流窜谋生而造成城市人口恶性膨胀的压力，二则可以使他们充当一支易于驾驭的、庞大而又廉价的劳动力大军。当然，小农的继续广泛存在也证明了拉美国家工业化发展战略的缺陷，因为它无法从根本上解决农村劳动力的转移问题和广大农村居民的贫困化问题"。该文解剖了拉美农业资本主义发展中的一个特殊现象，对于我们深入研究发展中国家土地制度的演变、土地关系形式和农村社会阶级结构等问题，无疑具有重要的比较和借鉴意义。这是一篇迄今未被引起足够关注但却颇具创新意义的文章。

关于张先生对拉美政治的研究，有必要强调以下两篇文章：首先是1984年发表的《关于拉美中间阶层问题的一些浅见》一文。作者根据马克思经典作家的论述，从"以资术家、土地所有者为一方和以无产者为另一方之间的中间阶层"来定义拉美的中间阶层，认为"拉美的中间阶层系指在两个对抗的主要阶级之间居中间地位的阶级和社会集团，主要由城乡小资产阶级和自由职业者（包括律师、医生、作家、艺术家、教员、职员等）组成"。20世纪30年代之后拉美中间阶层队伍之所以迅速扩大，是由于拉美经济结构和就业结构的巨大变化、城市化进程加快、教科文事业的发展、独立生产者和小企业主的广泛存在以及公共部门的膨胀等原因所致。中间阶层在政党、军队、教会、工会、教育等领域中的地位日益重要，他们对拉美社会的发展正在产生着重要的影响。中间阶层或中产阶级是拉美经济、政治和社会发展的关键，具有举足轻重的地位，要深入研究拉美政治，自然离不开对中间阶级的分析。由于这是国内学界关于拉美中间阶级分析的首篇论文，因此这篇文章便成为后学者研究的起点之一，也使张先生成了该领域研究的先驱者。

其次是1993年发表的《从政局发展看拉美当前的政治和社会问题》。

作者认为，对一些拉美国家时局纷乱和社会动荡应分类给予具体分析，政局不稳的原因主要在于不公正的收入分配；经济体制改革与政治体制改革关系的处理不当；民主与集权之间未找到一个最佳平衡点，等等。作者在这篇文章中开始使用现代化理论的术语，他指出，"发展中国家在现代化进程中面临着经济增长、社会公正和政治民主化3大问题。一般说来，首先要解决经济增长问题，其次是社会公正问题，最后才是政治民主化问题。如果后二者超越了前者，不仅会妨碍经济增长，而且最终也达不到真正的社会公正和政治民主化目标。如果社会公正和政治民主化总是滞后于经济增长，也会对经济增长产生负面影响。""从这些拉美国家的经历中，似乎可以得出这一结论：尽管在经济增长、社会公正和政治民主化三者中经济增长是首要的，但如果不克服政治体制中的腐败现象，不重视政治民主化问题，经济增长最终也会落空。由此看来，最佳的选择方案是三者的解决要大体保持同步。"从20世纪90年代初，张先生已经开始从现代化理论的视角来审视拉美问题了。

文集的第三部分是作者退休之后在新世纪发表的一些文章，与前两个时期的文章相比，这些文章的实证性有些减弱，但思想性却增强了。作者在拉美所建所45周年庆祝大会上的发言稿《对当前拉美研究中几个问题的看法》一文，提出了他对拉美研究的许多思考：如在研究方法上，坚持强调基础性研究；强调国别研究；强调对传统政党的研究；强调高校拉美研究队伍的重要性。在对重大理论和现实问题研究的看法上，强调正确认识"21世纪社会主义"与第三条道路以及民众主义之间的关系；正确认识民主与专制、文人政府与军人政府之间的关系；正确处理学术研究与意识形态之间的关系。这些思想和观点后来得到了进一步的阐发。

在2006年发表的《在现代道路上比我们起步更早的拉丁美洲》一文中，作者通过回答记者的访谈形式，阐述了自己对"中国拉美化"、拉美是"新自由主义的重灾区"、拉美"威权主义政治更有利于经济发展"、拉美的"21世纪社会主义"、"委内瑞拉—古巴—玻利维亚3国的反美联盟"、当前中国在拉美的影响等一系列问题的看法。其中关于拉美是"新自由主义重灾区"、拉美的"21世纪社会主义"、中国在拉美的影响三个问题在2007年发表的《走进一个真实的拉丁美洲》一文中又得到了进一步的阐释。而他关于"中国拉美化"、拉美的民主化等问题的观点则又在

2010 年发表的《不要总是拿拉丁美洲说事》中得到进一步的强调。

《中拉关系：大机遇与大挑战》是张先生在 2014 年 7 月习近平主席访问拉美之后写就的。该文一方面敏锐地注意到习主席于 2013 年和 2014 年先后访问拉美，与拉美各国领导人频繁接触与交流，彼此之间的政治、经贸关系迈入了一个崭新的阶段。中拉双边和多边关系进入了历史上最好的时期，出现了"大机遇"。另一方面，作者也根据多年的拉美研究经验提出了机遇面临的风险：我们在拉美只是个新"进入者"，我们缺乏一大批熟悉和精通拉美业务的专门人才，拉丁美洲是充满着复杂性和多样性的一个地区，中拉之间在历史文化背景、社会政治制度和价值观念等方面存在着基本的差异。中国在拉美谱写大蓝图，也意味着中国将由此承担相应的风险。机遇虽大，风险也大，甚至可以说风险大于机遇。在这里，作者面对中拉关系步入崭新阶段的时候，表达了他的复杂心情，既欣喜又不无担忧。

通读张先生在三个不同时期发表的文章之后，不难感受到他的文章具有以下几个突出特点：

第一，唯真求实、直抒己见。在张先生的文章中，他多次引用美国著名的拉美研究学者托马斯·E. 斯基德莫和彼得·H. 史密斯的话：拉美是一个"既年轻又古老，其整个历史既动荡又稳定，既具有独立性又有依附性，既富有又贫穷"的地区，来说明拉美"充满了复杂性和多样性"。多次引用李慎之先生的话：我们对现代拉美的了解往往是"抽象的概念多于具体的知识，模糊的印象多于确切的体验"，来强调加强国人对拉美认知的重要性。"认识真实的拉丁美洲"是他毕生的追求。为此，除了本人从事拉美研究、撰写文章和著作之外，他还积极倡导和组织翻译国外著名学者的拉美研究成果，如伯恩斯的《简明拉丁美洲史》、托马斯·E. 斯基德莫和彼得·H. 史密斯的《现代拉丁美洲》、维克多·布尔默－托马斯的《独立以来的拉丁美洲经济史》、莱斯利·贝瑟尔主编的《剑桥拉丁美洲史》（十卷本）等，以求快速拉近中国拉美学界与国外学者研究水平和认知水平的距离。为了推动学界更加客观地认识拉丁美洲，张森根多次就学术研究与意识形态的关系发表自己的高见，他一方面肯定社会科学具有意识形态属性，是科学性和阶级性的统一。社会科学研究中要率先反对非政治化、非意识形态化的错误倾向。但同时指出："社会科学也是科学，要讲究科学性，要从客观世界的本来面貌去描述或解释世界，其核心原则是客观性，即符合客观世界的真实联系和规律性。同时，我们也要反对社会科学研究中泛政治化、泛意识形态化的不良倾向。"（见《对当前拉美研究中几个问题的看法》）基于这样的认识，在后期的文章中，他一再对那些关于拉美认识的"错误观点"提出批评意见。如他反对拉美是新自由主义的重灾区的说法，认为这种说法并"不切合实际"，"不能任意地把拉美国家的市场化改革和新自由主义画等号。不要用老一套的意识形态把市场经济改革图腾化"（见《不要总是拿拉丁美洲说事》）；反对那种称拉美左派政府崛起是"红色风暴"、正在进行"第二次独立战争"、"社会主义全球化"的夸张论调，认为"从本质上看，当前拉美左派执政的现象仍可视为民族主义和民众主义浪潮的结果"；反对国内一些媒体对中国与拉美双边关系、中国在拉美的地位和影响力等方面言过其实的报道，指出针对拉美地区要特别树立"挑战甚于机会"的意识，要看到拉美区域经济一体化已明显出现了两个势均力敌的阵营，要顾及中拉关系中的美国因素，处理好这种三角关系，要看到在经济全球化的大环境下中拉彼此之间的竞争和角逐。对拉美问题的复杂性，中国企业在"走出去"时必须予以足够的重视（见《走进一个真实的拉丁美洲》）。张先生为澄清人们的认知误区不遗余力，一片婆心。

第二，穷原竟委、见解深邃。拉美研究着重于强调现状研究、对策性研究，要求回答"是什么？""怎么办？"但张森根先生的视野更加广博，他对基础性研究与现状研究的关系有清醒的认识，他认为"两者相互促进，相得益彰"。他指出，"我们现在还要提倡不断发展和深化基础性研究，因为基础性研究不扎实，其他方向的研究工作就很难从浅层走向深层，会影响学术水平的真正提高"。"现实问题研究的深度往往离不开基础性研究的根底。"他以秘鲁阿兰·加西亚第二次当选总统与阿普拉主义的关系为例，强调了基础研究的重要性，认为"基础性、传统性的研究对当前转入现实问题研究、对策性研究和应用性研究，还是很有意义的，二者都不能偏颇，要抓两手，两手都要硬"。（见《对当前拉美研究中几个问题的看法》）张先生不仅是这样说的，而且身体力行。他注重拉美历史研究，除了组织翻译外国拉美史的名著之外，还与徐世澄教授主编了《拉丁美洲历史词典》，这本词条丰富、系统全面的专业词典为从事拉美研究的学者们提供了极大的方便。在张先生的许多文章中，他不满足于回答"是什么?"往往还要进一步追寻"为什么?"如前面曾提到的《90 年代拉美经济：不会成为另一个"失去的 10 年"》一文，在介绍了两种关于 90 年代拉美经济前景的不同看法之后，又提出了自己的预见，但他没有到此止步，而是进一步分析了影响拉美经济发展前景的四大因素，回答了为什么 90 年代拉美经济不会成为另一个"失去的 10 年"的原因。再如《拉美的对外贸易特点和当前调整措施》一文，对拉美 20 世纪 30 年代以来的对外贸易的历史进行了回顾，在此基础上总结其特点，并分析这些特点产生的原因，最后才论及当前外贸政策的调整。这样就使读者对当前外贸政策调整的来龙去脉有了一个清晰、完整的认识，对外贸政策的调整有了更加深刻的理解。《关于中美洲国家经济增长模式的历史考察》《拉美国家物价大起大落对我国的一些启示》等文章也都是现实与历史分析相结合的文章，这类文章往往有纵深感，读起来更耐人回味。

第三，激情洋溢、文笔隽秀。读张先生的文章，很能感受到他的文史底蕴和爱恨激情。他是"文革"前毕业的研究生，从小学到研究生，所在的学校都是"名校"，受过良好的系统的教育，文史功底深厚。他又是一位充满激情的人，在平日交往中，待人热情，在会议发言时，慷慨陈词。文如其人，自然也是激情四射。文集中"书评、序、跋等"部分，最能体现作者的上述特点。好的书评可以引领读者深入堂奥、领略书中的精义，还可以扬善揭短，促进学科发展的繁荣。张先生非常重视写书评，作为专家和组译者，他为《剑桥拉丁美洲史》第 3 卷、第 4 卷和第 5 卷写了书评，《剑桥拉丁美洲史》每一卷都不下于 60 万字，作者要通读全卷，并浓缩和提炼其中的观点和精华，自然是件劳神费力的事情。此外，张先生还为《简明拉丁美洲史》《独立以来的拉丁美洲经济史》等其他几本著作写了书评。张先生的书评写得很出彩，不仅高度概括了原书的精髓，而且归纳了原书的主要特点，新鲜见解，并指出其存在的不足或遗憾之处，评得到位，论得有理，将读书评论写成了对原书研究的"科研成果"，为读者起到了极好的导读作用。读张先生的书评，可以发现，其每篇书评的标题都很考究，如"寓论于史、钩深致远"，"博采众议、言近旨远"，"思深虑远、顺理成章"等，书评中的遣词造句也十分用心，其中有些比较生疏的成语，经过张先生的巧用，使文章起到了画龙点睛之功效，着实令读者拍案称妙。

张先生有时也通过书评借题发挥来阐发自己的思想。如他为《简明拉丁美洲史》新译本写的书评，题为"从'进步的贫困'到'发展的劫掠'"，文中除了介绍新译本的三个"新"特点之外，还借用原书作者"进步的贫困"和"发展的劫掠"的概念，以及《独立以来的拉丁美洲史》中作者提到的拉美经济史"是一部失败的历史，而不是成功的历史"，是一部"如愿未偿的历史"的说法，强调了"拉美的现代化道路不足为训"的论点，阐发了他对"拉美化"问题看法，认为"任何国家的现代化、与'发展'和'进步'伴生的长期结果，如果不能为大多数人民提供最多好处的话，都会出现这类问题（拉美化）"。他在文中还回忆了与原书作者伯恩斯的交往经历，包括伯恩斯的课堂教学和人格魅力、对美国政府错误政策的批判、犀利的学术见解和对中国人的热情友好，文情并茂，栩栩如生，让读者如同亲临其境、感同身受。透过张先生富有感染力的文字，读者仿佛也认识了伯恩斯，伯恩斯也成了读者的好朋友。如果拉美学界推荐优秀书评的话，我认为张先生的这篇书评应当是首选。张先生在文中讲到，伯恩斯的"每一个行动，每一句话都充满了激情"，张先生自己又何尝不是如此？他写的《忆李慎之先生对中国拉丁美洲研究事业的关注》一文，回忆了李慎之先生如何重视拉美研究，如何支持《剑桥拉丁美洲史》的翻译工作，如何参与拉美史学会的活动以及在学术方面的两大建树，同样是文情并茂，扣人心弦，使李慎之先生的形象跃然纸上，令读者不禁肃然起敬。

第四，献身拉美、坚守始终。张森根先生1964年进入拉美所，1995年退休。退休后仍继续带博士研究生，继续组织翻译《剑桥拉丁美洲史》。进入新世纪之后，仍退而不休，笔耕不辍，时刻关注着拉美的最新变化和中拉关系的最新发展。他热爱拉美研究事业，将毕生精力用在了拉丁美洲的研究中。从《<剑桥拉丁美洲史>全卷中文版后记及补记》一文中，我们可以看到，作者为组织翻译十卷本的《剑桥拉丁美洲史》付出了大量的心血，该书约800万字，从1991年出版第一本，到2013年出版最后一卷，出版跨度达22年之久。这项马拉松式的大型翻译工程的完成，当然要归功于多方面的努力和通力合作，但与项目主持人张森根先生超常的热情、毅力和献身精神是分不开的。这套书为中国学界深化拉美研究提供了一个坚实的基础，为中国从事拉美研究的学者们提供了一副"可以站于其上的肩膀"。张森根和他的团队为翻译出版这部巨著所付出的辛勤劳动也受到了学界的敬重。

张森根先生曾担任过中国社科院拉美系的主任，他十分关注拉美学科的建设。文集中收入了他的题为《研究型综合大学理应有拉美学一席之地——庆贺复旦大学拉美研究室成立 40 周年》的文章，其中提到，"在全球化和知识经济的大背景下，我国研究型综合大学仍应保留拉美学科的研究和教学工作，并给予应有关注。"早在 1990 年，他就在《拉丁美洲研究》上发表过一篇题为《一门有待拓深的新学科——拉丁美洲学》的文章，是国内较早倡导建立"拉丁美洲学"的学者之一。他关心青年学者的成长，善于发现青年才俊，主动与他们交知心朋友。对拉美所的发展，更是怀抱殷切期望。在拉美所建所 45 周年庆祝大会上，他在发表完对当前拉美研究中存在的几个问题的看法之后说道："今天是拉美所喜庆的日子，本应当说一些金玉满堂的话，我却说了一些可能不太切题的话，只能请诸位海涵。但我的心态是积极的，总希望我所的研究水平不断提高。这也是我一生的梦想。""拉美所成立于 1961 年，我是同年本科毕业后被分配到复旦大学当拉美史专业研究生的。在古巴革命胜利的欢呼声中，我的一生永远地绑在拉美所这棵大树上，固定在拉美研究这个行业上，我对此感到十分荣幸。……我也衷心希望今天在座的年轻朋友把老一辈留下的接力棒一代一代传下去，使中国的拉美研究事业龙腾虎跃、欣欣向荣，与我国日益增强的国际地位相匹配。"字里行间透露出他发自心底的对拉美所的一种真诚热爱和对拉美研究的一片炽热情怀！

读《领悟视角下的拉丁美洲》，会从中得到不少有益的启发和收获，但也会蹦出一些不同的想法，或发现其中的缺憾之处。如：

关于对拉美独立运动的评价。张先生在《试析 19 世纪初拉美独立战争的性质》一文中从独立前拉美资本主义的发展和资产阶级的形成的角度来质疑这场革命是"资产阶级性质的革命"的传统观点，认为当时的"内部资本主义关系没有获得应有发展"，"还不存在能够领导这场战争的资产阶级"，因此，独立运动主要是"一次民族解放战争"。我认为，尽管作者在质疑传统观点方面往前迈出了一大步，但还不够彻底。既然资本主义没有发展，就很难有现代意义上"共同的经济生活"，拉美地区的现代"民族"也就很难形成。拉美民族没有形成，何来"民族解放战争"？尽管作者使用了"正在形成中的民族"，但这个"民族"是包括印第安人和梅斯提索人的拉美大众的"民族"，还是仅仅为"克里奥尔民族"？国外学者倾向于认为拉美独立运动是克里奥尔人的政治分离主义运动。可见，独立运动的性质仍然是一个需要继续深入探讨的问题。

关于"中间阶层"的定义问题。作者在《关于拉美中间阶层问题的一些浅见》一文中将中间阶层定义为处于资产阶级和无产阶级两个对抗阶级之间的阶级和社会集团。并认为"中间阶层在拉美是一支举足轻重的社会力量，也是一支摇摆不定的社会力量，但总的来说乃是无产阶级的同盟军，无产阶级应尽力把他们争取到自己方面来。"作者对中间阶层的定义和它的历史作用的看法，都是基于"拉美社会处于对抗的社会两极"的阶级斗争理论。但实际上，资本主义社会下无产阶级与资产阶级的两级对立不是纯粹的，因为两者之间还存在着各种过渡性的中间阶级。"资产阶级"分为大资产阶级、民族资产阶级、小资产阶级，他们中有一部分就被包括在了作者讲的"中间阶层"里面。作者对中间阶层的定义虽然很明了，但也过度简单化了。目前学术界趋于从收入水平、职业或两者合二为一来定义来判断中间阶层。

关于对拉美现代化的评价。作者在《不要总拿拉丁美洲说事》一文中强调了"拉美的现代化道路不足为训"。这句话最早出现在作者的书评中，来源于美国学者伯恩斯和英国学者布尔默的观点，二者都是从特定角度发表的见解。后来在张先生的论文中坚持了这一观点。这句话如果作为对拉美现代化的整体判断的话，值得斟酌。因为拉美国家众多，现代化道路漫长，其现代化道路不仅在不同的历史阶段有成功者，在不同的国家中也有成功者（如智利和乌拉圭的现代化）。拉美各国的进步阶级和社会力量一直在为实现国家的现代化和人民的幸福而努力，其不屈不挠的奋斗精神可歌可泣。实际上，拉美国家发展水平的位置一直处于所有发展中国家的上层，它们的现代化水平至今仍比中国高。拉美的现代化有喜有悲，有成有败。况且，我们不能以当下的成败论英雄，发展中国家的现代化正在进行之中，现在盖棺定论为时尚早。我更赞赏张先生在之前文章中的另一句话，"拉美从 19 世纪 70 年代就开始寻求现代化，是第三世界最早开展现代化建设的地区，它们尝试了几种发展模式和现代化的战略，积累了许多成功的经验与失败的教训，十分值得我国汲取和借鉴。拉美这笔无形资源和精神财富，需要当代中国人认真挖掘"。（见《在现代道路上比我们起步更早的拉丁美洲》）

关于对中国向委内瑞拉投资的看法。在《中拉关系：大机遇与大挑战》一文中，作者以中国与委内瑞拉的"中委联合融资基金"机制及一系列商业项目合作为例，披露其中存在的问题，鉴于委内瑞拉国内政局动荡，很有可能发生资金链断裂，中国企业面临进出两难境地。作者在此强调了我国承担着难以想象的风险。但是，在来自家开发银行的文章中，其作者在列举了一些言之凿凿的数据之后，得出结论："'中委基金'不仅为委内瑞拉提供了急需的资金，为中国开辟了稳定可靠的石油供应渠道，而且还带动了众多中国企业进入委内瑞拉市场。'中委基金'是'南南合作'的典范"。一家美国智库发布的研究报告表明，国家开发银行放出以能源供应为担保的贷款，不仅是为了实现政府的政策目标，而且考虑了自身的商业利益。它在盈利和促进中国政府政策执行之间寻求一种平衡。而我还听到中国的一位外交官讲，中方对中委关系着眼于长远利益和战略利益，不受一时一事的影响，机遇总是存在于在风险之中。可见，学者、银行方、官员在从不同的角度考虑问题，各有其道理。

另外，文集中有个别地方的表述值得进一步推敲。如关于"拉美学"的提法。作者将"拉丁美洲研究"表述为"拉美学"，为将"拉美研究"建立成为一门独立的学科而奔走呼号。据我所知，在拉美研究最先进的美国，"拉美研究"最初属于"区域研究（area studies）"的一个分支，侧重于国际问题的研究，现在已经发展成为一门跨多学科研究的专业，有不少大学可以发放"拉美研究"的硕士、博士证书（The M. A. / Ph. D. degree in Latin American Studies），国内通常习惯于将"Latin American Studies"翻译为"拉丁美洲研究"，而不是"拉美学"。如果称"拉美学"，其学科的内涵和外延怎样确定？有学者曾认为，即使有"拉美学"，也应该和汉学（亦称中国学）那样，其内容主要侧重于文史哲方面（如语言、古代史、文学艺术、哲学、习俗等）的系统研究，而不是侧重于研究对象国家的国际关系或政治、经济和社会方面的综合研究。因此，对"拉美学"这一称呼颇有争议，似乎还应"慎重"使用。

　　再如，作者在论述民众主义诸特点的时候，提到了其中一个特点是
"民众主义领袖多半拥有非凡的个人魅力，不时号召广大城乡群众参与政
治决策，鼓吹强人政治和强调个人效忠主义，因此它又是软性的威权主
义者。"（见《在现代化道路上比我们起步更早的拉丁美洲》）在这里，
作者谈到的"鼓吹强人政治和强调个人效忠主义"这一特点似有待商榷，
因为民众主义领袖尽管也依靠个人魅力，但与 19 世纪的考迪罗已经有所
区别，他们是以国家名义通过职团主义体制来凝聚权威，而不再像考迪
罗那样缺乏民族国家意识，通过"主仆—庇护关系"来维持个人效忠了。

　　以上是我拜读本书的一点学习体会，所谈看法和意见未必正确。或
许由于视角的不同，我并不完全赞同张森根先生的某些观点。但我叹服
张先生的文笔，钦佩他批评直言的勇气，敬重他求真求实的精神。张先
生的文章能够加深我对拉丁美洲和拉美研究的见识，能够激起我的深入
思考，因此，我要感谢《领悟视角下的拉丁美洲》带给我的收获！人们
的认识总有一个由浅入深、逐步全面的过程。尽管人们在主观上会感到
自己的认识或结论越来越完美或正确，但在实际上，科学研究的结论往
往是相对真理。该书纳入了作者在三个不同的时期发表的文章，其中不
乏真知灼见和熠熠闪光之点，当然也有从当今的视角看留下的缺憾。这
正是张先生学术发展道路、学术思想和学术品格的真实写照，也是他所
处的时代的写照。

韩　琦

2015 年 4 月 6 日于南开大学

　　（韩琦，教授，博士生导师。1997 年晋升为教授。现为南开大学历史
学院拉美研究中心教授和世界近现代史研究中心教授，并任南开大学世
界近现代史研究中心常务副主任。兼任中国社科院拉丁美洲研究所特邀
研究员和中国社科院世界经济与政治研究所特邀研究员；中国拉丁美洲
史研究会常务副理事长，中国拉丁美洲学会副理事长，中国外国经济史
学会副理事长）

目　　录

拉美经济与拉美政治

墨西哥、中美洲及加勒比地区等研究

书评、序、跋等

拉美经济与拉美政治

关于拉丁美洲多样性的思考

近年来，中国和拉丁美洲的关系突飞猛进发展，达到前所未有的高度。2013 年 5 月和 2014 年 7 月，中国国家主席习近平先后两次访问拉美国家，进一步推动中拉关系迈入崭新的阶段。然而，与中拉关系的新高度不相匹配的是我国对拉美国家的认知和了解程度。早在 20 世纪 90 年代初，李慎之先生就提出，我们对拉丁美洲的认识，往往是"抽象的概念多于具体的知识，模糊的印象多于确切的体验"。20 多年过去了，这种状况并未得到十分明显的改善。长期以来，拉丁美洲在我国常被作为一个整体加以看待，拉丁美洲的一致性通常被夸大，而事实上拉美各国的差异性（多样性）并不亚于它们的一致性。在当前中国对拉美投资、信贷大幅增加的情形下，重视研究拉丁美洲各国的多样性和差异性具有重要意义，有利于规避我国对拉美投资的风险，有利于确保中拉关系持续稳妥发展。

一　中拉关系发展的新高度要求我们
对拉美的认知和研究达到新水平

2014 年 7 月 17 日，习近平主席在与拉美和加勒比国家领导人会晤时提出"1 + 3 + 6"合作新框架："1"是一个目标，即以实现包容性增长和可持续发展为目标；"3"是"三个引擎"，即以贸易、投资、金融合作为动力；"6"是"六大领域"，即在能源资源、基础设施建设、农业、制造业、科技创新和信息合作 6 个领域推进中拉产业对接。习近平主席提出，10 年内中拉贸易规模达到 5000 亿美元，中国对拉美的投资存量达到 2500 亿美元。他还承诺，中方将中拉基础设施贷款的额度增至 200 亿美元，为启动中拉合作基金出资 50 亿美元，为实施中拉农业合作专项基金出资 5000 万美元。此次访问期间，中国还承诺在金砖国家开发银行中出资 200 亿美元（其中启动资金 100 亿美元），在该行 1000 亿美元的"应急储备基金"中出资 410 亿美元。习近平主席的出访，将中拉合作推向一个前所未有的新高度。

近年来，中拉关系在政治、经贸、投资、信贷等领域均取得了丰硕成果。从政治层面看，中国与巴西、阿根廷、智利、秘鲁、委内瑞拉和墨西哥 6 国建立了全面战略伙伴关系或战略伙伴关系。2014 年下半年，囊括所有拉美和加勒比国家的"拉共体（CELAC）"将在北京与中国正式召开中国—拉共体论坛首届部长级会议。这将是中拉关系史上的一次重大突破。从经贸层面看，中拉贸易总额 2001 年接近 150 亿美元，2007 年突破 1000 亿美元，2013 年达到 2616 亿美元。从 2010 年起，中国成为巴西和智利的第一大贸易伙伴，成为阿根廷、秘鲁、哥伦比亚、委内瑞拉、哥斯达黎加、古巴等国的第二大贸易伙伴。中国已成为仅次于美国和欧盟的拉美第三大出口市场和贸易伙伴。2012 年 4 月，联合国拉美经委会预测，中国将从 2015 年起超越欧盟成为继美国之后的拉美第二大出口国。2012 年 6 月，美洲开发银行行长路易斯·莫雷诺更是乐观地预计，中国将在 5 年内超过美国，成为拉美地区的第一大贸易伙伴。有人推算，未来 5 年内中拉贸易总额将突破 4000 亿美元。与此同时，双方之间的经贸合作将由贸易主导型转向贸易和投资并重型。从投资层面看，拉丁美洲已成为中国对外直接投资存量最为集中的第二大地区，仅次于亚洲。据联合国拉美经委会统计，2010 年，中国继美国（17%）和荷兰（13%）之后，已经成为拉美地区第三大投资来源国（9%）。中国对拉美投资正进入加速增长期。2010 年是中国对拉美投资快速增长的一年，达到 105.4 亿美元，同比增长 43.8%，占总流量的 15.3%；从存量看，达到 438.8 亿美元，占总存量的 13.8%。习近平主席 2014 年 7 月访问拉美期间，中国同意向阿根廷提供近 70 亿美元贷款用于该国水电站和铁路项目的建设，并同意由国家开发银行向委内瑞拉提供 40 亿美元，加之 2013 年底马杜罗总统访华时答应的 50 亿美元，向委内瑞拉一国的贷款已高达 90 亿美元。

近年来，中国对拉美国家已支付和未支付的各项融资、贷款总额预计将达 2000 亿美元，包括对委内瑞拉"贷款换石油"项目提供的 500 亿美元，对厄瓜多尔"太平洋炼油业"项目提供的 120 亿美元，对玻利维亚水电项目提供的 13 亿美元，对墨西哥国家石油公司项目提供的 20 亿美元，等等。另据汇丰银行资料，2005—2012 年，中国国家开发银行、中国进出口银行等中国金融机构在拉美已投放 850 亿美元贷款，其数额超过 IMF、世行、IDB 等传统国际多边金融机构同期在拉美地区的贷款总数。10 年之内，如若中拉贸易额达到 5000 亿美元，中国对拉美的投资存量达到 2500 亿美元，中国对拉美的贷款达到 2500 亿美元以上，三者合计将超过 1 万亿美元。

　　如何继续推动中拉经贸关系发展，确保中国在拉美的投资安全，是当前我国面对的重要课题。当前，我国对拉美各国的认知和了解程度与中拉关系的新高度还不十分匹配，我国急需一大批熟悉和精通拉丁美洲情况的专门人才。拉丁美洲是一个充满复杂性和多样性的地区，既古老又年轻、既稳定又动荡、既丰饶又贫困、既独立又依赖。同时，它也是一个容易被误读和误判的地区。迄今为止，我们对拉丁美洲这个集印第安文明、非洲文明和欧洲文明之大成的地区的了解依然很不充分，还十分浅薄。对拉丁美洲的许多领域，仍然相当陌生。而中拉关系的进一步发展，有赖于双方加深对彼此之间的认知。经贸往来虽然重要，但彼此之间毕竟在历史文化背景、社会政治制度和价值观念等方面存在着基本的差异。按照亨廷顿的"文明冲突论"，拉美文明是世界上"八大文明"之一，但它是"西方文明"的吸纳对象，本源上来自西方；而中国文明则是"西方文明"排斥、对抗的一方。中拉之间在国际行为规范、价值观和政治文化问题上的差异将长期存在。因此，发展中拉关系，与其说既是机遇又是挑战，毋宁说，对双方的挑战均甚于机遇。我们应当下功夫去了解拉美，只有真正了解它，才能把当下迅猛发展的关系持续稳妥而顺当地保持下去。

二　进一步加强对拉丁美洲的研究和了解，
　　充分认识拉美各国的多样性和复杂性，
　　是当前深化拉美研究的重要课题

我们对拉美问题的理解往往从一般特征出发居多，对拉美国家之间的差异性、特殊性、不平衡性和历史进程的不同步性等复杂情况重视不够。笔者认为，拉丁美洲的多样性和复杂性可从以下几个方面加以思考。

（一）　正确处理拉美地区总体性与综合性的共同特征和个别国家的特殊性与差异性的相对特征之间的关系，正确区分共性与个性、同质性与异质性之间的区别

从地理上看，拉美现今涵盖 4 个部分，包括 33 个国家和 12 个未独立地区，总面积 2050 多万平方千米（一说 2070 万平方千米）。它们包括：地理位置上属于北美洲的墨西哥，中美洲的 7 个国家，南美洲的 12 个国家和尚未独立的法属圭亚那，以及西印度群岛的 13 个独立国家和 11 个未独立地区。20 世纪六七十年代以来，由于讲英语的加勒比岛国纷纷登上国际舞台，国际上才把这一地区正式称为“拉丁美洲和加勒比地区”。学术界常称它为“Extended Latin America”。而原来意义上的“拉丁美洲”，只是指 19 世纪初独立的 18 个拉美国家和分别于 1902 年和 1903 年独立的古巴和巴拿马，即 20 国。

众所周知，“拉丁美洲”早先并不是一个自然地理概念，而是一个文化术语。拉美曾经是西班牙、葡萄牙、法国、英国和荷兰等老牌殖民主义者的殖民地和半殖民地。法国人最早用“拉丁美洲”一词，泛指受伊比利亚文化影响的美洲，以区别于受盎格鲁－撒克逊文化影响的北美洲（即美国和加拿大）。拉美各国独立建国的时间前后相差达 150 年。加勒比海沿岸 13 个国家迟至 1962—1981 年期间才宣布独立。在拉美 33 个国家中，18 个国家通用西班牙语，12 个国家通用英语，巴西用葡萄牙语，海地用法语，苏里南用荷兰语。拉美人使用“拉丁美洲”这一称谓时十分谨慎。“拉丁美洲”多半指早先独立的 20 个共和国，而不包括 20 世纪 60 年代后新独立的 13 个加勒比海沿岸国家。一些新独立国家也不承认它

们属于"拉丁美洲"范畴。尽管 33 个国家有许多共同特征和相似性，但这些国家在政治、经济、社会和文化等领域仍然有不少差异性和不同特点，必须予以足够重视。

拉美的概貌和总体特征通常并不能涵盖个别国家的差异性和特殊情况。人们提及拉丁美洲时，通常指拉美 3 大国（巴西、墨西哥和阿根廷）和 4 个中等国家（秘鲁、哥伦比亚、委内瑞拉和智利），对一些特殊国家不够重视，如玻利维亚（土著居民占多数的国家）、哥斯达黎加（最发达的中美洲国家）、乌拉圭（城市化水平最高的中美洲国家）和古巴（美洲唯一的社会主义国家；它在 1850—1913 年期间人均出口额在拉美占首位），等等。这些国家不仅在国力强弱、幅员大小、自然资源多寡方面，而且在社会历史背景方面都存在明显的差异。如在种族构成上，阿根廷和乌拉圭两国的白人占 90% 以上，巴西和海地的黑人占大多数，墨西哥、委内瑞拉、哥伦比亚、萨尔瓦多和巴拉圭以混血人种为主。同时，经济政治发展的不平衡规律又必然使这些国家在发展道路上呈现自己的特殊性。这些国家在其资本主义历史发展进程中，既具有共同的特征，也有各自的特殊性。当然，上述各国存在的差异性和不平衡性并不说明我们不能对它们反映的共同特征和面临的共同问题进行总体的考察和研究。

（二）拉美地区一体化与集团化、碎片化

自玻利瓦尔于 19 世纪初提出"美洲大陆联盟"的主张以来，拉美人一直为实现这一共同梦想和宏大计划而努力奋斗，但拉美一体化运动虽经过联合国拉美经委会的鼓动和 20 世纪 50 年代末和 80 年以来的演变，地区共同市场至今仍未取得实质性进展。先前成立的各种一体化组织，如 1960 年成立的中美洲共同市场和拉美自由贸易协会、1973 年成立的加勒比共同体和共同市场、1975 年成立的拉丁美洲经济体系和 1978 年成立的亚马孙合作组织等，总是分分合合，不是有头有尾，就是半途而废、形同虚设，始终形成不了联合国拉美经委会 1959 年提出的地区共同市场，依然是集团化，甚至更加分散化。

当下，由墨西哥、智利、秘鲁和哥伦比亚等国组成的"太平洋联盟"国家（The Pacific Alliance，2012 年 12 月成立）和以巴西为首的"南方共同市场"国家（Mercour，1991 年 3 月成立），以及委内瑞拉扛大旗的

"美洲玻利瓦尔联盟"（ALBA，2004 年成立）3 组国家之间，存在着明显的差别。这 3 组国家集团在对待北方强邻美国的立场也相异："太平洋联盟"国家与美国关系密切；"美洲玻利瓦尔联盟"与美国公开对抗；"南方共同市场"国家则不卑不亢，对与美国的矛盾采取有利、有理、有节的立场。三者对美国态度的分野，还可能加深。比较而言，"太平洋联盟"起步顺利，组织结构较规矩，遵循市场经济精神，正在向深层次的一体化模式探索，其重点面向亚太地区，已初露成果。但"美洲玻利瓦尔联盟"则是政治诉求大于经济合作，强调国家而非市场的功能，主张走内向发展道路，民族主义和反美主义色彩浓烈。"南方共同市场"最初仅巴西、阿根廷、乌拉圭和巴拉圭 4 国，2012 年 8 月和 12 月，委内瑞拉和玻利维亚先后加入。

以上 3 个集团化组织的存在和竞争，实际上使联合国拉美经委会1959 年提出的地区共同市场的实现成为空中楼阁。玻利瓦尔主义和泛美主义的分歧将长期存在。"拉美团结"成为一个空洞的口号，连巴西入常的申请在本地区都存在较大阻力。玻利瓦尔当时提倡拉美团结合作，强调新独立国家具有种族、宗教、语言和文化传统方面的共同性，以抵制欧美的控制。但在当前经济全球化的形势下，拉美国家首先要考虑自身的利益。它们的发展不可能不借助美欧的力量，不可能同时一致对外。同时，要组成整个地区的共同市场，必然会让渡本国一定的权力与利益，谁都不会带头去实施。因此，有人指出，拉美的地区一体化正面临"碎片化"。

（三）边界冲突与主权争端时隐时现

与其他发展中地区相比，拉美在近半个世纪中似乎是一个暴力冲突与战争较少的地区，各国之间似乎没有十分剧烈的武力冲突或战争，但事实上由于各国之间利益的不一致，拉美国家之间在 2005—2011 年间使用武力炫耀、威胁，恫吓他国的事件共发生 18 起，国与国未解决的边界冲突有 21 起，2000—2011 年达成边界协议 7 起，交付国际法院或 OAS 仲裁 5 起。

当代拉丁美洲争端的起因各不相同。即使各国不再为夺取邻国领土诉诸战争，但国家边界问题的存在依然是国家之间争端的深层次原因；

加上由边界问题引发的资源（如渔业资源、油气资源和其他自然资源）归属问题以及与之有关的环境损害和土著人生存问题、国际贩毒、武器走私、人口偷渡和国际犯罪集团的猖獗，最终也有可能发生军事冲突。例如，委内瑞拉声称拥有圭亚那 2/3 领土面积的主权；玻利维亚迄今仍然要求获得通过智利的主权出海口；哥伦比亚进入厄瓜多尔领土追剿哥伦比亚国内反叛分子而引起与委内瑞拉的武力冲突（它们在意识形态方面也明显不和）；阿根廷声称拥有英国控制之下的、可能富含油气资源的马尔维纳斯群岛（英国称为福克兰群岛）的主权。

长期以来，移民在拉丁美洲造成暴力冲突的事例并不少见。早在 1937 年，在一次驱逐非法移民的活动中，约 1.2 万—2 万名海地移民被多米尼加共和国警察部队屠杀。2008 年初，6000 名海地移民被迫从多米尼加共和国返回海地。1969 年洪都拉斯与萨尔瓦多间的战争，就是由于洪都拉斯大力驱逐萨尔瓦多移民而突然引发，战争中多达 4000 人死亡。几十年来，由于大量哥伦比亚移民涌入委内瑞拉，委内瑞拉与哥伦比亚的关系同样受到消极影响。尼加拉瓜与哥斯达黎加的紧张关系，因双方对约 40 万名尼加拉瓜非法移民的滞留和处理不满，而受到影响。20 世纪 80 年代，为逃避内战和国内经济困境，大批中美洲人非法进入墨西哥。仅在恰帕斯一个州，来自中美洲的非法移民就达 20 万人。2006 年，被墨西哥驱逐出境的 20 万名非法移民中，47% 是危地马拉人，33% 是洪都拉斯人，14% 是萨尔瓦多人。

在西半球，拉美地区也是跨国犯罪活动的一个避风港。近年来，信奉伊斯兰教的移民在巴拉圭、阿根廷和巴西 3 国交界地区的数量明显增加。在恐怖分子炸弹袭击阿根廷的犹太人社区建筑一案中，阿根廷政府确认伊朗与此案有关。国际恐怖主义和基地组织还在中美洲当地黑帮中招募新人。美国缉毒署在一次钓鱼执法行动中逮捕了一名所谓伊朗特工，这名特工被指控试图利用墨西哥贩毒集团暗杀沙特阿拉伯驻美大使。其他国际恐怖主义活动还包括爱尔兰共和军与哥伦比亚革命武装力量之间的合作等。

由于潜在的争端，据斯德哥尔摩国际和平研究所的报告，南美洲国家的军费在 2011 年经历了世界上的最高增长，"与新千年开始相比，在过去的 5 年中，其增幅超过了 150%，军费支出和武器订单双双显著上升"。

在拉美，最有可能发生冲突的地区有五个：一是哥伦比亚与其部分邻国，尤其是与委内瑞拉之间的冲突；二是尼加拉瓜与哥斯达黎加之间的冲突；三是玻利维亚与智利之间的冲突；四是多米尼加共和国与海地之间的冲突；五是马尔维纳斯群岛（福克兰群岛）之争。这五大冲突有四个是在拉美国家之间，波及拉美 10 个国家。只有阿根廷与英国的马岛之争例外。英国已向伯利兹提供安全保证，伯利兹与危地马拉有争端，但争议双方已同意举行全民公投，决定是否将该案提交国际法院。此外，洪都拉斯、萨尔瓦多和尼加拉瓜 3 国在丰塞卡湾的海上边界之争，哥斯达黎加与厄瓜多尔之间在圣胡安界河上的航行权之争，哥伦比亚与尼加拉瓜就圣安德雷岛周边海域的主权之争，都可能影响拉美国家之间的合作事业。

（四）政治体制与经济发展模式选择方案的多样性与发展方向的趋同性

自 20 世纪 90 年代后，特别是进入 21 世纪以来，拉美各国在政治体制上和经济发展模式上明显存在着两种不同的趋势。"太平洋联盟"国家和"美洲玻利瓦尔联盟"国家之间存在明显差别，而"南方共同市场"中的国家，如巴西则在两者之间居中游移。组建"太平洋联盟"的智利、墨西哥、秘鲁、哥伦比亚、哥斯达黎加五国，总体上来说，政治上不断民主化，经济上自由市场化，与美国关系密切；"美洲玻利瓦尔联盟"的委内瑞拉、古巴、厄瓜多尔则旨在加强拉美和加勒比地区国家间的经贸合作和一体化进程，抵制美国倡导建立的美洲自由贸易区，政治体制与经济发展模式上有一些左派色彩。不过，拉美从历史上的考迪罗、寡头统治走向威权主义（有军事的或文官式的区别），最后走向民主政体与治理体系的现代化和市场经济体制的趋同性正在加强。

在漫长的演变过程中，拉美出现了革命和改良（改革或革新）两种或多种选择。早在 19 世纪中期，欧洲的革命火种就传到了拉美。1918 年阿根廷率先建立了共产党，到 1943 年，拉美地区的共产党达 20 余个。自 1910 年以来，拉美地区发生了五次以革命手段来改变旧的社会经济结构并取得阶段性成果的革命，即 1910 年爆发的、导致 100 万人死亡的墨西哥革命，1944—1954 年的危地马拉革命，1952 年的玻利维亚革命，1959 年的古巴革命和 1979 年的尼加拉瓜革命。在古巴革命的影响下，同时也受拉丁美洲地区以外的影响，20 世纪六七十年代，整个拉美进入了一个以武装暴动来推翻旧秩序、建立新世界的高涨时期。

拉美从 19 世纪 70 年代到 20 世纪 30 年代经济上推行的传统自由主义，到 20 世纪 30 年代到 80 年代推行的国家干预主义，以及从八九十年代到当下的以非传统产品（包括工业品）为基础的出口导向模式，都没有妥善地解决资源配置和收入分配问题。由于拉美社会发展进程中长期漠视收入分配与公平正义，阶级与阶层之间、贫富之间的对立十分明显。许多有识之士以社会主义作为他们的政治诉求和奋斗目标，而且奋不顾身地在社会政治行动中践行这种理论。在拉美提倡社会主义理论和主张社会主义革命的有下列重要事例：20 世纪 30 年代秘鲁马里亚台基的"印第安社会主义"理论；1932 年智利格罗韦建立的、为期 13 天的"社会主义共和国"；1933 年古巴格劳·圣马力成立的"苏维埃"，主张社会主义改革；1943 年玻利维亚出现过"军事社会主义"；1944 年危地马拉阿雷瓦拉政府推出的"精神社会主义"纲领。此外，还有哥伦比亚以基督教为基础的"哥伦比亚式社会主义"；20 世纪 60 年代牙买加曼利政府的"民主社会主义"；1970—1973 年智利阿连德人民团结阵线的社会主义；1979—1983 年格林纳达毕晓普领导的"蓝宝石运动"成立的人民革命政府，宣布实行"社会主义"。如果算上当前仍在践行中的"社会主义"，战后在拉美践行社会主义的共有 8 个国家，除了牙买加和智利，它们包括：古巴社会主义（1959 年起，有人称为本地的、可行的社会主义）；巴西劳工党的"劳工社会主义"（1990 年起）；委内瑞拉查韦斯的"21 世纪社会主义"（2005 年起）；厄瓜多尔科雷亚的"21 世纪社会主义"（2007 年起）以及玻利维亚莫拉莱斯政府的"社群社会主义"（2010 年起）。

尽管有古巴、委内瑞拉和玻利维亚等国的社会主义道路探索，但从当前智利、乌拉圭、墨西哥、哥伦比亚、秘鲁和哥斯达黎加等国的发展态势看，这些国家正行进在政治民主化、经济市场化的道路上，尽管步履维艰，今后还可能出现波折。但从整体上看，拉美不少国家政治上从威权主义走向宪政民主、经济上从国家干预主义走向市场化的趋同性正在加强。

三　结语

总之，随着中拉关系的迅猛发展，我国在拉美的投资利益理应得到更有把握的保障。这要求我们对拉美有更全面深入的了解和认知。过去，我们重视对拉美整体性和一致性的研究，当前我们更应强调对拉美各国多样性和复杂性的认识和了解。只有对具体的国别有了深刻的认识，才能保证我国在该国的投资顺利，与该国的关系良好发展。

（原载《西南科技大学学报》2014 年第 6 期）

走进一个真实的拉丁美洲

由 33 个国家和 12 个未独立地区构成的拉丁美洲,不仅是我国能源、矿物和农产品进口的重要地区,也是我国进行对外投资、开展多种形式双边经济合作的重要对象。为了推行"走出去"战略,越来越多的中国人走进了迷人而陌生的拉丁美洲,"拉美热"已成为近年来中国对外政治与经贸关系中一个引人注目的现象。

拉美与中国,"一在天之涯,一在地之角"。拉美这个在前进道路上充满着复杂性和多样性的地区——它既年轻又古老,既富有又贫穷,既有巨大发展潜力又经常陷于困境,既有独立性又有依附性——我们对它究竟了解了多少?为了走进一个比较真实的拉丁美洲,我们不妨从廓清当前国内常见的三个认识误区入手。

误区之一 拉美是新自由主义的重灾区

综观近百年来拉美社会经济的发展模式,大体上可以划分为三个阶段:1870—1930 年,初级产品出口导向阶段;1930—1980 年,进口替代工业化内向增长阶段;1980 年(有的国家从 70 年代中期算起)至今,向出口导向和新型发展模式过渡的转型阶段。一般而言,与这三种发展模式相对应的理论根基和思想渊源分别可概括为古典自由主义、凯恩斯主义、新自由主义;拉美经济的发展轨迹也大致可以描述为"开放→封闭→再开放"。

的确,拉美的现代化之路并不平坦,挫折与失败令许多国家付出了沉重代价。早在 19 世纪初,拉美曾经是世界上最富裕的地区之一,人均国民实际总产值达 250 美元(按 1960 年价格计算),超过北美(239 美元）。由于拉美和北美在19世纪选择了不同的发展道路，一个世纪过后，我们看到了一个贫富悬殊的美洲大陆——到20世纪初，拉美的人均收入只有美国的12.5%，这一数字在1995年下降到12%。近10年间，拉美地区的GDP总量大约为美国的1/5。由此可见，拉美经过近百年的奋斗，其人均收入和经济总量与美国的差距依然如故。不仅如此，随着亚洲发展中国家的迅猛崛起，拉美在世界经济中的地位已明显下降，从1960年约占全球GDP的8%，跌落至2005年只占5.5%左右。1991年巴西的GDP（4058亿美元）超过中国（3712亿美元）；至2005年，中国的GDP（22289亿美元）却大大超过了巴西（7941亿美元）。2005年，中国的GDP占全球总量的5.02%，已接近整个拉美在全球总量中的比重，而巴西的GDP在全球总量中只占1.79%。

拉美的落伍，相当程度上应归咎于其经济社会发展模式的弊端。在推行以初级产品（包括热带和温带农产品、畜产品和矿物）为基础的出口导向模式时，除了阿根廷和智利，大多数国家并未因出口扩张而带来多少经济增长，加之劳动市场扭曲和基础设施落后，几十年间始终形成不了有效的国内市场。这一僵硬的经济发展模式到20世纪30年代经济大萧条时几乎陷于瘫痪。进入进口替代阶段（20世纪50年代是推行这一模式的高涨时期）之后，尽管拉美的工业化水平和经济实力有了相当程度的提高，但进口替代的发展模式过分强调国家的保护功能，致使拉美的经济结构长期处于十分落后的状态。1960年前后，巴西、阿根廷和墨西哥对耐用消费品的进口关税分别高达328%、266%和147%。而高成本的国内制造业又无法解决本地市场狭小、资金短缺和就业率低下等一系列瓶颈问题。到60年代下半期，这3个国家开始把进口替代同出口替代结合起来，力图摸索新的发展模式，但同样遭到了失败。这种被学者们称为"国家干预主义""民众主义"（又称联合国拉美经委会主义）的经济发展模式，阻碍拉美经济发展长达半个世纪之久，直到1982年拉美爆发债务危机才彻底崩溃。

如果从20世纪70年代中期（如智利）或80年代初（如墨西哥）算起，拉美的调整与改革至今大约已有30年。所幸的是，拉美在2004年前后终于摆脱了发展模式转型所带来的阵痛，经济逐步走出低迷、徘徊的局面。到2006年，拉美经济已连续3年保持4%的增长速度，明显高于债务危机之后 20 年间的平均增长率；经济持续稳定，国际收支改善，外贸和经常项目继续保持顺差，通胀率保持低水平，债务负担减缓。通过发展模式的转换，拉美各国正在走上一条新的发展道路。

对近 30 年来拉美经济发展道路上出现的波折，学者们持有不同看法。一种意见认为，这些现象证明了新自由主义发展模式的失败，进而指出拉美是"新自由主义的重灾区"。

拉美转换的新模式是不是就一定是"新自由主义模式"，还有待观察，至少各国的情况并不一致，不能一概而论。近 30 年拉美经济转型中遇到的问题以及付出的巨大代价，根本的原因有两个。一是封闭型的进口替代模式持续了整整半个世纪，开放型的新模式要冲破旧模式所豢养的既得利益集团和习惯势力的百般阻碍，难度自然很大。二是由于庞大的债务负担使各国的经济调整与改革步履维艰。在旧的模式下，由于资金短缺，拉美国家都在走"负债发展"之路。20 世纪 80 年代初爆发的石油危机，使拉美各国背上了沉重的债务负担。到 1983 年，巴西一国的外债已近 1000 亿美元，成为世界上最大的负债国。拉美许多国家不得不通过借新债偿还旧债和填补国际收支赤字。截至 2005 年，拉美外债总额高达 7200 亿美元，相当于全地区 GDP 的 38%。由此观之，拉美经济这 30 年中出现的问题，更大程度上是进口替代模式的陈腐性和顽固性所导致的后果，而不能简单地归咎于改革本身。

早在 20 世纪 80 年代，拉美的结构主义学派就开始修正自己的主张，采纳了开放市场、减少干预等观点，从而形成了"新结构主义"学派。新自由主义、新结构主义、社会民主主义、社会改良主义、经济民族主义、经济实用主义等理论对拉美国家从以国家为主导的经济模式转向自由市场经济，都有不同程度的影响。即便是最早实施新自由主义的国家智利，自 90 年代起也对新自由主义的经济政策（如"快速自由化"、弱化国家作用等）进行了大幅度调整，实际上已扬弃了新自由主义的典型做法。

智利皮诺切特军政府（1973—1990）、阿根廷梅内姆政府（1989—1999）、秘鲁藤森政府（1990—2001）和委内瑞拉佩雷斯政府（1989—1993）等实施的经济政策属于典型的新自由主义模式。墨西哥福克斯政府之前的历届革命制度党政府则从来不认为自己奉行了新自由主义改革，如萨利纳斯政府（1988—1994）和塞迪略政府（1994—2000），尽管这两位总统是彻头彻尾的亲美派，但他们均认为墨西哥的改革属于"社会自由主义"或"新民族主义"。巴西的卡多佐总统（1995—2003 年在职）是巴西社会民主党创始人之一，以主张"依附性发展论""脱钩论"著称，其继任者卢拉总统是巴西劳工党领导人，这两位都是拉美响当当的左翼斗士。巴西从 20 世纪 90 年代开始的市场化改革带有许多新结构主义内容，无论如何是不能定性为新自由主义改革的。

综上所述，称拉美是"新自由主义重灾区"是不切合实际的。首先，拉美各国经济改革并不都属于新自由主义的。其次，对新自由主义在拉美各国的影响，也应一分为二地加以分析。虽然新自由主义在梅内姆执政府时期的阿根廷惨遭失败，但它在智利的实践却获得了举世公认的成功。新自由主义在墨西哥和秘鲁的实践也应是毁誉参半。正确的看法应当是，20 世纪 80 年代至 90 年代拉美各国推行的经济调整与改革并非完全由新自由主义所主导，将这场改革称为经济市场化改革更符合实际。

误区之二　左派政府统治的人口已占拉美总人口的 3/4，拉美刮起了"红色风暴"、正在进行"第二次独立战争"，国内一些媒体甚至还据此提出了"社会主义全球化"的夸张论调

2005—2006 年，17 个拉美国家相继举行全国性选举或政府换届，其中委内瑞拉、巴西、智利、厄瓜多尔、秘鲁、尼加拉瓜和哥斯达黎加 7 国在 2006 年已先后由左派政府掌权，加上此前已经当政的玻利维亚、阿根廷、乌拉圭、巴拿马和牙买加左翼政府，目前拉美一共有 12 个国家由左派政府执政。

众所周知，左、右派（或左、右翼）的称谓，在不同时期、不同国家历来有特定的含义。当前拉美的新左派同 20 世纪 60 年代至 70 年代的老左派截然不同。当年的左派分两支力量：一支是温和的改革派，如智利的阿连德，主张以和平的方式改变旧体制，用发展国家资本主义的办法渐进地走上社会主义道路；另一支是激进的左派，主张以暴力革命手段推翻旧政府，彻底粉碎现存的政治经济体制。在激进左派的影响下，

当时 18 个拉美国家出现了 52 支主张武装起义的游击队。这些激进左派往往有拉美共产党或拉美共产党（马列）的背景，意识形态一体化，笃信马列主义，明确声称要走社会主义道路。从政治信仰和意识形态渊源分析，当前拉美的新左派都属于民族主义、民众主义、社会民主主义或民主社会主义范畴，强调意识形态多元化。有的虽然打出了社会主义旗号，但均已放弃武装斗争，主张在现存的政治、经济格局中通过选举上台执政，进而试图改革，走社会和平演变道路。在可预计的未来，拉美不可能出现第二个像古巴那样的国家。

左派和右派轮番执政是拉美各国政治舞台上的常见现象，有人把它称为"钟摆现象"。第二次世界大战前后，从智利人民阵线的塞尔达政府（1938—1941）、巴西的瓦加斯政府（1951—1954）等算起，直到 1959 年古巴革命成功，这一阶段也属于拉美历史上左派和中左派纷纷上台执政的时期。当时拉美 20 个独立国家中属于右派军人执政的只留下 4 个。但在 1961—1964 年期间，先后有 9 个拉美国家爆发 10 次军事政变，连素有民主传统的乌拉圭和智利都出现了"军人威权主义"政府。从 20 世纪 60 年代到 80 年代军人还政于民和民主化浪潮掀起为止，这一阶段属于右派掌权时期。但在个别国家也有左派和中左派掌权的，如阿连德的"智利社会主义"和伯纳姆的"圭亚那合作社会主义"。右派军人当政时期，虽然实行专制统治，压制民众，以牺牲政治民主来追求经济增长，但同时又积极倡导发展经济和主张工业化，同第二次世界大战前后的军人独裁政权已有所不同。当前拉美左派和中左派纷纷上台执政，是 20 世纪 80 年代拉美政治民主化浪潮的必然结果。"钟摆"又从右边转到了左边。

当前拉美的左派或中左派政府都是依法通过选举方式和平上台掌权的。它们谴责新自由主义，但也主张要顺应全球化大潮，同时加强国家的自我保护意识，趋利避害，维护自身的利益。在国内政策方面，它们关注社会发展问题，把减少和消除贫困作为重大目标。这是左派和中左派的底线。这条底线实际上同拉美所谓的右派并没有多大差异。墨西哥国家行动党的福克斯和哥伦比亚现任总统乌里韦都是公认的右派，但在国内政策上也同样注重社会分配的公平和消除贫困。随着 20 世纪 90 年代拉美政治民主化成果的深化，左派、中左派和右派之间在政策上的趋同性越来越明显，双方在意识形态上的对抗性和差异性也正在减弱。右派不太右，左派不太左；你中有我，我中有你。那些言辞表现得十分激烈的左派，一旦上台执政，一般不会轻易挑战现存的民主政治体制和市场经济规则。

实际上，在拉美目前执政的 12 个左派政府中，属于激进改革派的只有委内瑞拉和玻利维亚 2 个，其他 10 个均属于稳健改革派，或曰中左派。不仅如此，在左派执政的 12 个国家中，右派或中右派的势力依然不弱，有的还在议会中占据多数席位。如左派治国无方，右派仍有可能取而代之。拉美的左派政府又多数是联合政府，有的是左左联盟，有的是左中联盟，它们之间在意识形态、政策取向方面时有争论和分歧，在一系列重大问题上要取得统一方针也非易事。此外，左派中央政府在联邦制的国体下（如巴西、阿根廷和委内瑞拉），往往决定不了地方政府的施政方案，而许多地方的州政府恰恰在右派和中右派的手里。从整个拉美地区看，墨西哥、哥伦比亚等十来个国家仍是右派或中右派当政。因此，称拉美 3/4 的人口已被左派统治是不准确的。

从本质上看，当前拉美左派执政的现象仍可视为民族主义和民众主义浪潮的结果。这些左派（包括激进改革派在内）与通常意义上的社会主义相去甚远，同"社会主义全球化"更是完全扯不上。当然，左派、中左派纷纷执政，说明拉美各国在全球化和新自由主义冲击下正在积极探索适合本国国情的发展道路，也说明拉美各国原来积累的社会矛盾在民主政治条件下需要有人来化解，这在大选过程中有利于一贯主张社会正义与公平的左派和中左派脱颖而出，也说明拉美经济社会发展正朝着积极方向变化着。

误区之三　国内一些媒体对中国与拉美双边关系的现状和发展前景、中国在拉美的地位和影响力等方面的报道和评论有时言过其实

近年来中国与拉美各国在政治、经济、文化和科技领域的交往出现了长足进展，以和平发展、互利双赢为基础的中拉关系日益巩固，拉美已成为中国实施"走出去"战略的重要目的地。但是我们应当看到，由于历史和地缘政治等原因，拉美在当前国际战略格局中处于较特殊和敏

感的地位。针对中拉关系的迅速发展，美国国会近年先后举行了6次关于中国在西半球影响的听证会。美国的新保守主义者时常以中拉关系加快发展为题，大肆散布"中国威胁论"。我国如何处理与拉美左派政府的关系以及如何推动中拉经贸关系，涉及我国对外关系的大格局，在宣传上一定要保持理性的头脑。

首先要明确的是，中拉交往的加深并不意味着中国有意挑战美国在拉美的特殊利益和价值观。目前中拉关系的深度、广度与美拉双边关系不可相提并论。以经贸领域来说，拉美外资的56%、出口的55%和进口的43%，都同美国有关。美国一直是拉美的主要贸易伙伴、主要投资国和主要债权国，拉美经济生活离不开美国。尽管这几年中拉贸易发展迅速，2005年突破500亿美元，2006年突破600亿美元，但双边贸易总额至今仅占拉美贸易总额的4%左右，大体上只及美拉贸易的1/10。

我国在推行"走出去"战略时，针对拉美地区要特别树立"挑战甚于机会"的意识，既要知难而进，又要具备临深履薄的审慎态度。

首先，中拉关系的推进，不仅要考虑我国"走出去"的战略设想，而且要顾及美拉关系和中美关系的现状，一定要用多视角的尺度处理好这种三角关系。也就是说，中拉关系的发展不要给中美关系和美拉关系的现状造成难以预期的不良后果。此外，拉美国家大都是区域性经济一体化组织的成员国：一边是美国已同墨西哥、中美洲各国、加勒比国家、秘鲁和哥伦比亚组成了强大的经济联盟，在北美自由贸易区的框架内继续寻求双边关系的深化和发展；另一边是由巴西、阿根廷、乌拉圭、巴拉圭和委内瑞拉5国组成的南方共同市场正在不断扩大。拉美区域经济一体化已明显出现了两个势均力敌的阵营。对拉美问题的复杂性，中国企业在"走出去"时必须予以足够的重视。

其次，既要看到中国和拉美国家同属发展中国家，有许多共同点和共同利益，经济上应当相互补充、相互合作，又要看到在经济全球化的大环境下彼此之间的竞争和角逐。以中拉贸易结构来看，我国从拉美进口的商品将近2/3是燃料、矿物和农产品等初级产品，而对拉美的出口90%是制成品。理论上而言，自然资源出口为主的国家或生产部门难以形成强大的经济活力和技术创新能力，因此拉美对中国的资源出口是否能够得到拉美政府或企业的长期认同值得考虑。值得注意的是，在中拉双边贸易中，拉美各国过去通常是顺差方，但2006年中国却成为顺差方。例如，2006年前11个月，中国对墨西哥的出口额为80.8亿美元，从墨西哥的进口额为23.3亿美元，中国顺差57.5亿美元，无怪乎墨西哥对中国商品的反倾销制裁是最严厉的，其征收的反倾销税为100%—600%，有时甚至高达1105%。另一拉美大国巴西也不断出手针对中国商品采取反倾销、反补贴等歧视措施。面对中拉贸易结构的差异和频频出现的贸易摩擦，我国的相关部门和企业应该认真研究，尽快制定出积极稳妥的应对之策，确保中拉关系在合作与竞争中和谐发展，实现双边和多边互利共赢。

（原载《中国金融》2007年第16期）

世界新格局中的拉丁美洲

冷战结束以来，拉美地区的政治经济形势变化很大。长达 12 年之久的中美洲地区冲突已鸣金收兵。除海地外，所有拉美国家都步入了以"民选政府"为标志的政治民主化阶段。拉美地区经济实现了 3 年连续增长，从而由 80 年代"失去的 10 年"走向 90 年代"有希望的 10 年"。震慑世界金融市场的债务危机，随着 1994 年 9 月巴西同商业银行达成续借协议，已经结束。地区一体化运动在经历了 30 年的艰难摸索之后，采取了较为实际的措施。作为发展中国家开创先河的行动，墨西哥不仅与北方强邻签署了自由贸易协定，而且跻身于经合组织，成为这个"富国俱乐部"的第 25 个成员国。国际多边机构纷纷看好拉美，把它誉为继东亚之后另一个经济增长中心。

拉美的一系列变化，从时间上看，几乎与全球政治经济格局由两极向多极的转变同步发生。然而，拉美在未来的世界新格局中究竟会产生何种程度的变化，有赖于内外诸多因素的交互作用，一时还难以判断。

如果上溯几十年，拉美目前在世界经济格局中的地位看来是在不断下降。这里，不妨以人均收入作一粗略的比较。1950 年，巴西、墨西哥、阿根廷、智利等 9 个拉美国家的人均收入大大高于韩国，甚至超过希腊、葡萄牙、土耳其、意大利、奥地利、芬兰和西班牙；即使到 1960 年，有些拉美国家仍在日本之上或不相上下。但到 1985 年，上述 9 个拉美国家的人均收入只有日本和欧洲一些中等收入国家的 1/3，甚至更少，只及地中海沿岸国家的 1/2。1989 年，韩国的人均国民生产总值达到 9900 美元，而巴西、阿根廷和墨西哥 3 国则分别只有 2540 美元、2160 美元和 2010 美元。拉美的出口额在世界出口额中所占比重，也从 1950 年的 10% 降至 1989 年的 3.3%。在不到半个世纪的时间里，与东亚和地中海沿岸国家相比，拉美明显落后了。

在未来的几十年里，拉美能否重振本地区的经济、政治和外交实力，在世界新格局中占据应有的地位，在很大程度上将取决于它的经济发展模式的转换、政治民主化的前景和外交战略的应用。

一　经济发展模式的转换

拉美国家对传统的进口替代发展模式正在进行大胆的改革，重点是从过去高保护下的进口替代转变为积极参与国际竞争和以出口促增长；从依赖国家资本和超常的国家干预转变为调动私人资本的积极性和加强市场机制。以结构性改革为基础的新的发展模式正在智利、墨西哥、阿根廷、哥伦比亚、委内瑞拉、玻利维亚等国勃兴。这几年拉美经济上的进步，主要得益于它们自身进行深入的调整与改革。贸易自由化、企业私营化、经济运行市场化成为这些国家不可逆转的趋势。但是经济转型过程中也出现了偏差。主要是，有些国家不顾自身的实际情况，完全放弃了政府对经济的必要干预，听凭市场依据利润原则而盲目行动，结果是失业增加、收入分配不公和贫困化加剧。由于在国家干预与市场机制、保护与开放、公平与效率之间失去平衡，这几年拉美社会矛盾日趋尖锐，严重影响社会稳定和政治稳定。这显然与这些国家迷信市场取向、忽视国家干预有密切关系。另一个有待解决的问题是，在积极参与国际经济的同时，如何培植自身的增长动力。一些拉美国家的学者提出，新的发展模式应建立在对基本生产结构进行改造的基础之上，以带动资本积累和技术进步，从而产生拥有独立发展的内部经济动力。这就是智利学者松凯尔等提出的"来自内部的发展战略"。目前拉美的经济增长主要依靠外部资金的源源流入，而国内储蓄率很低。拉美要赶上或缩短与发达国家的差距，首先要在教育与科研上加大投入。目前大多数拉美国家用于科研的经费平均每人才 10 美元甚至不到 10 美元，而韩国是 700 美元。拉美国家与亚洲新兴工业化国家的差距主要是智力和知识方面的差距。

二　政治民主化的前景

拉美的政治民主化也会对其在世界新格局中的地位与前程产生影响。一些拉美国家由军人独裁过渡到文人执政，只是政治民主化的开端。更严峻的挑战将来自权力制衡机制的建立及其正常运行，公民对政治和社会生活的积极参与，政党体制的改革和成熟，政府工作效率的提高和廉政建设的成效，社会公正的扩大与巩固，等等。传统的拉美政治体制已出现了重重危机。1994 年 5 月哥伦比亚总统选举中，选民的弃权票高达70%。这充分表明民众对现行的政治体制怀有强烈的不满情绪。一方面是社会两极分化加剧和暴力活动频繁。另一方面是贪污腐败盛行和军人干政的潜在威胁时隐时现，拉美政治民主面临着重大考验。

三　外交战略的应用

拉美在世界新格局中的外交战略，包含三个方面，即在布什《美洲事业倡议》和北美自由贸易协定的框架内，重点发展同美国的关系；在多元化的旗帜下，努力寻求同亚太地区和欧洲发展更紧密的关系；以小地区多边或双边合作的形式，大力推动本地区各国之间的关系。这三者是相互联系的，其基本目标是积极参与国际经济，增强拉美国家的实力。然而，这一外交战略对拉美国家来说，实际上是一种两难选择。从全球的角度看，美国的实力正在下降，多极化是不可更替的发展趋向。但从拉美的角度看，冷战结束后，美国在其后院的霸主地位反而增强了。另一个超级大国已不复存在。欧洲正忙于自身的联合，日本不愿过多地卷进拉美，东亚包括中国在内同拉美各国的联系尚待进一步发展——这一切将造成拉美在未来的世界格局中更加倚重和依赖与美国的关系。尽管拉美国家同亚太和欧洲的关系正在日益扩大，面对世界经济区域集团化的强大潮流，势单力薄的拉美只能选择美国作为它的头号对象。拉美国家倡导的拉美地区经济一体化和美国竭力主张的"美洲自由贸易区"正在交错进行，两者的相融性似乎大于两者的排斥性。美拉之间在贸易、资金、移民、禁毒、环境保护、防止核武器扩散、反对恐怖主义等方面的合作与配合，将更加明显。

　　毫无疑问，由于经济发展模式的转换和政治民主化前景不同等原因，拉美国家之间的差距在未来几十年间将会拉大。因而拉美国家在新的世界政治经济格局中将会有不同的前程。

（原载《瞭望》1994 年 7 月 11 日）

拉美左派离社会主义有多远

近日，笔者得到一本社会科学界某位领导主编的论拉丁美洲的书，主编者在该书的序言中宣扬所谓"社会主义全球化"论，声称"社会主义全球化作为资本主义全球化的替代时机已经显现"，且"有充分的事实依据"。其主要依据一是"中国、古巴、越南、朝鲜、老挝等社会主义国家……正在积极探索适合本国国情的社会主义道路"；二是"亚洲、非洲特别是一些拉美国家在饱尝新自由主义的苦果之后，左翼政府纷纷上台执政"。

依笔者管见，用上述两大理由把全球化划分为资本主义全球化和社会主义全球化，并进而断言社会主义全球化"作为资本主义全球化的替代时机已经显现"，逻辑上经不起推敲，学理上难以自圆其说，实践中也偏离了中央关于社会主义初级阶段的理论以及走和平发展道路、不扛旗、不当头等一系列重大方针，有误导国内学术界的嫌疑。

"玫瑰色的民众主义"盛行

先说其第一个依据，把中国摆在 5 个社会主义国家的前列，姑且不论这 5 个国家改革后的现状各不相同，单说中国的实力，也还处在社会主义的初级阶段。按照温总理的说法，这个阶段起码还要 100 年。迄今为止，我国在全球 GDP 中仅占 5% 左右，远远不及苏联领导"社会主义阵营"时在世界经济舞台上的分量，也不足以当头。所以，中央才提出不以意识形态和社会制度画线，不同任何国家和国家集团结盟的对外方针。

而用左翼政府在亚、非、拉国家上台执政的事例来印证所谓的"社会主义全球化"，更是风马牛不相及。首先，亚洲和非洲国家近些年也没有见到有多少左翼政府"纷纷上台执政"。只是尼泊尔近年爆发了一场推翻国王统治的民主革命运动,眼下还谈不上以选择社会主义为发展方向的问题。其次,拉美左翼政府近年"纷纷上台执政",倒确实是事实,但上台执政的左翼和中左翼政府,总体上都是民族主义和民众主义的激进改革派或温和改革派。从政治信仰、理论渊源和政策主张等角度来看,它们的颜色跟通常意义上的"科学社会主义"根本不是一码事,国外评论家通常称其为"玫瑰色的民众主义"浪潮。

具体而言,拉美左翼领导人的信仰多半来源于民众主义、社会改良主义、社会民主主义、基督教社会主义、结构主义、人道主义、第三世界主义、工会主义等思潮。他们中有的敬仰马克思主义,同时又笃信宗教的教义,绝大多数人不可能把马克思主义作为自己的指导思想,更不会坚持无产阶级专政理论。在施政方面,他们要恪守议会民主、三权分立、军队国家化、政党政治和意识形态多元化等资产阶级政治文明通行的基本准则。一旦违背了这些准则,他们的执政地位就岌岌可危;政局云谲波诡,右翼就会重新上台执政。

大体说来,左翼和中左翼目前仅限于在拉美12个国家执政,其中8个国家的执政党有社会党国际和基督教社会主义的背景。提出"21世纪社会主义"的委内瑞拉和"社群社会主义"的玻利维亚属于激进改革派;厄瓜多尔和尼加拉瓜的左翼领导人可能向委内瑞拉和玻利维亚靠拢,但仍会同查韦斯和莫拉莱斯的政治取向保持一段距离;秘鲁的阿普拉党、阿根廷的正义党和哥斯达黎加的民族解放党等,都是拉美的传统政党,实际上都是中间派政党。这12个国家里的左翼和中左翼基本上是靠选举联盟和执政联盟而上台的,如委内瑞拉查韦斯政府由24个党派组成;有的在议会里只占少数,如巴西卢拉的劳工党在众议院和参议院中分别占17.17%和14.81%议席;有的甚至谋求与右派党合作才能上台执政,如尼加拉瓜的桑地诺民族解放阵线;有的上台后继承前任政府的基本政策,"亮左灯,向右拐",大踏步地向中间立场靠拢,如智利、巴西和阿根廷等国的左翼和中左翼政府。在现存的经济、政治格局内,这些政府会越来越关注弱势群体的利益,在改革的步伐上有快捷、稳健、迟滞之分,但要突破现今的体制、出现第二个类似古巴的社会主义国家,实际上是不可能的。

变幻无常的社会主义思潮

拉美历史上存在着各种各样的社会主义思潮，最早可上溯至 1894 年阿根廷成立的社会主义工人党，1915 年和 1918 年又前后改组为阿根廷社会党和共产党，宣称要搞社会主义。20 世纪二三十年代，秘鲁思想家马里亚特吉的"印第安美洲社会主义"也曾风行一时。进入战后，伯纳姆的"圭亚那合作社会主义"和阿连德的"智利社会主义"是 20 世纪 70 年代拉美政治舞台上两面闪光的旗帜。20 世纪 80 年代，加勒比岛国格林纳达毕晓普的"社会主义"也曾引起世人注目。至 2003 年前后，拉美有 38 个和 31 个政党组织分别加入了社会党国际和美洲基督教民主组织。主张"社会主义"的拉美托洛茨基主义政党组织，20 世纪 80 年代也有 30 多个。

拉美有将近 100 个政党组织都在不同程度上和"社会主义"沾上光，但这并不是事实的全部，甚至也不是拉美政治的主流。拉美是一个思想活跃、观念先进、思潮起伏波动十分敏感的地区，既有民族主义、社会改良主义和社会主义思潮，又有形形色色的其他思潮，并掺杂明显的宗教意识。这些思潮不乏绚丽斑斓、崇高深厚的一面，但又往往具有变幻无常、空泛含混的特点。对查韦斯和莫拉莱斯提出的社会主义主张，连他们自己都没有弄清楚，我们怎能光凭其言论就随便下结论，甚至将其张冠李戴，作为"社会主义全球化"论的依据呢？

（原载《世界社会主义运动》2007 年第 5 期）

90年代拉美经济:
不会成为另一个"失去的10年"

90年代拉丁美洲经济前景如何,现在有两种不同看法。一种看法认为,鉴于80年代是"失去的10年",拉美需要25年才能恢复过来;有人甚至认为,拉美已成为"绝望的大陆"。另一种看法则认为,1990—1995年期间,拉美的年均经济增长率将达到5.5%。我认为,在这两种截然相反的看法中采取折中的立场也许较为恰当。我估计,有些拉美国家(如墨西哥和智利)在90年代最初二三年中就会沿着经济复兴计划转入持续稳定增长的轨道;有些国家(如巴西和阿根廷)仍将陷入衰退和通货膨胀的双重困境之中。随着经济调整目标与稳定化方案的逐步实现,从90年代中期起拉美有可能实现5%左右的年均经济增长率。

影响90年代拉美经济前景的因素,一是各国政局的稳定程度,二是各国经济调整的进展情况,三是外债问题是否继续成为拉美经济增长的主要障碍,四是国际经济环境是否发生逆转。这四个因素都是难以确定的变量,而且对不同的拉美国家会产生程度不同的影响。有的国家主要取决于第一个因素或(和)第四个因素。有的国家则取决于第二个因素,因为经济调整一旦初显成效,债务自然就不会成为增长的主要障碍。同时,拉美地区的经济前景还取决于巴西、墨西哥、阿根廷和委内瑞拉4国的经济状况,这4个国家占整个地区国内生产总值的80%和人口的67%。

(一)90年代拉美政局会保持基本稳定,有利于本地区逐步恢复经济增长。80年代拉美在实现政治民主化方面已取得显著成绩,这是几代人长期奋斗的胜利果实，也是这些国家政治体制顺应经济发展的产物。不同于有的发展中地区，种族、宗教等问题对拉美各国的影响几乎无足轻重。虽然萨尔瓦多、危地马拉、秘鲁、哥伦比亚等国仍有多支游击队在活动，但它们的影响力正在削弱，今后几年甚至有可能改变斗争方式。有的民选政府还相当脆弱，时而受到军人和工会组织两大压力集团的掣肘，但保持政局稳定的力量在大多数拉美国家仍居优势地位。寡头势力垄断权力的局面已不复存在。右派军人动辄以军事政变和镇压行动对付中产阶级和广大民众的做法已渐次衰歇。一批有生气的中年专业人员在各国政治权力结构中正在发挥日益重要的作用。具有拉美特点的政党政治和议会民主将逐步走向成熟。这样的政治局面大体上有助于各国今后调整其经济发展战略和生产结构。

（二）逐步推行的经济调整和稳定化方案将使拉美国家摆脱衰退和通货膨胀的困境，陆续走上正常发展道路。 拉美国家自 1982 年 9 月起采取一系列调整政策以摆脱经济危机的困扰。从 1986 年起，各国由应急性的经济调整转入结构性、战略性的经济调整。但各国实施的效果极不相同，有的国家在短期效应和局部效应上获得一定成功，有的国家在长期效应和整体效应上有所建树。经济调整将贯穿于整个 90 年代，同时调整计划在实施过程中会不断修订而逐步趋于完善。当前，拉美经济正处于历史性转变的重要关头。经济调整正在深化，越来越牵涉所有制和资本结构、经济运行机制及生产和流通体系。从目前发展趋势来看，其他拉美国家会奋起效法墨西哥和智利的做法，从而渐渐产生结构性、战略性的变化。美国《基督教科学箴言报》在 1990 年 3 月 23 日的一篇文章中说，拉美国家正在普遍推行的"真正的资本主义"，是当前世界经济中四项"奇迹中的奇迹"。这一说法值得注意。当然，拉美的经济调整究竟是按新自由主义模式还是按新结构主义模式进行，现在还难以判断。世界银行和国际货币基金组织向拉美国家推行的调整方案明显地带有新自由主义特征；联合国拉美经委会一批专家则主张按新结构主义的方案进行经济调整。这两种主张的主要区别在于，后者以拉美国家的民族经济利益为出发点，强调拉美国家掌握调整进程中的主动权并认真解决因调整而造成的社会代价问题。但两者在促使拉美国家向市场资本主义经济方向转变上是一致的。因此，90 年代拉美经济的趋向，不外乎是减少国家干预主义的因素，增强经济自由主义的因素。其结果必然是拉美经济进一步与西方经济结合。这将对不同拉美国家产生不同后果。同时，拉美各国间的发展差距必将进一步拉开，其中巴西和墨西哥在本地区和世界经济中的地位会提高。

（三）**外债问题对拉美各国经济的冲击将会减弱**。拉美的外债涉及四方面的利害关系，即债务国（拉美各国）、债权国、西方商业银行和国际多边金融机构。外债问题的解决取决于上述四方的立场和对策。1982 年外债危机爆发初期，债务国首当其冲，单方面承担损失，而对债权国没有多大冲击。1985 年 10 月《贝克计划》提出之后，债权国开始注意从政治角度着眼妥善处理发展中国家的债务问题，不得不承认债务国维护经济增长的必要性，同时要求私人商业银行增加新贷款，要求国际多边金融机构提供公共贷款。1986 年后达成的债务重新安排协议，延长了偿还时间，降低了利率，减少或取消了佣金，使拉美国家的处境比前一阶段有所改善。1989 年 3 月《布雷迪计划》的提出，把减少债务作为解决外债问题的又一目标而提上了正式日程。这之后，墨西哥、哥斯达黎加和委内瑞拉随即解决了部分债务。1990 年 6 月布什提出的《美洲事业倡议》规定，部分免除拉美各国政府积欠美国的 70 亿美元的公共债务，尽管这是一个微不足道的数额，但对于减轻中美洲和加勒比各国的债务负担是有积极意义的。布什还要求重新安排拉美国家的商业债务。当然，《贝克计划》《布雷迪计划》和《美洲事业倡议》对减轻拉美各国债务的实际作用还有待观察，但这三项解决方案表明了债权国愿意从改善南北关系的角度处理问题并承认拉美国家经济增长的必要性。与 30 年代拉美发生的一次债务危机相比，现在有了更多的解决办法。除了延长偿还期、削减本金、降低利息，还有以打折扣办法购回债券、债务—股权转换、债务—生态投资等办法。与此同时，经济调整的目标有可能渐次实现，外逸资金开始回流，外国私人投资和西方银行的新贷款有所增加，这一切迹象表明，债务对 90 年代拉美经济增长的影响将会减弱。

（四）**90 年代国际环境发生逆转的可能性不大，今后 10—20 年资本主义世界经济体系爆发"总体性危机"的现实可能性也相当有限**。尽管 1990 年 12 月乌拉圭回合谈判破裂，拉美国家面临的贸易保护主义和经济集团化、区域化的挑战更加严峻，但从总体上看，拉美所处的外部环境仍是有利的。国际政治经济形势已趋于缓和。不同类型和不同经济集团之间的国际协调，正在使西方经济周期性的震荡逐步减缓。各国形成了一套抑制汇率和利率大幅度波动的干预机制。墨西哥—美国—加拿大的北美经济圈有可能在 90 年代中期以后形成。通过墨西哥市场的媒介作用，中南美洲国家经济将越来越向北美经济圈靠拢。拉美一体化在过去 30 年中进展缓慢，近年来在国际大气候的推动下却迈开了大步。在亚洲，特别是日本和"四小"对拉美投以青睐。巴西和墨西哥面向出口的能力明显提高，参与国际竞争的意识大为加强。

除了以上四点，90 年代拉美经济前景在相当程度上取决于它自身能否从以往大起大落中吸取教训。80 年代拉美国家所以陷入经济困境，本质上是发展模式的危机。无怪乎联合国拉美经委会的创始人普雷维什在目睹了这场危机之后痛定思痛，在他生前最后一次公开讲话中发出了"拉美需要更新思想"的呼唤，他甚至憧憬在拉美形成一种"社会主义与市场资本主义结合"的"新制度"。现在，进口替代模式固然行不通了，但别国的模式，尤其是西方国家的模式也不能照抄照搬。关键是各国应根据变化着的国际经济环境制定出符合本国实际情况的经济贸易发展战略。

（原载《世界经济与政治》1991 年第 3 期）

拉美经济恢复增长

1991 年年初，美洲开发银行行长伊格莱西亚斯曾说："一个前进中的新拉美正在出现。"他的这句话，当时不少人将信将疑，因为 1981—1990 年拉美地区经历了战后经济最困难的 10 年，人均产值累计下降了 8.9%，1990 年经济增长率仅 0.3%。有人甚至称拉美已成为"绝望的大陆"。然而从 1991 年起，这个地区的国家陆续走出谷底，逐步转入较稳定的经济增长。

据估算，1991—1993 年拉美经济年均增长率达到 3.6%。国际官方金融机构和西方大企业家开始重新看好拉美。他们认为拉美已从 80 年代"失去的 10 年"走向 90 年代"有希望的 10 年"。拉美正成为继东亚之后世界上第二个经济活跃地区。

无疑，可以用许多经济指标来论证上述看法。但最令人注目的是，拉美这 3 年的增长是在西方经济连续不景气和世界贸易增长缓慢的条件下取得的。由于世界经济回升乏力，主要初级产品需求疲软，价格下降，拉美各国出口收入大受影响。战后几十年来拉美经济的兴衰大体上与西方经济，特别是美国经济的起伏保持同步，双方是"一荣俱荣，一损俱损"。进入 90 年代，却一反常规。美国经济的连年衰退并没有带来拉美经济继续恶化，拉美经济不仅获得恢复，而且还推动了美国的出口业，使美国近年在同拉美的贸易中获得了顺差，1992 年达 70 亿美元。拉美经济发展的推动力以往主要来自外部世界，然而 1991—1993 年经济上的进步却主要得益于它们自身进行深入的调整和改革，在克服经济痼疾上有明显成效。这也说明，随着经济结构改革的推进，来自拉美内部自身的推动力有可能不断增强。

笔者认为，拉美经济这一增长势头仍将继续保持下去，其理由如下。

（一）**拉美各国经济政策上的调整和改革将越来越显示其积极作用**。鉴于 1982 年债务危机带来的深刻教训，它们的发展战略已从过去高保护下进口替代转变为积极参与国际竞争和以出口促增长，从依赖国家资本和超常的国家干预转变为调动私人资本的积极性和加强市场机制。智利、墨西哥、阿根廷、秘鲁、委内瑞拉等国在宏观经济改革与市场调整方面产生了明显效果，并对其他拉美国家产生了强大吸引力。这些拉美国家进行的调整与改革是全方位的深层次的，涉及各个领域和部门。各国正努力在国家干预与市场机制、保护与开放、公平与效率之间寻找一个最佳的平衡点。拉美国家治理经济的能力不断提高。

（二）**遏止了高通货膨胀**。80 年代末一些拉美国家的年通胀率高达三位、四位甚至五位数，令世人惊愕。但从 1992 年起，大多数拉美国家的价格已趋相对稳定，上涨率下降到 20% 以下，如不包括巴西，全地区消费物价指数上涨率为 22%。1993 年这一数字将为 19%，继续呈下降趋势。物价相对稳定是拉美宏观经济走上健康道路的前提，也是经济持续增长的保证。

（三）**非增债型的外部私人资金源源流入拉美，1991 年为 399 亿美元，1992 年为 608 亿美元，1993 年估计超过 500 亿美元**。资金大量涌入有利于提高拉美的消费需求和投资需求，同时扩大了拉美进口能力和刺激了国内生产。流入拉美的外部资金中，有一半属于直接投资、商业信贷以及进入当地银行的定期存款，另一半为证券投资，主要是拉美私人公司在美国资本市场上筹措的美国存托凭证。当然，大量外部资金的存在，具有相当大的投机性，也会给拉美金融市场造成震荡。这是必须高度戒备的。

（四）**巴西经济在连续 3 年衰退之后，从 1993 年上半年起有较大改善，头 6 个月经济增长率达 4.3%**。巴西政府的稳定计划已从过去的"休克疗法"改变为以整顿公共部门财政秩序为主，使巴西经济有了新的亮点，进而同债权银行正式达成了减债协议。目前，巴西继续保持旺盛的能力和吸引外来投资的能力。由于国内政局的影响，巴西宏观经济改革和市场调整尚未真正走上轨道。巴西的经济规模约占整个地区经济规模的 35%。巴西经济素有大起大落的特点，1929—1983 年期间它的人均产值增长了 5.32 倍，在发展中国家遥遥领先。1994 年起如果巴西重振雄风，90 年代拉美经济持续稳定增长的光明前景就无可置疑了。

（原载《瞭望》周刊 1993 年第 49 期；
转载《世界形势研究》1993 年第 51 期）

1994 年拉美经济：
低通胀下的稳定增长

　　1994 年是拉美经济进入 90 年代以来第 4 个增长年。据联合国拉美经委会公布的初步数字，本地区经济增长率超过 3%，大体接近 1993 年的增长水平。1991 年至 1994 年拉美的国内生产总值和人均国内生产总值年均增长率分别约为 3.5% 和 1.4%。尽管这几年的增长不算强劲，但与 80 年代"失去的 10 年"相比，拉美经济确实明显好转，从而步入持续稳定发展的新时期，为 20 世纪末和 21 世纪初拉美经济再展宏图打好了基础。

　　令人瞩目的是，拉美各国在这几年经济发展中坚持以稳定为第一目标，不再单纯地追求增长速度，而把控制财政赤字和通货膨胀作为制定政策的重点。全地区的通胀率已从 1991 年的 49%、1992 年的 22% 和 1993 年的 19% 降至 1994 年的 16%。智利、墨西哥、阿根廷等国通过严格控制公共开支、限制货币发行量和提高税收等措施，已基本上做到财政稳定，从而有力地控制了通货膨胀。墨、阿两国的通胀率已连续两年保持在一位数以内，令人惊羡。也有人估计，智利 1994 年的通胀率仅为 9%，为 30 年中最低的数字。墨西哥自 1987 年以来通过政府控制公共开支、企业家控制商品价格上涨和劳工自愿限制工资上升幅度的办法，来稳定国内总的价格水平。拉美大国巴西的恶性通货膨胀已持续多年，年率在四位数，然而自 1994 年下半年起由于推行稳定经济的《雷亚尔计划》，已使通胀得到遏止，通货膨胀月率从 40% 急剧下降至 3% 左右。以新总统卡尔多佐推行的稳定计划为契机，巴西经济将重振雄风。

　　前 3 年，拉美曾面临严峻的外部环境，而 1994 年的拉美经济都在有利的外部条件下继续保持平稳增长。由于 1993 年西方工业化国家经济全面复苏，流入拉美的外部资金可达 550 亿美元。拉美 17 种主要出口商品中有 12 种商品的价格上扬，拉美进出口将比 1993 年分别增长 12% 和 9%（1993 年进出口额的增长率分别为 8% 和 5%）。面对有利的外部条件，拉美国家继续采取对财政赤字和通货膨胀的控制优先于刺激增长的政策，使拉美地区经济总体上没有出现过热。本地区经济增长率超过 5% 的国家 1992 年有 9 个，1993 年有 5 个，1994 年只有秘鲁（约为 8%）和阿根廷（6%—7%）两个国家。从拉美这几年的实际情况来看，经济增长率较高的国家多半在宏观经济上存在着这样或那样的问题，一旦这类国家在调整与改革上迈开大步，它们就有意把过热的经济冷却下来，而选择在低通货膨胀条件下的平稳增长。实践证明，拉美多数国家政府奉行的这种经济政策是富有成果的，有利于持续增长。

1994 年是拉美自 60 年代初开展经济一体化以来卓有成效的一年。几十年来拉美在贸易自由化和经济一体化上说得多做得少，往往令人失望。1994 年却是行动之年，面目一新。这一年中，南方共同市场、3 国集团（墨西哥、哥伦比亚和委内瑞拉）、中美洲共同市场和安第斯条约集团等多边一体化组织纷纷宣告成立关税同盟，并将分别于 1995 年 1 月和 2 月起陆续启动，以墨西哥和南方共同市场（智利正谋求正式加入）为轴心的经济一体化正向周边国家辐射，形成南北两个经济一体化网络，地域上既以赤道为界，又相互串联，你中有我，我中有你，越来越抱成一团。同时，在世界经济全球化和区域集团化的大潮下，拉美经济一体化的发展已经突破拉美经济体系原来设想的模式，即从强调南南合作走向南南合作和南北合作同时并举的模式。1994 年 1 月墨西哥加入北美自由贸易协定和 12 月美洲国家首脑会议宣布 2005 年建立美洲自由贸易区，即是有力明证。1995 年智利将正式参加北美自由贸易协定，南方共同市场与欧洲经济联盟建立共同市场的问题也将开始落实。总之，拉美各国倡导的本地区自身的经济一体化和以美国为大老的美洲自由贸易区正在交错进行，两者的相融性要超过两者的排斥性。这一发展趋势将对拉美今后几十年的政治经济格局乃至南北关系的走向产生难以估量的影响。

诚然，拉美未来几年的经济增长不会太快，难以与东亚国家并驾齐驱。个别拉美国家（如墨西哥和智利等）与东亚的经济差距会缩小，但整个地区与东亚相比，仍将保持相当的差距；同时拉美国家内部差距也将拉开,三大国(巴西、墨西哥和阿根廷)的地位将越来越重要。拉美经济一时难以高速增长,其原因如下。(1)储蓄率太低。拉美经济增长率每高出 1 个百分点,国内总储蓄就需要增加 2 个百分点。目前拉美储蓄率仅为 20%。若经济增长率上升到 6.5%—6.8%,储蓄率应提高到 30%,这一点看来是难以做到的。(2)经常项目赤字太高。拉美自 1991 年起进口急剧增长,1994 年贸易赤字和经常项目赤字分别高达 212 亿美元和 532 亿美元。拉美国家过分依赖外资和国际金融市场。随着投资工具的快速演变、资本投资的流动性和金融市场的不确定性已空前增加。如果 1995 年美国的利率继续攀升,拉美经济将遭受巨大冲击。(3)债务沉重。总额为 4970 亿美元的外债还将以每年 4%—5% 的速度递增。

(原载《现代市场经济周刊》1995 年 1 月 30 日)

拉美国家对外国直接投资的政策

20 世纪 30 年代以来，直接投资是帝国主义国家对拉美资本输出的主要形式之一。外国直接投资在现代拉美经济中占有重要地位。1975 年年底，主要西方国家在拉美的直接投资总额在 400 亿美元以上，其中美国占一半以上。近几年来，外国在拉美的投资额又有了迅猛增加。在拉美的直接投资中，美国已超过 325 亿美元（1978 年年底），联邦德国为 38.9 亿美元（1978 年年底），日本为 37.68 亿美元（1978 年 2 月）。

从 19 世纪 20 年代到第一次世界大战爆发之前，西方国家对拉美的资本输出主要采取贷款和公债等间接投资的形式。直到 30 年代开始以前为止，拉美国家对外国投资几乎完全不加管理的；外资在这里可以为所欲为，不受当地任何法律的制约。从 30 年代到 60 年代，随着西方国家直接投资的明显增加，许多拉美国家开始实行外汇管制和进口许可证制度，对外国资金的流入和汇出、外资企业的活动范围和税金等方面进行了一定的限制。然而，直到 60 年代末，拉美国家对外国投资的限制是不多的；外资在这里依然可以为所欲为。

但是，60 年代末 70 年代初，随着第三世界民族民主运动的高涨，一些拉美国家对外资采取了相当规模的国有化和多种限制措施。如秘鲁 1968 年 10 月没收国际石油公司，圭亚那 1971 年铝土国有化和 1976 年蔗糖国有化，委内瑞拉 1975 年年初的铁矿国有化和 1976 年年初的石油国有化等，这些措施使国际垄断资本受到沉重打击。到委内瑞拉石油国有化为止，被剥夺的美国资本估计在 30 亿美元以上。这一阶段，一些拉美国家不仅相继收回了本国大部分自然资源（如石油和其他矿业租让地等）的占有权，而且制定了较严格的外资政策，如安第斯条约组织成员国

1970 年 12 月的第 24 号决议、墨西哥 1973 年 5 月和阿根廷 1973 年 11 月的《外资法》等。

安第斯条约组织成员国第 24 号决议的正式名称是《对待外资、商标、专利、许可证和租让费共同条例》（简称《对待外资共同条例》），1971 年 7 月起正式实施。主要内容有：（1）安第斯条约组织成员国的现有外资企业，必须逐步减少股权，在 15—20 年期限内转变为本国企业；（2）外资企业每年汇回利润不得超过外国投资总额的 14%；（3）外资企业的利润再投资不得超过外国投资总额的 5%；（4）在水、电、交通等公用事业、银行、保险业等部门，不准许外国人进行新的投资。阿根廷1973 年 11 月的《外资法》，采纳安第斯条约组织成员国第 24 号决议的主要精神，对外资作了相应的规定。例如，现有的外资企业必须逐步减少股权，限期 10 年转变为混合企业或民族企业；外资汇出的利润每年不得超过外国投资总额的 12.5%；抽回资本只能从第 5 年开始，并且每年不得超过投资总额的 20%；在本国国际收支困难时，可推迟外国投资者汇出利润和抽回资本的时间，等等。

由于受到 1974—1975 年西方经济危机的冲击和国内政治经济困难的压力，自 1976 年以来许多拉美国家调整了对外国直接投资的政策。其中，最明显的例子是安第斯条约组织成员国和阿根廷的变化。1976 年 10 月和11 月，安第斯条约组织先后通过了第 103 号和第 109 号决议，采取了放宽限制以鼓励外资的新政策，实际上取代了 1970 年 12 月通过的第 24 号决议。1976 年 8 月，阿根廷公布了第 21382 号法令以代替庇隆政府于1973 年 11 月颁行的《外资法》。此外，圭亚那 1979 年 2 月公布了新的《外资法》，对外资的限制也有了放松。墨西哥虽然仍实行 1973 年 5 月公布的《外资法》，但在具体实施过程中也较过去灵活。巴西原来规定石油由国家垄断，禁止外国公司染指石油的勘探和开采，但从 1975 年 10 月起已允许外资在指定的地区从事石油的勘探和开采，期限一般为 15 年。当前，拉美国家主张要尽量利用外资，使它在提供资金、传授技术、平衡国际收支、带动本国有关工业部门、创造就业机会等方面对拉美国家的经济发展能起到一定的推动作用。另外，多数国家还根据本国的利益对外资活动加以不同程度的限制和监督。有人认为，拉美国家现在对于外国投资者"在它们国内能做什么或不能做什么，看来已有了较为成熟的认识"，它们"在同外国投资者打交道的经验中学乖了，并且决心不再重犯以往的错误"。

当前，拉美国家在利用、限制外资方面所制定的政策主要包括以下内容。

（一）**多数国家鼓励外资同本国资本（包括国家资本或民族私人资本）搞合营企业，并在企业的股权问题上对外资逐步加以控制。** 墨西哥早在 1944 年就主张对一切外资企业逐步实行"墨西哥化"，即墨西哥人的股权应在外国企业中逐渐占到 51% 以上。安第斯条约组织成员国在 70 年代初也规定现有外资企业在股本、技术、财务、经营管理等方面必须在规定的期限内逐步退居少数地位。巴西规定在采矿、石油化工、资本货、钢铁、工业原料和电信设备部门的外资企业中，应由巴西资本（包括国家和私人资本）掌握半数以上的股权。在对外国新投资方面，目前除智利和乌拉圭等少数国家外，大多数国家都鼓励新投入的外国资本同当地资本搞合股经营。墨西哥 1973 年的《投资法》规定，外国新投资的股本和经营权不得超过 49%。圭亚那要求新投入的外国资本必须同政府搞合股经营。牙买加则规定，在重大的投资项目中，本国资本要占多数。

为了防止外资兼并本国民族企业，拉美国家一般都规定，外资如要购买当地企业必须事先获得所在国政府的批准，而本国的或拉美一体化组织成员国的投资者在购买当地企业时享有优先权。

为了维护本国对自然资源和经济活动享有充分的永久权，拉美国家都强调在给予"适当"赔偿的条件下，本国有权把外资企业收归国有。墨西哥在《投资法》中规定，在依法没收外国人的投资财产时，外国人不得"祈求本国政府保护这些财产"。

拉美国家还宣布，本国一切地下资源均属国家所有，因此，凡属外资占有而未曾开采的地下资源及其未来可能牟取的利润，在实行国有化时，一律排除在赔偿之外。

（二）**按照本国经济发展的需要，在投资部门上对外资加以规定或限制。** 拉美国家鼓励外资投入那些对本国经济发展有利的部门，即能够增加出口，减少进口，引进新技术和新工艺，吸收本国劳动力，包括技术和专业人员以及使用本国自然资源和产品的部门。同时，多数拉美国家力图限制外资投入那些可能直接影响国计民生、国防安全的部门，如广播、新闻宣传、交通运输、公用事业、银行、保险业以及能源等部门。如巴西一般禁止外资企业投入这些部门；阿根廷和乌拉圭则规定对这些部门的外国投资事先须经政府当局批准。墨西哥、秘鲁、委内瑞拉等国规定，上述部门只能由国家或本国人经营。墨西哥规定，石油、放射性矿物和核能的生产、电力、铁路、电报和无线电通信等部门由国家专营；广播、电视、国内航空运输和海上运输、城市公路、开发森林资源、天然气分配等部门由墨西哥人和没有外资参加的墨西哥公司经营。秘鲁把钢铁、有色金属、化肥、水泥、造纸、石油提炼等行业的经营权划归国家。委内瑞拉规定，由国家经营的部门有天然气、石油和铁矿石三项。安第斯条约组织成员国最初曾规定公共事业、保险、商业银行、国内销售、广告、运输、商业性广播、报纸等部门禁止外国投资，但后来又允许成员国自行规定外资能否在这些部门投资。

（三）**大多数拉美国家在利润汇出、利润再投资、抽回股本等重要环节上，对外资实行不同程度的限制。**拉美国家除巴哈马外，对利润汇出都有一定的限额并课以一定的税金。阿根廷规定，外资汇出利润超过注册资本 12% 时，超出部分还要交纳 15%—25% 的税金。巴西对非奢侈品生产部门的利润汇出作出的规定是，如 3 年中平均汇出额超过注册资本 12% 的话，得征收一笔 40%—60% 的附加税。同时还规定，奢侈品生产部门的外国投资只允许汇出不超过其注册资本 8% 的利润。安第斯条约组织成员国原来规定外资汇回利润不得超过其注册资本的 14%，但从 1976 年 12 月起，提高到不超过外资总额的 20%。拉美国家对利润再投资的规定一般较宽松。安第斯条约组织成员国原规定每年的利润再投资不得超过外资总额的 5%，现已提高到 7%，并且可以不需要所在国政府批准。对抽回股本的规定，各国的做法各不相同。巴西和巴拉圭没有限制，阿根廷、智利等国一般规定外资投入本国 3 年之后方允许抽回。

为了防止外资企业利用专利权使用费来逃避对利润汇出的限制，墨西哥和安第斯条约组织成员国对技术转让制定了专门的法律。墨西哥在技术转让法中规定，一切专利必须经过审查和注册，以免外国公司任意规定专利权使用费，把它当作子公司的业务支出而不列为利润汇出。安第斯条约组织成员国则设立专门机构负责审查、控制外国技术进口的费用问题，规定外国公司从其母公司或该母公司在别国的子公司引进的技术，安第斯条约组织成员国不付给专利权使用费。

（四）在人员安排、利用本地产品、设厂地点等问题上对外资企业提出要求。拉美国家规定外资企业要为所在国的劳动力提供就业机会，而且要求给予其中的一部分劳动者享有在职训练的待遇。墨西哥的法律规定，外资企业雇用所在国职工的比重至少要达到90%，智利规定为85%，秘鲁为80%，巴西为66%。拉美国家还规定外资企业在建立初期必须购买当地产品的5%—10%作为中间产品或零配件，以后逐年增加，最后达到大部分在当地购买或制造。如墨西哥规定，外资制造业企业在它经营两年后使用当地产品的比重必须达到60%，否则，不得享有墨西哥政府给予外资企业的种种优惠。巴西对利用当地产品低于85%的外资企业，在提供出口资助方面进行限制。巴西还要求外资企业将其产品的50%用于出口，否则，取消巴西经济开发银行给予它的特别贷款。拉美国家还大力鼓励外资在本国经济落后的地区开办企业。如巴西对在东北部和亚马孙地区开办的外资企业在税收、贷款等方面给予较优厚的待遇。哥伦比亚鼓励外资企业从波哥大、麦德林、巴兰基利亚、卡利等工业发达地区迁往国内其他地区。为了减轻和防止工业污染，阿根廷要求包括外资企业在内的15种行业必须在规定期限内从全国工业最集中的布宜诺斯艾利斯省迁出。它还要求新建的外资企业做到：按工人人数平均计算，厂房、机器设备费用至少要达到2500万比索（约合1.8万美元），年产值要达到2500万比索。

拉美国家对外资的上述政策规定，在吸引外资方面，近年来产生了较明显的效果。以美国在拉美的直接投资额为例，从1976年到1978年3年间共增加了103.42亿美元，而从1967年到1972年6年间只增加51.45亿美元。外国资本的增长，既表现了西方国家资本输出的加强，也反映出拉美国家政府对外资政策的变化，这种政策在很大程度上直接影响着这个地区的经济发展。

但是，上述政策在执行过程中也产生不少问题。（1）外资对拉美的剥削加强。从美国在拉美私人直接投资的利润率来看，1950年为13.4%（6.15亿美元），1960年为10.5%（9.74亿美元），1970年为10%（14.82亿美元），1975年为15.5%（32.21亿美元），1978年高达16.1%（48.44亿美元），是战后历年来最高的数字。1978年美国垄断资本榨取的利润，比它当年投入拉美的资本（43.99 亿美元）还高出近 5 亿美元。（2）外国厂商常常借用当地人的名义向所在国政府登记为合营企业，取得各种优惠照顾。名义上是合股经营，实际上经济大权仍掌握在外国公司手里。此类情况拉美国家常有披露。此外，有些拉美国家规定合营企业中当地资本必须占到 51% 以上的股份，但由于当地资金短缺，合营企业最终往往难以搞成。据报道，1976 年外资在拉美国家共进行 170 宗联合投资，仅占当年外国直接投资额的 1%。在技术较先进的工业部门，外国资本家生怕泄露专利技术秘密，也不愿意同拉美国家搞合营企业。（3）外国垄断资本采取增加借贷资本输出的办法来抵制拉美国家对外国直接投资的限制措施。目前，外国垄断资本更热衷于输出借贷资本，而对在拉美国家的直接投资卡得较紧。30 年代以来，外国私人直接投资一直是帝国主义国家资本输出的主要形式，其数额远远超过借贷资本的输出，最高的时候曾以 1：5 领先。但是，从 70 年代起，特别是 1976 年以来，借贷资本的输出越来越超过直接投资。目前外国向拉美输出的借贷资本高达 1500 亿美元，比直接投资高出 1 倍以上。这样沉重的债务负担，对拉美经济的发展产生了严重的消极影响。

（原载《拉丁美洲丛刊》1980 年新 1 期）

拉美的对外贸易特点和当前调整措施

对外贸易在拉丁美洲经济中一直占有重要地位。拉美国家长期实行对外开放，通过商品贸易与国际市场保持着密切联系。商品出口是拉美各国外汇收入的重要来源，也是弥补国际收支赤字的主要措施。同时，出口收入的多寡在很大程度上决定着它们进口能力的大小。直至 20 世纪 30 年代初，进出口商品的关税仍是拉美各国政府财政收入的主要来源之一；各国主要商品的 1/3 到 4/5 都输往国外。战后以来，拉美各国为发展对外贸易和改善其在国际贸易格局中的地位，进行了长期不懈的努力。

一 历史的回顾

1885 年拉美的对外贸易额仅 10 亿美元，1920 年增至 60 亿美元。30 年代大危机后，由于出口大幅度下降，对外贸易额直至 1947 年才超过原来的水平。第二次世界大战期间，拉美出口迅猛增加，其势头一直保持到战后初期。但整个 50 年代拉美出口的增长速度放慢，进入 70 年代后才高于世界出口贸易的平均增长速度。

工业发达国家的出口增长速度一般高于国内生产总值的增长速度。而拉美地区的情况却相反，60 年代以来，甚至到 70 年代中期后，也只有半数国家的出口增长速度超过国内生产总值的增长速度，虽然 70 年代拉美出口增长迅速，但就出口量而言，整个地区的年均增长率只有 5%，仍落后于进口量的增长率（7.2%）和国内生产总值的增长率（6.1%）的平均增长水平。1970—1979 年间，只有 10 个拉美国家出口量的增长幅度超过发展中国家的平均增长幅度（26%）。它们是：墨西哥（131%）、巴西（100%）、厄瓜多尔（98%）、阿根廷（96%）、智利（90%）、哥伦比亚（81%）、洪都拉斯（74%）、乌拉圭（71%）、危地马拉（52%）和巴拉圭（40%）[1]。

70 年代拉美出口量增加的原因是多方面的：（1）墨西哥和厄瓜多尔大量增加石油和石油制品的出口，如 1977—1979 年间，墨西哥的原油出口量增长 164%，厄瓜多尔的精炼油出口量增长 610%；（2）由于石油价格上涨，上述其他国家都不得不大力促进出口，以弥补进口石油所带来的贸易逆差；（3）阿根廷、智利、乌拉圭等国国内市场萎缩，可供出口的商品明显增加；（4）巴西、哥伦比亚等国刺激出口的政策实施得比较成功。巴西农产品在世界出口市场上已名列前茅，并成为仅次于美国的世界第二大农产品出口国；（5）拉美地区内部贸易的扩大。

拉美 3 个大国（巴西、墨西哥和阿根廷）、4 个中等国家（委内瑞拉、哥伦比亚、智利和秘鲁）通常占本地区对外贸易额的 4/5 左右。20 世纪 50 年代以前，阿根廷是本地区最大的进口国。自 1951 年起，巴西的进口额开始超过阿根廷。至 60 年代中期，墨西哥在拉美进口总额中跃居首位。自 60 年代末起，巴西再次成为本地区最大的进口国。在出口方面，1972 年起巴西超过委内瑞拉成为本地区最大的出口国。1974—1975 年间，因石油价格上涨，委内瑞拉又跃居首位。至 70 年代末，巴西的出口猛增，其出口额约相当于阿根廷和墨西哥两国出口额之和。1981 年，在拉美进出口总额中，安第斯条约组织 5 国的进出口额分别占 5.48% 和 4.13%，中美洲共同市场 5 国分别占 5.48% 和 4.13%，加勒比国家和巴拿马合在一起，分别占 4.67% 和 17.49%。

第二次世界大战结束后，随着民族经济的发展和国内市场的扩大，出口收入在整个地区国内生产总值中的比重逐步下降。这种趋势在拉美 3 个大国和 4 个中等国家的对外贸易中表现得尤为突出。同时，拉美在世界贸易中的份额也明显减少。1950 年，拉美的进出口额分别占世界进出口总额的 8.1% 和 10.69%，至 1980 年，出口比重已降至 4.97%，进口比重降至 4.91%。但这种下降趋势并不表明拉美对世界市场的依赖程度相应降低了。

---

① 《美洲开发银行 1982 年报告》，第 94—95 页。

拉美各国对世界市场的依赖程度，大体上分为三类。第一类是商品和劳务进出口额已接近国内生产总值的国家，包括特立尼达和多巴哥、巴拿马、巴巴多斯、圭亚那、委内瑞拉、牙买加、洪都拉斯、哥斯达黎加等国；第二类是商品和劳务进出口额占国内生产总值50%—80%的国家，包括智利、厄瓜多尔、萨尔瓦多、尼加拉瓜、玻利维亚、多米尼加、乌拉圭、海地等国；第三类是商品和劳务进出口额占国内生产总值30%—50%的国家，包括巴西、墨西哥、阿根廷、哥伦比亚、秘鲁、危地马拉、巴拉圭等国。国际市场上商品进出口商品价格的涨落和世界经济形势的变动，对第一类国家影响最大，第二类国家次之，第三类国家再次之。

60年代以来，各国国营企业在拉美对外贸易中起着重要作用。拉美国家通过以下四类国营企业直接干预本国的对外贸易：第一类是专门从事矿产品进出口业务的国际贸易公司，如秘鲁矿业贸易公司、巴西国际石油公司、牙买加国家贸易公司等；第二类是负责农产品进出口的国营农牧业贸易公司，由国家给予财政补贴，垄断小麦、玉米、大豆、肉类等产品的外贸业务，第三类是兼营外贸业务的大型国营企业，如墨西哥和委内瑞拉的国营石油公司等；第四类是国营公共事业机构，如国营电力、电话公司等，负责技术进口业务。1977年，拉美40家国营公司的出口额就达164.72亿美元，进口额达72.33亿美元。如果把全部国营企业的出口额计算在内，国营企业大约控制拉美出口的40%。

二　几个特点

（一）**自60年代中期起，贸易结算长期逆差**。拉美历来是一个贸易收支顺差地区。从1937年到60年代中期，除1957年和1958年出现巨额逆差外，几乎连年顺差。从60年代中期起，由于出口经常下降，进口增长率不断提高，本地区许多拉美国家对外贸易开始出现周期性逆差。1970—1979年10年中，除1973年和1979年外，年年出现逆差，累计达130多亿美元。期间，巴西和墨西哥几乎连年逆差；贸易收支历来顺差的委内瑞拉和阿根廷也出现了逆差。

拉美连年出现逆差的主要原因如下。

第一，进口增长率超过出口增长率。许多拉美国家由于推行经济高速增长计划，需要从国外大量进口机器、成套设备、中间产品、粮食和燃料，因此它们都不同程度地推行自由进口政策，通过降低关税、改变汇率、简化进口手续、放松管制和增设自由贸易区等办法来刺激进口，从而改变了进口量入为出的做法。拉美进口量的年均增长率从1960—1970年的4.2%增至1970—1980年的7.2%，而出口量的年均增长率仅从4.4%增至5%。在经济较发达的国家，进口的增长尤为突出。

第二，原油进口量增加。整个拉美的原油进口量1960年仅为1.14亿桶，1979年增至5.22亿桶；加之原油价格上涨，使各国进口总额迅猛增加。石油及其制成品的进口额，1970年仅为6.5亿美元，1979年增至115.42亿美元，分别占拉美进出口总额的6.9%和26.9%。

第三，贸易条件恶化。许多拉美国家出口商品价格下降，收入减少，严重影响贸易收支的平衡。据美洲开发银行计算，除几个出口石油的拉美国家外，70年代整个地区的贸易条件下降5%。以1970—1973年和1978—1980年期间商品贸易的价格作比较，巴西、危地马拉、洪都拉斯、多米尼加共和国和巴巴多斯的贸易条件下降10%，阿根廷、巴拿马和乌拉圭下降20%。同期，拉美进口商品价格的上涨更为明显。70年代的10年中，对于不出口石油的拉美国家，贸易条件不利的占6年。贸易条件的好坏对那些出口产品不够多样化的拉美国家的出口收入和进口能力的影响更大。当然，贸易条件的好坏与一个国家或地区国内生产总值的增减并不完全一致，如巴西面临的贸易条件一直较为不利，但70年代期间国内生产总值年均增长率为8.8%。70年代委内瑞拉和玻利维亚的贸易条件较为有利，但同期两国国内生产总值的年均增长率仅为4.5%。

第四，无形贸易逆差不断增加。进入70年代以来，拉美国家的无形贸易，尤其是劳务进口的规模不断扩大，劳务进口额在1971—1973年均为184.14亿美元，到1980年已增至562.5亿美元。同期，劳务出口额仅从101.12亿美元增至296.47亿美元；无形贸易逆差则从83.02亿美元增至266.03亿美元。无形贸易逆差的不断扩大，一方面是由于70年代以来拉美以利润和利息流出的劳务开支空前增加；另一方面也是由于西方国家控制了海上运输、保险公司、银行和交易所，使拉美国家承受了巨大损失。据国际货币基金组织的材料，不出口石油的拉美国家在商品贸易中支付的运费和保险费 1950 年仅为 6. 1 亿美元，1960 年为 9. 6 亿美元，1970 年为 16. 7 亿美元，1980 年则猛增至 91. 5 亿美元。无形贸易逆差的增加对拉美对外贸易的发展产生严重影响。

（二）外贸商品结构的变化不大。 拉美一直以输出粮食、原料、燃料等初级产品为主，外贸出口结构中的这一基本特点至今没有发生根本变化。本地区出口收入的 4/5 仍来自初级产品的输出。目前，13 种主要初级产品的出口额约占拉美出口总额的一半。许多拉美国家的出口至今仍严重依赖一二种初级产品。据国际货币基金组织的材料，1980—1982 年一种原料初级产品在拉美 12 个国家的出口中仍占 1/3 以上。燃料初级产品（原油）则在委内瑞拉、墨西哥、厄瓜多尔、特立尼达和多巴哥 4 国的出口中占 1/3 以上。国际市场商品价格的涨落，对这些国家产生着重大影响。

尽管初级产品至今仍占大多数拉美国家出口总额的绝大部分，但与战前相比也有所不同。拉美作为世界粮食、原料和燃料供应地的作用在逐步下降。据联合国拉美经委会的材料，1955—1974 年，粮食在世界出口贸易中所占比重已从 20.5% 降至 14.2%，原料从 8.9% 降至 3.9%，燃料从 27.5% 降至 11.1%。初级产品在本地区出口中的比重，总的趋势在下降。五六十年代，初级产品占出口商品的 90% 以上，目前已降至 80% 左右。

值得注意的是，随着工业化和经济现代化的发展，各国的经济结构业已开始多样化，制造业在本地区多数国家已成为主要经济部门，因而拉美制成品的出口正在不断增长。60 年代初和 70 年代初，制成品的出口额仅占拉美出口总额的 6% 和 12%，目前已提高到 20%。在制成品出口中，机器和运输设备的增加尤为突出。近年来家用电器、电子产品、机械设备等非传统制成品的出口也大量增加。1970—1978 年，非传统制成品的出口增长了 5 倍。

制成品在本地区出口中所占比重的增加，主要是因为本地区制造业有了巨大发展，特别是 3 个大国和 4 个中等国家的制造业已成为它们经济中最活跃的部门；拉美鼓励制成品出口的政策也发挥了作用。此外，国内需求减少。如 1980 年和 1981 年，因国内需求减少，巴西汽车出口增加 50%。这些都是造成制成品在出口中比重增加的重要因素。

拉美进口商品结构的变化大于出口商品结构的变化。随着进口替代的发展，制成品在拉美进口中的比重已从 1963—1968 年的 69.9% 降至 1973—1978 年的 36.1%。在制成品进口中，非耐用消费品和耐用消费品的进口大大减少；用于工业、农业和交通运输业的资本货的进口增加。但从 70 年代下半期起，粮食和燃料在本地区进口中的比重明显上升，粮食年均进口量从 60 年代中期的 610 万吨增至 1979 年的 1904 万吨。这主要是由于近些年来许多拉美国家人均粮食生产指数大幅度下降的结果。

在进口结构中，燃料的增加比粮食更明显。1960—1979 年期间，拉美石油进口量增加了 3.7 倍，加之原油价格大幅度上涨，使燃料在进口中的比重空前提高。

拉美进口商品的大约 4/5 集中在拉美自由贸易协会（现为拉美一体化协会），加勒比和中美洲分别占本地区商品进口的 15% 和 5% 左右。安第斯 5 国通常占 20%，墨西哥、巴西和阿根廷约占全部进口的一半。

（三）从对外贸易的地理分布来看，发达资本主义国家（除日本外）在拉美进出口总额中的比重下降；拉美国家相互间贸易不断上升；拉美同其他发展中国家以及同苏联、东欧国家的贸易增长加快。

拉美同发达资本主义国家的贸易至今仍占其对外贸易的 2/3 以上。但发达资本主义国家在拉美对外贸易中的比重有所下降。它在拉美进口中的比重从 1963—1969 年的 79.6% 降至 1973—1979 年的 69.9%，在拉美出口中的比重从 76.2% 降至 71.6%。而日本在拉美进口中的比重却从 1961—1963 年的 3.7% 提高到 1977—1979 年的 7.9%，在拉美出口中的比重则从 3.3% 增至 4.1%。

美国在拉美对外贸易中一直占有突出地位。第二次世界大战结束后的头几年中，美国在拉美对外贸易中几乎占一半，直到 60 年代初，仍占 40% 左右。近 20 年，随着美国经济实力和竞争能力的下降，它在拉美对外贸易中的绝对地位有所下降。1979 年，美国仅占拉美进口额的 34.9%，出口额的 38%。拉美在美国对外贸易中的比重也相应下降。1950—1980 年期间，它在美国出口额中的比重从 21% 降至 18%，在美国进口额中的比重从 29% 降至 15%。但拉美在美国对发展中国家的贸易往来中仍占有重要地位。以 1980 年为例，美国对拉美的出口额约占它向发展中国家出口额的 48%，从拉美的进口额约占它从发展中国家进口额的 33%。

随着拉美民族经济的发展，本地区各国间的贸易往来不断加强。1950 年和 1960 年，本地区内部贸易在全部出口额中仅占 8.1% 和 7.6%，在全部进口额中仅占 10% 和 8%。进入 60 年代后，由于一体化运动的逐步开展，拉美各国间相互提供优惠，商品贸易大量增加。此外，阿根廷、巴西、墨西哥等国经济结构发生明显变化，制成品大量出口，其中一半以上在本地区市场寻找销路。加之发达资本主义国家贸易保护主义加强，拉美国家向外部市场的出口面临很多困难，转而重视对本地区市场的开拓。拉美各国政府和企业家对本地区各国间的双边和多边贸易采取了许多积极措施。由于这些因素，1960—1970 年和 1970—1975 年间拉美各国间的贸易分别以年均增长 10.2% 和 25.7% 的速度递增。中美洲共同市场国家积极开展本地区内部贸易，1974 年它的出口总额中将近 30% 是输往本地区国家的。近年由于局势动荡，拉美国家内部贸易的比重有所下降，但直至 1978 年，在进出口贸易中，地区内部的比重仍达到 31.4% 和 24.4%。就其他国家而言，巴西、墨西哥和安第斯 5 国的出口商品中，有 1/8 到 1/7 是在本地区出售的。阿根廷、巴西和墨西哥在本地区内部贸易中以出口制成品为主，本地区其他国家已成为这 3 个国家工业品出口的主要市场。阿根廷出口商品中大约 1/4 是在本地区市场出售的。近 20 年来，英美传统市场在阿根廷对外贸易中的地位相对下降，拉美内部市场的地位稳步提高。1979 年，巴西在阿根廷进口中仅次于美国，成为阿根廷第二大供应国。1969—1979 年 10 年中，阿巴双边贸易增长 4.3 倍。近些年来，巴西同智利、巴拉圭、墨西哥、委内瑞拉、乌拉圭、秘鲁等国的双边贸易也发展较快。巴西现已成为智利交通运输工具的主要供应国，同时从智利大量进口铜，它还取代阿根廷成为巴拉圭消费品和工业产品的主要供应国。1980 年，巴西对本地区的出口额第一次超过对美国的出口额。值得注意的是，它对本地区国家的出口中制成品占 60%，虽然这些制成品在技术上不算先进，但在价格上具有相当高的竞争性，同时适合当地国家的实际需要。

　近 20 年来，拉美同其他地区发展中国家的贸易往来也明显增加。中东、亚洲和非洲地区发展中国家在拉美出口中的比重，从 1963—1969 年的 1.4% 提高到 1973—1979 年的 3.7%，在拉美进口中的比重从 3% 提高到 13.8%。拉美同亚非地区发展中国家经济贸易关系的日益扩大，是由以下几种因素促成的。第一，许多拉美国家奉行对外贸易多样化政策，以减轻对发达资本主义国家的贸易依赖。以巴西为例，1960年它向非洲国家的出口额占其出口总额的不到 1%；而从非洲国家的进口额只占其进口总额的 0.5%。到 1981 年，在巴西进出口总额中，非洲的比重分别占 9% 和 7.3%。第二，拉美从中东国家进口石油，同时向它们出口汽车、电器等工业产品和牛肉、冻鸡等食品，从而扩大了双方的贸易额。第三，近些年，东盟 5 国经济发展较快，同拉美的经济往来不断增多。拉美已将其作为发展经济关系的重点地区。第四，拉美同非洲和中东在历史上和文化上存在着不少共同点，有利于双方经济贸易关系的发展。

值得注意的是，拉美同中国的贸易正在不断加强。中华人民共和国成立之初，由于帝国主义的封锁和禁运，拉美同中国的贸易微乎其微。五六十年代，拉美除古巴同中国建立了正式贸易关系外，只有少数几国同中国有民间贸易往来。60 年代中国从拉美的进口年平均额只有 1.2 亿美元，向拉美的出口年平均额仅为 8000 万美元，其中绝大部分集中在同古巴的贸易上。70 年代，墨西哥、智利、阿根廷、秘鲁、圭亚那、牙买加、巴巴多斯、特立尼达和多巴哥、苏里南、委内瑞拉、巴西等国相继同中国建立了正式贸易关系，互设了商务处，并有 7 个国家同中国签订了政府间贸易协定，拉美同中国的贸易才有重大突破。1979 年中国从拉美的进口额比 1969 年增长近 19 倍，同期它向拉美的出口额增长 3.5 倍。80 年代，厄瓜多尔和哥伦比亚同中国互设了商务处，哥伦比亚还同中国签订了政府间贸易协定。1981 年，拉美同中国的贸易额比 1979 年增长了12%。中国同拉美的贸易主要集中在阿根廷、巴西、古巴、智利、墨西哥、巴拿马、委内瑞拉和秘鲁。1983 年中国同巴西的贸易额达 7 亿美元，1984 年将增至 10 亿美元。

拉美同苏联、东欧等经互会成员国之间的贸易往来始于 60 年代初，当时贸易额不大。70 年代后，双方贸易增长较快。通常，拉美向经互会成员国出口的增长速度高于它向发达资本主义国家出口的增长速度。双方贸易中，经互会成员国除个别国家在个别年份出现顺差外，一般为逆差。70 年代，经互会成员国向拉美的出口总额只相当于从拉美地区进口总额的 35%—50%。其中苏联、匈牙利和保加利亚同拉美的贸易中逆差较大。1977 年，拉美在经互会成员国进出口总额中的比重分别为 4.5% 和 3.4%，在经互会成员国对所有发展中国家的进出口中，拉美通常占 35% 和 20%。拉美主要向经互会成员国出口农业和矿业的初级产品。

同经互会成员国进行贸易交往的拉美国家有巴西、阿根廷、哥伦比亚、墨西哥、秘鲁等国。双方除了签订为数众多的长期贸易协定外，还订有一些提供具体商品的长期合同。如巴西在同波兰签订的一项合同中规定，巴西以提供铁矿石换取波兰的炼焦煤。1970—1976 年巴西与波兰的贸易额扩大 5 倍，很大程度上是通过这类长期合同取得的。

在拉美同经互会成员国的贸易中，苏联占有突出地位。拉美有 25 个国家同苏联有贸易往来。12 个拉美国家同苏联签订了协定，规定用分期付款或用出口本国商品的方式购买苏联的机器和设备。拉美国家还同苏联签订了许多长期供货协定，其中有阿根廷向苏联提供粮食、大豆、肉类的协定；秘鲁向苏联提供有色金属的协定；墨西哥用提供硫黄换取苏联拖拉机的协定；巴西同苏联互换商品的协定等。此外，还有 8 个拉美国家同苏联建立了政府间的贸易机构。1980 年，阿根廷出口粮食的 60% 以上输往苏联，苏联成为阿根廷农牧产品的第一大进口国。1981 年，拉美（不包括古巴）同苏联的贸易额约 32 亿卢布，其中苏联从拉美的进口额为 31 亿卢布，向拉美的出口额为 1 亿多卢布。苏联力图通过大量贸易逆差扩大它对拉美的政治和经济影响。

（四）在加强商品出口的同时，技术出口得到了初步发展。 拉美国家传统上是技术进口国，而不是技术出口国。自 70 年代起，本地区经济实力最雄厚、工业化程度较高的国家，通过专利使用证、咨询、技术援助合同、工业和民用建筑项目和工程服务项目等业务的扩展，不断加强其技术出口。如巴西、墨西哥和阿根廷的技术出口分别超过 30 亿美元（1966—1980）、8 亿美元（1974—1979）和 4 亿美元（1973—1980）。巴西技术出口的收入主要来自向海外提供成套设备或大规模地为国外提供成套基础设施。巴西向海外提供钢材、食品、机械设备、化工产品、纸张、耐用消费品等成套设备，也向海外提供水力发电、电网、公路及其配套工程、通信、港口、城市工程、机场和供水系统等项目的设备。墨西哥技术出口的范围包括提供生产钢、玻璃、纸张、化纤及各种化工产品的设备和技术。阿根廷向海外提供的项目有成套设备的电子通信工程、医院和机场设施、石油泵送站、天然气和石油的终点设施，以及食品厂、制药厂、抗生素和放射性同位素工厂。

由于巴西、墨西哥和阿根廷在本国生产过程中对以前进口的技术进行了改造，它们出口的技术对于广大发展中地区较为适用，因此深受第三世界国家的欢迎。如巴西工业技术出口项目中，60%输往其他拉美国家；民用基础设施出口项目中，其他拉美国家占68%，中东占12%，非洲占13%；咨询合同中，86%是同其他拉美国家签订的。墨西哥和阿根廷的技术出口几乎全部集中在发展中国家。上述3国的技术出口主要是由国营企业经营的，如巴西石油公司、墨西哥建筑公司、墨西哥技术公司等在出口中起着十分重要的作用。它们的政府通过税收鼓励、提供资金、承担风险、提供服务等措施，大力促进技术出口的发展。毫无疑义，这些国家从中间产品和资本货物的进口替代发展到出口某些适用技术，是一个巨大的进步。

三　当前的调整措施

进入80年代后，拉美经济急剧恶化。由于拉美自身发展模式上的缺陷，它蒙受的损失要比其他发展中国家更严重。为了摆脱当前的被动局面，各国政府对各自的经济贸易发展战略和经济政策着手进行一系列调整。在对外贸易方面，主要是削减进口，增加出口，以便增加外贸决算顺差，减轻财政负担，改善自身的国际收支地位。外贸政策上的调整主要有以下两个方面。

其一，普遍推行奖出限入的方针。如委内瑞拉于1982年11月25日公布3项法令，对高达600种商品采取进口限制措施。墨西哥在1981年下半年把需要进口许可证的商品增加了300种，在全部进口总额中，需办进口许可证的商品已从1981年年初的60%增至85%。厄瓜多尔从1981年7月3日起，对506种商品分别提高10%—100%的进口税。推进自由贸易政策最积极的智利也在1981年11月规定：进口中间产品和消费品的付款期限由原来的180天缩短到90天，1982年秋季已缩短到45天。巴西、阿根廷、智利和墨西哥等国还通过外贸、外汇、海关部门密切合作，严格控制非必需品进口。与此同时，拉美国家还采取许多措施来增加出口。如墨西哥除保证占出口总额75%的石油正常出口外，还通过减免关税，恢复和发展其他商品的出口。巴西实行"以进养出免税制"来促进出口的进一步发展。所谓"以进养出免税制"，就是通过对那些进口后再生产出口产品的原料、半成品和成品实行免税或退税，从而降低出口产品的生产成本，提高产品在国际市场的竞争能力。智利规定，进入伊基克自由贸易区的本国产品可免缴增值税，延长出口商品的预期装运信贷等。阿根廷等国还采取了最大限度利用出口工业的生产能力，提高对出口商品的补贴等措施。此外，许多拉美国家为提高出口产品的竞争能力，实行了货币大幅度贬值，例如1982年玻利维亚比索贬值800%，墨西哥比索数次贬值，贬值率达500%。

其二，采取易货贸易方式。因外汇短缺，拉美国家不仅减少了同其他国家的贸易，而且也减少了本地区内部的贸易。1980—1983年，本地区的贸易额下降了40%。为阻止对外贸易萎缩给生产和发展计划带来更大损失，许多拉美国家采取了易货贸易方式。这种贸易方式对于外汇短缺的发展中国家来说，目前似乎比较切实可行。如1983年巴西与伊朗的双边贸易协定规定，用伊朗的石油交换巴西的制成品。最近，巴西还同墨西哥、阿尔及利亚和安哥拉签订了易货贸易协定。1981年乌拉圭同伊朗开始进行易货贸易，易货总额为1亿美元；1983年它开始同尼日利亚和墨西哥签订易货贸易协定。厄瓜多尔已选定26种商品同世界各国进行易货贸易，并对此做出具体规定。圭亚那同保加利亚和民主德国各达成一项1000万美元的易货一揽子计划。秘鲁、智利和玻利维亚同美国也开展易货贸易。此外，阿根廷、委内瑞拉、巴拉圭也积极开展易货贸易，以扩大对外贸易。

由于推行上述两大调整措施，近3年拉美对外贸易的进口量明显减少，出口量逐年增加。据联合国拉美经委会统计，1982年拉美地区的商品进口量下降了17.8%，1983年再次下降28.4%，进口额分别为789亿美元和563亿美元；1981—1983年的商品出口量年增长率分别为9.9%、0.6%和7.1%；出口额1981年为968亿美元，1982年为886亿美元，1983年为875亿美元；商品贸易结算1981年以前一般都为逆差，1982年出现了 97 亿美元的顺差，1983 年再创纪录的顺差，大约为 312 亿美元[①]。外贸顺差的出现主要是由于商品进口额下降的结果。

　　但是不能不看到，上述调整措施主要是从应急的角度来考虑的，其目标也是短期的。当前，一场新的技术革命正在对世界各国的产业结构和消费结构产生深远的影响。产业结构和消费结构的深刻变化，必将改变拉美对外贸易的进出口产品结构、内容和流转方向。在新的形势下，拉美各国如何结合自身对外贸易的特点，从战略上进行一些调整，仍然是一项十分艰巨的任务。

　　　　　　（原载《拉丁美洲丛刊》1984 年第 3 期；第二作者：齐海燕）

[①]　其中 1983 年的数字均为预计数。

拉丁美洲多症并发的
资本主义发展危机

（一）**80 年代上半期，拉美经济从 60 年代的平均增长率 5.5%、70 年代的平均增长率 6% 急转直下，陷入了严重困境。**1981—1983 年人均实际国内生产总值连续 3 年出现负增长。虽然从 1984 年起经济有所恢复，但人均产值仍达不到 1980 年的水平。

究竟如何分析 80 年代上半期拉美经济经历的这场挫折，似有进一步讨论的必要。一方面，我们确实需要对拉美经济当前出现的问题有一个理论上的说明，而不是停留在对现象的简单描述上，从而推动我们对拉美资本主义发展的性质和规律做深入研究。另一方面，从已发表的文章中也不难发现，国内的研究者对这一问题持有不同看法。

目前至少有三四种不同意见。一种看法倾向于笼统地提"经济困难"而尽量避免以"经济危机""危机"等概念来分析 80 年代上半期的拉美经济问题。另一种看法认为，拉美面临的是一场以债务危机为主要特征的严重经济危机。还有一种意见认为，拉美经济陷入了"结构性危机"或"结构性发展危机"。还有的学者以"发展危机"的概念来分析问题。

（二）**笔者认为，对于 80 年代上半期拉美经历的挫折，如果简单地以"经济困难"加以概括，是远远不够的。**

20 世纪以来，已发生过 8 次世界性经济危机（1900 年、1907 年、1920 年、1929 年、1937 年、1957 年、1973 年和 1979 年），其中真正对拉美社会经济产生冲击作用的只有两次：1929—1933 年的大危机和 1979—1982 年的危机。从背景和结果加以分析，这两次世界性经济危机在拉美的反响又有明显差异。

首先，背景不同。30 年代，拉美是前资本主义社会形态占主导地位的初级产品出口地区。建立在大庄园制、债务雇农制和单一产品制传统结构上的拉美经济属于殖民地依附性经济。经济危机在主要资本主义国家爆发必然殃及殖民地和附属国。它们通过进出口商品市场的作用把拉美国家强行卷进危机的旋涡以转嫁经济危机损失。70 年代末 80 年代初，资本主义生产关系在拉美城乡广大地区已巩固地确立起来。生产的社会化和资本主义私人占有是这个地区经济活动中最基本的特征。资本主义生产方式所带来的基本矛盾必然使拉美内部经济运动的冲击打上自己的印记。因此，80 年代上半期拉美经济中出现的问题，不仅与发达资本主义国家转嫁危机损失有关，而且同它内部经济运动的矛盾和冲突也有不可分割的关系。

其次，深度不一。与 30 年代不同，70 年代末 80 年代初拉美遭到了发达资本主义国家周期性经济危机和结构性危机的双重打击。拉美的债务问题无疑是发达国家结构性危机在国际经济关系领域中造成的恶果。除了外部环境带来的双重危机，近半个多世纪经济现代化和工业化过程中因宏观结构失控所带来的畸形资本主义，也使拉美产生了自身的危机。在内外危机的相互作用下，拉美经济出现了更为严峻的局面。30 年代时，由于拉美自身的经济结构比较单一，一旦西方国家走出危机，它也随之摆脱危机。但 80 年代上半期，由于本身经济结构上的偏差，拉美不可能很快摆脱危机的影响。从经济增长率来看，30 年代期间，美国的实际国民生产总值连续 4 年出现负增长，巴西只有 2 年、阿根廷只有 3 年连续出现负增长，而且降幅不如美国严重。但 80 年代上半期，拉美实际国民生产总值下降的幅度远比美国严重。这说明，内外危机交织在一起，互相影响，是造成 80 年代上半期拉美经济恶化的根源。

最后，影响不同。30 年代大危机对拉美社会产生了重大震荡。从 1929 年 10 月纽约股票市场崩溃到 1933 年为止，阿根廷、巴西、智利、秘鲁、危地马拉、萨尔瓦多、洪都拉斯和古巴都发生了军事政变，墨西哥经受了一场宪制危机。大危机使拉美各国开始认识到依靠扩大进出口贸易的传统做法无法改变本国的落后状态。进入四五十年代后，拉美着手通过进口替代战略来发展民族经济。六七十年代，进口替代的工业化道路不断深化，并同面向出口、出口多样化融合在一起。与此同时，拉美资产阶级日益壮大、日趋成熟。70 年代末 80 年代初，尽管拉美各国经济上陷入严重困境，但六七十年代相继上台执政的军人政府却接连地退出了政治舞台。"还政于民"使本地区的政治民主化进程取得了重大进展。

（三）笔者认为，"拉美经济危机"的概念过于笼统，难以阐明 80 年代上半期拉美经济中出现的问题，而且易于产生误解。理由之一——拉美目前尚不具备周期性生产过剩的条件。理由之二——这种提法可能会对发达国家向发展中国家转嫁经济危机损失的严重程度估计不足。

从理论上说，生产的社会性和生产资料的私人占有形式的矛盾是产生经济危机的根源。机器大工业生产发展到一定程度时就会周期性地产生资本主义危机。当然，马克思的经济危机理论是在自由资本主义阶段、资产阶级尚未采取大规模干预经济的历史条件下科学地总结出来的。我们不应该笼统地用来概括第二次世界大战结束后的经济危机。第二次世界大战结束后，即使在发达资本主义国家，经济危机本身也发生了变形，具有新的特点。如何运用马克思的基本原理和分析问题的方法来研究拉美经济当前面临的危机，亟须我们去努力探索。但是，有一点似乎可以肯定：拉美的危机不属于周期性生产过剩危机。由于历史的和经济的原因，拉美的再生产周期不能不受发达资本主义国家的深刻影响。不论经济扩张或高涨，经济收缩或下降，资金、生产、就业、物价水平等经济活动的波动，在很大程度上受外部市场的制约。因此，拉美的危机在相当程度上是派生的。危机的爆发和持续的时间与西方国家周期性的经济危机相比，具有同步性或滞后性的特点。拉美目前的国民生产总值已同联邦德国相等，是美国的 1/5。1960 年美国的国民收入为拉美的 7.09 倍，到 1979 年已缩小到 3.65 倍。尽管如此，拉美的商品经济并非高度成熟。整个社会的物质生产还没有达到巨大增长的地步。本地区不仅在许多制成品和中间产品的需求上无法实现供给，而且对不少国家来说，连基本食品都尚需仰仗进口。除了个别工业部门和初级产品生产因国际市场的变化而出现开工不足和有意削减产量外，拉美现阶段还达不到产生生产过剩危机的条件。

在当前国际经济格局下，一定要充分估计发达国家转嫁危机损失对拉美造成的严重后果。由于受到资本国际化和生产国际化的制约，拉美国家不得不为发达国家的周期性危机和结构性危机付出代价。80年代上半期拉美经济停滞，进口下降，失业增加，通货膨胀严重，都同债务问题分不开。拉美国家债台高筑，同它自身的发展战略固然有不可忽视的关系。但头一位的原因仍在于西方国家通过种种手段向拉美转嫁危机损失。从1979年10月起，美国联邦储备委员会把利率从8%提高到20%。仅此举动就使拉美1979—1982年期间多支付外债利息490亿美元。与此同时，西方国家的贸易保护主义又使拉美在外贸方面蒙受巨大损失。拉美出口收入的增长速度远远赶不上债务实际利率的增长速度。美国的高利率政策又诱发了拉美巨额私人资金外逃。短短几年内，拉美从纯资金输入者变成了纯资金输出者，从而在借新债、还旧债的泥潭中难以自拔。拉美依然是发达资本主义国家向第三世界地区转嫁危机损失的直接受害者之一。

（四）**笔者认为，用"资本主义发展危机"的概念比较符合当前拉美面临的现实**。拉美经济中出现的问题，包括经济萎缩、债务负担沉重、部门结构严重失调在内，都同它采取的发展模式有不可分割的联系。因此，这场危机实质上是拉美发展战略的危机，也是拉美几十年资本主义发展道路的危机。

拉美的资本主义发展在近半个世纪以来取得了长足的进展。但拉美资本主义并不是在一个自然发育的历史过程中进行的，带有明显的弱点。它起步走的时候，正是欧美资本主义开始进入垄断资本主义时代。它采用进口替代战略进入初级工业化的时候，正是欧、美国家从私人垄断走向国家垄断的时代。拉美新生的资产阶级不仅不可能如同欧美资产阶级早期推行工业化时大量利用外部资源和资金来壮大自己，而且不断受到欧、美资本主义的盘剥。拉美发展中资本主义在当代世界资本主义经济体系中只能扮演被支配者的角色。因此，一旦发达资本主义国家爆发经济危机，它就在劫难逃。

拉美经济发展战略不乏成功的一面，但在推行过程中积累了不少问题，并长期得不到解决，终于在80年代上半期达到了不可收场的地步。它的问题主要如下。（1）热衷于追求国内生产总值的增长；在处理增长和稳定的关系时，舍稳定而求增长，甚至不惜依赖外部资金，造成投资畸形膨胀。在拉美总投资中，纯外部资金所占的比重，1955年为2.8%，

1965 年为 1.3%，1975 年为 10.9%，1982 年竟达到 17.8%。（2）在推行发展战略过程中没有及时调整产业结构和部门结构的偏差。（3）忽视内部市场的开拓。简言之，拉美的发展战略存在着过分追求外延增长、过分依赖外部因素的缺陷。联合国拉美经委会前执行秘书伊格莱西亚斯正确地指出，拉美今后应寻求一种"不依赖外国，不依赖借债，而是依靠自己的力量的新的发展模式"。这是拉美经济的根本出路。如果做不到这一点，拉美就难以从根本上摆脱当前面临的这场资本主义发展危机。

　　作者附笔：

　　此文写于 1987 年夏，系油印打字稿。当时由拉美所经济室召开拉美经济危机问题的讨论会，本文是我的发言稿。其他与会者如李琮、亚宁耕和郑伟民等先生的发言摘要，请见《拉丁美洲研究》1987 年第 4 期。

从政局发展看
拉美当前的政治和社会问题

步入 90 年代以来，一些拉美国家政局纷乱，处境艰难，继 1990 年 12 月苏里南军事政变、推翻文人政府之后，海地于 1991 年 7 月发生了自杜瓦利埃家族下台以来的第三次政变。1992 年 2 月和 4 月，委内瑞拉和秘鲁分别发生未遂军事政变和藤森总统的"自我政变"；11 月，这两个国家再次爆发未遂军事政变。巴西科洛尔总统因受贿而被迫辞职。阿根廷自 1983 年恢复文人政府以来，迄今已发生四次兵变。哥伦比亚加维里亚政府因大毒枭埃斯科瓦尔从监狱里逃跑而陷于困境。拉美国家政治发展的前景究竟如何，令人瞩目。不少论者以人民不满、军人干政、极左派游击队活动频繁、毒品泛滥以及政治制度腐败等为题分析了拉美政治和社会领域各种不稳定的因素。这些分析无疑是有益的。下面就这些问题发表几点意见。

（一）当前一些拉美国家政治舞台上的凌乱局面似应区分为两种不同类型。

一类是海地，某种程度上也包括某些中美洲国家；苏里南独立至今还不到 20 年，政治权力结构和政治体制还有待进一步确立，因此实际上也可归为这一类。这些国家处在传统社会向初级现代化社会转换进程中，尚未建立有效的经济和政治体制，因此，暴力和动乱一时难以被控制在最低限度之内。另一类是巴西、秘鲁、委内瑞拉等其他拉美国家。这些国家尽管时势艰难，但它们早已完成由传统社会向初级现代化社会的转变，80 年代在政治体制上还发生了军人向文人交权和代议制民主的回归等变化，暴力和动乱能够被控制在一定限度之内。它们已建立起特定的经济体制和政治权力结构，尽管政局多变，也只是稳定中的纷乱。由此看来，前一类国家面临的问题是在新旧社会转型时期建立起最起码的现代经济和政治体制；而后一类国家面临的则是在从旧经济发展模式向新经济发展模式转换进程中如何发展和完善现代化的政治体制问题。也可以说，这些国家当前要解决政治现代化与经济现代化如何步调一致的问题。上述两类国家由于经济和社会发展水平的差异，其局势纷乱在内涵和层次上是不同的。

　　1991 年世界银行高级官员在一篇文章中把当前拉美国家分为四类：一是玻利维亚、智利和墨西哥，它们通过经济改革已取得明显成效；二是阿根廷、巴西、哥伦比亚、委内瑞拉、乌拉圭等国，它们进行了断断续续的经济调整和改革，但成效不显著；三是秘鲁、萨尔瓦多、尼加拉瓜等国，它们深受经济衰退之苦，改革刚提上议事日程；四是海地、多米尼加共和国和危地马拉，这 3 个国家至今还没有一项经济改革的计划①。这一分类虽然是从经济改革计划及其成效的角度出发，但对于我们了解当前拉美政局也是有启发的。

　　实际上，第一类 3 个国家已大体顺利地度过了经济发展模式转换带来的社会震荡，政治权力结构稳固，执政党和反对党大体都能按照现代政党的"竞赛规则"行事。政治"军事化"的倾向已克服，政局较为稳定。第二、三类国家正处在意义深远而势头迅猛的变革时期，因此政局多变，社会动荡也是情理中的现象。调整发展模式，一定程度上就是调整生产关系和原有的分配结构。它不仅严重影响中下层社会阶层的经济利益和社会地位，而且触及进口替代模式下保护的工业集团、工会特权阶层及政府官僚集团和政客们的直接利益。中下层军官因待遇问题经常同政府发生龃龉，军队对政局发展仍会造成消极影响，如发动兵变等。但过去那种右派军人动辄以军事政变来推翻合法政府或以镇压行动来对付中产阶级和广大民众的做法已渐次衰歇。因此，在这些国家中，稳定的因素仍会超过不稳定的因素，迟早会从凌乱走向稳定，从无序走向有序，一个新的经济和政治格局会逐步建立起来。在第四类国家中，当前

---

　　① 参见 S. S. 侯赛因《拉丁美洲的经济改革与世界银行》，1991 年 2 月英文版，第 3 页和附表。

没有，而且也不可能有经济改革计划。如海地，虽然是拉美历史上最早宣布独立和最早废除奴隶制的国家，但在 1804 年独立、1934 年美国占领军撤走和 1986 年 2 月杜瓦利埃家族统治被推翻后，一直处于经济停滞和政治混乱之中，除了殖民主义者的祸患，海地的经济和政治权力始终为本国寡头集团、高级军官和教会上层集团所垄断，中产阶级和有组织劳工集团的社会地位和作用十分有限，传统社会的基本特征在海地时隐时现，建立现代社会的基本框架，还未真正起步。美国学者布莱克指出："传统政治体系决不会以立宪方式为最初的改革做好准备，领导的变更意味着传统政治寡头的失势，因而不可能没有暴力而实现……从传统领导向现代领导的转变通常是一种疾风骤雨式的过程。"①

（二）　不公正的收入分配是一些拉美国家政局变幻无常和社会动荡的基本原因。

经济增长和收入分配、效率和公正是当前世界各国都面临的问题，对于经济转型中的拉美国家更为敏感。如何处理这个问题，不仅关系到经济发展模式转换的成败，而且直接影响各国政局和社会安定。众所周知，拉美国家收入分配不平等的状况比别的发展中地区更加严重。据联合国拉美经委会的资料，1980—1986 年期间，拉美的贫困人口由 1.09 亿增至 1.375 亿，极端贫困人口由 4740 万增至 6270 万；他们在总人口中所占的比重分别从 38% 增至 41% 和从 17% 增至 19%，其中城市地区贫困人口和极端贫困人口的增长比农村地区更迅速②。在社会财富的分配格局中，一端是占人口 2/5 的贫困者和极端贫困者，另一端是攫取了大部分国民财富的最富者，他们只占总人口的 5%。据世界银行的分类统计数字，低收入国家平均贫富差距为 5.8 倍，中等收入国家为 10 倍，发达国家平均缩小为 6.8 倍。从人口中最富的 20% 的人的收入与最穷的 20% 的人的收入比例看，在美国是 12∶1，在亚洲"四小龙"为 5∶1，在巴西则是 26∶1（一说 33∶1）。拉美既是第三世界欠债最多的地区，又是滋生亿万富翁的温床。据 1992 年 7 月美国出版的《福布斯》杂志披露，拉

---

① C. E. 布莱克：《现代化的动力》，四川人民出版社，第 92 页。
② 世界银行拉美与加勒比地区技术部人力资源处：《拉美经委会的观点：80 年代拉美的贫困程度》，1990 年 11 月英文版，第 2 页。

美亿万富翁人数由 1991 年的 8 人增加到 21 人，其中墨西哥 7 人，巴西 5 人，智利和哥伦比亚各 3 人，阿根廷和委内瑞拉各 1 人。墨西哥的加尔萨—萨达家族拥有 38 亿美元财产，控制着从钢铁到石油和啤酒厂等一系列企业。随着经济衰退、低速增长和发展模式的转换，各国的公共部门大规模裁减雇员，大批人处于失业和半失业状态。拉美城市居民，包括相当规模的中等收入者被无情地卷进了贫困的旋涡。他们有的从收入高的制造业部门转入收入低的服务业，有的从收入稳定的部门转入收入不稳定的非正规部门。他们在公共部门支出急剧减少和恶性通货膨胀的双重煎熬下，实际收入大幅度下降。如果以 1980 年拉美城市地区实际最低工资指数为 100 的话，1990 年巴西城市地区的这一指数为 53，委内瑞拉为 51，秘鲁为 23[①]。城市居民生活水准的急剧下降，是拉美国家当前面临的尖锐问题。这是 1992 年世界环境与发展大会召开前巴西里约热内卢市连续发生许多食品摊、商店、市场遭成群人抢劫的社会背景，也是近两年来阿根廷、秘鲁、委内瑞拉等国引发多起社会骚乱的根本原因。

　　第二次世界大战结束后，拉美经济发展了，但一直没有妥善处理增长与分配、效率与公正的问题，矛盾和冲突日积月累，到 70 年代已变得十分尖锐，只是由于当时在军人政权的高压下拖延了爆发的时间。进入 80 年代后，随着军人政权的瓦解，这个问题又突出了，使文人政府处境困难。

　　迄今为止，拉美通行以下两种收入分配模式。

　　一种是"先增长后分配"，即以牺牲公平来保持经济增长。大多数拉美国家实际上长期推行这一模式。60 年代，巴西领导人公开宣称他们选择这一模式。西方发展经济学的主导人物刘易斯和库兹涅茨是这一收入分配模式理论的开山鼻祖。按照这一理论，发展中国家首要的任务是启动和加速经济增长，提高资本积累率，收入先集中在少数人手里，以形成高储蓄率和资本积累，从而使经济增长成为可能，然后通过"滴流"效应，自然而然地会提高穷人的收入。也就是说，收入分配不均等和两极分化是经济增长的必然结果，而经济增长的结果最终将导致均等的收

---

　　① 《世界银行拉美与加勒比地区技术部人力资源处第 18 号报告》，1991 年 9 月英文版，表 1。

入分配。但是，拉美国家的实际情况证明这一理论完全是虚幻的假设。在拉美经济不断增长的同时，收入分配不仅没有均等化，而是越来越恶化，贫富差距越来越大。实践证明，经济增长的结果并不都自动地导致公正分配。如果不从战略高度重视公正分配和采取特殊政策，其结果必然是收入分配越来越不公正。

另一种是超越增长来维持公正的分配模式，有人称之为"先分配后增长"的激进主义收入分配模式。为了缓解社会冲突和保持政治稳定，这一模式把改善低收入阶层的生活水平作为决策者的首要目标，不适当地强调解决贫困和收入分配问题。它不是依靠持续的经济增长，而是依靠扩大公共部门和增加政府财政开支的办法来达到自己的目标。换句话说，就是让国家充当"慈善家"的角色。这显然是行不通的。智利阿连德政府（1971—1973年）是这一分配模式的典型例子。为了改善低收入阶层的生活，政府推行不切实际的经济政策，盲目地扩大公共部门，社会财富超前分配，国内需求急剧扩大，结果造成政府财政赤字从1970年占国内生产总值的2.7%上升到1973年的24.7%，通货膨胀率从每年35%上升到600%，最后导致经济崩溃。阿根廷庇隆政府（1946—1949年）和秘鲁加西亚政府（1985—1988年）也都是采用这种分配模式的。

鉴于以往的失败经历，进入90年代以来，联合国拉美经委会提出了"公正的生产发展"的新思想，强调生产改造与社会公平相结合，使收入分配状况随着经济增长的进程而得到改善，至少不发生恶化。1991年6月，它还提出了生产改造、公平分配和保护环境三位一体的发展方案。这说明联合国拉美经委会的发展战略日臻完善。当然，公正的收入分配和贫困问题的解决，绝非短时期内就能奏效的。这个问题的解决也不单是经济结构和发展模式的调整，更涉及一些拉美国家政治权力和政治体制的调整与改革问题。

（三）现代化进程中经济体制改革与政治体制改革相互关系处理不当，也是当前一些拉美国家时局纷乱的重要原因。

发展中国家在现代化进程中面临着经济增长、社会公正和政治民主化三大问题。一般说来，首先要解决经济增长问题，其次是社会公正问题，最后才是政治民主化问题。不少发展中国家都是按照这一先后顺序来处理问题的。经济增长是后二者的基础和前提条件，它与后二者之间必然有一个"时间差",如果后二者超越了前者,不仅会妨碍经济增长,而且最终也达不到真正的社会公正和政治民主化目标。如果社会公正和政治民主化总是滞后于经济增长,也会对经济增长产生负面影响。近年来,一些拉美国家时局纷乱和社会动荡,大多起因于克服政治体制中的弊端大大滞后于经济体制转换的速度。

80年代是战后拉美各国经济最困难的10年,但正是在这"失去的10年"中,在政治民主化方面却取得了显著成果。其标志是,几乎所有拉美国家都渐次完成军人向文人交权,代议制民主政体得到保留。这说明,在80年代,拉美国家政治方面的进步大于经济方面的成就,也说明,在经济衰退或低速增长的条件下,政治民主化同样可以有所成就。进入90年代,多数拉美国家开始摆脱衰退,经济上渐有起色。1991年拉美地区的经济增长率达到2.7%,比前4年的平均增长率提高了1倍,如果不计算巴西和秘鲁,年均增长率超过4%[①]。但是经济改革取得的进步并不能代替政治和社会领域的改革,也不一定能缓解政治和社会领域的矛盾与冲突。最明显的例子是委内瑞拉,1990年和1991年该国的经济增长率分别为5.3%和9.2%,但1992年却成了多事之秋。当然,这同佩雷斯总统采取激进的经济政策有直接关系,但未遂军事政变和社会骚动的爆发仍有其深刻的政治和社会背景。

当前,执政者腐败是拉美政治和社会领域面临的尖锐问题。一些现职或卸任高级官吏,甚至现任或下台总统都被揭露犯有贪污罪。当权者的贪污腐化经常受到新闻媒介的谴责和揭露。1991年多米尼加共和国前总统豪尔赫·布兰科被判刑20年,这种事例实属鲜见。美国前国务卿基辛格在评论布什的《美洲事业倡议》的一文中顺便对这一问题发表了精辟见解,指出:拉美当前的问题是,"政治现代化进程就没有自始至终与经济改革保持同步。国际竞争和私有化进程增加了失业人数。人们普遍——且有理由——对政治上任人唯亲现象和为官者腐败现象深恶痛绝[②]。"

巴西、委内瑞拉、秘鲁和阿根廷等国当前正处在经济政治大变革的

---

① 美洲开发银行:《发展政策》,1992年3月号英文版。

② [美]基辛格:《自由贸易的半球》,载美国《华盛顿邮报》1992年5月17日。

巅峰时期。不同社会阶层和各种利益集团对决策者（包括行政、立法和司法三大系统）的一举一动十分敏感。军人向文人交权和向代议制民主的回归，只是这些国家政治民主化的初步成就。解决（也许只能部分解决）当权者政治上任人唯亲和为官者贪污腐败，则是这些国家政治民主化进程中更深层次的问题。尽管解决这些问题比前者困难得多，复杂得多，但如果总是得不到起码的解决，政局就难以保持平稳，最终必将危及这些国家的经济改革。从这些拉美国家的经历中，似乎可以得出这一结论：尽管在经济增长、社会公正和政治民主化三者中经济增长是首要的，但如果不克服政治体制中的腐败现象，不重视政治民主化问题，经济增长最终也会落空。由此看来，最佳的选择方案是三者的解决要大体保持同步。这是拉美国家现代化进程中值得吸取的经验教训，也是它们今后保持社会稳定发展的必由之路。

（四）现代化不但要求实现政治民主体制，而且要求在民主与集权之间寻求一个最佳的平衡点，以便开创一个有利于经济现代化的政治与社会大环境。在这方面，一些拉美国家往往处理不好。这也是它们政局多变、社会浮动的原因之一。

拉美国家自独立以来陆续引进欧美的政治制度，包括它们的宪法、议会、政党制度等。但这种引进充其量是形式而不是实质。当时有两种不同的立宪方式。一种主张仿效 1812 年西班牙《加的斯宪法》，在立宪的装饰下实行中央集权统治。另一种则主张建立西蒙·玻利瓦尔—拿破仑式的国家，设终身制总统和世袭的或终身制的参议院。这是比前者更赤裸裸的专制统治制度。这两种立法方式实际上都排斥民主。因此，超越宪法和法律的考迪罗成了 1810—1870 年间拉美历史的"主角"。

大约在 1870 年或 1880 年之后，一些拉美国家进入了史学家称之为"自由派专制"时期。如 1876—1911 年墨西哥的迪亚斯政府，1871—1885 年危地马拉的巴里奥斯政府，1870—1888 年委内瑞拉的布兰科政府，1887—1888 年哥伦比亚的努涅斯政府，它们在经济上开始放松控制，政治上仍坚持传统的专制主义。当时流行的实证主义口号是"秩序与进步"。"进步"是指引进西方的资金和技术，兴建铁路、矿山、通信设施，推行出口型农业。"秩序"是指维持一支军队和骑警队，以镇压政治反对派（如果收买不过来的话）和民众的起义。这个时期除了阿根廷和智利等少数国家外，民主即使作为专制统治的点缀也是很有限的。最典型的例子莫过于墨西哥的迪亚斯独裁统治。在他的第二个任期（1884—1911年）内，墨西哥在物质文明方面云开见日，政治文化方面却万马齐喑。1884—1900 年墨西哥国民生产总值年均增长 8%。1895 年后政府财政预算年年保持平衡，到 1900 年全国已铺铁路线 19300 多千米①。但迪亚斯在政治上仍固守陈旧的专制主义，不允许存在独立自主的政党，报刊越来越被控制。国内无民主可言，广大民众过着悲惨的生活。改革之路走不通，结果爆发了 1910 年革命。

1930 年之后，民众主义的专制主义取代了旧式（考迪罗式）的专制主义，民主多了一些，主要是指政党从事政治活动的自由有了起码保证。有人把这时期的民主称为"政党民主"。一方面是民众主义的独裁统治，另一方面是政党垄断民主，两者巧妙地糅合在一起。到 50 年代和 60 年代，军人不满足于扶植某种政治势力执政，这种政权不仅时间短暂，军人权力有限，而且无法推行有连续性的政策。这时候又产生了"新权威主义"理论，强调现代化更需要政治集权主义而不是民主，并且起用一批以"镇压"为特长的专家治理国家，经济上则大搞跨国化。80 年代以来，"新权威主义"随着军人政权的瓦解在拉美失去了势头，政党民主又有了回潮。但除了墨西哥、哥伦比亚等国以外，政党民主在许多拉美国家很难有效地组成一个权威的政府和推行连续的政策。无怪乎秘鲁总统藤森在"自我政变"后对"政党垄断民主"很不满，声言自己是"真正的民主战士"，并要用"直接民主"来对抗"代议制民主"。

独立后，拉美国家陆续成立了一些政党。比起其他发展中地区，拉美的政党制既是早熟的又是畸形的。从历史上看，一些政治团体的核心是个人联系，而不是什么坚定不移的意识形态信仰，"成立派别或政党主要是为了控制政府和政府职位"②。为了参加竞选，它们可以与对手们结成联盟，毫不顾忌各自在宗旨上的差异。一旦获胜而上台执政，它们又往往不能求同存异而是相互拆台，内讧不已。厄瓜多尔前总统奥斯瓦尔多·乌尔塔多指出：拉美人不存在谈判文化，而是冲突文化占上风，"我

---

① ［英］贝瑟尔·莱斯利：《剑桥拉丁美洲史》第 5 卷，1986 年英文版，第 28 页。
② ［英］贝瑟尔·莱斯利：《剑桥拉丁美洲史》第 3 卷，第 403 页。

们拉美人喜好争论和吵架，而不是谈判和和解。我们的人民没有受到尊重差异和别人不同想法的教育。我们很难承认……对手的观点可能包含有部分真理……一切都被看成非白即黑，因此最终会采用非友即敌的无情逻辑"。①

　　与此同时，一些政党竞选时是一副脸孔，上台执政后则又是一副脸孔。一位汽车司机针对 1990 年 5 月多米尼加共和国的总统选举，对新闻媒介说："左派政治家当权之后就变成右派，而右派政治家当成为反对派时又变成左派。"一语中的，这是对拉美不健全的政党制度深刻而形象的评价。布莱克指出，在现代化国家，"意识形态必须保持稳定是合乎情理的，因为意识形态的主要功能之一就是在众多不同的人民中间维护意见一致"②。但是除了像墨西哥革命制度党等少数政党以外，拉美的许多政党都做不到这一点。

　　　　　　　　　　　　（原载《拉丁美洲研究》1993 年第 1 期）

---

① 〔厄〕乌尔塔多：《拉美危机的政治因素》，载美国《新闻日报》1991 年 3 月 28 日。
② 〔美〕C. E. 布莱克：《现代化的动力》，四川人民出版社中文版，第 92 页。

拉美农业发展进程中面临的紧迫问题

拉丁美洲是第三世界农业最发达的地区，20 世纪初曾经成为世界上最大的农牧产品供应地。农业作为本地区主要的物质生产部门，在各国经济中一直占有特殊地位。第二次世界大战结束后，由于工业的迅速发展，农业在拉美经济中的地位才开始下降。但是，目前拉美地区 1/10 以上的国内生产总值仍来自农业；各国劳动力的 2/5 继续集中在这个部门。1980 年，拉美仍有 8 个国家的农业产值占其国内生产总值的 20% 以上——海地（39%）、巴拉圭（31.1%）、洪都拉斯（28.1%）、危地马拉（25.2%）、萨尔瓦多（24.4%）、哥伦比亚（23.4%）、尼加拉瓜（23.2%）和厄瓜多尔（20.2%）。1960—1980 年期间，拉美农业生产的年均增长率达 3.3%。1970—1979 年，农产品出口总值从 67.2 亿美元增至 232.8 亿美元；农产品贸易盈余从 49.8 亿美元增至 148.3 亿美元[①]。农业生产的发展，不仅为各国日益增长的国内需求提供了大量粮食和其他农产品、工业原料和能源，而且为它们的工业化和经济现代化积累了巨额资金。

但是，拉美农业发展进程中也存在着一系列亟待解决的紧迫问题。这些问题包括：由于农业在各国国民经济宏观决策中一直得不到足够的重视，使农业与国民经济其他部门的比重严重不平衡；大量农业劳动力盲目地流向城市，既影响农业本身的发展，又导致城市恶性膨胀；在农业内部，以生产出口产品为目标的经济作物发展迅速，为维持人口基本需要的粮食生产却发展缓慢，致使粮食供应问题日趋紧张。

---

① 美洲开发银行：《拉丁美洲的经济与社会发展：1980—1981 年年度报告》，第 19 页。

一　农业与其他经济部门的比重严重失调

拉美从 18 世纪 60 年代起就被卷进了资本主义的国际分工，成为西方工业国的粮食、肉类、羊毛等农牧产品的重要供应地。当时，占拉美人口半数以上的巴西、哥伦比亚、厄瓜多尔、中美洲和加勒比地区，以及墨西哥和委内瑞拉的部分地区，以种植甘蔗、可可、咖啡等热带农作物并出口其产品为主。阿根廷和乌拉圭则发展温带农作物和畜牧业，成为粮食、肉类和皮毛的生产国和出口国。到 1913 年，拉美出口的农牧产品占世界农牧产品出口总量的比重是：粮食占 17.9%，畜产品占 11.5%，咖啡、可可和茶叶占 62.1%，蔗糖占 37.6%，水果和蔬菜占 14.2%，植物纤维占 3.6%，橡胶、毛皮和皮革占 25.1%。帝国主义殖民体系和旧的国际分工体系，使拉美国家形成了以农矿业初级产品外销为基础的单一制经济结构①。20 世纪 30 年代以后，拉美国家鉴于 1929—1933 年世界经济危机期间的惨痛经历，开始采取进口替代工业化发展措施来改变这种畸形的经济结构。几十年来，随着民族工业的发展，拉美国家在打破单一制经济结构方面取得了一些进展。但同时由于它们把主要精力放在如何通过进口替代工业化来减少对传统农产品生产和出口的依赖上，很少考虑实现工业化和经济现代化所必需的农业基础，因而在实际上推行了一整套重工轻农的政策，使农业长期处于落后状态。一个新的、合理的经济结构并没有随着单一制经济结构的逐步改变而健康地建立起来。为了摆脱畸形的单一制经济结构，拉美国家急于发展工业的心情是可以理解的，但是工业化决不意味着农业的停滞和落后，而是要求农业相应地取得均衡发展，以与工业保持恰当的关系。恰恰在这一重大问题上，拉美国家迟至 70 年代才开始有所认识。

由于长期以来对农业在国民经济中的地位和作用在战略上考虑不够，拉美国家在国民经济宏观决策中产生了重大失误，其结果如下。

---

①　大多数国家的经济依赖一种或几种农产品的生产和出口，墨西哥、智利、秘鲁和玻利维亚则是矿产品出口国。委内瑞拉在 20 世纪 30 年代石油经济崛起以前，一直是单一制农产品输出国，咖啡和可可曾经占全部出口产品的 3/4 左右。

第一，农业的发展速度大大落后于其他经济部门。拉美整个地区农业的增长率除个别年份外，大大低于国内生产总值和制造业的增长率，有些年份甚至低于人口增长率（表1）。

表1　　　　　　拉美地区农业增长率同国内生产总值、制造业和
人口增长率的比较（年均增长率%）

年代	农业	国内生产总值	制造业	人口
1940—1950	—	5.0	6.8	2.20
1950—1960	3.5	4.7	6.3	2.80
1960—1970	3.3	5.7	6.9	2.75
1970—1975	3.3	6.5	7.2	2.70
1976 *	1.5	4.4	5.1	2.60
1977	5.4	4.4	3.5	2.6
1978	2.4	4.1	4.4	2.6
1979	2.6	5.8	7.3	2.60
1980	2.9	5.4	4.6	2.60

资料来源：除1979年和1980年的数字据美洲开发银行的统计外，其他数字见联合国拉美经委会《统计年鉴》。

＊1976年至1980年的数字为年增长率。

据联合国拉美经委会和联合国粮农组织的材料，从60年代中期至70年代中期，拉美有14个国家的农业增长率低于人口增长率。这些国家是：阿根廷、巴巴多斯、古巴、智利、厄瓜多尔、萨尔瓦多、圭亚那、海地、牙买加、墨西哥、尼加拉瓜、巴拉圭、秘鲁和乌拉圭。值得注意的是，1970—1980年期间，拉美每年都有5—7个国家的农业生产出现负增长。由于农业的发展速度缓慢，本地区工农业主要产品的增长幅度，差距也是十分显著的。1950—1975年期间，拉美钢产量增加15倍，水泥、动力、机器设备分别增加6倍、8倍和9倍，而谷物产量仅增加1倍多[①]，与人口数量的增长不相上下。

---

①　拉美地区1948—1953年期间谷物年均产量为3093万吨，1975年谷物产量为8061万吨。前一个数字摘自美国加利福尼亚大学《拉美统计辑要》，1963年版，第53页；后一个数字见联合国粮农组织《生产年鉴》。

　　第二，绝大多数资金投入非农业部门。从 20 世纪 30 年代起，拉美各国把 4/5 左右的国内外资金投放到城市地区，农业得不到充裕的发展资金；把出口农产品挣得的外汇主要用于装备现代化工业和充实基础设施，投资于农业部门自身发展的资金十分有限。拉美各国政府公共开支中直接划归农业部门支配的，一般不到 1/10（表 2）。各国经济发展计划中用于农业的投资也是不多的（表 3）。以墨西哥为例，用于农牧业发展的政府投资，1940—1957 年期间平均占政府总投资的 20%，1965—1970 年期间平均降至 11.2%，1970 年仅占 9%。墨西哥政府对农业的投资，至 70 年代有所增加。

表 2　　　　　　　拉美 13 国中央政府开支中用于农业的支出（%）

国家	年份	农业开支
巴西	1978	5.32
智利	1978	1.99
哥斯达黎加	1978	2.23
厄瓜多尔	1976	9.23
危地马拉	1978	4.75
洪都拉斯	1976	3.10
墨西哥	1978	11.92
尼加拉瓜	1976	6.74
巴拿马	1977	3.43
巴拉圭	1978	4.31
秘鲁	1979	8.22
乌拉圭	1978	1.19
委内瑞拉	1974	10.63

资料来源：根据美国加利福尼亚大学《拉美统计辑要》第 21 卷第 2323 表编制。

表3   拉美 8 国经济发展计划中用于农业的投资

国家	经济发展计划期限	农业占总投资的百分比	农业占公共投资的百分比
玻利维亚	1976—1980	9.6	10.1
巴西	1975—1979	6.0	3.5
格林纳达	1977—1982	—	21.4
圭亚那	1979—1981	—	30.0
海地	1976—1981	15.0	18.8
巴拿马	1976—1980	4.9	7.0
巴拉圭	1977—1981	—	10.0
委内瑞拉	1976—1980	9.0	7.0

资料来源：联合国粮农组织：《1979 年粮食和农业状况》。

第三，农业劳动生产率较低。战后，拉美主要依靠扩大耕地面积和片面发展少数充作出口商品的农作物，才使农业生产保持 3% 以上的年均增长速度。但整个地区的农业基本上是粗放经营，集约化程度有限，劳动生产率和单位面积产量至今仍是低水平的。据联合国拉美经委会公布的统计资料，1950—1960 年期间，14 个拉美国家中只有 4 个国家的农业劳动生产率增长速度超过它们各个经济部门劳动生产率平均增长的速度；1960—1970 年期间，18 个拉美国家中也只有半数国家达到这样的水平。70 年代初，拉美农业部门的人均产值比其他部门至少低 6 倍。拉美的农业生产在相当程度上依赖于它幅员辽阔、土地肥沃、气候适宜、雨量充沛等得天独厚的自然条件；就单位面积产量而言，拉美许多农作物的生产水平不仅大大低于发达国家，而且落后于发展中国家的平均水平。小麦、稻谷、玉米、马铃薯、豆类等几种主要农作物的单位面积产量，拉美更加显得落后（表4）。

第四，农产品进口的增长速度高于农产品出口的增长速度。与其他发展中地区不同，拉美历来是农产品贸易有盈余的地区。1977—1979 年 3 年中，其他发展中地区农产品贸易累计逆差 47 亿多美元，拉美则顺差 450 亿美元。但是拉美农产品贸易顺差的增加，主要不是由于农产品出口量的增加，而是由于近年来出口产品的单位价格变化对拉美较为有利。以 1969—1971 年指数 100 为基础，1979 年拉美农产品出口量的指数为 131，

表4　　　　1980 年拉美几项主要农作物的单位面积产量（千克/公顷）

	拉美	发展中国家	发达国家
小麦	1457	1568	2081
稻谷	1979	2674	4936
玉米	1720	1826	4768
马铃薯	9681	9860	13441
豆类	570	580	1194

资料来源：联合国粮农组织：《生产年鉴》。

而出口农产品的单位价格指数为 289。以 1979 年为例，拉美出口农产品中，9 大主要产品占出口总值的 67%[①]，其中棉花、咖啡、蔗糖、大豆等都是紧俏商品，价格较高，使拉美农产品出口值比 1978 年增长 10%。但是，拉美进口农产品的单位价格也在上涨，加之进口量的增加，使 1979 年农产品进口值比往年增长了 27%。整个 70 年代的情况也大体如此。这 10 年期间，拉美农产品出口的年均增长率仅为 2.8%，出口值增长 2.4 倍，农产品进口的年均增长率达到 18.9%，进口值增长 3.8 倍。除委内瑞拉和尼加拉瓜外，各国都大量增加农产品进口，巴西和墨西哥尤为显著。从技术上说，包括粮食在内的进口农产品，拉美自身完全有条件生产，但是由于各国忽视农业，不得不用大量外汇向国外购买。

　　从以上四个方面不难看出，农业在战后拉美经济发展进程中长期处于落后地位。同时也说明，整个拉美经济的发展（包括制造业在内）是在维持人口基本需要的农业尚未取得相应发展的条件下发展起来的。这就必然造成国民经济的脆弱性和经济结构的不合理性。当然，各国的经济发展战略并不是一模一样的。在拉美国家中，阿根廷由于拥有丰富的自然资源，而且历来以生产和出口畜牧业产品和温带农作物产品为主，所以在处理发展农业和发展工业的关系问题上比其他拉美国家较为稳当些。但是，30 年代以后，随着国际农产品市场需求的下降，阿根廷农牧

---

　　① 其中咖啡占农产品出口值的 31%，牛肉占 6.4%，谷类占 6.4，大豆占 5.2%，蔗糖占 5%，棉花占 4.8%，香蕉占 3.2%，可可占 3%，烟叶占 2%。见美洲开发银行《拉丁美洲的经济与社会发展：1980—1981 年年度报告》，第 20 页。

业的发展速度已大不如昔了。从整个地区来看，各国都面临着如何使农业和其他经济部门保持适当比重的问题。

二　农业劳动力盲目流入城市，城乡劳动力比重失调

由于各国长期忽视农业的战略地位，加上资本主义生产关系在农村地区的迅速发展以及不合理的土地占有和使用制度，拉美地区的农业劳动力潮水般地流向城市，既影响了农业自身的发展，又造成城市畸形发展，极大地加重了各国的经济负担。据联合国粮农组织估计，拉美可利用的耕地约有 6.5 亿公顷，目前只利用了 1 亿多公顷。而拉美的人口密度较低，1975 年每平方千米的人口为 15.8 人，大大低于欧洲（94.3 人）和亚洲（77 人）的人口密度。可见，拉美农牧业发展的客观条件十分优越。然而，由于种种原因，一方面是大片大片的土地闲置着，另一方面是大批大批的农业劳动力（主要是无地少地农民）不得不离开农村。看来，在拉美农业发展进程中，各国如何把农业劳动力吸收和稳定在农村，使他们向着农业生产的广度和深度进军，还缺乏行之有效的办法。这是本地区农业发展亟待解决的又一个紧迫问题。

众所周知，一个国家城乡人口的比重和农业劳动力的多寡，同这个国家整个社会经济的发展水平和工农业的现代化程度有着密切关系。换言之，农业劳动力的减少和城市人口的增加同工农业的现代化程度相一致。但是，拉美在这一方面是极不正常的。据一位经济学家研究，农业劳动力在全部劳动力中的比重，法国从 1827 年占 63% 降至 1921 年占 42%，前后差不多经历了整整一个世纪的时间；而拉美从 1930 年占 63% 降至 1969 年占 42%，仅相隔 39 年。[①] 1980 年，拉美农业劳动力在全部劳动力中的比重已降至 34%。在有些国家，这个比重更小，例如乌拉圭占 11.9%，阿根廷占 13%，委内瑞拉占 18%，智利占 18.5%。这 4 个国家同西欧国家 1965—1975 年期间农业劳动力所占比重已不相上下。毫无疑义，这几个国家无论从整个社会经济的发展水平或是农业现代化的程度

---

① 罗尔·法利：《拉丁美洲经济：发展问题展望》，1972 年版，第 135 页。

来看，都是无法与西欧国家相比的。农业劳动力的急剧减少，虽然同拉美地区经济的自然增长不无关系，但同各国长期推行重工轻农的片面政策、农村就业问题难以解决等因素也是分不开的。

土地占有的高度集中，是拉美农村失业问题严重、大量农业劳动力盲目流入城市的主要原因。70 年代初，占农村人口 2% 的大土地所有者占有全部土地的 47%，而 70% 的农村人口（约 8500 万）只拥有 2.5% 的土地。在这 8500 万人口中，4500 万人是挣工资的农业劳动者，另外 4000 万人是小农。由于无地或少地，他们在农村很难维持生计。随着人口的增加，拉美无地少地农民的数目还在不断扩大，他们在农村多半无立锥之地，不得不去城市谋生。为了解决这部分农村人口的就业问题，拉美一些国家实施了资产阶级改良主义的土改计划和垦殖计划，把一部分大庄园主的土地和国有荒地分配或转售给无地少地农民。整个 60 年代拉美大约有 100 万到 120 万农户获得土地；70 年代得到土地的农户可能已达 200 万户。但是，这些有限的措施并不能从根本上解决农村的失业和半失业问题。仅墨西哥 1 国，无地少地农民的数目就高达 800 万人。与此同时，随着农业机械化的加强，拉美农村的失业问题更为突出。国际劳工组织认为，由于农村广泛采用拖拉机，至少使拉美 250 万农业劳动力失业。目前，巴西南部的大豆、墨西哥西北部的小麦，几乎全部是机械化生产；巴西南部的咖啡生产，巴西和墨西哥的甘蔗和棉花生产，正在不断地向机械化过渡。在外国农业公司经营的地区，农村的失业问题更加严重。例如 60 年代，W. R. 格雷斯公司通过大规模的机械化生产，曾迫使这家公司 75% 的秘鲁农业工人失业。[1]

为了改变拉美农村"地无人种，人无地种"的局面，各国政府通常采取以下三种办法。

第一，加紧推行土改和垦殖计划，实现"耕者有其田"的目标。除个别国家外，各国政府自 60 年代以来都根据"争取进步联盟"的规定实施了土改或垦殖计划。联合国粮农组织拉美地区会议也多次强调土改的重要意义，大会的决议指出："土改应该成为农村发展的先决条件。"但是 20 多年来，这方面的成果十分有限。一方面，各国的土改或垦殖计划

---

① 罗杰·伯贝奇·帕特里夏·菲林：《美洲的综合农业》，1980 年版，第 159—160 页。

并不能真正解决土地占有的高度集中问题，大地产的土地利用率极低，大片大片的土地仍然闲置着；另一方面，获得土地的土改受益户由于缺乏资金、农具和技术，往往难以长久地经营下去，不少农户在两极分化过程中又重新丧失土地而被迫流往城市。总而言之，土改并没有起到把农业劳动力吸引和稳定在农村的作用。

第二，国家增加投资和贷款，使广大的小土地所有者拥有较为有利的生产条件，避免市场对他们的侵吞。但是，一则国家对农业的投资本来就不多，二则大部分投资和贷款最终又落到了大地产主和农产品出口商手中。大部分小土地所有者只能生产自给自足的粮食，农产品的商品率很低，因而很少得到政府的信贷或补贴。例如 1964—1973 年期间，危地马拉政府农业信贷的 87% 用于支持农产品出口，种植玉米、豆类和稻谷的小农仅仅得到 3%。巴西全国粮食产量的 3/4 是小农生产的，他们获得的信贷只占农业信贷的 5%。实际情况是，大量的小土地所有者由于供、产、销等方面都受到资本主义市场的支配而不断破产。

第三，发展农村工业，扩大农业劳动力的就业面。60 年代以来，拉美的农产品加工工业发展较为迅速。但是，跨国公司的食品加工企业和其他农业综合企业目前已牢牢地控制了拉美市场，因而拉美本国的农工企业很难在农村站稳脚跟。美国著名的跨国食品加工企业（如皮尔斯伯里公司、标准食品杂货公司、通用食品公司、奎克麦片公司、德尔蒙特公司、安德森－克莱顿公司、宝贝牛奶公司、卡奈欣牛奶公司）的触角都已遍及拉美农村各地；1965—1975 年期间，美国食品加工垄断企业至少在拉美新设了 75 家子公司[1]。外国食品加工企业虽然吸收了一小部分拉美农业劳动力，但随着此类企业的发展，大批小农破产，结果是更多的农业劳动力流入城市。一句话，以技术密集为优势的外资农产品加工企业也无法吸引和稳定拉美的农业劳动力。

由于以上三种办法都未能减缓大批农业劳动力流入城市的趋势，加上城市人口的自然增殖，1960—1980 年间拉美城市人口的年均增长率高达 4.2%[2]。这个数字，同美国 19 世纪 40 年代至 70 年代产业革命鼎盛时

---

① 罗杰·伯贝奇·帕特里夏·菲林：《美洲的综合农业》，1980 年版，第 118—121 页。

② 美洲开发银行：《拉丁美洲的经济与社会发展：1980—1981 年年度报告》，第 395 页。

期城市人口的增长速度不相上下。但是，今天拉美的情况与美国历史上出现的情况却有很大不同。

第一，美国当年工业化时，城市特别需要劳动力。因为那时整个工业的机械化程度远不如今，当年主要是发展劳动密集型的产业部门，城市就业问题比较容易解决。而拉美自第二次世界大战后从西方国家引进工业设备的自动化程度高，只需要补充有限的熟练劳动力，其城市工业不可能像美国当年那样容纳源源流入的农业劳动力。也就是说，拉美目前的工业化吸收不了太多的农业劳动力，出路还在于农业自身的发展。

第二，美国当年城市人口迅猛增加时，大量吸收外国移民从事西部地区农牧业的开拓事业。虽然拉美有些国家自19世纪下半叶起也吸收了大量欧洲移民，但移民高潮早在第一次世界大战前后即已结束。拉美城市人口是在第二次世界大战后迅猛增加的，广大农村地区得不到劳动力的补充。目前，拉美的农业机械化程度毕竟有限，1979年拉美拥有的农用拖拉机仅89万台，收割机和脱粒机仅12.3万台，分别只占世界拥有量的4.38%和3.57%。这些农业机械又主要集中在生产出口农产品的地区①。大多数以生产粮食为主的自给自足的农户，基本上仍然停留在手工劳动和畜力耕作阶段。这说明，大量农业劳动力流往城市必然影响拉美农业生产的正常发展。

第三，美国城市人口年增长率在19世纪中叶达到5%的高峰之后，不久就呈现下降趋势。但是拉美的农业人口至今仍在源源不断地向城市集中。拉美人口的年均增长率为2.6%，其中农村地区的人口年均增长率仅0.9%。这说明越来越多的人口正在脱离农业生产，城市人口的恶性膨胀已达到难以控制的程度。有人估计，按照现在这样的速度发展下去，到1990年，拉美80%的人口将集中在城市地区。

第四，拉美城市畸形发展的程度远非美国当年的情况可比。1952—1965年期间，整个地区流入城市的无地少地农民约有2000万人。近30年来，仅墨西哥1国就有700万农民离乡背井栖身于城市。目前，拉美劳动力的2/3已集中在城市地区，其中流通、服务业等非物质生产部门和

---

① 例如巴西，80%的拖拉机就集中在以生产咖啡和大豆等出口农产品为主的巴拉那州、圣保罗州等地区；仅圣保罗州就拥有全部拖拉机的42%。

制造业、建筑业等物质生产部门各占一半。大批流入城市的农民常年居住在贫民窟中，处于失业和半失业状态。各国政府为解决城市粮食和其他食品供应、住房、公共卫生、饮水、照明、教育和就业等问题而大伤脑筋，财政负担不断加重，社会矛盾日益尖锐。

三　粮食作物和经济作物比重失调，进口粮食日益增多

过去，拉美曾被誉为"世界的面包篮"，出口的粮食甚至超过美国。但是近 20 年来，拉美粮食进口量激增，从 60 年代中期的年均进口量 610 万吨增至 1979 年的 1904 万吨，1980 年高达 2200 万吨。粮食进口费用 1978 年已近 50 亿美元。据美洲开发银行统计，1969—1978 年期间，拉美食品出口量增加 30%，而进口量则增加 98%。虽然从整体来说，拉美粮食供应问题不如其他发展中国家那么严重，但是拉美各国的粮食生产很不平衡，粮食的大宗出口只集中在阿根廷等个别国家（阿根廷通常占拉美谷物出口量的 4/5）。根据 1978 年的材料，拉美地区粮食总储量仅 700 万吨，等于它全年消费量的 7%，不能满足一个月的消费①。进口粮食的拉美国家日益增多，而本地区进口粮食的 60% 又依赖于西方国家的供应。可是世界粮食生产的前景并不乐观；几个主要粮食生产国很有可能同时歉收；各国粮食总储量也已降到安全系数以下；国际市场的粮食价格和运费又在迅速上涨。这都说明，大力增产粮食，调整粮食作物和经济作物的比重，是拉美当前亟待解决的又一个紧迫问题。

当然，拉美粮食供应吃紧的问题，是由多种因素引起的。

第一，人口增长过快。最近二三十年来，拉美人口的年均增长率高达 2.6% 以上，一直居世界首位。人口的膨胀加重了对粮食生产的压力。据拉美经济体系统计，1969—1978 年期间，拉美粮食产量按人口平均计算每年仅增长 0.3%，粮食增长速度与人口增长速度几乎相差无几。在一些人口增长率高的拉美国家，粮食供应吃紧的问题尤其显得突出。比如，1960—1980 年期间，墨西哥人口的年均增长率高达 3.6%，大于粮食增长

---

① 国际上通常以粮食期末总储量相当于年消费量的 17% 为"最低安全水平"。

的速度；1980 年人均粮食生产反而比 1960—1971 年下降 2 个百分点。墨西哥在 60 年代以前还是粮食出口国，从 60 年代中期起却成了大宗粮食进口国。1979 年，它进口的粮食已超过 1000 万吨。

第二，牲畜用粮增加。近一二十年来，除了阿根廷和乌拉圭以外，委内瑞拉、巴西、墨西哥、哥伦比亚和中美洲各国的畜牧业发展较快。随着城市人口膨胀，人们对肉类、禽蛋和乳制品的需求日益增加。在一些国家的农业产值中，畜牧业所占的比重正在不断上升。但是，畜牧业的发展也增加了对粮食生产的压力。通常每生产 1 磅牛肉需要 10 磅饲料，每生产 1 磅家禽肉需用 3 磅饲料。1961—1965 年期间，拉美牲畜用粮年均为 1360 万吨，到 1975—1977 年期间已增至 2960 万吨；同期，牲畜用粮占拉美谷物消费量的比重已由 32% 增至 41%。拉美国家的粮食生产如何适应"人畜两旺"的需要，确非易事。

第三，粮食生产增长缓慢。为了增加农产品出口的外汇收入，拉美各国的重点是发展经济作物，普遍忽视粮食生产。除阿根廷以外，大多数国家自己需要的粮食都由自给自足的小农去生产。他们不仅耕地有限、土地贫瘠，而且缺乏资金，生产水平低下。随着人口的增长，1980 年拉美有 12 个国家的人均食物生产达不到 1969—1971 年的水平[①]，都需要依靠进口粮食为生。各国对出口农产品的生产却另眼相待，许多原来用于谷物生产的耕地，有时任意改种生产出口产品的农作物。因此，一些国家经济作物播种面积的增长大大超过了粮食作物播种面积的增长。例如巴西，生产出口产品的农作物播种面积在整个 70 年代年均增长率达到 5.1%，而供给国内消费的作物播种面积仅增长 2.9%。这个国家把一部分原来种植黑豆（当地主要粮食作物之一）的土地改种大豆，通过大规模的机械化生产和集约化经营，从美国手中夺到了欧洲和日本的市场。它的大豆产量从 1950 年的 3.5 万吨增至 1977 年的 1256 万吨，27 年内增加了 358 倍。它把 3/4 的大豆出口；一部分用作牲畜催肥的饲料，以增加畜产品的出口收入。与此同时，却要进口玉米和小麦。1979 年进口的小

---

① 据美洲开发银行统计，以 1969—1971 年为 100，1980 年 12 个拉美国家的食物生产指数是，玻利维亚为 99，尼加拉瓜为 99，墨西哥为 98，智利为 97，乌拉圭为 96，巴拿马为 92，牙买加为 90，洪都拉斯为 89，圭亚那为 88，海地为 80，特立尼达和多巴哥为 79，秘鲁为 73。

麦占巴西本国消费量的 2/5，耗资达 5.4 亿美元，仅次于石油进口费用。此外，拉美各国对粮食和基本食品的价格规定太低，也迫使一部分粮食生产者改种生产出口产品的作物。例如墨西哥西北部的农场主，为美国市场种植草莓和西红柿要比为本国生产基本食品玉米多赚 20 倍的钱。在哥伦比亚，农场主宁肯种植供出口的花卉而不愿生产小麦。因此，拉美原来的出口产品（香蕉、咖啡和可可）所占的比重正在下降；而大豆、蔬菜、棉花、牛肉、柑橘、花卉的出口比重却日益增加。

当然，拉美国家粮食生产增长缓慢也有外部的因素。由于出口粮食可以换取一部分耗费工时的农牧产品，美国在劳动力成本高的条件下从事大规模粮食生产就比较有利，因此它有意鼓励拉美国家发展某些出口农产品的生产。60 年代以来，墨西哥和中美洲地区水果、蔬菜种植业的发展和养牛业的繁荣，就是在这种背景下出现的。某些农业生产从美国向生产成本较低的拉美转移，便助长了拉美忽视粮食生产的倾向。1978年，美国进口农产品总值高达 170 亿美元，其中竟有 40% 来自拉美。而拉美则同时从美国进口了大量小麦。显然，美拉之间农业生产领域正在形成的这种国际分工，从战略上说对拉美是不利的。

综上所述，农业和其他经济部门比重失调，城乡劳动力比重失调，粮食作物和经济作物比重失调，是拉美农业发展进程中面临的三个亟待解决的紧迫问题。当然，拉美农业发展中还有其他问题需要重视。例如，为了刺激出口农产品的大幅度增长，各国把越来越多的化肥和防护剂用于农田，给环境保护和生态平衡带来了严重问题；有些国家出现了"化学农业""石油农业"的发展趋势；跨国公司加紧对拉美农业的控制，等等。归根结底，这些问题的出现，同拉美国家所走的经济发展道路是分不开的。虽然各国自 70 年代以来不断强调农业和粮食在经济中的重要地位，但是真正要在各自的经济和社会发展战略中付诸实施，可能还会走一段曲折发展的道路。

（原载《拉丁美洲丛刊》1982 年第 6 期）

关于拉美中间阶层问题的一些浅见

自 20 世纪 30 年代起，拉美国家开始进入一个经济迅速发展和社会急剧变革的时期。半个多世纪以来，这些国家的经济结构、社会结构和阶级结构都发生了深刻变化。在这一系列变化中，中间阶层①的壮大已引起国外学者的广泛重视。有的学者指出，在阿根廷、智利、乌拉圭等资本主义生产关系发展较早的国家里，中间阶层在人口中的比重已达 50% 或 50% 以上，在巴西、墨西哥等国已占 30% 以上②。他们在拉美社会各个领域都发挥着极重要的作用。无论从经济上还是从政治上看，这支力量都是举足轻重的。中间阶层在拉丁美洲的崛起，是战后第三世界地区资本主义发展中值得研究的一个重大课题。本文拟对拉美中间阶层队伍迅速扩大的原因、它的构成状况及其在当前反帝民主革命运动中的影响等问题，作一些初步探索。

一

拉美的中间阶层是指在两个对抗的主要阶级之间居中间地位的阶级和社会集团，主要由城乡小资产阶级和自由职业者（包括律师、医生、作家、艺术家、教员、职员等）组成。19 世纪末和 20 世纪初，在墨西哥、智利、巴西、阿根廷、乌拉圭等国家中，他们约占人口的 10%③。随

---

① 在西方资产阶级历史学、政治学和社会学著作中，中间阶层（middle strata）、中间阶级（middle class）和中等集团（middle group, middle sector, middle mass）等词往往混用。

② 参见雷蒙特·邓肯《拉丁美洲政治》，1976 年版，第 3 章第 7 节。

③ 参见［美］E. 布雷德福·伯恩斯《简明拉丁美洲史》，1982 年版，第 138—144 页。

着拉美社会经济结构的演变，中间阶层的队伍迅速扩大。以墨西哥为例，1895 年中间阶层在社会各阶级的构成中仅占 7.8%，1940 年上升至 15.8%，1950 年为 20.1%，1960 年为 21.8%，1970 年为 29.1%[①]。中间阶层队伍的分布不平衡，从整个地区来看，资本主义生产关系确立时间早、生产力发展水平高的国家，在经济自立人口中所占的比重就高；从一个国家来看，城市地区是中间阶层队伍聚集的地方。但就总的情况而言，目前中间阶层的人数仅次于无产阶级，在各国总人口和经济自立人口中位居第二。

造成中间阶层人数在拉美各国迅猛增加的一系列因素如下。

（一）经济结构和就业结构的巨大变化。自 30 年代各国推行进口替代工业发展政策以来，制造业得到迅速发展。到 50 年代中期，不仅整个地区的制造业产值开始超过农业，而且在制造业内部轻工业的比重逐步下降，重工业的比重开始上升。同时，服务业部门不断扩大。产业部门的变化对各国的就业结构产生重大影响。一方面，雇佣劳动者的比重日益增加；另一方面，服务业等"第三产业"的就业人口不断扩大。据有关研究，拉美雇佣劳动者在经济自立人口中的比重 1950 年占 52%，1975 年增至 64%，在一些南美洲国家里，目前已占 70% 或 70% 以上。各国劳动力中，越来越多的人从事服务业。据世界银行公布的 21 个拉美国家的资料，从事服务业的人在劳动力总数中超过 30% 的国家，1960 年只有 9 个，1980 年则增至 16 个，其中 11 个国家的 40% 以上的劳动力都集中在服务业，它们是：智利（占 61%）、阿根廷（59%）、乌拉圭（57%）、巴拿马（55%）、哥伦比亚（53%）、牙买加（53%）、特立尼达和多巴哥（51%）、哥斯达黎加（48%）、巴西（46%）、古巴（46%）和秘鲁（43%）[②]。1950—1980 年期间，拉美各类就业人员中人数增加较多的有办公室雇员（增加 270%），工程师、技术员和人文科学家（250%），店员（230%）和行政管理人员（200%）[③]。与现代化经济有紧密联系的各行各业（商业、银行、新闻、出版、卫生、教育、科研等）以及政府机

---

① 美国加利福尼亚大学拉美研究中心编：《拉美统计辑要》，第 21 卷，第 584 页。
② 世界银行：《1983 年世界发展报告》，第 188—189 页。
③ 《和平与社会主义问题》1982 年第 12 期，第 88 页。

构和国营部门的不断扩大，为中间阶层提供了广泛的就业机会，从而使它的人数迅猛增加。

（二）**城市人口的膨胀**。第二次世界大战结束后，拉美城市化进程显著加快。城市人口以年均增加 4% —5% 的速度递增。据统计，1950 年拉美人口中，城市人口占 39%，1981 年高达 67.3%[①]。墨西哥城、里约热内卢、加拉加斯、圣保罗、波哥大等大城市的人口年增长率通常在 7% 以上。如墨西哥城 1950 年人口只有 300 万（在世界最大城市中居第 14 位），1980 年高达 1320 万，成为仅次于美国纽约的世界第二大城市。

（三）**教育、科学、文化事业的发展**。在工业化和经济现代化进程中，拉美各国重视教科文事业的发展。近一二十年来，拉美高等教育事业的发展十分迅速。1977 年拉美地区拥有大学生 427 万，比 1960 年（54.6 万人）增加 6.8 倍。巴西 1964 年仅有大学生 14 万，1979 年增加到 140 万。墨西哥 1983 年大学生人数达 107 万，比 1976 年增加 1 倍。秘鲁的大学生人数在近 20 年中增长了 8 倍。委内瑞拉的高等院校从 1957—1958 年度的 6 所增至 1979—1980 年度的 66 所，大学生人数增加了 28 倍。至 70 年代中期，阿根廷、墨西哥等国都拥有一支 50 万左右的教师队伍。与此同时，科研机构大量增加。如 60 年代初巴西成立的宇宙空间研究所拥有工作人员 5000 多名。阿根廷设立的科研机构近千个。至 70 年代中期，拉美主要国家拥有的科学家、工程技术人员均在 100 万—200 万以上，如阿根廷为 272 万（1976 年）、巴西为 172 万（1974 年）、秘鲁为 145 万（1974 年）。不言而喻，战后教科文事业的空前发展必然造成拉美中间阶层队伍的扩大。

（四）**独立生产者和小企业主的广泛存在**。由于拉美资本主义发展的历史不长，传统结构的瓦解较为迟缓，加之多种经济成分的存在和地区之间的不平衡性，独立生产者和小企业主在各国阶级结构和社会结构中占有相当的比重。这支队伍的数量究竟有多少，目前尚无确切的资料，但直至 1970 年，许多拉美国家的制造业人员中仍有人数可观的独立生产者和小企业主。他们在厄瓜多尔制造业就业人员中占 42%，在危地马拉占 40.3%，在玻利维亚占 38.5%，在秘鲁占 33.5%，在萨尔瓦多占

---

① 美洲开发银行：《1981 年拉美经济与社会进展：对外部门》，第 346 页。

33%，在智利占 23.8%，在巴拿马占 22.9%，在巴西占 22.8%，在哥伦比亚占 21.9%，在委内瑞拉占 21.9%，在乌拉圭占 17.2%，在哥斯达黎加占 15.7%，在墨西哥占 14.3%，在阿根廷占 13.3%。以上 14 个国家合计，在全部制造业就业人员中，独立生产者和小企业主约占 1/5①。

当然，除了上述诸因素外，同国家机器在拉美各国的经济和社会生活中扮演越来越重要的角色也是分不开的。国家作为上层建筑，在强化军队、警察（其中下级官员也属于中间阶层）等的职能时，还加强了其经济职能，在生产、交换、流通和消费领域里起着重要作用。它既是各国社会经济发展的调节者，又是商品和劳务的直接提供者。战后国家资本主义措施的广泛存在，公共部门的空前膨胀，也是拉美中间阶层队伍不断扩大的重要因素之一。

二

拉美中间阶层的确切含义指什么？它由哪些阶级和社会集团组成？具有哪些显著的特征？这是一些很值得探索的问题。

西方资产阶级历史学、政治学和社会学著作中经常提到的英文 Middle Class 一词，过去我国有许多译法，如"中等阶级""中产阶级""中间阶级""中间等级""中间阶层"等。在马克思和恩格斯的著作中，Middle Class 通常指新兴的城市中等阶级，"它在中世纪的封建组织内已经赢得了公认的地位，但是这个地位对它的扩张能力来说，也已经变得太狭小了。中等阶级，即资产阶级的发展，同封建制度的继续存在已经不相容了，因此封建制度必定要覆灭"②。恩格斯 1892 年 6 月把他的《社会主义从空想到科学的发展》英文版导言亲自译成德文时，曾把 Middle Class（中等阶级）和 Bourgeoisie（资产阶级）都译成 Burgerthum（市民阶级）。后来这些用语又被恩格斯统一译为 Bourgeoisie。可见，在马恩著作中，Middle Class 是指欧洲脱离中世纪时作为革命因素的资产阶级而言的。它是介于以封建主为一方和以广大农奴为另一方之间的中间阶级，

---

① 墨西哥《经济季刊》1983 年 10—12 号，总第 200 期，第 20—85 页。
② 《反杜林论》，人民出版社 1970 年版，第 332—333 页。

是现代资产阶级的前身。而我们现在探讨的拉美中间阶层是指介于以资本家、土地所有者为一方和以无产者为另一方之间的中间阶层。因此，不能把马恩著作中的 middle class 同我们现在经常从西方资产阶级学者著作中见到的 middle class 混淆在一起。

此外，也不能把 Middle Class 理解为我国著作中经常出现的"中产阶级"，否则，也会造成误解。如在毛泽东的著作中，中产阶级主要指我国的民族资产阶级，它同我们现在探索的拉美中间阶层，并不是同一个概念。我国出版的毛选英译本中把毛主席指的"中产阶级"译成 Middle Bourgeoisie 而不译成 Middle Class，事实上已为我们作出了严格的区别。

我们认为，把 Middle Class 一词，理解为"中间阶级"或"中间阶层"较贴切，考虑到当前拉美社会处于对抗的社会两极之间地位的，不仅有城乡小资产阶级，而且有大量的知识分子和职员，所以我们把它们统称为"中间阶层"。

西方资产阶级学者往往根据职业、收入、财产状况、教育程度、参加体力劳动与否来识别中等阶层[1]，这从方法论上说，对我们有一定的借鉴作用，但从理论体系上说，是很不科学的。职业、收入、财产状况、教育程度等方面的差别，同阶级和阶层的差别并不是一回事，不能混为一谈。阶级和阶层的划分主要应根据人们在社会物质生产过程中所处的不同地位来判断。马克思主义认为：阶级和阶层是与社会生产发展的一定历史阶段相联系的产物，也是与生产关系和具体的社会经济制度相联系的产物。"在过去的各个历史时代，我们几乎到处都可以看到社会完全划分为各个不同的等级，可以看到由各种不同的社会地位构成的整个阶梯。""现今的这个时代，即资产阶级时代，却有一个特点，就是它使阶级矛盾简单化了：社会日益分裂为两大敌对的阵营，即分裂为两大相互直接对立的阶级：资产阶级和无产阶级。"[2] 与此同时，"介于工人为一方和资本家、土地所有者为另一方之间的中间阶级不断增加，中间阶级的大部分在越来越大的范围内直接依靠收入过活，成了作为社会基础的工

---

[1]　参见《美国大百科全书》第 19 卷，第 70 页。

[2]　《共产党宣言》，载《马克思恩格斯全集》第 4 卷，人民出版社 1958 年版，第 466 页。

人身上的沉重负担，同时也增加了上流社会的社会安全和力量"①。马克思主义经典作家的这些分析，对于我们研究拉美中间阶层的问题，具有十分重要的指导意义。

拉美主要国家自进入 20 世纪以来，特别是 30 年代后，资本主义生产方式开始取代前资本主义的生产方式，阶级对立也"简单化了"，资产阶级和无产阶级日益成为两大主要的社会阶级，同时，介于他们之间的中间阶层也不断增加。如果说，在 19 世纪末和 20 世纪初传统的社会结构中，拉美中间阶层的数量仅占人口 10% 的话，经过半个多世纪资本主义的发展之后，就大大增加了。中间阶层就是处在资产阶级和无产阶级之间的、彼此各不相同的社会集团的总称。它们中的每一个集团都在拉美社会阶级结构中占有特殊地位。同时，在经济、社会、政治、思想诸方面并不是一个统一的整体。它们自身之间的经济状况和社会地位虽然仍存在着相当程度的差异，但它们与现代拉美社会两大重要阶级（资产阶级和无产阶级）的差异就更大，不可能把它们纳入其中任何一个阶级。列宁对这种混杂的、中间的社会成分，曾经有过如下论述："如果'纯粹的'无产阶级没有被那些由无产者到半无产者（一半依靠出卖劳动力谋生的人），由半无产者到小农（以及小手工业者和一般的小业主），由小农到中农等形形色色的中间类型的群众所包围……那么资本主义便不成其为资本主义了。"② 拉美的资本主义也正是如此，如果没有形形色色的中间类型的群众所包围，也不成其为拉美的资本主义了。

我们认为，拉美中间阶层通常包括以下两类人。

一类是占有一定生产资料的城乡小资产阶级，包括手工业者、小业主、小商人、小农牧场主等，他们是完全或主要依靠自己劳动而谋生的城乡小私有者。他们通常不直接加入社会化大生产体系的行列，却又是资本主义商品经济的经营者和参加者。列宁在分析俄国的小生产者和小土地占有者阶级时，把它称为"最后一个资本主义阶级"，无产阶级对于它必须采取不同于对付大地主与资本家的办法，并指出这些小生产者和

---

① 《资本论》，载《马克思恩格斯全集》第 26 卷第 2 册，人民出版社 1973 年版，第 653 页。

② 《列宁全集》第 31 卷，人民出版社 1958 年版，第 56 页。

小资产者在多数资本主义国家内，"是一个很大的少数"①。列宁的分析也适用于拉美国家。拉美城乡小资产阶级无论在数量上和活动能量上，也是一支可观的力量。他们力图保持自己的经济地位和社会地位，在受到外国垄断资本和本国大资产阶级的排斥时，往往同无产阶级站在一起，成为反帝民主革命的同盟者。他们既不赞成右翼的保守路线，也反对进行激进的社会改革，而倾向于保持内外政策相对稳定的中间路线。一旦出现危及他们根本利益的社会改革，他们就往往"反戈一击"，成为反帝民主革命的阻碍因素。在危地马拉（1954 年）、巴西（1964 年）和智利（1973 年）等国的军事政变中，他们都起过支持者的作用。当然，城乡小资产阶级的成分并不是单一的。从事较为现代化经营活动（如开设加油站和汽车修理部等）的小业主和传统经济部门（农业和商业）中相对独立的小资产者，属于城乡小资产阶级的上层；手工业者则属于它的下层。

　　另一类是从事非生产性劳动的工资收入者，其组成状况比城乡小资产阶级更为复杂。这一类人不掌握生产资料，他们或者是自由职业者（医生、律师、作家、艺术家、记者、建筑师等），或者是受雇于国家的工资收入者（政府机关的公职人员，军队、警察中的中下级军官，公共部门和国营企业的职员、教员、专业人员等），或者是受雇于私人企业的工资收入者（办公室人员、行政管理人员、工程技术人员等）。随着本地区资本主义生产关系的逐步成熟和教科文事业的日益发展，这一类中间阶层不仅在数量变化上而且在活动能量上，更值得加以极大关注。他们中除了少数较高级的政府官员和享有巨额收入的自由职业者以外，在经济地位和社会地位方面更接近无产阶级而不是更接近资产阶级。他们虽然大都是脑力劳动者和办公室人员，但也属于出卖劳动力的工资收入者。他们与无产阶级的主要区别在于他们离社会物质生产领域较远，不直接生产剩余价值，因此主要集中在服务部门从事非生产性劳动，其收入、社会地位和文化程度较高。资本主义的社会经济制度既使他们中的一部分人保持较为优裕的生活水平，又使他们中的另一部分人与无产阶级日益接近。

---

① 列宁：《民粹主义的经济内容》，载《列宁全集》，第 32 卷，第 471 页。

三

中间阶层队伍的扩大，对拉美社会的发展会产生哪些影响？有的学者认为，拉美自 30 年代以来，无论军队、教会、政党、大学和官僚机构，都在中间阶层控制之下，"拉丁美洲的政治实质上是中间阶层的政治"[①]。显然，这种论断经不起推敲，但它在相当程度上确实反映了中间阶层对拉美社会发展所产生的重要影响。我们仅从以下几方面略作分析。

从政党方面看，随着中间阶层队伍的扩大，它已成为各类政党和组织的争夺对象。为了扩大自身的社会基础，拉美许多政党纷纷自称为"多阶级的党""中间阶层的党"。尤其值得注意的是，社会民主主义政党的势力自 70 年代以来在拉美日益强大。广大中间阶层群众则是这些政党的社会基础和核心力量。社会党国际所以能在拉美掀起声势浩大的运动，其目光主要也是盯住了拉美各国的中间阶层群众。目前，拉美已有十几个国家和地区的 18 个政党加入了社会党国际，占社会党国际第三世界国家成员党总数的一半左右。它们当中有不少党曾经单独执政或联合执政，而且至今仍在委内瑞拉、哥斯达黎加、多米尼加共和国、巴巴多斯等国执政。此外，还有一批同社会党国际保持或多或少联系的党，其成员也往往以中间阶层居多。社会党国际宣扬的一整套主张，迎合了拉美中间阶层的需要，因此在拉美颇有市场。拉美中间阶层既拥护起源于欧洲的社会民主主义，又强调和维护本地区的民族主义，既主张对本地区的传统结构实施改革，又惧怕发生激烈的社会革命。不论从党派或思潮的角度来看，以中间阶层为社会基础和核心力量的拉美社会民主主义势力，都是一支不可低估的政治力量。

从军队方面看，随着军队本身现代化和专业化水平的不断提高，大批知识分子出身的人加入了军队，使中下级军官中来自中间阶层的数量日益增多，从而在拉美军队中形成了一股强大的革新派势力[②]。革新派军

---

① 霍华德·J. 瓦尔达和哈维·F. 克主编：《拉丁美洲政治和发展》，1979 年版，第 37 页。

② 参见约翰·J. 约翰逊《拉丁美洲的政治变化：中间阶层的兴起》，1958 年版，第 1 章；爱德华·J. 威廉斯《从发展角度看拉丁美洲的政治思潮》，1979 年中文版，第 25—28 页。

人大多都抱有强烈的民族主义意识，要为促进本国的政治和经济独立而献身。他们信奉阿亚的人民党主义，要求本国实现工业化和土地改革，强调专家治国。革新派军人的广泛存在，对当代拉美一些国家的军人统治和军政权产生了重大影响。

从教会方面看，天主教会在拉美从来是一股保守和反动的社会势力。独立前，它是西班牙和葡萄牙殖民统治的支柱。各国相继独立后，它又成为当地反动势力的维护者，同封建大庄园主和考迪罗军人集团一起组成拉美"三元寡头"。虽然下层教士参加民族独立斗争甚至成为领袖的事例，在拉美历史上并不罕见，但教会作为一股社会势力，它总是同反动统治者勾结在一起的。第二次世界大战结束后，随着教士和教徒队伍中中间阶层力量的日益增加，教会内部产生了激进派和保守派之间的激烈斗争。许多激进教士深入基层，接近贫苦农民和工人，主张进行土地改革和改善工人的待遇，甚至鼓动以暴力推翻政府，号召教徒"参加争取迅速变革现行结构的革命进程"。60 年代中期，拉美一批出身中间阶层的神学家还提出了所谓神学解放的观点，主张教会要打出赞成社会变革、反对帝国主义等旗帜。1968 年 8 月在哥伦比亚麦德林举行的第 2 届拉美主教会议上，激进派教士和"解放神学"的观点居然占了上风。70 年代以来，除许多下层教士以外，不少教会上层人物也卷进了拉美反帝民主革命运动的洪流。天主教激进派的勃兴，反映了拉美中间阶层的强大影响。

从工会方面看，近一二十年来，以中间阶层为对象的"白领工会"在拉美日益发展，从而形成了一股敏感的政治力量。这些"白领工会"（包括教师协会、律师协会、医生协会、小企业主协会、政府雇员协会等）在人数上虽然不及由工农基本群众组成的工会组织——"蓝领工会"，但活动能量较大。拉美城乡无产阶级的人数目前已超 5000 万—6000 万，但政治上思想上大多受社会民主主义势力的影响，工会组织的领导权并不真正掌握在无产阶级的手中。从阶级属性上分析，大量的工会领导人实际上属于中间阶层，因而并不能真正代表无产阶级的政治和经济利益。目前拉美共有 3 个区域性的工会联合组织，从近些年提出的斗争口号来看，同拉美中间阶层的奋斗目标并没有多大区别。

从教育方面看，中间阶层通过教育这一阵地积极宣传他们的政治主张和价值观念，在广大学生和年轻一代中产生深刻影响。教育也是确保城市中间阶层社会地位的主要途径。扩大教育经费的支出，开设新的学校，提高全民的识字率，历来是拉美中间阶层的主张。除了在本国高等院校就读以外，中间阶层的大批子弟出国留学。学历和文凭可保证他们过上优裕的生活。教育事业的发展和中间阶层的广泛存在，是拉美各国推行"专家治国"路线的前提条件。与此相适应的是，20世纪二三十年代通常由传统寡头势力控制的政府、政党、军队、教会中的重要职务，现在则有很多职务落入出身中间阶层的专业人员和技术人员手中。

综上可见，中间阶层对当代拉美社会的发展有多方面的重大影响。然而，究竟如何看待这些重大的影响，国外学者之间的看法并不一致。有人认为，拉美中间阶层是革新、现代化和积极的政治变革源泉①。有的人则认为，由那些仿效上层人物的价值观念和生活方式的人组成的中间阶层，对独裁主义政权抱顺从、妥协、保守和支持的态度，因而是一股停滞和阻碍社会发展的力量②。

我们认为，考虑这些问题时，似应有下列四个基本出发点。

其一，中间阶层并不是一个统一的整体。它是在两大对抗的社会阶级之间居中间地位的阶级和社会集团，是一支上下摇摆、左右摇摆的社会力量。它对社会发展产生的影响，不可能是划一的。正如列宁所指出的："在任何资本主义社会中，只有无产阶级和资产阶级才是决定的力量，介于这两个阶级之间的、可归入小资产阶级经济范围的一切社会阶层，必然在这两种决定力量之间摇摆不定，这是每个马克思主义者早就知道的真理。"③它一方面不是决定的力量，另一方面在两种决定的力量之间摇摆不定。因此，对于当前拉美各国的社会发展及各项重大的社会经济政策，各类不同的中间阶层的态度也就不可能是一模一样的。出于

---

① 见［美］E. 布雷德福·伯恩斯《简明拉丁美洲史》，1982年版；约翰·约翰逊《拉美的政治变化：中间阶层的兴起》，1958年版；维克托·阿尔瓦《中间阶层的革命》，载《新政治》1982年冬季号。

② 见 R. 斯塔文哈根《不发达与革命，拉美透视》，1981年版；詹姆斯·佩特拉斯《拉美的政治与社会结构》，1970年版。

③ 列宁：《皮梯利姆·索罗金的宝贵自供》，载《列宁全集》第28卷，人民出版社1958年版，第168页。

自身不同的经济和社会地位，有的可能抱赞成的态度，有的则持反对的立场。我们对此不应一概而论。

其二，中间阶层在当前拉美资本主义发展的条件下是一支流动的队伍。一方面，它不断分化、加入到两大主要对抗的阶级队伍里；另一方面，一小部分资产阶级破产后又补充到它的队伍里来，一小部分无产阶级上升后也可能加入它的行列。中间阶层处在不断分化和重新组合之中。

其三，拉美中间阶层在分化过程中除了少数成为当权资产阶级的同盟者外，多数可以成为无产阶级的同盟者。一小部分最富裕的中间阶层把自己的命运同当权的资产阶级联系在一起，多数人则与无产阶级共命运。这方面，至少有两个因素在起作用。（1）在科技革命的影响下，中下级技术人员和管理人员同工业无产阶级之间的职业差别逐渐缩小，他们在劳动过程中的分工、合作和交流日益密切，政治上、经济上、思想上的共同点在增加。（2）在当前资本主义世界经济处于滞胀的条件下，发展中国家中间阶层中的大多数，处境较为不利。他们的经济地位正在下降。巴西圣保罗大学一位教授指出："中间阶层已被从天堂中赶了出来。"由于经济形势恶化，他们已很难找到政府行政职务和工程师的职位，只能把自己的子女送往收费较低的公立学校去接受教育。同时，购买汽车、牛肉、罐头食品和饮料的数量也不断减少。1979年以来，那些收入相当于30份最低工资的中等阶层的购买力，下降了47%[①]。以上情况表明，中间阶层队伍中多数人将由于劳动条件、工作性质、经济地位的变化而更接近城乡无产阶级。

其四，中间阶层能不能在拉美反帝民主革命运动中成为无产阶级有力的同盟者，关键在于无产阶级能否发挥领导作用。如前所述，中间阶层既是无产阶级的争夺对象，也是资产阶级的争夺对象。如六七十年代以来，以中间阶层群众为主，不仅形成过许多革命或进步的组织，而且也成立了一些反动组织，其中有的还被美国中央情报局和各国寡头集团所利用。因此，无产阶级必须坚持跟资产阶级的斗争，花大力气去争取中间阶层的工作。正如《拉丁美洲的卡斯特罗主义和共产主义》一书作者所说的："如果要把他们（指中间阶层）争取到无产阶级立场上来，

①　英刊《拉美地区报道》1984年2月10日。

那么必须进行顽强的斗争。"①

　　简言之，中间阶层在拉美是一支举足轻重的社会力量，也是一支摇摆不定的社会力量，但总的来说乃是无产阶级的同盟军，无产阶级应尽力把他们争取到自己方面来。

　　　　　　　　　　　（原载《拉丁美洲丛刊》1984 年第 4 期；第二作者：李和）

---

① 　廉·E. 拉特利夫：《拉丁美洲的卡斯特罗主义和共产主义》，1979 年中文版，第 289 页。

小农制和拉美农业资本主义发展

一

第二次世界大战结束后，拉丁美洲农业和农村土地关系发生了深刻变化。一方面，随着机械化、化学化和农业生物技术的推广，农业现代化水平和农业产量大为提高。另一方面，随着农业资本主义的发展，广大农村无产者和半无产者替代昔日的债役雇农和佃农，成为主要的农业劳动者，资本主义性质的农业地产（庄园、农场、牧场和种植园）替代传统的大庄园和大地产，成为商品性农业企业。当前，收取劳役地租的封建庄园在拉美已不复存在；收取实物地租的封建性庄园仅在某些中美洲地区和巴西部分地区才能见到，即使在这些地区资本主义生产关系也居主导地位。正如一位美国学者指出：这是市场力量的刺激、农民运动的压力和各国政府推行土改所带来的结果①。

拉美农业资本主义的发展道路有其自身的特点。在传统的欧美资本主义国家，无论农业资本主义发展的古典式（英国）和非古典式（普鲁士和美国）道路，农村都存在着 3 个相互依存而又相互对立的阶级，即土地所有者、租地农业资本家和农业雇佣工人。在这些国家里，资本主义在农业中的发展同广大农村居民的无产阶级化是同步完成的，小农几乎没有立锥之地。但是在拉美，资本主义在农业中的发展同广大农村居民的无产阶级化并非完全同步，众多的小农不仅没有在这一过程中被淘汰，而且至今仍在各国农业中起着特殊作用。小农制作为拉美农业资本

①　德·詹弗兰：《拉丁美洲的土地问题与土地改革》，1981 年英文版，第 221 页。

主义发展中独特的土地关系形式被保存下来，在可预见的一段时间内还
将继续保存下去。

二

第二次世界大战以前，拉美农业的主要特征是封建庄园以及依附于
它的小农户所组成的双重结构。这种双重结构随着第二次世界大战结束
后农业资本主义的发展，已为资本主义农业企业—小农户的新的双重结
构所替代。据联合国拉美经委会专家估计，80 年代初，资本主义农业企
业和小农户在拉美农业经营单位中分别占 22% 和 78%；它们占有的土地
面积分别为 82% 和 18%；它们提供国内消费的农产品分别占 59% 和
41%，提供的出口农产品分别占 68% 和 32%[1]。

资本主义农业企业和小农虽然并存于同一历史发展进程，但在经营
方式上是截然不同的。前者的生产目的是最大限度地追逐利润，增加资
本积累。它们以必要的雇佣劳动者（长工和短工）作为劳动力，同时采
取资本密集的方式、发挥技术创新的作用来从事商品生产；其最终产品
全部投入市场。后者则以家庭为生产单位，以自有劳动力为主；当他们
无法继续依靠自有的一小块土地维持生计时，就外出谋生，到农业企业
中去当临时工和日工；他们的产品一部分供自家消费，一部分投入市场。
这说明，半自给自足的生产活动与短期出卖劳动力相结合，是小农的基
本特点；他们以一种谋生而非谋利的特殊方式卷进了市场——货币经济。

在进一步讨论拉美小农制之前，有必要对小农的含义和界限做些说
明。联合国拉美经委会和联合国粮农组织所属的联合农业司官员埃米利
亚诺·奥尔特加认为，从土地占有的角度看，拉美的小农包括小土地所
有者、佃农、伙耕农、边远地区的垦殖农、占耕农和土改受益户[2]。泛美
农业发展委员会（CIDA）则把小农分为"家庭规模"（Family-Sized）和
"次家庭规模"（Sub-family-Sized）的个体农户：前者拥有的土地足够供养
一个家庭自有的劳动力，后者拥有的土地则不足以供养一个家庭最低限度

---

① 《拉美经委会评论》杂志（英文版）1982 年 4 月号，第 26 页。
② 同上书，第 79 页。

的生活需要。也有人把个体农户分为"具有生存能力"（Viability）的小农和"不具有生存能力"（Non-viability）的小农。在有的文献中，曾把处境最不利的小农称作"细小农户"（Minifundistas）。近些年来，还有人以"半无产阶级农民"（Semiiproletarian Peasants）来泛指最贫困的小农。有些学者指出，不仅小农的界限很难划分，连无地农户和极端缺少土地的小农之间的界限也很难区分。这是因为：一方面，现有的人口普查和土地调查资料均有缺陷，难以进行这样的划分；另一方面，由于地理环境不同，从生态学的角度可把拉美分为 67 个差异性很大的小地区，这就很难为调查对象制定划一的标准。一些学者强调国情不同，以及土地资源、地理位置和人口增长率不同，通常把小资产阶级农户和半无产者农户统称为小农户[1]；但在描述小农户的特性时，往往又以半无产者农民为出发点。这是个严重缺陷。尽管如此，他们的许多看法仍是很有见地的。

关于拉美小农制的基本特点，本文试作如下分析。

（一）以家庭为单位，在一小块土地上从事个体经营。

据 70 年代中期资料，拉美的小农户大约有 6000 万—6500 万人，占该地区 1.2 亿农村人口的一半以上；小农经营单位共计 1350 万个，拥有农业用地 1.45 亿公顷和可耕地 5760 万公顷，分别占拉美农业用地总面积的 18% 和可耕地总面积的 36%。1979 年，在拉美 1.05 亿公顷收获面积中，小农占 44%。按当年的经营单位计算，每户小农约有农业用地 11 公顷，可耕地 4.2 公顷和收获面积 3.3 公顷[2]，但其中 39% 的小农平均拥有土地不到 2 公顷。1976 年，巴西的小农占农业经营者总数的 80% 以上。1978 年，中美洲国家农业经营者总数的 79% 属于"次家庭规模"的小农户。在萨尔瓦多和牙买加，75% 以上的小农平均占地不到 2 公顷。在秘鲁高原地区，85% 的农业经营单位平均占地不到 4 公顷。在玻利维亚高原地区，80% 的农户占地在 10 公顷以下。1977 年，巴拉圭有 2/3 的农户平均占地在 5 公顷以下。智利 2/3 的农户属于平均占地不到 1.8 公顷的小农

---

[1]　在英语文献中，Small Farmers，Small，Landowners，Peasant Producers 和 Peasant Agriculturalists 等词是经常混用的。

[2]　《拉美经委会评论》杂志（英文版）1982 年 4 月号，第 81 页。

户①。总之，小农户拥有土地的规模，充其量只能使他们以家庭为单位从事个体经营。

尽管拉美城市人口年均增长率为4%、农村人口年均增长率为1%，农业劳动力占各国人口构成的比重正在下降，但小农的绝对数量及其占全部农业劳动力的比重却在增加。据泛美农业发展委员会统计，小农在五六十年代仅占拉美农业劳动力的52.1%，而1980年却已上升到65%。在巴西、墨西哥、厄瓜多尔等国，这一比重均在70%以上。小农数量的增加，有三方面原因。

其一，随着人口繁衍和土地再次被分割，小农经营单位增加，其平均占地面积却在缩小。据联合国拉美经委会和联合国粮农组织调查，以巴西、智利、哥伦比亚、哥斯达黎加、萨尔瓦多、洪都拉斯、秘鲁和委内瑞拉8国为例，占地20公顷以下的小农经营单位由1960年的470万个增至1970年的650万个，约增长38.5%；同期，它们的平均占地面积却从4.9公顷降为4.7公顷②。墨西哥1960—1970年人口调查资料显示，在此期间这个国家的农业人口从430万增加到780万；在新增加的350万人口中，有220万属于小农户，而且他们的平均占地面积也越来越小。在厄瓜多尔，1954—1968年占地5公顷以下的小农户增加了1倍，其平均占地面积从1.7公顷降至1.5公顷。在萨尔瓦多，占地不到1公顷的小农户从1950年的7.04万户增加到1970年的13.29万户；在农业经营者总数中，此类小农户所占的比重从1961年的51%上升到1975年的75%③。1960—1970年，巴西农业经营者总数增加了1.6倍，而其中占地1公顷以下和占地1—10公顷的小农却分别增加了9.1倍和2.5倍。

其二，拉美国家推行土改，客观上使小农经营者数量有了增加。拉美通过土改征用的土地约占应征土地的15%，实际获得土地的农户约占土改预期受益户的22%④。整个六七十年代，拉美约有300万农户获得了土地，其中绝大多数属于小农户。最近30年，安第斯国家约有119万户

---

①　《美洲开发银行1986年年度报告》，第120—121页。

②　《拉美经委会评论》杂志（英文版），1982年4月号，第96页。

③　罗杰·伯贝奇、帕特里夏·弗林：《美洲的综合大农业》，1980年英文版，第98—99页。

④　《美洲开发银行1986年年度报告》，第128页。

小农在土改中获得了土地。

其三，通过五六十年代的移民垦殖计划和 70 年代的农村综合发展计划，大批无地少地农民进入开发地（Frontier），其中大多数人演变为小农。据估计，从 50 年代到 70 年代初，拉美新开发的土地达 1 亿公顷以上，其中的一小部分土地属于小农户所有。拉美的小农户，由于只有一小块土地，生产目的主要是为了自身的再生产。据统计，小农的产品中约有 60% 为自产自用，从这一意义上说，小农户家庭是生产和消费单位的统一体，其另外 40% 产品，包括粮食在内，则运往市场出售。小农又以自家的劳动力为主，只有在农忙季节靠换工或偶尔雇佣短工来解决人手不足的问题。据统计，1970 年，在巴西、巴拿马和墨西哥的小农劳动力中，来自家庭成员的比重分别为 92.6%、79.8% 和 72.7%。1974 年，厄瓜多尔小农劳动力的 76.2% 来自家庭成员①。由此可见，小农户基本上是一种自我生产、自我消费的半自给自足的个体经济。

（二）大多数小农依靠小块土地难以维持生计，往往到资本主义农业企业中去当临时工和短工，从而不定期地进入了劳动力市场。

小农（通常是户主）每年平均有 3—6 个月外出做工，其余时间则在自有的小块土地上干活。出卖劳动力的收入对于他们来自小块土地的低微收入是个重要的补充。两种收入来源并存，不仅可以使他们长期照顾家庭成员，而且有利于保住其土地、房屋和农具等，以维系私有财产及其继承权。这类现象在阿根廷北部，智利中部，秘鲁、巴西和中美洲各国尤为明显。拉美农业资本主义发展的进程并没有把广大农村居民都沦为一无所有的无产者。它保留了小农，使之成为资本主义农业的劳动力储存器。当农业企业需要劳动力时，广大小农户就向它提供大量的日工和短工；当它不需要劳动力时，这些临时工就返回家园，继续作为小农家庭的一员蹲守在小块土地上，在低劣的生活条件下求得生命的延续。资本主义农业企业为了节省大笔社会保险费用，提高利润率，避免劳工纠纷，一般都尽量多用季节性短工，而减少常年农业工人的雇佣数量。这是在农业劳动力市场供过于求的条件下，农业企业主提高利润率的有效途径。在这方面，以下问题值得注意。

---

① 《拉美经委会评论》杂志（英文版）1982 年 4 月号，第 88 页。

第一，短工、日工、季节工等临时工，在拉美农业雇佣劳动者队伍中所占的比重迅速增加，正在取代长期工人的地位。例如，1965—1976 年，智利常年农业工人人数下降 22.8%，农业临时工人数却上升 36.9%。1960—1970 年，萨尔瓦多领取固定工资的长期农业工人减少了 45%。甚至连外国在拉美的农业公司也尽量雇佣临时工，而少雇常年农业工人。美国著名跨国企业——德尔蒙德公司在墨西哥瓜那华托州的子公司，1976 年雇佣过 1750 名工人，其中只有长期工 120 人，其余 90% 以上的工人（有许多村社社员，妇女占 75%）每年仅在这家企业工作 4—6 个月。拉美农业企业主利用充裕的劳动力市场，通过资本有机构成的提高，减少农业雇佣劳动力，特别是少雇常年农业工人，节约了许多生产费用。在拉美大中型种植业和畜牧业企业中，资本开支（包括改善基础设施、添置大型农机设备和运输工具等）占总开支的比重，1960 年为 21%，1970 年增至 23%，1980 年已增至 26%。这 3 年，种子、化肥、农药、燃料和机器租赁费开支，也从总开支的 24.5% 增至 28.7%，再增至 32.5%。而在上述时期支付的工资，则从总开支的 31.6% 降为 24.6%，又降至 18.8%[①]。

第二，占地越少的小农户，外出做工的兼业收入占其全部收入的比重越多。例如，厄瓜多尔占地 1 公顷以下的小农主要依靠土地以外的收入来维持生计：他们来自自家土地上的收入，在高原地区占 19%，在沿海地区占 31.9%。但是占地 2—5 公顷的小农，主要收入则靠经营自家的土地。在巴拉圭，占地 5 公顷以下的小农，其收入的 38% 来自外出做工。在秘鲁卡哈马卡省，占地 3.5 公顷以下的小农，出卖劳动力等非农业收入占他们全部收入的 77%；占地 3.5—11 公顷的小农，这一比重为 45%。在墨西哥普埃布拉州，占地 4 公顷以下的小农，其收入的 66%—71% 来自出卖劳动力等非农业收入；占地 4—8 公顷的小农，这一比重则为 35%[②]。在萨尔瓦多，由于严重缺乏土地资源，全国 67 万农业劳动力的一半以上均以外出做工为生，通常 1 年在外劳动时间最多的长达 6 个月。墨西哥越来越多的村社社员也以外出做工的货币收入来维持生计；1950 年，村社社员家庭收入中有一半以上来自土地收入以外的，仅占其总数

---

① 《拉美经委会评论》杂志（英文版）1982 年 4 月号，第 22 页。
② 德·詹弗兰：《拉丁美洲的土地问题与土地改革》，1981 年英文版，第 244 页。

的 16%；而到 1960 年，这样的家庭已占 34%。这说明，随着人口的繁衍，更多的村社社员投入到劳动力市场。

第三，流动性大。大多数外出做工的小农随着农事季节变化而不断流动。例如，墨西哥许多小农就随着棉花、甘蔗、咖啡、烟草、土豆和草莓的收获而从农村这一地区流动到另一地区。在有的国家，小农则是从人口稠密的粮食作物区流向经济作物和出口作物区，或从内地流向沿海地区，例如秘鲁和中美洲各国就是如此。也有些城市失业工人向农村流动：他们平时蜇居城市贫民窟，农忙时就到附近的农业企业充当日工。在巴西、尼加拉瓜、哥斯达黎加和萨尔瓦多都有这类日工。有的学者把这种现象称作城市人口的 "再次农民化"。此外，还有不少小农向别的国家流动。危地马拉西部的小农就越境进入墨西哥南部，在咖啡和棉花种植园里充当短工。萨尔瓦多也有不少小农进入危地马拉境内寻找农活。墨西哥无地少地的农民，则作为无证劳工进入美国西北部、西南部和西海岸地区出卖劳动力。小农们为了寻找短期农活，从尼加拉瓜进入哥斯达黎加、从萨尔瓦多进入洪都拉斯、从哥伦比亚进入委内瑞拉、从巴拉圭和玻利维亚进入阿根廷的事例更是屡见不鲜。

（三）小农除从事自给自足的生产活动外，还将相当部分产品投入市场，对拉美农业发展作出了重要贡献。

根据传统看法，小农在许多国家农业发展中的地位是无足轻重的。然而，拉美的小农虽然占地很少，但是在一般情况下，他们每公顷土地的平均产量却高于资本主义农业企业；他们是本地区粮食的主要供应者。据 80 年代初估计，拉美玉米产量的 51%、豆类的 77%、土豆的 61% 和稻谷的 32% 都是小农户生产出来的。在墨西哥，1970 年玉米的 69.6%、豆类的 66.7% 和小麦的 32.7% 也是小农生产的。1973 年，哥伦比亚全部粮食产量的 67% 来自小农。1972 年秘鲁全国农业普查表明，这个国家的小农提供了基本粮食产量的 55.1%—66%。在危地马拉、萨尔瓦多和洪都拉斯，基本粮食产量的 53.2%、62.1% 和 63.9% 都是小农户分别提供的。小农户也是拉美地区出口农产品的主要生产者。据 80 年代初估计，拉美出口农产品的 32% 来自小农户，其中咖啡占出口量的 41%、蔗糖占21%。在拉美两大咖啡生产国和出口国巴西和哥伦比亚，小农户的咖啡产量分别占其总产量的 40% 和 30%。在墨西哥、委内瑞拉和玻利维亚，分别有 53.8%、63% 和 75% 的咖啡产自小农户。再以拉美另一主要出口商品可可为例,在委内瑞拉、秘鲁、厄瓜多尔、墨西哥和巴西,小农户的产量分别占它们总产量的 69.1%、67.5%、65%、45.9% 和 30.2%。显而易见,拉美小农对农业生产的贡献大大超过了他们的土地资源拥有量。

但是,由于拉美小农缺少统一的组织来保障其农产品价格,又缺少储存手段,他们在收获之后往往急于将其农产品脱手。这就使他们面临不利的销售条件。因为经营农产品收购和批发的大商人,通常勾结农业企业主故意压低价格,形成买方市场,直接损害着小农户的利益。小农户则不得不尽量压缩自己的消费来对市场作出反应,出售更多的农产品以获得急需的货币。为了囤积居奇,维持农产品的低价购进、高价售出,农业企业主、大商人等不断吞噬着小农,使他们经常处于悲惨境地。

虽然拉美小农对农业生产发展作出了重要贡献,但是各国政府对农业的补贴却往往以损伤小农利益为代价;补贴的好处绝大部分都落入了资本主义农业企业的腰包。同时,由于小农没有充足的抵押品,通常又得不到急需的贷款,巨额低息农业贷款一般都集中在少数政治上影响较大的借款者手中。在巴西、玻利维亚、洪都拉斯等国,小农户申请贷款还要付一笔业务费,而这笔费用足以使贷款失去意义。在这种情况下,小农户的处境就更加困难了。

(四)小农是不稳定的个体经济,在农业资本主义发展进程中不断分化。

所谓拉美的小农,通常是就其经营规模和个体劳动而言的。如以阶级属性来划分,实际上包括两种不同的类型:一种是小资产阶级农户,另一种是半无产者农户。前者通常指"家庭规模"的个体农户或"具有生存能力"的小农户,即富裕农户;后者一般指"次家庭规模"的个体农户或"不具有生存能力"的小农户,即贫困农户。富裕农户虽然只占小农户的一小部分,却是最有活力的一部分。他们通常占有稍为充足的土地,拥有若干机械化小型农具,使用一部分代价不大、风险较小的新技术,具备一定的扩大再生产能力。在小农户中能雇佣一部分劳动力的,主要是这一类小资产阶级农户。据估计,1970 年,在这类小资产阶级农户的劳动力构成中,雇佣劳动者所占的比重,巴西为 7.4%,墨西哥为

27. 3%、巴拿马为 20. 2%、萨尔瓦多为 9. 9%；1974 年，厄瓜多尔的这一比重为 23. 8%[①]。

富裕农户作为拉美农村小资产阶级，比贫困农户更多地参与市场——货币经济，有的已着手经营多种作物，增加储运能力，并日益走向生产专业化和技术化。如果经营顺利，他们当中的一部分人会上升到农业资产阶级的行列中去；如果经营失败，有的人则势必沦为半无产者农户。但是，拉美小农户中的贫困农户占绝大多数，他们属于农村半无产阶级。据研究，拉美 87% 的贫困农户生活在自然环境十分不利的干旱或严寒地区，有的土地严重缺水，有的土地易受侵蚀[②]。他们只有不定期地出卖劳动力才能保住自己的一小块土地；由于人口繁衍和土地不断被分割，他们外出做工的货币收入占其全部收入的比重日益增加。尽管他们终年疲于奔命，仍然难以摆脱贫困的厄运。据估计，1980 年，拉美农村人口的 56% 生活在贫困线以下；1/3 的人口生活在极端贫困线之下[③]。同年，拉美贫困农户的人口总数已达 6940 万；其中，墨西哥 1090 万，中美洲各国 890 万，海地和多米尼加共和国 650 万，厄瓜多尔、秘鲁和玻利维亚 940 万，巴西 2500 万，哥伦比亚 370 万，其他拉美国家 500 万[④]。

三

综上可见，在拉美农业资本主义发展进程中，小农制已作为一种独特的土地关系形式被保存下来。这对于我们深入研究各国土地制度的演变、资本主义制度下不同的土地关系形式和农村社会阶级结构等问题，无疑具有重要的参考意义。

按照马克思主义经典作家的分析，迄今，农业资本主义发展的道路存在着 3 种不同的类型：第一种是英国式道路，它是以租地农业资本家

---

① 《拉美经委会评论》杂志（英文版）1982 年 4 月号，第 88—89 页。

② 《美洲开发银行 1986 年年度报告》，第 121 页。

③ 按照联合国拉美经委会的标准，凡把全部家庭收入用于购买食品，同时又无余款用于住房、衣着等其他支出，最终仍然营养不良者，属于"极端贫困"（Indigence）；凡家庭收入不到"极端贫困"户收入的 2 倍（农村地区为 1. 7 倍）者，属于"贫困"（Poverty）。

④ 《美洲开发银行 1986 年年度报告》，第 119 页。

为中心的资产阶级式农业发展道路；第二种是普鲁士式道路，它是以地主自身向资产阶级转化的农业发展道路；第三种是美国式道路，它是以自耕农为中心的农民式资本主义农业发展道路。虽然上述 3 种农业发展道路都以欧美国家作为典型，但是它们所涵盖的历史内容和阶级属性，对于我们现在认识拉美农业资本主义发展道路仍然具有指导意义。

笔者认为，拉美农业中的资本主义关系主要是在 19 世纪下半期开始发展的；它走的基本上是一种类似普鲁士式道路，即原有的传统土地占有关系并非一举被消灭，而是慢慢地适应资本主义发展的需要。这个过程十分缓慢，一直到 20 世纪 50 年代以后才不断加快。当然，在不同的拉美国家，在一个国家的不同地区，在不同的历史时期，所走的具体道路也不是一模一样的。阿根廷在 19 世纪 70 年代曾通过对印第安人的血腥屠杀（所谓"荒漠远征"），使大地主、大畜牧业主和外国农业公司获得大片土地，并在这个基础上发展了资本主义性质的农牧业。就使用暴力来"清洗土地"这一点而言，阿根廷在这一阶段所走的道路，似乎接近于英国式的。巴西在 1888 年废除奴隶制后，大批占地者曾长途进军去占领西部未开垦的土地，这同美国式道路又有相似之处。如果单纯从国别的意义上，而不从其农业发展进程所涵盖的历史内容和阶级属性上，去理解经典作家指出的上述 3 种农业资本主义发展道路的话，有人就会把它们称为农业资本主义发展的"阿根廷道路""巴西道路"，这显然是不妥当的。就整个拉美地区而言，不妨说其农业资本主义更多的是循着普鲁士式道路发展的，原因如下。（1）拉美对前资本主义性质的土地占有制度从未采取彻底的、革命的方式予以废除，地主寡头的势力十分强大，城乡资产阶级的力量相对软弱。（2）前资本主义的依附关系主要是在 20 世纪 30 年代后才被陆续宣布废除；在相当长的时期内，对广大直接生产者曾一直采取资本主义和前资本主义相结合的奴役形式。（3）如同在普鲁士那样，拉美的大地产基本上被保存下来，并逐步成为经营土地的资本主义经济基础。在拉美，由于土地依然高度集中占有，土地所有权和使用权的分离及租佃农业资本家的经营方式并不十分明显，而土地所有者和农业企业经营者"一身二任"的情况却比比皆是。就整个拉美地区而言，不能说其农业资本主义是循着英国式道路发展的。英国式道路是用暴力把农民赶出农村，在农民彻底破产的基础上建立资本主义大农场。

拉美除了一些国家对印第安人采取过类似方式外，主要是通过庄园自身向资本主义农业演变来实现的。美国式道路在拉美也没有普遍意义。美国通过 1861—1865 年的南北战争，以革命的方式粉碎了奴隶制经济；美国式道路的基础是"自由农民在自由土地上的自由经济"。拉美除了极少数农民在未开拓的地区占有一小部分土地外，绝大多数农民都不可能享有美国自耕农所能享有的优越条件。

　　尽管从整体、国别和小地区来看，拉美农业资本主义发展道路同上述 3 种类型或多或少地存在着相似之处，但它毕竟带有自身的特点。这一特点主要反映在拉美农业资本主义发展进程中，小农制作为一种独特的土地关系形式被保存下来。这是上述 3 种农业资本主义发展道路所不具备的。在英国式道路中，小农已在暴力掠夺下被淘汰，他们最终或成为农业雇佣工人，或成为城市工业部门的雇佣劳动者。在普鲁士式道路中，随着容克地主逐渐资产阶级化，小农纷纷破产，大多数也沦为农村无产者。在美国式道路中，由于资产阶级革命比较彻底，小农曾在资本主义农业发展中占据优势；但随着商品货币关系的发展，在小农迅速两极分化的基础上形成了资本主义大农场，大多数小农最终仍沦为一无所有的农业工人。在欧洲和北美，与农业资本主义发展联系在一起的是，广大农村居民的无产阶级化和贫困化；在拉美，与农业资本主义发展进程联系在一起的，则是广大农村居民的半无产阶级化和贫困化。虽然拉美的农业企业主和大商人对小农进行了残酷剥削，小农的经济地位不断下降，但他们并没有彻底破产。这是因为小农出卖劳动力可赚取一定数量的货币，从而增强了自己的生存能力。对于拉美城乡资本主义经济来说，众多的小农滞留在小块土地上，一则可以缓解他们流窜谋生而造成城市人口恶性膨胀的压力，二则可以使他们充当一支易于驾驭的、庞大而又廉价的劳动力大军。当然，小农的继续广泛存在也证明了拉美国家工业化发展战略的缺陷，因为它无法从根本上解决农村劳动力的转移问题和广大农村居民的贫困化问题。

（原载《拉丁美洲研究》1988 年第 1 期）

战后拉美地区经济结构的变化和特点

一 随着民族经济的发展,逐步改变了 以农、矿业为主的单一制经济结构

拉美国家在第二次世界大战前一直是西方国家的原料供应地、商品销售市场和资本输出的重要场所。在资本主义国际分工和帝国主义殖民体系的束缚下,它们长期依赖某几种农、矿业产品的生产和出口,形成了以初级产品外销为基础的单一制经济结构。由于经济畸形发展,民族工业的力量得不到应有的增长。拉美国家这种畸形的经济结构从产业的角度分析,通常呈现"两头大,中间小"的特点。即农业、牧业、渔业等维持人口基本需要的第一次产业和以非物质生产部门为主的第三次产业,无论从产值或就业人口方面来看均居于优势,而制造业则处于从属地位。畸形的经济结构不仅表现为主要物质生产部门中农业和工业的不平衡,而且表现为在物质生产部门的低水平发展基础上存在着一个庞大而臃肿的非物质生产部门。第二次世界大战结束后,特别是 20 世纪 60 年代以来,随着民族经济力量的发展,拉美地区这种畸形的经济结构正在发生明显的改变。其主要表现如下。

(一) 以创造强大物质基础为目标的制造业得到迅速发展,而为维持人口基本需要的农业和以出口为目标的矿业在拉美地区国民经济中渐渐退居次要地位。

表 1 说明,农业在拉美地区国内生产总值中的比重已从 1939 年的 25.8% 降至 1976 年的 11.6%。与此同时,制造业从 16.5% 增至 25.4%。制造业自 50 年代中期起取代农业成为拉美地区主要的物质生产部门。当

然，这是整个地区的发展趋势。就各个国家来说，发展是不平衡的。1976 年，制造业在国内生产总值中的比重占 20% 以上的国家共有 6 个，它们是阿根廷（31.6%）、巴西（30%）、墨西哥（24.1%）、智利（22.4%）、秘鲁（22.7%）和乌拉圭（24.3%）。制造业在委内瑞拉国内生产总值中的比重 1950 年仅占 4.5%，1979 年已增至 19.1%；同期，石油部门在国内生产总值中的比重从 28.8% 降至 8.8%。制造业从 70 年代中期起已取代石油部门成为委内瑞拉主要的物质生产部门。以上 7 国占拉美人口和总产值的 3/4。1976 年，哥伦比亚、萨尔瓦多、危地马拉、海地、洪都拉斯、尼加拉瓜和巴拉圭这 7 国中，农业在国内生产总值中的比重仍占 25% 以上。然而，上述 7 国除哥伦比亚以外，对整个地区的经济发展影响不大。从改变单一制经济结构的角度来看，阿根廷、巴西、墨西哥等国的变化则比较显著。这几个国家通过几十年的经济发展，初步建立了比较完备的工业生产体系和国民经济体系，因此从原来的初级产品生产国和出口国变成"半工业化"国家，基本上摆脱了原来那种以农业和矿业为主的单一制经济结构。委内瑞拉、智利、乌拉圭、秘鲁等国在改变单一制经济结构方面也有长足的进展。

表1　　　　1939—1976 年拉美地区国内生产总值的部门结构（%）

年份	1939	1945	1950	1960	1965	1970	1975[③]	1976
第一产业[①]	25.8	21.7	19.7	17.1	16.3	13.8	11.9	11.6
第二产业	24.6	27.7	28.3	31.4	31.7	33.8	34.2	34.4
采矿业	3.7	4.0	4.0	4.6	4.5	4.3	3.4	3.4
制造业	16.5	18.5	18.7	21.3	22.6	24.3	25.2	25.4
建筑业	4.4	5.2	5.6	5.5	4.6	5.2	5.6	5.6
第三产业	49.6	50.5	52.1	51.6	52.0	52.6	53.8	54.1
公用事业	0.7	0.8	0.9	1.2	1.5	1.8	2.1	2.2
交通运输业	5.2	5.4	6.4	6.1	6.1	6.1	6.4	6.4
商业、金融业	19.6	19.2	19.4	19.8	20.2	20.7	20.9	20.8
其他[②]	24.1	25.1	25.4	24.5	24.2	24.0	24.4	24.7

说明：①包括农业、牧业和渔业。②包括住房、防务、公共行政和其他服务。③因小数点进位，本年度各部门相加为 102；其他年度，有的是 101，有的是 99。

资料来源：根据美国加利福尼亚大学拉丁美洲研究中心《1980 年拉丁美洲统计辑要》编制。

（二）重工业在拉美制造业中逐渐占主导地位。

第二次世界大战前，拉美制造业主要是一些纺织、食品、饮料、成衣、制鞋等传统工业，重工业的比重有限。第二次世界大战结束后，各国都十分重视重工业的发展。1951—1974 年期间，拉美制造业的年均增长率为 6.9%，其中制造资本货物和耐用消费品的工业年均增长率为10.6%，制造中间产品的工业为 8.6%，而非耐用消费品的制造业仅为4.7%。由于制造化工、石油、橡胶、金属产品和机械设备的重工业的发展速度高于主要生产非耐用消费品的轻工业的发展速度，到 1970 年为止，重工业在拉美制造业结构中已超过轻工业所占的比重。据联合国工发组织的材料，拉美制造业中重工业的比重，1960 年为 42.8%，1965 年为47.7%，1970 年为 52.3%，1976 年为 57.5%①。诚然，拉美各国重工业的发展水平也是很不平衡的。大体上说，到 70 年代中期为止，阿根廷、巴西和墨西哥 3 国制造业中重工业的比重在 50%—60%，相当于发达市场经济国家 50 年代的水平；智利、委内瑞拉、哥伦比亚和秘鲁 4 国重工业的比重在 40%—50%，相当于发达市场经济国家 40 年代的水平；而其他拉美国家则在 30% 左右，重工业的发展水平至今仍是较低的。

（三）拉丁美洲对外贸易的商品结构也起了明显变化。

国民经济部门结构的改变必然引起拉美进出口商品结构的变化。20世纪五六十年代以前，拉美的出口商品几乎都是初级产品。1955 年，在拉美出口总值中，农、矿业初级产品和燃料的出口值合计占 96.9%。60年代中期起，随着拉美民族经济的发展，制造业产品在整个地区出口总额中的比重大为增加，1965 年占 8.7%，1975 年占 19%，1977 年增至23.6%。同期，阿根廷、巴西和墨西哥 3 国制造业产品的出口在它们出口总额中的比重，分别占 13.8%、31.9% 和 20.33%。此外，在拉美制造业产品的出口中，非耐用消费品的比重日益下降，工业中间产品和金属机械设备的比重不断上升。阿根廷、巴西和墨西哥 3 国外贸商品结构的变化尤为显著。它们出口的制造业产品在拉美地区制造业产品出口中的比重已从 1965 年的 58% 提高到 1977 年的 70%。1977 年，它们出口的金属机械设备已占拉美同类出口产品的 89.4%。从进口商品结构来看，战后

---

① 联合国工发组织：《世界各国工业化概况和趋向》，1980 年中译本，第 84 页。

以来的变化也很突出。据联合国拉美经委会的材料，拉美消费品和资本货物的进口在全部进口额中的比重已从 1961—1970 年的 15.7% 和 33.5% 分别降至 1974 年的 12.1% 和 25.4%。进口的资本货物在国内总投资中的比重已从 1950 年的 28.2% 降至 1971 年的 14.7%。毫无疑问，进出口商品结构的深刻变化反映了拉美国家在摆脱单一制经济结构方面所取得的巨大进展。

（四）在国民经济部门结构发生变化的同时，人口的就业构成也发生了深刻变化。

从拉美经济自立人口的就业构成看，主要劳动力已从农业转移到农业以外的部门。从事农业的人口从 1945 年占 56.8% 降至 1977 年的 35.9%。战后主要拉美国家从事农业的人口都有较大幅度的减少，有的国家（如委内瑞拉）比原来减少一半以上，有些国家（如阿根廷、巴西、智利和秘鲁）比原来减少 1/3 左右。脱离了农业的经济自立人口，有一部分被吸收在第二次产业部门就业，多数则转移到第三次产业部门。阿根廷、巴西、墨西哥、委内瑞拉和哥斯达黎加由于第二次产业发展较快，吸收的劳动力多些。智利、秘鲁和哥伦比亚由于第二次产业发展速度不及上述 4 国，因此随着劳动生产率的提高，第二次产业吸收的劳动力反而减少。当然，拉美许多国家的农业人口在移居城市后，经常找不到职业，有的长期处于半失业状态，挣扎在失业和饥饿的边缘线上。

经过战后 30 多年的努力，随着经济结构的变化，拉美经济取得了引人注目的发展。整个地区经济的年均增长率达到 5.6%，工业生产以每年 6.5% 的速度递增。拉美地区的国内生产总值从 1950 年的 397 亿美元、1960 年的 694 亿美元增至 1979 年的 5993 亿美元（按当年价格计算，下同），按人口平均计算的国内生产总值从 1960 年的 340 美元增至 1975 年的 1160 美元，1979 年达到 1500 美元以上。拉美在资本主义世界生产总值中的比重已从 1950 年的 5.8% 提高到 1977 年的 7.7%。

二　目前拉美国家经济结构的特点

拉美国家虽然在改变畸形的经济结构方面取得了一些进展，但是由于历史的原因以及经济计划和政策上的问题，各国的经济结构至今仍然存在着明显的不合理性和盲目性。总的特点如下。

（一）**在大力发展第二次产业的同时，普遍忽视继续发展第一次产业。**

战后 30 多年来，拉美国家把主要精力放在如何通过工业化来减少它们对传统农产品生产和出口方面的依赖，而很少考虑实现工业化和经济现代化所必需的农业基础。有位学者一针见血地指出，拉丁美洲的"工业化运动是在牺牲农业或矿业部门的情况下进行的，而这些部门本来应该是稳定的收入来源。但相反，人们却听任这些部门停滞不前，甚至更糟糕的是，它们被有意识破坏掉"[①]。为了及早摆脱畸形的单一制经济结构，拉美国家急于发展工业的心情是可以理解的，但是工业化决不意味着农业的停滞和落后。而战后拉美地区农业的发展步伐始终落后于其他部门的发展。农业的年均增长速度不仅落后于制造业的增长速度，而且落后于国内生产总值的增长速度。同时，供应国内消费的农作物的增长速度落后于供出口的农作物的增长速度；农产品的出口又落后于农产品进口的增长速度。有些国家农业和粮食生产的增长速度落后于人口增长速度。整个地区进口粮食的费用已从 70 年代初的 20 亿美元增至近年的 50 亿美元。当然，有些国家（如巴西等）近一二十年来主要依靠扩大耕地面积使农业生产稳步上升，但是这些国家的农业基本上是粗放经营，集约化程度较低，劳动生产率和单位面积产量至今仍然是低水平的。1978 年拉丁美洲使用的拖拉机不到 90 万台，只及西欧国家的 1/7，使用的收割机和脱谷机仅 12 万台，不到西欧国家的 1/5，而西欧国家的土地面积只有拉美土地面积的 1/6。落后的农业无法适应拉美工业化的发展需要。显而易见，拉美目前的第二次和第三次产业是在农业、牧业、渔业等维持人口基本需要的第一次产业尚未得到应有发展的条件下发展起来的，必然造成国民经济部门结构的不合理性和盲目性。

（二）**非物质生产部门过于庞大。**

众所周知，一个国家或地区的非物质生产部门只有在物质生产部门充分发展的前提下才有存在的必要。早在第二次世界大战前，拉美就存

---

① ［美］肖夏娜·B. 坦塞：《拉丁美洲的经济民族主义》，商务印书馆 1980 年版，第 53 页。

在着一个在物质生产部门低水平发展基础上的非物质生产部门。这是殖民地、半殖民地经济必然产生的现象。战后以来，这个部门的恶性膨胀并没有从根本上得到解决。由于农村居民移居城市日益增多，城市工业部门无法吸收不断流入的劳动力，因此造成拉美经济自立人口的 1/3（委内瑞拉近一半的人口）都集中在流通和服务部门。这两个部门的劳动，有的属于必要的生产服务和生活服务，符合经济发展的客观需要；有的则无益于整个社会和生产的发展，反映着资本主义腐朽性的增长和经济的畸形发展。拉美城市的畸形发展和城市人口的过度集中，同非物质生产部门的恶性膨胀是分不开的。从拉美目前具有的生产力发展水平和劳动生产率的状况来看，非物质生产部门的膨胀显然超过了必要的限度，从而会影响经济的进一步发展。

（三）**主要物质生产部门制造业内部的结构不合理**。60 年代以来，拉美国家多半是耐用消费品工业发展较快，资本货物和某些中间产品跟不上工业发展的步伐，不得不花大量外汇从国外进口。资本设备的进口至今仍占许多拉美国家进口总额的相当比重。以巴西为例，1973 年，资本设备进口总计达 28 亿美元，占当年巴西进口总额的 46%。此外，由于中间产品工业发展不力，钢、铝、铜、化肥和基本化学产品等供不应求，通常也从国外进口，从而加重了一些拉美国家的贸易开支。与此同时，诸如汽车等耐用消费品的生产则迅猛发展。巴西和墨西哥两国的汽车工业曾分别以每年 20% 和 15% 的速度递增，成为国内扩展最快的工业部门。拉美制造的汽车已从 20 年前的 20 万辆增加到 1979 年的 200 多万辆，自给有余，并向其他地区输出。但是，随着汽油价格的上涨和消费信贷的紧缩以及世界汽车市场的萧条和竞争，拉美汽车工业终将面临设备闲置和生产过剩危机等严重问题。无疑，拉美制造业的进一步发展还有待于它内部结构的调整。

（四）**生产力布局极不健全**。战后以来，拉美地区的生产力进一步向大都市和沿海地区集中，不仅造成生产地、原料地与消费区三者相互脱节，而且给资源开发和环境保护带来严重问题。现在拉美地区 1/3 的工业生产集中在三大城市——阿根廷的布宜诺斯艾利斯、巴西的圣保罗和墨西哥的墨西哥城。由于大都市和沿海地区基础设施完善、内外交通方便，外国资本和本国私人财团纷纷在此开设企业。这样，在阿根廷的布宜诺斯艾利斯和罗萨里奥地区生产的工业品就占全国的 2/3，在巴西的圣保罗—里约热内卢—贝洛奥里藏特三角区就占全国工业生产的 4/5，在乌拉圭首都蒙得维的亚一地就占全国工业生产的 3/4，在智利首都圣地亚哥和瓦尔帕莱索就占全国工业生产的 2/3，在秘鲁的利马—卡亚俄地区，就占全国工业生产的一半以上，在墨西哥首都墨西哥城和蒙特雷就占全国工业生产的将近一半。拉美生产力布局的地域体系是资本主义国际分工的产物，也是它自身经济结构不合理性和盲目性的必然反应。

　　综上可见，战后拉美地区的经济结构随着生产力的巨大发展已发生了一定程度的变化，但是在设法改变殖民地、半殖民地单一制经济结构的过程中，拉美地区的经济结构仍然存在着自身的不合理性和盲目性。这是拉美国家战后资本主义经济发展过程中难以摆脱的矛盾和问题。

三　经济结构的变化直接反映着生产关系方面的某些变化

　　战后拉美地区经济结构的变化，不仅与生产力的巨大发展有关，也涉及生产关系方面的某些变化。

　　从与生产力相联系的角度考察，主要是劳动生产率的提高。这也是整个地区生产力发展的主要标志，对经济结构的变化起着基础的作用。战后拉美国家通过大量引进外国资本和外国技术来努力发展本国科学技术等办法，促使其经济朝着现代化的目标发展。到 60 年代末，按产值计算的现代化经济部门，在拉美全部产值中已占 53.3%，在农业、制造业和矿业中分别占 47.5%、62.5% 和 91.5%。[①] 随着现代化程度的提高，拉美许多国家的劳动生产率迅速增长。其中巴西（1950—1970 年）年均增长率为 3.65%，墨西哥（1950—1970 年）为 5.35%，智利（1952—1970 年）为 3.15%，委内瑞拉（1950—1971 年）为 3.45%，厄瓜多尔（1950—1974 年）为 3.7%，玻利维亚（1950—1976 年）为 3.4%，[②] 与美国同期私人经济部门劳动生产率的增幅不相上下。巴西等拉美主要国

――――――――――

① 《联合国拉美经委会第 17 次会议文件》，第 13 页。
② 联合国拉美经委会：《1978 年拉丁美洲统计年鉴》，第 90—91 页。

家某些制造业部门的劳动生产率正在向发达市场经济国家靠近。

从生产关系方面看，主要是资本主义雇佣劳动制在一些拉美国家逐渐占据主导地位。在拉美经济自立人口中，与前资本主义关系有关的人口不断减少，城乡雇佣劳动者的比重日益增加。据研究，拉美雇佣劳动者的比重，1950 年占 52%，1960 年占 56%，1970 年占 61%，1975 年增至 64%。[①] 1970—1975 年期间，在早先独立的 19 个拉美国家中，只有 5 个国家（玻利维亚、危地马拉、海地、洪都拉斯和巴拉圭）经济自立人口中城乡雇佣劳动者的比重在 50% 以下。在主要拉美国家，传统的农民和手工业者已退居次要地位，广大城乡无产阶级成为本国被压迫、被剥削劳动群众的主体。值得注意的是，阿根廷、乌拉圭、智利、哥斯达黎加等国雇佣劳动者的比重几乎可以同某些西欧国家相比。从整个地区看，越来越多的雇佣劳动者在农业以外的物质生产部门和非物质生产部门就业。农业部门的雇佣劳动者在全部雇佣劳动者中的比重，从 1950 年的 39% 降至 1970 年的 27%，工业部门的雇佣劳动者从 34% 增至 35%，服务业的雇佣劳动者从 27% 增至 38%。[②] 这表明，工业、交通运输业、建筑业、公用事业和服务部门的雇佣劳动者——包括体力劳动者和脑力劳动者——已成为拉美无产阶级的基本力量。目前，在阿根廷、巴西、墨西哥、委内瑞拉、智利、哥伦比亚、秘鲁等国，制造业、建筑业和运输业中的雇佣劳动者的比重已占全部就业人员的 3/4 以上，独立经营者和无报酬家庭成员的比重大量减少。随着资本的集中和积聚，一些国家工业中的雇佣劳动者约有一半以上集中在 100 人以上的大中型企业中，如巴西（1970 年）占 54.3%，墨西哥（1970 年）占 57.8%，秘鲁（1973 年）占 51.3%，哥斯达黎加（1975 年）占 51.6%。这些情况表明，资本主义雇佣劳动制不论在广度上还是在深度上，都有了明显发展。

雇佣劳动制的广泛采用是同资本主义在农业中的发展密切联系在一起的。拉美发展农业资本主义，走的是列宁曾经分析的"普鲁士式"道

---

①　苏联《拉丁美洲手册》第一部分，1976 年。

②　P. A. 齐诺维叶娃：《拉丁美洲：人口的迁移和工业无产阶级的增长》，1978 年，第 107 页。

路，是地主经济逐步向资本主义经济演变的道路。战后以来，拉美农业资本主义的发展进程大大地加快了。这是因为：（1）许多国家努力实施资产阶级改良主义的土改计划和垦殖计划，把一部分大庄园主的土地和国有荒地分配或转售给农民，从而促进了农业资本主义发展。整个60年代，拉美大约有100万—120万农户获得土地，每年平均约10万户。70年代得到土地的农户可能达到200万户。① 这些受益户是农业资本主义发展的重要力量。（2）在国家机器的推动下，传统的大庄园日益转变为资本主义性质的农场。各国政府通过多项政策措施使大庄园主在农业信贷、价格、技术援助、基础设施等方面享有种种好处，促使它们采用资本主义经营方式。在阿根廷潘帕斯地区，乌拉圭南部，墨西哥北部、西北部和部分中部地区，委内瑞拉中北部，秘鲁北部，哥伦比亚考卡山谷地区，巴西南部和部分中西部地区，智利中部以及中美洲部分地区，这类农场数量很多，主要生产用于出口的经济作物和其他供国内市场销售的农牧产品，在当地农业经济中占据统治地位。（3）越来越多的小农卷进了商品经济，日益依附于资本主义市场。他们的经济地位极不稳定，不少人丧失了土地，沦为农村雇佣劳动者或流入城市。随着农业资本主义的发展，雇佣劳动者目前已占整个地区农业就业人数的1/3。在哥斯达黎加、墨西哥、阿根廷、乌拉圭、智利、委内瑞拉等国，他们的人数则占一半左右。这说明资本主义在拉美农村的阵地在不断扩大。

雇佣劳动制是资本主义生产关系赖以存在的基础。列宁曾经指出：资本主义最重要的特征有两个：一是商品生产是生产的普遍形式，二是劳动本身即人的劳动力也具有商品形式。"劳动力的商品形式的发展程度标志着资本主义的发展程度。"② 列宁这一论述，对于我们分析战后拉美地区生产关系的变化具有指导意义。从经济结构的变化和雇佣劳动制推行的情况来看，阿根廷、巴西、哥伦比亚、哥斯达黎加、智利、墨西哥、乌拉圭、委内瑞拉等国无疑都具备了上述两个最重要的特征。也就是说，一些拉美国家通过经济演变和社会改良的道路已无可争辩地确立了资本

---

① ［苏］B. M. 达维多夫：《"拉丁美洲类型"资本主义的成熟程度及其特点》，载《世界经济与国际关系》1979年第3期。

② 列宁：《民粹主义的经济内容》，载《列宁全集》第1卷，第414页。

主义生产方式。

当然，在帝国主义和无产阶级革命时代，一些发展中国家为什么和如何走上资本主义发展道路，它的特点和发展趋势究竟怎样，这是我们必须深入研究的新课题。

（原载《世界经济》1981 年第 12 期）

对拉美资本主义发展进程的认识

　　拉丁美洲在全世界 120 多个发展中国家中属于较为先进的地区。这个地区的主要国家早在 19 世纪上半叶就先后宣布独立[①]，比其他亚、非发展中国家更早地走上了资本主义发展道路。从 20 世纪 30 年代起，拉美进入一个经济迅速发展和社会急剧变革的时期。半个世纪以来，主要拉美国家的经济结构、社会结构和阶级结构都发生了深刻变化。通过工业化和经济现代化，它们的实力不断增强。1960 年美国的产值比拉美大 7.7 倍，到 1980 年只大 3.9 倍。拉美从本地区实际出发，采取进口替代和出口替代等经济发展战略大力发展民族经济。目前，巴西、墨西哥、阿根廷等国已基本上建立起一个以金属制品、机械设备、化工、电子、纺织、食品等行业为主体的门类较完备的工业生产体系。在现代化大生产基础上，资本在主要拉美国家已成为支配一切的经济权力，在生产、分配、流通和消费领域起着决定性作用，同时，在这种经济结构上建立起资本主义的政治法律制度和社会意识形态。无论从生产力和生产关系以及从经济基础和上层建筑来看，这个地区的主要国家和多数国家实质上已经是发展中资本主义国家，从属于世界资本主义体系。

　　一系列拉美国家怎样从往日的殖民地、半殖民地和附属国演变为发展中资本主义国家？在帝国主义和无产阶级革命时代，它们为什么并没有从帝国主义的后备军直接转变为无产阶级革命的后备军，反而在无产阶级革命（或通过人民民主革命的形式）之前出现一个资本主义相对发

---

　　① 墨西哥、哥伦比亚和智利于 1810 年、委内瑞拉于 1811 年、阿根廷于 1816 年、秘鲁于 1821 年、巴西于 1822 年宣告独立。上述 7 国无论在当时或现在都占拉美地区人口、面积和经济实力的绝大部分，反映了本地区总的发展趋势。

展阶段？拉美国家实现社会经济结构转变的共同特点和今后发展趋势怎样？这些现象如何从马克思列宁主义的观点加以正确的认识和分析？这些问题在理论上和实践上都具有重要意义。本文拟提出一些极不成熟的看法，以求教于大家。

在讨论这些问题之前，有必要强调一下拉美国家的多样性问题。拉美现有 33 个国家，这些国家不仅在国力强弱、幅员大小、自然资源多寡上，而且在历史背景上都存在明显的差异。同时，经济政治发展的不平衡规律又必然使这些国家在发展道路上呈现自己的特殊性。本文主要是针对拉美 3 个大国（巴西、墨西哥和阿根廷）、4 个中等国家（委内瑞拉、哥伦比亚、智利和秘鲁）及乌拉圭、哥斯达黎加等国而言的。这些国家在其资本主义历史发展进程中，既具有共同的特征，也有各自的特殊性。当然，上述各国存在的差异性和不平衡并不说明我们不能对它们反映的共同特征和面临的共同问题进行总体的考察和研究。

一　落后国家面临两种不同的发展道路

马克思、恩格斯、列宁、斯大林和毛泽东对亚、非、拉广大国家的发展道路都有过大量的论述。他们在阐述人类社会历史发展规律以及民族问题、民族殖民地问题和帝国主义问题时，都涉及这一方面的内容。在研究亚、非、拉国家发展道路方面，革命导师为我们留下了丰富的理论遗产和犀利的思想武器。全面理解他们在这方面的论述，不仅有利于我们开展对第三世界国家政治和经济问题的研究工作，而且对于深入了解战后帝国主义问题都具有一定的理论和现实意义。

我们先从马克思和恩格斯的论述说起。众所周知，马克思在他的光辉著作中曾把古代印度、中国、中东国家以及哥伦布"发现"新大陆之前的墨西哥和秘鲁都列为亚细亚式的社会。他认为，西方资本主义和殖民主义对这种"静止的社会状态"起着瓦解的作用。尽管西方殖民主义被极卑鄙的利益驱使，使广大东方的或亚细亚国家遭受"流血与污秽、穷困与屈辱"，它们毕竟充当了"历史的不自觉的工具"①。他以英国侵

---

① 《马克思恩格斯选集》第 2 卷，人民出版社 1972 年版，第 68 页。

略印度为例，指出英国在印度要完成双重的使命："一个是破坏性的使命，即消灭旧的亚洲式的社会；另一个是建设性的使命，即在亚洲为西方式的社会奠定物资基础。"① 英国的蒸汽机、科学和自由贸易对亚细亚式社会那种手工业和农业结合的自给自足的经济基础起了破坏作用，"结果，就在亚洲造成了一场最大的、老实说也是亚洲历来仅有的一次社会革命"②。马克思是从资本主义生产方式在全球扩展的战略高度来分析英国在印度的客观历史使命的。英国人用宝剑使印度达到比以前在大莫卧儿统治下更加牢固和占地更广的政治统一，推动电报和自由报刊的出现，促使加尔各答成长起一个具有管理国家的必要知识并且接触了欧洲科学的新的阶层，造成印度同欧洲经常迅速的来往。这一切表明：英国在印度的"建设性的工作总算已经开始做了"③。马克思高度评价水利设施、交通工具和铁路网引入印度的社会历史意义，指出："这样做的后果是无法估量的。"④

恩格斯对法国征服阿尔及利亚、美国吞并墨西哥的领土和俄国在中东的扩展，也作了同样的剖析。

马克思和恩格斯预计到资本主义生产方式必然战胜并替代各种前资本主义的社会经济形态，使农民的民族臣服于资产阶级的民族，使东方臣服于西方。正如他们在《共产党宣言》第一节中所描述的那样，资产阶级"到处落户，到处开发，到处建立联系"。"它迫使一切民族——如果它们不想灭亡的话——采用资产阶级的生产方式；它迫使它们在自己那里推行所谓文明制度，即变成资产者。一句话，它按照自己的面貌为自己创造出一个世界。"⑤ 当然，一种社会经济形态向另一种社会经济形态的转变是不可能在短暂的时期内完成的。

那么，西方资产阶级"按照自己的面貌为自己创造出一个世界"的历史过程，到了列宁所处的时代是不是就此终结了呢？资产阶级是否停止发展了呢？列宁的答复是否定的。他在十月革命前多次指出：地球上

---

① 《马克思恩格斯选集》第 2 卷，人民出版社 1972 年版，第 70 页。

② 同上。

③ 同上。

④ 同上。

⑤ 《马克思恩格斯选集》第 1 卷，人民出版社 1972 年版，第 254—255 页。

的大多数国家和大多数居民还没有达到或者刚刚开始达到资本主义的发展阶段，"帝国主义并不能阻止资本主义的发展"①。他指出：社会主义"将首先在一个或者几个国家中获得胜利，而其余的国家在一段时期内将仍然是资产阶级的或者资产阶级以前时期的国家"②。不言而喻，按照列宁的看法，社会主义在一个或者几个国家的胜利并不会使世界大多数国家现存的社会经济形态和国家形态随之发生转变。他把当时的世界分成三类国家：（1）西欧的先进资本主义国家和美国；（2）欧洲东部的国家，包括俄国、巴尔干国家和奥地利；（3）中国、波斯、土耳其等半殖民地国家和一切殖民地。③

从资本主义发展程度看，第一类国家是资本主义先进国家，第二、三类是资本主义不发达国家，而第二类资本主义国家要比第三类国家发达一些。第三类国家早先只是卷入了商品交换，还没有卷入资本主义生产。但是第三类国家的这种状况，进入 19 世纪最后 30 年开始发生了变化。这是因为：资本主义虽然腐朽，但"如果以为这一腐朽趋势排除了资本主义的迅速发展，那就错了。……资本主义的发展比以前要快得多。""资本主义在殖民地和海外国家发展得最快。"④ 列宁认为，帝国主义通过资本输出会把资本主义生产移植到殖民地，从而加速这些国家的资本主义发展。他写道："帝国主义就是资本输出。资本主义生产在殖民地愈来愈迅速地移植起来。"⑤ "帝国主义最主要的特性之一，正在于它加速最落后的国家里的资本主义发展。"⑥ 由此可见，帝国主义的资本输出推动了资本主义生产方式在全球的扩展，西方资产阶级"按照自己的面貌为自己创造出一个世界"的历史进程，在列宁所处的帝国主义时代并没有终结。这是列宁在十月革命之前关于落后国家发展道路的基本论点。

1917 年俄国十月革命胜利之后，欧洲和世界的形势发生了深刻变化。1919—1923 年欧洲许多国家的无产阶级向资本主义制度发起了猛烈冲击。

---

① 《列宁全集》第 23 卷，人民出版社 1958 年版，第 43 页。
② 《列宁选集》第 2 卷，人民出版社 1972 年版，第 873 页。
③ 《列宁全集》第 22 卷，人民出版社 1958 年版，第 144—145 页。
④ 《列宁选集》第 2 卷，人民出版社 1972 年版，第 842、816 页。
⑤ 《列宁全集》第 22 卷，人民出版社 1958 年版，第 332 页。
⑥ 《列宁选集》第 2 卷，人民出版社 1972 年版，第 872 页。

在德国、奥地利、匈牙利、波兰、捷克斯洛伐克等国都曾一度建立苏维埃政权。在亚洲、非洲、拉丁美洲，也出现了民主运动和民族解放运动的浪潮。1919 年 3 月，列宁在共产国际第一次代表大会闭幕词中提出了"国际苏维埃共和国的建立已经为期不远"的设想。1920 年 7 月 20 日，他在共产国际第二次代表大会民族和殖民地问题委员会的报告中，第一次提出了落后国家可以不经过资本主义发展阶段的著名论点。他指出："如果革命胜利了的无产阶级对它们进行系统的宣传，而各国苏维埃政府以它所拥有的一切手段去帮助它们，那么，说落后民族无法避免资本主义发展阶段就不对了。"列宁的结论是："在先进国家无产阶级的帮助下，落后国家可以不经过资本主义发展阶段而过渡到苏维埃制度，然后经过一定的发展阶段过渡到共产主义。"但是，"必须采取什么手段才能达到这个目的，——这不可能预先指出"①。

必须指出，列宁这一论断是在 1919 年欧洲革命高潮时期提出来的。他当时期待欧洲先进国家的革命获得胜利。这样，在欧洲国家无产阶级的帮助下落后国家就可以避免资本主义发展阶段。他的这个论点主要是为了驳斥第二国际改良主义者，是针对落后民族无法避免资本主义发展阶段说的。他强调的是，落后国家在一定的条件下可以避免资本主义发展阶段，但不是指一切落后国家必然能避免资本主义发展阶段。列宁的这个论点，同他在十月革命胜利之前谈到第一次世界大战对东方许多国家的影响时还指出："这些国家的发展已完全按照一般欧洲式资本主义的标准进行。"② 可见，列宁认为落后国家在帝国主义和无产阶级革命时代大发展道路存在着两种可能性：一种是在帝国主义资本输出的条件下走上资本主义的发展道路；另一种是在先进国家无产阶级帮助下走非资本主义道路。

但是，"各国苏维埃政府以它所拥有的一切手段"去帮助落后国家的外界条件，实际上并没有完全实现。近几十年来，在落后国家发展道路上，我们往往强调了它们国内革命运动加强和国际无产阶级影响扩大的一面，而忽视了帝国主义通过资本输出会加速它们资本主义发展的一面。

---

① 《列宁选集》第 4 卷，人民出版社 1972 年版，第 336 页。
② 同上书，第 709 页。

我们在分析帝国主义时代资本主义世界三大矛盾时，认为所有一切殖民地和附属国内人民斗争的加强都会根本破坏资本主义的阵地，从而把殖民地和附属国由帝国主义的后备军变为无产阶级革命的后备军。这样，就实际上否认了帝国主义时代一部分落后国家选择资本主义发展道路的可能性，也没有预计到这些国家中会出现一个资本主义相对发展的阶段。

事实上，落后国家的发展道路仍然存在着两种可能性。如果民族民主革命的领导权牢牢地掌握在无产阶级及其政党手中，就能把殖民地和附属国由帝国主义后备军变为无产阶级革命的后备军，但是领导权掌握在当地资产阶级手中，则免不了要走上资本主义发展道路。半个多世纪的实际情况表明，大多数落后国家，包括拉美大多数国家在内，民族民主革命的领导权并没有掌握在无产阶级手中。西方资产阶级"按照自己的面貌为自己创造出一个世界"的历史进程也没有完全终结。正如列宁所指出的，"帝国主义并不能阻止资本主义的发展"，尤其是在落后国家的发展。事实是，亚、非、拉广大国家的资本主义恰恰是在西方国家进入帝国主义时期才得到迅速发展的。这时，西方国家发展到了帝国主义，资本主义在世界范围内进入了腐朽和衰亡过程，但对亚、非、拉许多国家来说，资本主义才获得起步。由于历史条件的不同，资本主义在这些落后国家方兴未艾，仍然会有生命力，因而出现了一个资本主义生产方式相对发展的阶段。这同资本主义最终走向灭亡的前景并不矛盾。列宁曾经指出："世界历史发展的一般规律，不仅丝毫不排斥个别发展阶段在发展的形式或顺序上表现出特殊性，反而是以此为前提的。"[①] 列宁这段话对于我们理解亚、非、拉广大国家走上资本主义发展道路具有重要指导意义。除了一些进行人民民主革命、选择社会主义发展道路的国家以外，多数落后国家本国的资本主义不仅没有被"根本破坏"，反而由于帝国主义的资本输出而大大加强了。这些国家无论从社会经济形态和国家形态来看，并没有直接成为无产阶级革命的后备军，反而成为资本主义世界体系的后生力量。当然，亚、非、拉一些国家资本主义的迅速发展，比如在全世界范围内促使资本主义的基本矛盾更加激化，更加难以调和，使资本主义制度加速走向它的末日。

---

① 《列宁选集》第4卷，人民出版社1972年版，第690页。

落后国家的发展道路存在着两种不同的选择，这已为几十年的历史所证实。对于一些国家来说，国际国内的环境都不允许它走建立资产阶级专政的资本主义发展道路。这方面，可以我国为例。对此毛泽东在《新民主主义论》中已作了精辟分析。这一分析之所以正确，主要是因为中国无产阶级当时牢牢地掌握了民族民主革命运动的领导权；有了这个重要条件，就可以不经过资本主义发展阶段而走上社会主义道路。对于另一些国家来说，不论战前或战后、直至今天，尚不具备这个条件，因此不仅有20年代的基马尔的土耳其，也有三四十年代的卡德纳斯的墨西哥、瓦加斯的巴西和庇隆的阿根廷。这些国家同中国当时所处的国际国内环境不同，走的是资本主义道路。

到了战后，国际政治经济领域发生了一系列具有深远意义的变化，仍然允许一些落后国家走建立资产阶级专政的资本主义发展道路。原因如下。

（一）**整个资本帝国主义制度严重削弱了**。战后，美国曾称霸资本主义世界，但随着西方各国政治、经济发展不平衡的日益加剧，以美国为中心的资本主义世界经济、政治体系开始崩溃了。有利于西方大国剥削和损害发展中国家的旧的世界经济秩序，也开始陷入重重危机之中。这些情况为战后广大亚、非、拉国家争取独立的斗争和社会经济发展开辟了新的前景。

（二）**一系列社会主义国家的存在**。战后，欧洲和亚洲一系列国家走上了社会主义发展道路。它们反对帝国主义和殖民主义，支持被压迫民族和发展中国家维护民族独立、发展民族经济的正义斗争，有利于广大亚、非、拉国家摆脱西方大国的控制，从而逐步走上经济自主发展的道路。

（三）**资本国际化的作用**。1945—1973年期间，西方各国经济取得了持续发展，有可能把大量的过剩资本输往亚、非、拉地区，把一些劳动密集型的、能源消耗大的、污染较严重的工业逐渐转移到发展中国家。它们这样做的目的是，通过利用那里的劳动力和资源、降低成本等手段使它们攫取更多的超额利润；与此同时，它们常常还有意在亚、非、拉地区保留一部分前资产阶级生产关系作为它们统治的基础。但是，历史毕竟不是按照西方垄断资产阶级主观意愿发展的，它们既然把巨额资金等转移到了这些国家，就必然在客观上增强这些国家的经济实力，并在生产、交换、消费、分配等领域内引起深刻的变化。

（四）**亚、非、拉地区民族资本的发展**。战时，一些国家利用西方各国忙于第二次世界大战的机会，积极发展本国的民族经济。战后，不少第三世界国家赢得了政治独立，同时争取经济自主、维护民族主权的要求日趋强烈。它们在斗争中互相支持，成为一支不可忽视的力量。

（五）**帝国主义势力和国际垄断资产阶级鉴于战后的新形势改变了策略，放弃老殖民主义者的直接统治办法，促进亚、非、拉国家的资本主义发展，以防止这些国家走上社会主义发展道路。**

综上可见，落后国家究竟走哪一种发展道路，完全取决于它所处的国际国内环境，大多数落后国家在内外条件的作用下则选择了走建立资产阶级专政的资本主义道路，从而使资本主义在它们那里出现一个相对发展的时期。当然，这种在帝国主义和无产阶级革命时代成长起来的资本主义有其自身的特殊性。同时，资本主义在落后国家的"相对发展"，同资本主义在全世界范围内必然走向灭亡的前景并不相悖。

二　由前资本主义社会经济结构向
资本主义社会经济结构的转变

社会的经济结构，即社会的经济关系的总和，是决定一个国家或地区社会性质的基础。一个社会的性质取决于它处于支配地位的生产关系即基本的所有制形式。在人类社会历史上，社会形态的转变有一个普遍的规律，它反映着历史发展的本质的联系，但却不能代替各民族的具体历史。各民族的具体历史要比抽象的规律复杂得多。正像没有抽象的、一般的或纯粹意义上的奴隶制度和封建制度一样，也没有抽象的、一般的或纯粹意义上的资本主义制度。各国向资本主义经济结构的转变也不可能只有一种固定的模式。英国、加拿大和澳大利亚则是在完全不同的条件下确立它们的资本主义社会经济结构的。亚、非、拉落后国家由殖民地、半殖民地前资本主义社会经济结构向资本主义社会经济结构的转变，也必然具有其自身的特点。就主要拉美国家而言，新旧社会经济结构转变过程中，下列几个共同性的问题值得注意。

各国向资本主义社会经济结构转变的具体途径并不是一模一样的。

众所周知，殖民地、半殖民地和附属国的社会经济结构本来就是十分复杂的。在这样的社会里，往往存在着前资本主义经济形态的各种生产方式，有的主要是封建经济，有的大量采用奴隶劳动，有的甚至以原始公社残余为主。外来资本主义的入侵使这些国家的社会经济结构发生了深刻的变化。有的国家原先是独立的、充分发达的封建社会，由于受到外国资本主义的入侵，就形成了典型的半殖民地、半封建社会经济结构。然而，拉美在受到外国资本主义入侵时并不是一个独立的社会，主要是西班牙和葡萄牙的殖民地。在西班牙美洲殖民地，占主导地位的社会经济形态是封建制；在葡萄牙的殖民地巴西，各种社会经济形态中主要是种植园奴隶制。拉美的殖民地封建经济和殖民地种植园奴隶制经济又很早卷入了资本主义国际分工，并受到世界市场的制约。外国资本主义对它们的商品输出和资本输出也大大早于一般亚、非国家。即便是拉美国家，各国向资本主义社会经济结构转变的起跑点也不尽相同。与西班牙美洲殖民地不同的是，巴西的农业、矿业和工场手工业中主要是奴隶劳动。直至巴西宣布独立时，全国400万居民中将近一半是出生在非洲的黑人奴隶及其后裔。巴西历史上的"王牌产品"——"巴西木"、蔗糖、黄金、金刚石、橡胶、可可和咖啡都是黑人奴隶制的产物。巴西早期的资产阶级是在奴隶种植园主内部形成的，而雇佣劳动制度则是在直接奴隶制的基础上出现的。马克思在谈到巴西和苏里南等国的直接奴隶制时指出："同机器、信用等等一样，直接奴隶制是资产阶级工业的基础。"[1] 他认为，这种奴隶种植园"一开始就是为了做买卖，为了世界市场而生产，这里存在着资本主义生产"，但是，这里的资本主义生产方式"不是从奴隶制产生的，而是接种在奴隶制上面的"[2]。这说明，巴西是在直接奴隶制的基础上、越过封建制度直接向现代资本主义转变的，它是循着殖民地奴隶制→资本主义的路线发展的，同西班牙美洲所走的殖民地封建制→半殖民地半封建制→资本主义制的发展路线并不相同。因此，我们不能简单地认为各国向资本主义的转变都脱胎于半殖民地半封建社

---

① 《马克思恩格斯全集》第4卷，人民出版社1958年版，第145页。

② 《马克思恩格斯全集》第26卷，人民出版社1958年版，第339—340页。

会经济结构，起跑点都是一样的。比较准确的提法似应是从前资本主义向资本主义的转变。

各国主要通过渐变的方式实现向资本主义社会经济结构的转变。

由殖民地前资本主义社会经济结构转变为资本主义社会经济结构，历史上不乏先例。美国就是典型例子。在摆脱英国统治之前，美国社会经济结构的主要特征是殖民地奴隶制。马克思曾把美国的种植园奴隶制作为奴隶制的基本类型之一。历史学家认为，美国在 18 世纪以前，在经济和文化上有许多方面是落后于拉美的。然而，美国在独立战争（1775—1783）和南北战争（1861—1865）之后，资本主义迅速发展，逐步替代了南部的奴隶制经济，完成了从殖民地前资本主义经济结构向资本主义经济结构的转变。美国在经历这个漫长的历史转变过程中，既有突变或飞跃的方式（南北战争），又有渐变的方式（资本主义生产力的逐步成长）。但是，突变的方式在美国实现新旧社会经济结构的转变过程中具有决定性的意义。

与美国不同的是，拉美一些国家主要是通过渐变的方式进行的。虽然从旧质到新质的转变过程中，并不是一点没有突变的因素，如墨西哥1910—1917 年的资产阶级民主革命，但是它的意义毕竟不及南北战争对美国当年资本主义发展的影响。美国在南北战争后，不仅政权从奴隶主手中转到了北部资产阶级手中，而且资产阶级通过革命的方式直接废除了奴隶制。农业中资本主义发展的"美国式"道路取得了胜利，使美国在 19 世纪末有可能成为世界上头号工业国。拉美对束缚其资本主义发展的大庄园制则采取渐变的方式，即列宁曾经分析的"普鲁士式"道路。他们通过资产阶级土地改革和垦殖计划，通过国家机器的干预，促使大庄园日益改变经营方式，从而扩大资本主义在农村的阵地。目前，交纳劳役地租的封建大庄园在拉美已不复存在；用实物来偿付地租的现象仅仅在有些中美洲国家和巴西部分地区才能见到。

与此同时，城市经济加速工业化和现代化。随着城乡资本主义的发展，原来那种以外销为基础的农业和矿业开始退居次要地位，以创造强大物质基础为目标的制造业不断发展，从而实现了国民经济部门结构的巨大转变。这样，在经济自立人口中，与前资本主义生产相联系的人口不断减少，城乡雇佣劳动者的比重增至目前的 2/3 左右。广大城乡无产阶级取代传统的农民和手工业者，成为本国劳动群众的主体。一句话，拉美在这个过程中并没有采取突变或飞跃的方式从根本上废除传统的生产方式和剥削制度，而是通过经济发展和社会改良的办法使新质因素不断增强和旧质因素明显减弱，在一个较为平稳而连续的渐变过程中实现新旧社会结构的更替。

民族国家的建立是它们实现向资本主义社会经济结构转变的前提条件。

第二次世界大战结束以来，大多数亚、非、拉国家都取得了政治独立。它们在政治上和经济上首先考虑民族利益。维护国家主权和民族权益，发展民族经济，是它们的根本要求。列宁曾经指出，民族国家的建立造成了"能够最充分发展商品生产，能够最自由、广泛、迅速地发展资本主义的条件"[①]。拉美发展资本主义的条件，比一般亚、非国家更为有利。因为这个地区的主要国家早在19世纪上半叶就先后宣布了独立。在拉美现有的33个独立国家中，除古巴和巴拿马分别于1902年和1903年取得独立外，只有加勒比地区13个岛国或小国是迟至20世纪60年代以后才陆续独立的。主要拉美国家在宣布独立后虽然不时受到西方国家的经济侵吞，对后者存在着一系列财政和经济的依附关系，但是到19世纪70年代后，国内的资本主义渐渐发展起来。一些国家的资产阶级逐步掌握了国家权力。20世纪初，乌拉圭红党领袖巴特列－奥多涅斯利用外国贷款发展国家资本主义，对本国的工业生产实施关税保护措施。阿根廷、巴西和墨西哥从30年代开始采用替代进口的办法来发展本国工业，四五十年代陆续解决了一般消费品的就地制造问题。60年代后，它们又转入中间产品和资本货的进口替代，同时把替代同出口替代结合起来，逐步转向出口替代阶段。由于它们采取了结合本国情况的工业化发展战略，从60年代起其制造业产值开始超过农业和矿业产值的总和。上述3国的制造业已成为本国经济中最活跃的部门，从而逐步摆脱农矿业单一产品出口国地位。国家机器在推动新旧社会经济结构转变过程中发挥了重要作用。这方面的作用归纳起来有三点。（1）通过没收或赎买外资企业，由国库投资兴办新的国营企业，与外资或本国私人资本合股开设合

① 《列宁选集》第2卷，人民出版社1972年版，第511页。

营企业等办法，直接掌握大量的工商企业、运输企业、公用企业和金融企业，不断加强国家资本主义的实力。国家机器起了企业家和银行家的职能。目前，拉美石油、交通运输、电力、钢铁等部门的全部或大部分已由国家直接掌握。在委内瑞拉和圭亚那，国家资本主义经济在本国经济中已占主导地位。在巴西、墨西哥、玻利维亚、哥伦比亚、秘鲁、阿根廷、牙买加等国的多种经济成分中，国家资本主义经济占有重要地位。（2）通过税收、金融、物价、信贷、汇率、外贸、外资管理等政策加强资本主义经济的发展，缩小前资本主义经济的地盘。为推动资本主义经济的发展，各国成立了工业发展银行、发展公司和工业促进协会等一系列国家机构，专门从事这方面的工作。（3）通过人力资源的开发，为资本主义经济的加速发展提供大量专门人才和熟练劳动力。到 70 年代，拉美的国家资本和民族私人资本已控制了原料、采掘业生产的 90% 以上，服务行业的绝大部分，制造业资产的 70% 以上。毫无疑问，民族国家的建立是落后国家实现向资本主义社会经济结构转变的前提条件。

外国资本主义对它们实现向资本主义社会经济结构的转变起了推动作用。

马克思在他的著作中深刻分析了东方社会的长期停滞状态，指出西方资本主义在瓦解落后生产方式的过程中充当了历史的不自觉的工具。如果没有外来资本主义的影响，这些社会也将缓慢地向资本主义经济结构转变，而外国资本主义的刺激则有力地促进了这种转变。英国从 19 世纪 20 年代开始就向拉美输出商品和资本。1890 年时，英国在拉美的政府债券、铁路、矿产、商业银行和硝石等方面的投资已高达 4.25 亿英镑，到 1913 年增至近 10 亿英镑。到第一次世界大战前夕，英国在拉美铺设了118 条铁路线，兴建了 150 多个港口和公用事业公司以及近 50 家石油和硝石公司。在外国资本主义的刺激下，墨西哥棉纺织工业有了迅速发展，19 世纪 40 年代全国出现了 59 家采用先进设备的棉纺织厂，工人上万名。阿根廷在 1845 年采用了第一台蒸汽机。巴西在 1854 年铺设了第一条铁路。至 1910 年，巴西运行的铁路线长度增至 2 万多千米。第二次世界大战期间，外资的推动作用更为显著。为了把拉美纳入世界资本主义体系，使它成为自己的后备力量，西方国家通过资本输出，大大加速拉美的资本主义发展。以西方国家对拉美的私人投资为例。19 世纪末和 20 世纪初包括直接投资和证券投资在内总数不超过 30 亿美元，到 1948—1950 年约为 70 亿美元，半个世纪内仅增加 1.5 倍。但到 80 年代初，主要资本主义国家对拉美的私人投资已达 800 亿美元。如果把 1981 年年底的大约 2000 亿美元的外债计算在内，到 80 年代初，西方大国对拉美各种形式的资本输出已达 3000 亿美元以上，同 50 年代初的直接投资和间接投资相比，战后 30 多年中增长了 29 倍以上。西方国家的科学技术和管理经验随着资金的输入大量引进拉美。拉美经济实现了生产技术上的巨大跃进，机器大工业成为占主导地位的部门。据统计，重工业在拉美制造业中的比重从 1938 年的 32.5%、1960 年的 42.8%、1965 年的 47.7%、1970 年的 52.3% 增至 1976 年的 57.5%。[①] 到 70 年代中期，阿根廷、巴西和墨西哥 3 国制造业中重工业的比重已相当于发达市场经济国家四五十年代的水平。拉美经济日益现代化和资本主义化，这既是生产力的巨大发展，又是社会生产关系上的重大变革。当然，拉美的资本主义化是战后资本主义体系国际分工以及生产社会化和资本国际化的产物，总是伴随着西方国家对它们不同程度和不同方式的剥削和控制的。

向资本主义社会经济结构转变的主要标志是资本主义雇佣劳动制的确立。

众所周知，生产关系的总和组成一个社会的经济结构。拉美从前资本主义社会经济结构向资本主义社会经济结构的转变，包括生产力和生产关系两个方面质的变化，前者是社会生产力的转变，后者是人们在物质资料的生产、交换、分配、消费关系等方面的转变。人们可以运用各种不同的社会经济统计指标从各种不同的角度去分析和判断旧质向新质的转变问题。但是，资本主义生产方式赖以存在的基础是雇佣劳动制。列宁曾指出，资本主义最重要的特征有两个：一是商品生产是生产的普遍形式；二是劳动本身即人的劳动力也具有商品形式。"劳动力的商品形式的发展程度标志着资本主义的发展程度。"[②] 列宁的教导与马克思 1850 年所说的"没有雇佣劳动，就没有资本，就没有资产阶级，就没有资产

　　① 联合国工发组织：《1960 年以来的世界工业：进展和前景》，表 3—1；1938 年的数字引自苏联《拉丁美洲百科辞典》。

　　② 《列宁全集》第 1 卷，人民出版社 1955 年版，第 414 页。

阶级社会"① 是一脉相承的。因此,根据雇佣劳动制确立的情况来判断社会经济结构的转变,无疑是一种符合马克思主义政治经济学原理的科学方法。就拉美而言,阿根廷、智利、乌拉圭和哥斯达黎加 4 国雇佣劳动者在全部就业人口中的比重,到 70 年代初已占 72.7%—76.1%,委内瑞拉和墨西哥占 62.2%—64.4%,哥伦比亚占 59.1%,巴西占 57.5%②。以上 8 国合计占拉美人口的 3/4。根据雇佣劳动制的发展程度,可以认为这些国家毫无疑义地已从前资本主义社会经济结构转变为资本主义社会经济结构。

判断一个国家是否基本实现了这种转变,同这个国家是不是属于"中等收入国家""半工业化国家""半外围国家"并不是一回事。资产阶级发展经济学和西方流行的一系列概念,不能用来识别一个国家社会经济结构的性质。我们决不能以一国国民收入(或国内生产总值)和按人口平均国民收入的多少来判断一个国家是否实现向资本主义社会经济结构的转变;也不能简单地按照制造业产值的多少来判断一个国家是否进入了世界资本主义国家的行列。如果按照前一种说法,拉美 70 年代中期除玻利维亚、萨尔瓦多、海地和洪都拉斯 4 国外都属于"中等收入国家",似乎绝大多数拉美国家都完成了向资本主义社会经济结构的转变。如果按照后一种说法,委内瑞拉和哥斯达黎加就不能算"半工业化"国家,因为这两个国家是资本主义雇佣劳动制占明显优势的国家。我们也不能单纯地以一个国家经济发展速度的高低、经济发展实力的强弱和同西方国家经济关系是否密切,来判定一个国家社会经济结构的性质。人们通常把墨西哥、巴西和阿根廷列为"半外围"或"半工业化"国家,但是就经济发展速度来说,阿根廷国内生产总值增长速度近 20 年来一直低于整个地区的平均增长速度,可是资本主义在阿根廷的发展在拉美国家中居于前列。又如,乌拉圭和哥斯达黎加在拉美和世界经济中几乎是无足轻重的,但是资本主义的发展程度并不亚于以上 3 个"半工业化"国家。

---

① 《马克思恩格斯选集》第 1 卷,人民出版社 1972 年版,第 401 页。
② 联合国拉美经委会:《1978 年拉美统计年鉴》,表 349。

三 拉丁美洲资本主义发展的
性质、程度和类型

近一二十年来，国外学者在探索拉美资本主义发展的性质、程度和类型等问题上一直存在着激烈的争论。各国学者的看法出自各种不同的立场，这里很难把其形形色色的意见归纳在一起。大体来说，可能有 5 种说法，即"中等发达的资本主义"①"依附性资本主义"②"依附性的国家垄断资本主义"③"晚期的外围新资本主义"④ 和"拉丁美洲型的资本主义"⑤。中国学者在讨论拉美社会性质问题时，对拉美资本主义发展的一些问题也发表了许多颇有见地的看法。下面针对国内外学者的意见，提出一些自己的看法。

（一）应当划清一般资本主义和垄断资本主义的界限。许多学者认为，阿根廷、巴西、墨西哥、委内瑞拉、哥伦比亚、智利等国早在 20 世纪 50 年代就形成了金融资本，并在本国经济中确立了统治地位，开始了向垄断资本主义阶段的过渡⑥。有的学者进一步提出，资本的高度积聚，在这些拉美国家不仅达到了中等水平，而且达到了更高的水平⑦。显而易见，这些看法需要进一步推敲。

持这些看法的学者，列举了以下主要事实：70 年代初，大企业（雇佣 100 人以上）在工业品产值中的比重，委内瑞拉为 59%、巴西为 68%、智利为 69.8%、阿根廷为 70%、哥伦比亚为 70.4%、墨西哥为 76%，而

---

① 参见《拉丁美洲丛刊》1980 年新 2 期，第 25—27 页。

② 苏联科学院拉丁美洲研究所所长沃尔斯基：《马克思主义和拉丁美洲资本主义发展的特点》，载苏联《拉丁美洲》1983 年第 11 期。

③ 参见《世界经济译丛》1983 年第 1 期。

④ 参见英国《国际实践》1982 年第 7 期。

⑤ ［苏］B. M. 达维多夫：《"拉丁美洲型"资本主义的成熟程度及其特点》，载苏联《世界经济与国际关系》1979 年 3 月号。

⑥ ［苏］阿·奥列伊尼科夫：《拉丁美洲的生产集中和垄断组织的形成》，载苏联《拉丁美洲》，1983 年第 2 期，中译文见《世界经济译丛》1983 年第 9 期。

⑦ ［乌拉圭］胡安·拉斯巴尔：《关于拉丁美洲的资本主义发展水平问题》，载苏联《工人阶级与当代世界》1981 年第 1 期，中译文见《世界经济译丛》1981 年第 8 期。

美国这一比重为 79.4%。

　　笔者认为，这些材料可以用来证明拉美资本主义发展进程中出现了生产和资本集中的趋势，但却不能以此来证明拉美开始了向垄断资本主义阶段的过渡。众所周知，不仅各个国家而且各个行业对"大企业"的划分标准都是极不统一的。以美国为例，纺织业和制造业雇佣 250 人以上，家用电器业雇佣 500 人以上，钢铁业雇佣 1500 人以上，算"大企业"；在这些数字以下的，均列为中小企业。如按企业数目来说，美国的经济活动几乎是中小企业的天下，但从营业额和资产来说，则是大企业的世界。日本的大企业通常指雇佣 300 人以上；联邦德国通常把雇佣 500 人以下的企业列为中小企业。因此，以 100 人为标准，只能用来证明拉美国家生产和资本积累中的一般趋势。至 70 年代中期，拉美制造业雇佣人数的 4/5 都集中在中小企业。在巴西，中小资本在制造业企业数目和雇佣人数中分别占 90% 以上和 60% 以上[①]。在墨西哥，这一比重分别为 65.6% 和 83.2%[②]。拉美的私人大企业虽然也形成了垄断组织，但它们的实力和规模毕竟有限，其活动也主要限于国内某一种或某几种行业，在国内存在着强大的国家资本主义企业和西方跨国公司企业的情况下，对它们的发展水平和作用，似乎不应估计过高。

　　同样道理，说主要拉美国家早在 20 世纪 50 年代就开始向垄断资本主义阶段过渡，也是难以令人信服的。列宁在《帝国主义是资本主义的最高阶段》中，对垄断资本主义的四种主要表现作了精确的阐述。如果说，列宁指出的第一种表现（"垄断是从发展到极高阶段的生产集中成长起来的"）和第三种表现（"垄断是从银行成长起来的"），学者之间可以各抒己见，各自保留不同看法的话，那么第二种表现（"垄断地占有最重要的原料来源"）和第四种表现（"垄断是从殖民政策成长起来的"），无论 50 年代或 80 年代，在拉美资本主义发展进程中都并不存在。

　　垄断资本主义是一种生产关系，是在自由竞争的基础上、从自由竞争中成长起来的更高级的资本主义。在帝国主义时代的历史条件下，原

①　巴西《标题》1979 年 7 月 14 日。
②　墨西哥《宇宙报》1975 年 10 月 21 日。

来的落后国家（包括拉美主要国家在内），即便选择了资本主义发展道路并经过一段时期的发展之后，最终能否向垄断资本主义转变，对于这样一个牵涉到全局性的大问题，需要学术界进行认真的讨论。当然，笔者认为，这种转变是难以实现的。

（二）应当划清国家资本主义和国家垄断资本主义的界限。国家资本主义在拉美资本主义发展历史进程中占有特殊地位，这一点，已为国内外学者所公认。但拉美的国家资本主义同西方发达国家在一般垄断资本主义基础上发展起来的国家垄断资本主义，完完全全是两码事。从形式上看，拉美的国营企业、半国营企业同西方国家的国有垄断资本企业有某些相似之处，但拉美的国家资本主义是在本地区经济民族主义的基础上发展起来的。由于拉美资本主义发展不充分，自身缺乏雄厚实力，它需要借助国家机器干预和调节经济的力量来扩大阵地。然而，拉美的国家资本主义在社会经济生活中起不了主宰一切的作用。国家资本主义企业虽然在某些部门和某些行业中拥有一定的垄断地位，但在整个社会资本的再生产过程中并不拥有凌驾一切的地位。拉美的国家资本主义虽然时常使私人大企业和垄断组织从中得益，但还不能说拉美出现了私人财团和国家（政权）高度结合的局面。与拉美的国家资本主义不同，欧洲、美国的国家垄断资本主义意味着国家与垄断资本的高度结合，国家作为真正的总垄断资本家在社会资本的再生产过程中凌驾于各垄断资本之上，并且在社会经济生活中占据了主宰一切的地位，显然，两者有本质上的区别。

顺便指出一下，也不能把拉美的国家资本主义与旧中国的官僚买办资本主义混为一谈。旧中国的官僚买办资本主义是帝国主义和封建主义的混血儿，它是通过充当买办和从事高利贷剥削来积累资金的，因而代表最反动、最落后的生产关系。拉美的国家资本主义是国家通过财政手段以再分配国民收入的方式或通过没收外资企业的方式发展起来的，它在发展民族经济方面起着积极作用，因而代表着一种基本上适合生产力发展的生产关系。同时，拉美的国家资本主义并不属于少数几个大家庭所有，这与旧中国蒋、宋、孔、陈四大家族独占一切的局面也有本质上的区别。

（三）应当划清拉美资本主义和半殖民地半封建社会中资本主义的界限。 由于拉美的资本主义是在殖民地半殖民地前资本主义社会经济结构的基础上发展起来的，我们在实际研究工作中往往容易把它同半殖民地半封建社会中的资本主义混淆在一起。由于旧中国是典型的半殖民地半封建社会，我们又往往容易把它同 1949 年以前中国的资本主义混淆在一起。虽然拉美和中国的资本主义在发生、发展过程中有不少相似点，但历史往往比逻辑复杂得多，两者之间的界限还是要分清的。原因如下。

第一，历史背景不同。中国在 1840 年鸦片战争前是独立的、中央专制主义的、高度封闭的封建社会，而拉美在 19 世纪独立前是殖民地封建制和奴隶制社会。在农业和手工业的结合方面，中国远甚于拉美。拉美一直是对外开放的社会，它的贵金属、矿产品、农产品大量流入欧洲，欧洲的工业品通过各种渠道也源源流入拉美。由于拉美很早就卷入了资本主义国际分工，商品经济发展的条件比 1840 年前的中国要优越。

第二，经济发展水平不同。外国的商品输出和资本输出进入拉美的时间比进入中国的时间要早几十年，虽然同样处在外国资本主义的刺激下，但双方的资本主义经济发展水平并不相同。中国在抗日战争以前，现代性的工业在国民经济中的比重占 10% 左右，农业和手工业占 90% 左右[①]。而阿根廷 1939 年国内生产总值中制造业已占 28%。巴西占 14%。至 1946 年，巴西制造业增加值为 14 亿美元，与当年农牧业的增加值 14.2 亿美元已相差无几。同年，墨西哥国民收入中制造业占 26%，已超过农牧业（占 17%）和采矿业（占 8%）之和[②]。农业资本主义的发展水平拉美也高于中国。1950 年拉美城市人口已占总人口的 39%。因此，不论资本主义生产关系或产业结构，40 年代末拉美的发展水平都在当时中国之上。

第三，政治状况不同。旧中国由代表落后、反动的生产关系的政治势力——国民党实行一党独裁统治。拉美在经历了墨西哥 1910—1917 年资产阶级民主革命后，主要国家的资产阶级纷纷登上政治舞台，并在本国的反帝民主革命运动中逐步掌握了领导权。如二三十年代阿普拉党人

---

①　《毛泽东选集》，1967 年横排合订本，第 1320 页。

②　乔治·威思：《拉丁美洲的工业》，美国哥伦比亚大学出版社 1949 年版，第 280 页。

领导的反帝反封建斗争，1931 年委内瑞拉民主行动党前身提出的"巴兰基利亚计划"，1938 年卡德纳斯在墨西哥的改革，1944—1954 年阿雷瓦洛和阿本斯在危地马拉的改革，1947 年阿根廷激进党提出的"阿维利亚内达宪章"，1947 年以前智利的"人民阵线"，1951 年民族主义革命运动在玻利维亚的执政，以及瓦加斯在巴西、庇隆在阿根廷的执政等。它们的纲领主张或实践活动对拉美资本主义的发展起着推动作用，也适应当时社会生产力发展需要。而旧中国就不具备这一条件。

第四，外界因素不同。拉美由于偏于一隅，两次世界大战的爆发，客观上为它的资本主义发展带来了更多的有利条件。尤其在第二次世界大战期间，通过出售战争物质和粮食、农产品，各国积累了大量资金。而旧中国由于长期陷于战争，资本主义经济发展的外界条件远不及拉美。拉美在 20 世纪 30 年代之前还从欧洲输入大量移民，从而吸收了相当数量的资金和先进的生产工艺。

总之，拉美的资本主义同旧中国的资本主义是在不同的内外条件下发展起来的，各有其内涵。我们在运用马克思主义经典作家的基本原理时，要特别注意对具体情况作具体分析，不要把旧中国资本主义发展的概念和资产阶级区分的概念生搬硬套地运用到拉美去。比如，在中国的具体条件下，资产阶级有带买办性的大资产阶级和民族资产阶级之分，而拉美的资产阶级是不是也需要这样来区分？中国的大资产阶级同帝国主义及封建势力结成了联盟，而拉美的大资产阶级是不是也如此？诸如此类的问题，都需要我们进行实事求是的分析。正如毛泽东所指出的："离开具体的分析，就不能认识任何矛盾的特性。"[①]

笔者认为，由于历史条件的不同，对拉美资本主义发展问题的分析，应尽量避免采用中国的民族资产阶级和买办资产阶级的概念。在中国，城乡资本主义生产关系的代表是中产阶级（即中等资产阶级），主要指民族资产阶级，而民族资产阶级是带两面性的阶级，它掌握不了政权，实现不了民族资产阶级对国家的统治。在拉美代表城乡资本主义生产关系的，不仅有中等资产阶级，而且包括当地的大资产阶级。拉美的大资产阶级同帝国主义既有联系的一面，又有矛盾的一面。同中国的买办资产

---

① 《毛泽东选集》，1967 年横排合订本，第 292 页。

阶级不一样，拉美的大资产阶级从自身的利益出发，不能没有"民族性"。在反对西方跨国公司的渗透和主张打破旧的国际经济秩序方面，拉美的大资产阶级（不说全部，至少大半部）同中等资产阶级相比并没有多大差异；在掌握国家政权方面，并不一直由拉美大资产阶级所独占，中等资产阶级也是有份的，似乎不能把外文中经常出现的"national bourgeoisie"都一概理解为"民族资产阶级"，为了区别起见，能否译为"本国资产阶级"，因为"national"在这里也有"native""local"的含义。本国资产阶级的概念要比民族资产阶级的概念大，它既包括当地大资产阶级，也包括当地中等资产阶级。这样的理解也许更符合实际情况。当然，拉美国家的资产阶级中间，大资产阶级和中等资产阶级究竟各占多大比重，我们并不清楚。1980 年苏联出版的《拉丁美洲百科手册》说：1965 年拉美约有 3000 名金融资本家和工业资本家，他们每家的财产均在 100 万美元以上，其中 27 家的财产在 1 亿美元以上。同时，农业大资产阶级约有 60 万。中等资产阶级在全部企业主中占 1/4，即占城市地区经济自立人口的 2.3%。这是 60 年代中期的情况，似乎也没有说清楚。现在究竟如何，更难回答了。总之，拉美的资产阶级如何区分，需要我们做大量、深入的研究才能搞清楚。

（原载《拉丁美洲丛刊》1984 年第 6 期；并见《纪念中国社科院建院三十周年学术论文集/拉丁美洲研究所卷》，经济管理出版社 2007 年版，第 14—21 页）

试析 19 世纪初拉美独立战争的性质

1810—1826 年西班牙、葡萄牙美洲殖民地独立战争①，是拉丁美洲近代史的起点。拉美人民经过十几年艰苦卓绝的战斗赢得了独立，建立了民族国家。这场独立战争是 17 世纪开始的资本主义制度与封建制度在世界范围内进行的又一次大搏斗。虽然独立战争本身并没有而且也不可能从根本上触动殖民地的封建制和奴隶制，但是随着民族国家的建立和外国资本主义的侵入，资本主义生产方式在拉美的发展毕竟迈开了决定性的一步；对拉美从前资本主义社会经济结构向资本主义社会经济结构的演变来说，独立战争是一个重要的分水岭，具有伟大的历史意义。

关于 19 世纪初拉美独立战争的问题，正如福斯特指出："拉丁美洲的共产党人对它研究得不够。资产阶级历史学家也没有出什么力。"②20 世纪 20 年代，秘鲁共产党的创始人何塞·卡洛斯·马里亚特吉最早以马克思主义的观点，对独立战争作了精辟的论述。他说："法国革命和美国宪法的思想遇到了在南美洲传播的有利气候，因为当时南美洲已经存在资产阶级（虽然还处于萌芽状态），而这个资产阶级出于其经济上的需要和利益，可能而且必然为欧洲资产阶级的革命情绪

---

① 海地早在 1804 年 1 月 1 日正式独立。古巴于 1895 年 9 月 13 日爆发人民起义，宣布脱离西班牙而独立。1898 年 4 月 28 日，美国以援助古巴人民争取独立为名，对西班牙宣战；12 月，美西签订《巴黎和约》，规定西班牙放弃对古巴的特权。之后，美国占领古巴。直到 1902 年 5 月 20 日，古巴共和国才正式成立。

② 美国《政治评论》1960 年第 11 期。

所感染。"① 40 年代初，一些苏联学者曾把独立战争简单地看作是"克里奥尔人的分离战争"，而对这场战争的性质及其历史意义估计不足。1951年，福斯特第一次提出独立战争是资产阶级革命的论点。他说："但在拉丁美洲，在那领导民族解放革命的统治阶级的联合中，商人和其他资本主义分子都已有足够力量使整个运动印上资产阶级革命的标记。但他们却还不能充分有力地来摧毁封建地主的控制。……资产阶级始终未能取得决定性的政权。"② 独立战争"构成了西半球以革命方式建立资本主义的一大步。"③ 1960 年，福斯特在分析独立战争所导致的许多革命成果时进一步指出，这些都是"资产阶级社会革命的鲜明标志"。"西班牙殖民地奴隶制的消灭（甚至还早于美国）是资产阶级革命的一个最重要的特征。"④

20 世纪五六十年代，苏联学者也提出，在拉美，"由于独立战争，资产阶级革命的任务也局部地实现了"，"促成了封建主义的削弱，促成了资本主义关系和资产阶级社会的发展"⑤。"独立战争在社会关系方面是资产阶级革命。在它面前提出了消灭在殖民主义体系下占统治地位的反动的政治机构和前资本主义经济关系的客观任务。"⑥ 并认为伊达尔戈的法令、莫雷洛斯的法令、玻利瓦尔的法令是说明"资本主义发展的需要"。在拉普拉塔地区，尽管在微弱的程度上，"它毕竟发生了资本主义关系的发展过程"⑦。"实质上是资产阶级革命的独立战争完成了它面临的一个主要任务，消灭了殖民制度，保证了拉普拉塔的政治独立和独立自主的国家的存在。""它是那样的一次资产阶级革命的浪头，它冲击着旧制度但没有冲垮它。"⑧

60 年代以来，我国史学工作者对拉美独立战争的研究逐渐深入，他

---

① ［秘］何塞·卡洛斯·马里亚特吉：《关于秘鲁国情的七篇论文》，白凤森译，商务印书馆 1987 年版，第 5 页。

② ［美］福斯特：《美洲政治史纲》，人民出版社 1956 年版，第 220 页。

③ 同上书，第 119 页。

④ 美国《政治评论》1960 年第 11 期。

⑤ 同上。

⑥ 苏联《近现代史》1960 年第 4 期，第 16 页。

⑦ 同上书，第 22 页。

⑧ 同上书，第 35 页。

们指出："拉丁美洲革命，就所涉及的地区、人口和时间而言，要比英、美、法等国的革命广泛得多。……这实在是世界近代史上一次有重大意义和影响的资产阶级革命。""但在拉丁美洲，因受西班牙和葡萄牙的封建专制统治，工业不发达，资产阶级势力很软弱，真正的工人阶级还没有出现，克里奥尔地主阶层中的分立主义者在革命中起了很大的作用。所以，这一资产阶级革命较之西欧、北美是很不彻底的。革命的主要目的在于推翻西班牙和葡萄牙的殖民统治，完成民族独立的任务。"① "19世纪初的拉丁美洲独立战争是一次伟大的、广泛的社会革命运动。这一革命具有双重任务：既有反对殖民压迫，实现民族独立和解放的使命，又有反对封建主义，建立资产阶级政权的目的，是在西班牙美洲殖民地发生的一次资产阶级性质的革命。"②

　　上述引文表明，他们都认为拉美的独立战争是一次资产阶级革命或资产阶级性质的革命。但是，究竟从哪一种意义上去理解它，却存在着分歧。我们认为，围绕着独立战争的性质问题，有必要进一步研究下面两个还没有十分明确的问题。第一，美洲殖民地生产力的增长，是否已导致新的生产方式的形成？独立战争时，是否已存在着革命的资产阶级？第二，独立战争的几项革命成果，是不是"资产阶级社会革命的鲜明标志"？

一

　　从1492年起，西班牙在拉美实行殖民统治长达300多年。西班牙美洲殖民地经历了16世纪的形成阶段、17世纪的发展阶段和18世纪的衰落阶段。1535年，首先在墨西哥建立新西班牙总督辖区。1544—1548年，在秘鲁也设立了总督辖区。到1609年，西班牙美洲殖民地北部延伸到格兰德河以北的圣菲，往南到拉普拉塔地区。16世纪30年代，葡萄牙对巴西的征服也已完成。18世纪起，英、法、荷在西、葡美洲殖民地广泛地进行走私贸易。在1713年英、西在签订《乌特勒支和约》以前，拉美一

---

　　① 李春辉：《拉丁美洲史稿》上册，商务印书馆1983年版，第154—155页。
　　② 见《世界历史》1980年第2期，第39页。

直是西班牙和葡萄牙的"聚宝盆"。

西班牙和葡萄牙长期实行殖民统治的基础是封建制和奴隶制的生产关系。宗主国通过诸如"分派劳役制""委托监护制""米达制"和"债役农制"等，对印第安人、黑人和混血种人实行超经济的剥削和奴役。

早在 1493—1498 年，哥伦布兄弟就在西印度群岛上实行"分派劳役制"。1503 年，新任都督尼古拉斯·德奥瓦多在推行"分派劳役制"的同时，实行"委托监护制"。这两种平行的、互相补充的封建农奴制剥削形式，后来推广到整个西属美洲殖民地。"分派劳役制"允许印第安人占有一小块贫瘠土地，但必须为土地占有主服劳役。"委托监护制"则是在殖民地政府的允许下，对印第安人用"监护"的名义进行剥削，监护人必须使受监护的印第安人皈依天主教、交纳贡税，同时强迫他们无偿劳动。印第安人名义上是自由的，实际上被剥夺了一切自由。殖民主义者利用这些制度攫取了巨额财富，夺走了无数印第安人的生命；殖民地的农业、矿业和手工业在这种野蛮的制度下受到了极大的摧残。18 世纪初，随着经济的缓慢发展，对殖民地掠夺的加剧，广大印第安人农奴和黑奴的反抗斗争迫使殖民主义者不得不改变剥削方式。1720 年，西班牙美洲殖民地废除了"委托监护制"。到 18 世纪 80 年代，在以秘鲁图帕克·阿马鲁为首的印第安人起义的直接打击下，形式上废除了"米达制"。与此同时，在大庄园制的形成过程中，产生了新的封建农奴制度——"债役农制"。它是地主用债务把农民束缚在土地上、强迫他们无偿劳动的制度，是独立战争前在农业、矿业和手工业中占统治地位的生产关系。关于西班牙美洲的"债役农制"，马克思在《资本论》第一卷中写道："在有些国家，特别是墨西哥……奴隶制采取债役这种隐蔽的形式。由于债务要以劳役偿还，而且要世代相传，所以不仅劳动者个人，而且连他的家族实际上都成为别人及其家族的财产。"[①] 在巴西一开始就盛行种植园奴隶制，大种植园主占据土地，享有至高无上的权力，广大印第安人和黑人在奴隶制的压榨下过着非人的生活。

在宗主国鼓励下，从 16 世纪起，墨西哥和秘鲁的银矿、新格拉纳达的金矿开采发展起来了，在一定程度上引起了殖民地商业和手工业的活

---

① 《马克思恩格斯全集》第 23 卷，人民出版社 1972 年版，第 191 页，注（40）。

跃。17 世纪产生了中等商人阶层。但是，在殖民地时期，商业资本依附于封建大庄园经济和奴隶制种植园经济；手工业在矿区、中心市镇、大庄园所在地，受到封建农奴制的压抑，受到排他性的封建行会组织的束缚和限制，没有得到应有的发展。虽然从 17 世纪起拉普拉塔地区的手工业得到发展，在内地各省和沿海两岸兴起了羊毛加工、棉织、面粉、酿酒、腌肉、马用套器、皮革、造船业等①，但是直到独立战争前夕，并没有充分的史料说明在拉美哪些地方萌芽了资本主义生产关系。18 世纪 19世纪之交，尽管墨西哥出现某些供应地方市场的手工业，"雇佣"了 215名工匠和 1500 名工人，还有 300 家以上的小作坊②，但是在这些手工工场内，并没有出现真正的自由雇佣劳动，劳动者不是囚犯就是工场主的债务奴隶。在巴西，1798 年它的 320 万人口中，就有 200 万是奴隶。有人根据殖民时期统治者用暴力迫使印第安人脱离生产资料的现象，说明巴西在 16—18 世纪已进入资本原始积累阶段③，这是不正确的。美国学者安德烈·冈德·弗兰克在《不发达的发展》一文中，把巴西比一般亚非国家更早地卷进资本主义国际分工和世界贸易，同它自身的生产关系混淆起来，也认为巴西自 16 世纪起就是资本主义社会。他的这种看法，也很难令人信服。我们知道，截至 19 世纪初，虽然巴西的种植园经济具有较明显的商品化和隶属于资本主义世界市场的特点，但仍是奴隶制的种植园经济。巴西种植园经济资本主义化是 19 世纪中叶以后的事情。

因此，就整个拉美来看，在独立战争前并没有真正意义上明显发生生产者和生产资料的分离过程，早期商品货币关系的发展，受着殖民地封建农奴经济或奴隶经济的基本经济规律所制约；自给自足的自然经济，在地理条件特殊、交通落后、内部市场不发达的拉美，比在别的地区更加强大。商品经济的某些发展被自然经济的汪洋大海包围着。我们"决不能把商品生产看作是某种不依赖周围经济条件而独立存在的东西。商品生产比资本主义生产更老。它在奴隶制度下存在过，并且替奴隶制度

---

① ［苏］叶尔莫拉耶夫、拉符罗夫、什特腊霍夫编：《阿根廷史纲》上册，生活·读书·新知三联书店 1972 年版，第 62 页。

② ［苏］米罗舍夫斯基：《美洲西班牙殖民地的解放运动，1492—1810》，第 19—20 页。

③ ［苏］勃·伊·科巴尔：《有关 19 世纪中叶巴西经济发展的问题》，载苏联《历史问题》1963 年第 2 期。

服务过，然而并没有引导到资本主义。它在封建制度下存在过，并且替封建制度服务过，可是，虽然它为资本主义生产准备了若干条件，却没有引导到资本主义。"[①]

殖民时期的拉美同北美存在着根本区别。在英属北美，很早就产生了资本主义生产关系的手工工场；在存在大量自由农民的条件下，农业人口中已产生了资本主义的分化。而在拉美，根深蒂固的前资本主义生产关系窒息着社会生活的各个方面，西、葡殖民统治者、土生白人大地主、大矿业主、大作坊主同广大的印第安人、黑人和处于社会下层的各种混血种人之间存在着尖锐的对抗性矛盾。

首先，宗主国为了搜刮财富，在拉美垄断贸易、限制生产，直接影响了殖民地的经济发展。西班牙严禁殖民地与别国通商；宗主国和殖民地的贸易由西班牙贵族和富商组成的贸易公司实行垄断，并且受代表国王和大贸易公司利益的"西印度贸易署"的监督；垄断商人禁止殖民地生产由他们供应、贩运的手工业品，禁止殖民地种植葡萄、橄榄树、桑树，禁止殖民地生产棉织品和毛织品，不许殖民地开采铁矿，制造铁器；殖民地不得不把棉花和羊毛贱卖给宗主国商人，并从他们那里购买昂贵的制成品；西班牙王室对盐、水银、纸张、烟草、火药、扑克、斗鸡等实行专利买卖，在秘鲁的卡亚俄港和利马的西班牙垄断商人把商品转运到拉普拉塔地区，就能牟取 10 倍利润。此外，进出口税、销售税、纸张税、矿产税、土地税、人头税和其他赋税，使殖民地大部分财政收入流进了宗主国的国库。人口只有印度 1/5 的墨西哥，上缴西班牙国库的金额比英属印度交给英国的还要多 1 倍；从 18 世纪下半叶起，墨西哥收入的 1/2 到 1/3 都送到了马德里。西班牙王室自始至终把掠夺殖民地黄金、白银作为首要任务，拉美也就成了世界上最重要的金银产地。例如1545—1810 年，秘鲁的波托西矿，产银值 8 亿比索；1690—1808 年，墨西哥所产黄金就值 15 亿比索[②]，这些贵金属都源源不断地运往西班牙。

---

① 斯大林：《苏联社会主义经济问题》，载《斯大林选集》下卷，人民出版社 1979 年版，第 549 页。

② ［美］赫伯特·班克劳夫特：《墨西哥史》第 3 卷，旧金山，1883 年版，第 589 页注 89（转引自《拉美史研究通讯》第 3 期，第 7 页）。

因此，从宗主国来的殖民地高级官吏，包括总督、都督、检审法庭庭长、大主教、康苏拉多①的成员等所谓"半岛人"，不仅是印第安人和各种混血种人的压迫者，而且同土生白人地主、商人也有着直接的利害冲突。

其次，在殖民地社会里，阶级压迫往往与种族压迫交织在一起，阶级矛盾常常以种族矛盾的方式表现出来。欧洲人或有色人种血统的多寡，常常是区分人们社会地位高低的标志。社会最上层是"半岛人"，主要是殖民地政府的显贵和大商人。中等阶级的上层是土生白人、牧场主、中等商人、自由职业者，其中有的人还担任殖民地政府和教会的低级职务。中等阶级下层是小商人、成衣匠、鞋匠等手工业者，以及从事农牧业的小私有者，他们大都是以自由人身份出现的混血种人。社会的最下层是在债役制桎梏下的印第安人、黑人、印欧和印非混血种人，他们被迫从事各种无偿劳动，没有任何自由，不能享受任何权利。因此，一方面，西、葡殖民主义者借助于土生白人地主对印第安人、下层混血种人实行残酷的压迫和统治；另一方面，经济上受到限制、政治上受到歧视的土生白人地主，以及受尽虐待和凌辱的印第安人、黑人和混血种人也不甘屈服。

但是，随着17—18世纪殖民地生产力的逐渐发展，拉美各民族的形成过程在加速进行着。恩格斯指出：部落联盟是"朝民族的形成跨出了第一步"②。在殖民主义者达到美洲之前，拉美存在着高度发达的印第安文明，在中美洲、墨西哥和秘鲁出现了马雅、阿兹特克和印加部落联盟。随着殖民地征服的扩大，大批欧洲人进入拉美，到16世纪末拉美就居住着20万纯西班牙人的后代③；17世纪初，每年从西班牙来的移民达1500—2000人④。而从16世纪开始，殖民主义者已从非洲贩运来大量黑人奴隶。因此，印第安人、欧洲人、非洲黑人在长期社会生活中逐渐开始了互相同化、融合的过程。尽管印第安人、非洲黑人受到歧视和摧残，

---

① 康苏拉多是半官方的商业行会组织。它配合殖民政府设立的贸易署，推行垄断贸易，并在殖民地各大港口设有派出机构。

② 恩格斯：《家庭、私有制和国家的起源》，载《马克思恩格斯选集》第4卷，人民出版社1972年版，第89页。

③ 弗雷德·里比：《拉丁美洲现代史》，第4章。

④ 同上书，第6章。

到 19 世纪初，西属殖民地已有各种混血种人 532 多万人，在巴西也有
62.8 万人。这是拉美民族形成过程中的一个极为重要的环节。有人认为，
拉美各民族形成的时间"一般地说都比美利坚民族早些"[1]。这是正确的。
马克思和恩格斯指出："所有民族原是许多不同部落由于物质关系和利
益，例如对他族的敌视等等而结成的。"[2] 在拉美，印第安人把反对赋税
和什一税的锋芒、黑人把反对奴隶制的矛头、土生白人把反对垄断贸易、
要求同"半岛人"有相同权利的斗争，都集中到反对宗主国的民族压迫、
种族歧视上。在法国大革命时期，土生白人常自豪地说："我完全不是西
班牙人，我是美洲人"；在墨西哥独立战争时，那些祖先原是西班牙人的
起义者自称是蒙特祖马的后裔[3]。这些情况都反映了形成中的民族共同心
理，说明殖民地社会内部的阶级关系发生了显著变化。结果，从 18 世纪
起，在殖民地存在着两大主要矛盾：印第安人等社会最下层人民与土生
白人之间的阶级矛盾；形成中的民族——包括土生白人在内的各阶层人
民与宗主国统治者之间的民族矛盾。而在反对宗主国的斗争中，土生白
人地主、商人及其知识分子又极力使他们同宗主国统治者的冲突赋予全
民族斗争的性质。

二

从 18 世纪中叶起，特别是七年战争（1756—1763）后，西班牙从经
济上、政治上加强了对殖民地的控制，进一步激化了它同殖民地的矛盾。

首先，西班牙采取了所谓贸易"改良"措施。1717 年，"西印度贸
易署"从塞维利亚迁到濒临大西洋的港口加的斯。1748 年废除"双船队
制"，准许西班牙商船与殖民地自由通商。七年战争后，又陆续增加宗主
国同殖民地进行自由贸易的通商港口，并准许殖民地之间自由贸易。
1797 年，准许中立国的商船通过西班牙港口后同殖民地自由贸易。采取

---

[1]　章鲁：《关于民族的起源与形成问题》，载《人民日报》1962 年 9 月 4 日。

[2]　马克思、恩格斯：《德意志意识形态》，载《马克思恩格斯论宗教》，人民出版社 1954
年版，第 7 页。

[3]　[美] 派克斯：《墨西哥史》，生活·读书·新知三联书店 1957 年版，第 142 页。

这些措施，在一定程度上反映了西班牙本国商业的发展，以及它抵制大量外国走私和贸易的企图，但是并没有改变西班牙垄断贸易的实质，只是在"大垄断、小自由"的政策下加强对殖民地的财政控制，并缓和宗主国同殖民地之间日益表面化的矛盾。

在西班牙实行"改良"措施之后，殖民地与宗主国之间的贸易有很大增长。1753 年为 1.719 亿法郎，1784 年为 4.301 亿法郎，1800 年增加到 6.388 亿法郎。随着出口商品增多、殖民地内部市场扩大，土生白人的经济实力不断加强。在商品经济发展的同时，自由农民、牧民转变成庄园主、牧场主的趋势有所发展。1778 年把布宜诺斯艾利斯正式列为自由贸易港之前，当地大地主、大牧场主、出口商人要求把该港辟为同西班牙进行自由贸易的港口，而 1778 年后，他们则进一步要求能与欧洲其他国家的商船自由进行贸易。1792—1796 年间，拉普拉塔地区对外贸易总额平均每年为 720 万比索，其中出口额约 470 万比索，进口额只有 250 万比索，每年平均贸易顺差 200 万比索。1794 年，布宜诺斯艾利斯和蒙得维的亚地区的畜牧业主向西班牙国王报告说：当年屠宰的 60 万头牛羊，本地只能消费 15 万头，其余 45 万头需要出口；除了牛羊肉外，还可出口很多其他商品。1795—1808 年间，由于西班牙卷入法英战争，殖民地与宗主国的贸易往来受到新的阻碍，土生白人地主、商人对自由贸易的要求更加迫切了。

其次，西班牙强化对殖民地的政治控制。1718 年，建立新格拉纳达总督辖区；1776 年建立拉普拉塔总督辖区。1767 年，驱逐了与王室分庭抗礼的耶稣会传教士，王权得到加强。在 1765 年以后的 25 年中，西属美洲殖民地除了新格拉纳达外，都建立了都督府，任命都督；原来掌握在土生白人手中的省、市级权力都由"半岛人"取而代之。这就加深了日益壮大的土生白人地主、商人对宗主国的不满。

殖民统治时期，土生白人通常拥有仅次于"半岛人"的社会地位和政治待遇。从 17 世纪起，他们就掌握了当地的武装力量——民团，其作用是镇压印第安人反抗和抵御外国侵略。1741 年，在卡塔赫纳抗击英国侵犯的战斗中，土生白人已显示了他们的力量。到 1804 年，西班牙留驻殖民地的常备军只有 2.5 万人，而西属美洲殖民地的民团则有 12.7 万人。1806 年 6 月，英国海军在布宜诺斯艾利斯登陆，西班牙总督索布雷蒙特临阵脱逃，其他殖民地官吏纷纷投降。但是，土生白人在占领军的前线和后方广泛地组织了抗敌斗争，终于在同年 8 月迫使英军投降。接着，布宜诺斯艾利斯的土生白人召开市参议会，罢免了潜逃的总督，任命利尼埃为布宜诺斯艾利斯省长和武装力量总司令。为抗击英国重新进犯，爱国者组成了民族解放军。其成员除土生白人外，还有草原上的高乔人、印第安人和各种混血种人，以及在作坊和大庄园中劳动的债务奴隶。1807 年 7 月，以土生白人为首的拉普拉塔地区爱国武装力量再次挫败英军的侵犯，西班牙国王被迫承认利尼埃上将为代理总督。拉普拉塔地方武装力量的建立，不仅击败了英国人的入侵，而且沉重打击了西班牙的殖民统治制度。它表明，宗主国在殖民地的统治者腐败无能，而殖民地形成中的民族却能团结一致地用武力战胜外国侵犯。可以说，1806—1807 年拉普拉塔地区的抗英斗争是独立战争前西班牙殖民统治危机的顶点。

因此我们认为，从 18 世纪起西班牙殖民统治进入了衰落时期。从独立战争前数十年间的历史事件中可以看到，殖民地内部的阶级关系发生了显著变化。随着土生白人和西班牙殖民主义者之间的冲突日益加剧，印第安人和土生白人之间的矛盾逐渐转化为反对西班牙统治的联合斗争，形成中的民族同宗主国之间的矛盾已成为当时的主要矛盾。

1717—1735 年，巴拉圭爆发了大规模的"公社起义"。由亚松森和其他城市下层群众发动的这次起义，有印第安人和土生白人参加，他们的口号是："人民的利益和权利高于官吏、总督甚至国王本人的利益。"起义者夺取了亚松森的政权，坚持斗争达 17 年之久。这是殖民地人民觉醒起来争取独立斗争的先声。

1780 年 11 月到 1781 年 4 月，秘鲁发生了著名的何塞·加夫列尔·孔多尔坎基领导的印第安人大起义（又称图帕克·阿马鲁起义）。孔多尔坎基及其战友们以处决廷塔省殖民督办阿里亚加为开端发动的这次武装起义，发布了《解放奴隶诏书》，号召不同种族的人民联合起来赶走西班牙殖民统治者。印第安人、黑人、印欧混血种人和相当数量的土生白人积极响应，起义军迅速扩大到 6 万多人，解放了秘鲁南部及今玻利维亚、阿根廷和智利的部分土地，多次击溃了西班牙殖民军的疯狂反扑。只是在印第安人把斗争锋芒同时指向土生白人地主时，土生白人才转到西班牙一边，结果由于叛徒出卖，领导人孔多尔坎基被害，起义才被镇压下去。

　　1781年3月16日，新格拉纳达的索科罗市人民发动抗税斗争。4月，土生白人起义，成立了"公社"，发动群众，释放奴隶，挥师向波哥大进军。一路上，有8000多名印第安人、黑人、印欧混血种人加入他们的队伍。在波哥大近郊，大主教被迫起誓，接受起义者的要求。这时，起义者中的土生白人分化了：大部分人跟西班牙殖民主义者妥协，只有以何塞·安东尼奥·加兰为首的少数进步人士坚持斗争。印第安人却宁死不屈，最后遭到残酷镇压。

　　此外，在智利、墨西哥等地也多次爆发类似起义。这些反对西班牙殖民统治的斗争表明，土生白人和印第安人可以团结合作，共同对敌；随着斗争的深入发展，土生白人地主常常背叛下层群众跟西班牙人妥协，表现出他们的不彻底性。这就是说，在殖民地，阶级矛盾与民族矛盾交织在一起，预示着以后的独立战争将会沿着错综复杂的道路发展下去。

　　18世纪，巴西的情况与西属美洲类似。50年代后，葡萄牙首相庞巴尔表面上允许个别土生白人担任其巴西殖民地的高级官吏，实际上却极力加强中央集权，加紧经济掠夺。1722年规定金刚石由王室垄断开采；1785年重申禁止在巴西制造某些成品。1789年，达·席尔瓦·沙维尔在米纳斯吉拉斯管区领导起义，当地的金子和金刚石产量锐减，政府却用种种名义追缴欠税，引起了普遍不满。1808年，由于法国入侵葡萄牙，王室迁到巴西，变本加厉地对殖民地进行财政勒索；11月，王室规定强迫被俘的印第安人为奴15年，进一步加深了巴西人民与殖民统治者的矛盾。1813年，在巴伊亚爆发了大规模的黑人起义。1817年3月，伯南布哥的土生白人起义，广大混血种人、黑人纷纷参加，并得到邻近3个省的支持，成立了独立共和国和临时政府。虽然共和国只存在76天，但它显示了巴西人民团结一致地反对葡萄牙殖民统治的强大力量。

　　综上所述，在西、葡美洲殖民地，生产力和生产关系的矛盾集中反映在殖民地与宗主国的民族矛盾上，摆脱西、葡殖民统治是殖民地全体人民最强烈的愿望。在18世纪欧洲资产阶级革命和美国独立战争的影响下，19世纪初期拉美爆发了独立战争。当时，由于殖民地社会发展的落后性，还不存在能够领导这场战争的资产阶级，土生白人地主、商人和知识分子在斗争中居于领导者的地位。他们积极吸取欧美资产阶级的革命思想并采用其斗争口号，鼓吹本民族的解放。他们在斗争中提出激进的纲领和计划，与其说是反映他们发展资本主义的要求，倒不如说是受资产阶级革命口号巨大威力的感染而有所借鉴。尽管玻利瓦尔向往公正、进步和自由，放弃了奴隶和家产，但是并没有放弃他所属的那个阶级的利益，更没有提出发展资本主义的要求。最为激进的墨西哥革命家莫雷洛斯，1813 年在奇尔潘辛戈会议上提出的著名的纲领性文件《民族意识》，公开要求把权力分为立法、行政和司法三个部门并直接交给人民，废除奴隶制，分配土地并规定每人不应超过 2 里格；保障私有财产不受侵犯，但又不消灭贫富不均现象，等等①，这些政治思想和主张主要反映了小私有者的利益，还包含着乌托邦社会主义的因素。

　　总之，殖民地的社会发展还没有成熟到向独立战争提出资产阶级革命的任务。拉美独立战争的领导人，除了在海地代表奴隶、在墨西哥的第一阶段代表小私有者外，都代表着土生白人地主和商人的政治要求和经济利益。虽然独立战争在客观上有利于资本主义在拉美的发展，有利于拉美诸民族的形成，但是其领导者在主观上并没有发展资本主义的要求。

三

　　继海地 1789—1804 年革命之后，1809 年，在丘基萨卡、拉巴斯、基多等地先后发生了土生白人领导的人民起义。1808—1810 年拿破仑军队开进伊利亚半岛，西班牙岌岌可危。在这种有利于殖民地解放的国际环境下，墨西哥、南美洲北部和南部爆发了一场由土生白人领导的波澜起伏的反对西、葡殖民统治的独立战争。一方面，由于 1814 年斐迪南七世复辟，派兵镇压殖民地的独立运动；另一方面，由于土生白人领导人脱离群众，所以在 1815 年以前，除拉普拉塔联合省获得独立、巴拉圭为爱国者所控制外，其他地区的独立运动都转入了低潮。从 1816 年起，由

---

　　①　［苏］阿尔彼罗维奇、拉甫罗夫主编：《墨西哥近代现代史纲，1810—1945》上册，生活·读书·新知三联书店 1974 年版，第 133—134 页。

玻利瓦尔和圣马丁领导的爱国者节节胜利，拉美国家相继独立。1826 年 1 月，最后一支西班牙军队从卡亚俄港撤走，除了古巴、波多黎各以外，全部西属美洲都赢得了独立。

那么，1810—1826 年拉美独立战争取得了哪些重要成果？它的意义如何？

第一，它使殖民地人民摆脱了西班牙、葡萄牙、法国等殖民统治；独立战争的胜利进而加速了拉美各民族的形成过程，为建立民族国家创造了首要条件。民族独立是这次革命战争的主要任务，西、葡殖民统治的结束，一大批独立国家的诞生，客观上对资本主义发展是十分有利的。但必须看到，拉美的独立战争是在殖民地内部资本主义因素没有得到相应发展的条件下进行的，它与北美的独立战争有着本质上的不同。前资本主义关系"不仅未被 1810—1826 年的各种事变所破坏，而且相反地，它的作用和意义增长"[1]，封建的庄园制在独立战争之后得到了进一步发展。福斯特所指出的"革命只不过是换了主人，换了土生白人来代替西班牙人"[2]，是完全正确的。

第二，废除了垄断贸易和其他束缚殖民地生产力发展的规章制度和法令。福斯特认为："在拉丁美洲，大地主开始为了输出而扩展和增加出产，在这一过程中，他们的地产变得更像资本主义的大农场而不大像典型的封建大庄园了。这是从中涌现出来的最重要的资本主义的发展。"[3]应该说，这是指经济上较发达的少数几个国家在较长的历史时期内所出现的情况。就整个地区而言，农村的资本主义主要是在 20 世纪 30 年代后才逐步取代传统的封建大庄园制。独立战争后，旧式的大庄园制基本上未曾触动，土地集中的程度有增无减；随着欧美资本主义工业革命的发展和对农产品需求的增加，单一作物制的倾向反而加强了。拉美各国的大地主、大商人同资本主义世界市场发生了直接的联系。经营出口农畜产品的大庄园，为了增加自己的财富，迫切要求扩大对外贸易，这正好

---

① ［苏］古柏尔等：《殖民地保护国新历史》上卷第二册，读书出版社 1949 年版，第 350 页。

② ［美］福斯特：《美洲政治史纲》，第 179 页。

③ 同上书，第 220 页。

同贪婪的欧美资产阶级向拉美渗透的欲望不谋而合。结果，拉美各国重新落入对外国经济的附属地位。当然，随着外国资本主义势力的入侵，在 19 世纪中叶以后，最终出现了它们的对立物——拉丁美洲的无产阶级和资产阶级。

第三，取消了君主制，出现了共和制。列宁指出："国家实行君主制，政权归一人掌握，实行共和制时，从地主当中选举出来的人多少可以参加政权。"① 在拉美产生的一批新的共和国，虽然一般地说有利于独立战争后社会经济的发展，但它并不是资产阶级民主共和国。无论在独立战争时期或在战争结束之后，拉美的君主制倾向一直很强烈。在巴西独立后，葡萄牙王室的两个皇帝继续统治达 60 余年；墨西哥的伊图尔维特和马克西米连在保守派大地主和教权派的簇拥下当上皇帝；海地很多革命领导人宣称自己是杰克第一、亨利第一；在拉普拉塔地区，包括圣马丁等人都主张组成君主立宪国，只是没有成功才选择了共和制的道路。不少独立战争的将领都公开主张君主立宪制和独裁制，封建专制制度以终身总统、军事独裁者的面目出现在拉美历史舞台上。宪法多如牛毛，选举视同儿戏。大地主、高级僧侣、大商人加入统治者的行列；他们坚持对选举权的限制，赞成担任官职的财产资格。广大人民群众仍然处于无权的地位。因此，是独裁还是民主、是君主制还是共和制，仍是独立战争后进步势力与反动势力之间长期争论的问题之一。

第四，废除了宗教裁判所。独立战争期间，天主教会的立场是敌对的。随着革命思想的传播，教会地位受到削弱。而宗教裁判所的废除有利于资产阶级革命思想和政治主张在拉丁美洲广泛流传。但从根本上说，天主教会的经济和政治特权毫无触动。拉美各国独立之后，大多在宪法中规定罗马天主教是国教。教会的财产、权力在独立战争后反而有所扩大，钳制思想发展的反动作用仍旧存在，仍然是统治阶级的同盟者和工具，起了国家机器所不能起的作用。

第五，在某种意义上说，独立战争削弱了奴隶制。西属美洲有奴隶 80 万，其中一半在西印度群岛上；而巴西的奴隶比这还要多。为了动员广大奴隶参加反对西班牙统治的战争，不少独立战争领导人曾把废除奴

① 《列宁选集》第 4 卷，人民出版社 1960 年版，第 52 页。

隶制写进他们的斗争纲领，有的正式把参加爱国者队伍的奴隶宣布为自由人，有的还颁布了"出生自由法"。这当然对战争的最后胜利起了保证作用。但是，有些独立战争领袖出于他们的阶级本性，惧怕并瞧不起黑人和印第安人，并没有真正废除奴隶制；拉美正式废除奴隶制还是19世纪下半叶的事情。那时，随着经济的逐步发展，奴隶经济显得更不"经济"了，在广泛开展废奴运动和奴隶斗争的影响下，奴隶主在得到一笔赔偿费后才不得不同意废除奴隶制。但解放了的奴隶多数又沦为债务农，只有一小部分人进入城市，加入了失业者的行列。

第六，独立战争曾缓和了对印第安人的剥削。有些地区曾一度废除人头税。这种情况同宣布废除奴隶制相同。但是，印第安人的处境并没有因经过独立战争而得到改善。从总体上看，在独立战争期间，拉美大地主和天主教会拥有的大量土地被完好地保存下来，还保留着大土地所有权和长子继承权的封建法律，这就使大庄园制在独立战争之后进入了最后形成阶段。而大批参加过独立战争的将士和所谓开国元勋成为新的地主阶级，大量的"国有地"转到了他们手中，又从印第安人那里掠夺大量"公地"，发动过"荒漠远征"。在墨西哥，"独立后100年间印第安人毫无所得"，广大印第安人继续成为依附大庄园制的债务雇农。正如福斯特所说："大庄园制仍像一个重负似的套在拉丁美洲各民族的脖子上，构成了他们国家的经济和政治进步最基本的保障之一。"①

从以上几项独立战争的成果来看，1810—1826年拉美独立运动主要是一次民族解放战争。它是在内部资本主义关系没有获得应有发展的历史条件下爆发的。通过战争，解决了殖民地与宗主国之间对抗性的民族矛盾。殖民地内部的生产关系得到了局部调整。但是，独立战争之后，土生白人地主、商人与广大印第安人、混血种人、黑奴之间的阶级矛盾依然存在并继续发展。就摆脱西、葡殖民统治来说，独立战争在客观上完成了资产阶级革命的局部任务，有利于生产力发展；但就殖民地原有的前资本主义经济结构没发生多大变化来说，解放生产力的进步意义则受到很大限制。战争本身固然并不表现拉美资本主义发展的需要，战争的结果也没有为拉美资本主义的正常发展提供多少余地。拉美社会内部

---

① ［美］派克斯：《墨西哥史》，生活·读书·新知三联书店1957年版，第142页。

资本主义因素的发展，肇始于 19 世纪下半叶。这是因为外国资本进入拉美以后，一方面阻碍了拉美各国的资本主义发展，另一方面为着外国资本渗透和剥削的需要，又不得不在客观上造成拉美资本主义发展的某些有利条件。独立战争后，资本主义在拉美的发展，比起西、葡殖民统治时期是较为有利的，但是，在外国资本主义侵入这一新的历史条件下，拉美资本主义的发展又带有畸形的性质。

（本文原写于 1962 年，1983 年请徐宝华修订后，

载（《拉丁美洲丛刊》1983 年第 5 期）

墨西哥、中美洲
及加勒比地区等研究

中拉关系:大机遇与大挑战

习近平主席于 2013 年 5 月和 2014 年 7 月先后访问拉美,与拉美各国领导人频繁接触与交流,彼此之间的政治、经贸关系迈入了崭新的阶段。中拉双边和多边关系当下是历史上最好的时期。

习主席访问期间正式提出中拉双方共同构建"命运共同体"。拉美在中国全球外交布局中的地位越来越重要。从中国在拉美开展的一系列外交活动中,人们不难发现,中国的外交态势和全球战略从"韬光养晦"逐步走向"有所作为""与时俱进",乃至走向"更加主动",其间发生了微妙而积极的变化。

在政治层面上,中国与巴西、阿根廷、智利、秘鲁、委内瑞拉和墨西哥 6 国建立了全面战略伙伴关系或战略伙伴关系。2014 年下半年,包括拉美和加勒比各国在内的拉共体将与中国在北京正式召开中国—拉共体论坛首届部长级会议。这将是中拉关系史上一次重大突破。习主席在 2013 年出访拉美国家时,用"海内存知己,天涯若比邻"来形容当今的中拉关系。俗话说"远亲不如近邻",但就当下的中拉关系而言,这句话也可这样说,虽是"远亲",恰似近邻,胜似近邻。

—

从贸易层面来说,中拉贸易总额 2001 年接近 150 亿美元,2007 年突破 1000 亿美元,2013 年达到 2616 亿美元。2010 年起,中国成为巴西和智利的第一大贸易伙伴,成为阿根廷、秘鲁、哥伦比亚、委内瑞拉、哥斯达黎加、古巴等国的第二大贸易伙伴,成为仅次于美国和欧盟的拉美第三大出口市场和贸易伙伴。

2012 年 4 月，联合国拉美经委会预测，中国将从 2015 年起超越欧盟成为继美国之后的拉美第二大出口国。2012 年 6 月，美洲开发银行行长路易斯·莫雷诺更是乐观地预计，中国将在 5 年内超过美国成为拉美地区的第一大贸易伙伴。与此同时，双方之间的经贸合作也将大幅度地由贸易主导型转向贸易和投资并重型。

从投资层面来看，拉丁美洲已成为中国对外直接投资存量最集中的第二大地区，仅次于亚洲。据联合国拉美经委会统计，2010 年，中国继美国（17%）和荷兰（13%）之后，已成为拉美地区第三大投资来源国（9%）。中国对拉美投资进入加速增长期。2010 年是中国对拉美投资快速增长的一年，达到 105.4 亿美元，同比增长 43.8%，占总流量的 15.3%；从存量来看，达到 438.8 亿美元，占总存量的 13.8%。

2014 年 7 月 17 日，习主席在中国—拉美和加勒比国家领导人会晤时深谋远虑地提出了"1 + 3 + 6"合作新框架："1"是一个目标……实现包容性增长和可持续发展为目标；"3"是"三个引擎"……以贸易、投资、金融合作为动力；"6"是"六大领域"……在能源资源、基础设施建设、农业、制造业、科技创新和信息合作 6 个领域推进中拉双方产业对接。习主席提出，10 年内中拉贸易规模达到 5000 亿美元，中国对拉美的投资存量达到 2500 亿美元。他还承诺，中方将中拉基础设施贷款的额度增至 200 亿美元；为启动中拉合作基金出资 50 亿美元；为实施中拉农业合作专项基金出资 5000 万美元。在此次访问期间，中国承诺在金砖国家开发银行中出资 200 亿美元（其中启动资金 100 亿美元），在该行 1000 亿美元的"应急储备基金"中，出资 410 亿美元。访问阿根廷期间，中国还答应向阿根廷提供近 70 亿美元贷款用于该国水电站和铁路项目的建设。访问委内瑞拉期间，答应由中国开发银行提供 40 亿美元，如果加上 2013 年年底马杜罗总统访华时答应的 50 亿美元，合计为 90 亿美元。

总而言之，这些年对拉美国家已支付和未支付的各项融资贷款总额（委内瑞拉"贷款换石油"项目 500 亿美元，厄瓜多尔"太平洋炼油业" 120 亿美元，玻利维亚水电项目 13 亿美元和墨西哥国家石油公司项目 20 亿美元，等等）预计将达到 2000 亿美元。其气势可与"二战"后美国的"欧洲复兴援助计划"（"马歇尔计划"）和 20 世纪 60 年代"争取进步联盟计划"相比！

另据汇丰银行资料，2005—2012 年，中国国家开发银行、进出口银行等中国银行在拉美已投放 850 亿美元的贷款，其数额超过了国际货币基金组织、世界银行、美洲开发银行等传统国际多边金融机构同期在拉美地区的贷款总数。据此，据我预测，10 年之内，如果中拉贸易额达到 5000 亿美元，中国对拉美的投资存量达到 2500 亿美元，中国对拉美的贷款达到 2500 亿美元以上（保守的估算），三者加在一起将会超过 1 万亿美元！这一宏大的数额足令世人震撼！

二

但中国在拉美谱写大蓝图，也意味着中国将由此承担相应的风险。机遇虽大，风险也大，甚至可以说风险大于机遇。

第一，我们在拉美只是个新"进入者"。我们缺乏一大批熟悉和精通拉美业务的专门人才。至今为止，我们对拉美的了解依然很不充分。对拉美的许多领域仍相当陌生。对现代拉美的领悟也往往是"抽象的概念多于具体的知识，模糊的印象多于确切的体验"（李慎之语）。我们迫切需要越来越多的中国人走进拉美，中国从事拉美研究的专业人才也能脱颖而出。

与此同时，拉美人也不太了解中国。除了官方外交、政治、经贸方面的交往，拉美地区的普通民众对中国的认知和态度究竟如何呢？据著名的民意机构"拉美晴雨表" 2009 年的调查数据，中国在拉美的受欢迎程度（58%）低于日本（63%），更低于美国（74%）、西班牙（65%）和欧盟（63%），仅与加拿大并列第五。其中，日本在巴西的受欢迎程度（69%），明显高于中国（53%）。皮尤全球态度调查的长期数据也支持这一发现。2014 年春季的调查数据同样印证了这一点。中国在巴西的受欢迎程度（43%），低于日本 18 个百分点；与之相反，中国在巴西持负面印象的受访者比重（41%）高于日本 16 个百分点。

"美洲晴雨表"等民意测验的问卷数据是拉美研究中经常被引用的佐证资料之一，其可靠性未必无可非议，但也绝非是荒诞无稽的不经之谈。从某个侧面来说，这份"民意测验"确实反映了在相当一部分的拉美民众中，对中国的印象与认知存在着一定的模糊、生疏甚至误解。与双方热络的政商关系相比，彼此之间的认知度极大地不相称和不对称。与美国和欧盟国家相比，中国目前在拉美还只能算得上是一个初来乍到的新手。诚然，我国在硬实力和资金方面具有无与伦比的优势，但在软实力方面明显落后他人。经贸往来虽然重要，但彼此之间毕竟在历史文化背景、社会政治制度和价值观念等方面存在着基本的差异。中拉关系的进一步发展，有赖于双方加深对彼此之间的认知。按照亨廷顿的"文明冲突论"，拉美文明是世界上"八大文明"之一，但它是"西方文明"的吸纳对象，其本源来自西方；而中国文明则是"西方文明"排斥、对抗的一方。中拉之间在国际行为规范、价值观和政治文化问题上的差异将长期存在下去。因此，发展中拉关系，对双方的挑战均甚于彼此的主观愿望或机遇。我们应当下功夫去了解拉美，只有真正了解了它，才能把当下迅猛发展的关系持续稳妥而顺当地保持下去。

第二，拉丁美洲是充满着复杂性和多样性的一个地区，历史学家说它既古老又年轻、既稳定又动荡、既丰饶又贫困、既独立又依赖。拉美是一个容易误读和误判的地区。发展双边关系一定要对对象国有较深入的研究才能下本钱，以使这种关系能健康而持续地保持下去。但选择谁的问题，大有讲究。

拉美国家在经历了 20 世纪 80 年代"失去的 10 年"之后，经过 20 世纪 90 年代政治民主化浪潮，在发展方向上明显地出现两个不同的趋势。在一些国家（如智利、墨西哥、秘鲁、哥伦比亚、哥斯达黎加等国），政治体制上加快了从威权主义、民粹主义（民众主义）向政治民主和治理体系的现代化良政的转变，经济上加快了从发展主义、国家干预主义向较为理性的自由市场经济模式的转变；在另一些国家（如委内瑞拉、阿根廷、巴西、厄瓜多尔、玻利维亚等国），政治上的民粹主义（民众主义）和经济上的国家干预主义色彩仍十分强烈，在治理体系上还存在着软肋。前者在以往几年和近期的经济发展和政局稳定的情况，通常比后者要好。当下，由墨西哥、智利、秘鲁和哥伦比亚等国组成的"太平洋联盟"国家，以巴西为首的"南方共同市场"国家，以及委内瑞拉扛大旗的"美洲玻利瓦尔联盟"，这三组国家之间存在着明显的差别。据此，我们的投资、贷款、融资和金融合作，重点放在何处，理应有一个经得起检验的选择方案。

三

这里不妨以委内瑞拉为例,来说明对象国选择的重要性。以与委内瑞拉的"中委联合融资基金"机制及一系列商业项目合作来说,我国承担风险之大可能是业外人士难以想象的。截至 2013 年年底,仅国家开发银行 1 家金融机构就给中委合作项目提供了共计 350 亿美元和 700 亿元人民币的贷款。但自 2013 年 4 月马杜罗上台执政以来,委内瑞拉国内的经济和政治形势不断恶化,其政权也受到了相当严峻的挑战。从查韦斯到马杜罗,委内瑞拉一直高举"21 世纪社会主义"的口号,但实际推行的却是老一套的民粹主义政策,不但没有致力于改变单一而僵化的石油经济格局,反而以高福利、高补贴、吃大锅饭为手段笼络选民,消耗了大量资源与资金,从而连续 10 多年严重背离价值规律,造成了通货膨胀,赤字增加,外汇短缺,物资匮乏,资金链断裂,国库储备几乎告罄,同时也让制造业和零售业进一步萎缩,这些使得该国经济形势雪上加霜。2014 年 2 月,以抗议高犯罪率、物资短缺、贪污腐败为政治诉求,该国爆发了一场以反对派和青年学生为主体的长达三个多月的游行示威和街头骚乱,持续性街头暴力事件造成至少 42 人死亡,800 多人受伤,3000 多人被拘。这场社会骚动加剧了执政党和反对党之间的矛盾,执政党和反对党内部也由此分化出不同阵营。由于这场游行示威的政治诉求没有从根本上得到解决,因而该国社会层面的不满情绪还在进一步积累和酝酿。

由于委国内形势的动荡,导致了中国在委的政治、经济、社会及声誉上的风险的增加。由中委合作基金派生出来的中资企业,在诸如经营非石油贸易的设备出口、工程承包、投资生产等合作领域,尤其是垫资出口、施工及生产投资类项目,目前已暴露出相当多的委方欠账问题;中方企业承建的北部平原铁路等工程项目,由于工程方案更改和欠款,目前也已处于最低程度维持状态。

由于中国和委内瑞拉的经济合作项目是政府主导型的,且其数额巨大,项目众多,加之相对封闭运作,缺乏严格的贷后监管和有效约束,因而委反对派在对执政党进行攻击时往往也把中国政府捎带进去。与中委基金贷款项目有关的腐败案例，目前至少公开报道了一例：2013年7月8日，委警方逮捕了5名挪用中委基金的政府公务人员，涉案金额达8400万美元。2013年12月29日，一篇题为《中国向委内瑞拉总统马杜罗提供50亿美元贷款》的报道引发了委国一些网友的热议：他们质疑中委之间的合同签订和资金使用不透明；认为委内瑞拉在政治和经济上过于依附中国；认为中国的贷款助长了委政府官员的贪污腐败；认为委方过于依赖石油收入和大额贷款，从而削弱了自身创新和发展的能力；认为巨额债务透支的做法剥夺了下一代财富，等等。

对于委内瑞拉的经济困境，当前唯一的救急措施就是迅速增加石油产出。委内瑞拉当前石油产量约为每天280万桶，如要保持这一水平或增产，就需要大量外部资金的投入。委方的石油收入在安排了各项民生补贴、公共福利以及偿还外债等方面已花费掉大部分资金，剩余资金不足以进行石油设备维护和各项石油产业外包服务费用的支付，更谈不上进行大规模的石油产业开发投资和生产扩容。一旦石油部门出现问题，委内瑞拉就会发生政治、社会"地震"，从而会产生一系列违约欠款问题。我们在与该国商业合作过程中显然不可能满足其现政府提出的无条件的、无限度的资金索求或项目支持，但一旦委内瑞拉资金链发生严重断裂，我们又不能熟视无睹，必然陷于两难境地而难以自拔。有人声言，委内瑞拉是中国对拉美外交中的"支点"国家；有的高官还称中委合作是"南南合作"的典范，可推而广之，云云，这些多是不靠谱的虚妄之言。

当然，委内瑞拉发生的情况，别的拉美国家不一定会发生。但在与别的拉美国家打交道时，理应从中吸取与委内瑞拉交往的经验与教训。

中拉经贸关系的空前大发展，要多从能否真正实现"双赢"的角度予以通盘考量。我们有超大额的国际储备和国内消费不了的巨量剩余产能，拉美则缺乏中长期资金，急需大规模地扩充基础设施和进口高科技的成品。理论上说，中拉经贸关系越迅猛发展，对双方越有利，但实际上要真正达到"双赢"，并非易事。

但凡进入过拉美的中方企业都会强烈感到，拉美并非是快乐的"投资天堂"。中国企业要面临难以设想的投资环境。在世界银行2013年关于营运环境的排名（总数189个经济体）中，委内瑞拉列第181位，阿根廷居第126位，巴西居第116位，只有智利、秘鲁、哥伦比亚、墨西哥和乌拉圭 5 国稍强些（分别居第 34、42、43、53 和 88 位），中国位于第 98 位。

许多拉美国家的治理体系落后，政府效率低下，官吏腐败，法治难行，赋税高昂，贫富矛盾尖锐，社会问题堆积如山，政局稳定程度不高，凡此种种，惯于享受本国政府优惠待遇的中国企业，"走出去"之后必须经过较长时间的折腾与磨炼才能适应下来。一般的中国企业在拉美能经得起当地的政治风险、经济与金融风险以及社会风险（尤其是劳工纠纷和环保争议）吗？据说，首钢秘鲁公司从 1993 年进入秘鲁后，直到 2013 年才逐渐稳定下来，"交学费"用了整整 20 年的时间。当然难免要"交学费"，但进入拉美还是要强调"有备而去"，步子不宜太快。

从拉美国家来说，双方的贸易结构极不对称。2010 年，中国从拉美的进口商品中，74.4% 为初级产品；中国向拉美的出口商品中，97.4% 为制成品。中国被指责对拉美具有"中心—外围"型、"南—北"型的贸易结构，使拉美陷于"去工业化""再度殖民地化"的境地。由于中国制成品的大量流入，阿根廷和巴西成了对中国实施反倾销措施数量居前二位的国家。1995—2011 年中国遭受反倾销措施总量共 630 件，其中来自拉美国家的占 25%。中拉经济双方既有互补性的一面，但经济结构、发展水平的相似性又会带来不可避免的争议。中国超过 90% 的贷款流向了委内瑞拉、巴西、阿根廷和厄瓜多尔 4 国；中国企业在拉美的投资集中在能源、矿业和交通基础设施，这三大领域的投资占中国对拉美总投资的 85%。这些数字也隐含了双方今后可能发生龃龉的原委。又如，中国打算在拉美"屯地""屯粮"，建立海外粮仓，但巴西最近明令禁止向外国人出让或租赁土地。以我国打算建立中拉自由贸易区为例，也只有在智利、秘鲁和哥斯达黎加 3 国获得成功；正在磋商中的国家暂时只有哥伦比亚。这充分说明，中拉要真正地达到"双赢"，并非轻而易举。

以上三点，笔者想表达的意思是：大机遇带来大手笔，大蓝图也必然伴有大风险。

（原载《财经》2014 年第 25 期）

在现代化道路上
比我们起步更早的拉丁美洲

　　近年来中国两极分化问题的出现，中国拉美化问题一再被人提出，拉美问题也引起国人关注。为此，记者赵诚专访了中国拉美研究的著名资深学者张森根先生。

　　赵诚：近几年来，我国媒体对拉丁美洲的报道越来越频繁，有关这方面的书刊、展览和研究也越来越多。国内好像正在出现一股"拉美热"，您如何看待这一现象？

　　张森根：是的，我也感到中国人的"拉美热"正不胫而走。中国走向世界的步伐正在加快，对拉美的关注是必然的。邓小平曾说过21世纪"会出现一个拉美时代"。中国人对拉美的兴趣，可归纳为两个方面。第一，经济层面。拉美方圆2072万平方千米，人口超过5亿，资源丰富，市场辽阔。中拉双边贸易，1980年不到5亿美元，2005年年底增至500亿美元。双方在投资领域的合作正在阔步展开。第二，在政治文化等层面，双方有许多共同语言，可以相互扶持，相辅而行。拉美从19世纪70年代就开始寻求现代化，是第三世界最早开展现代化建设的地区，它们尝试了几种发展模式和现代化的战略，积累了许多成功的经验与失败的教训，十分值得我国汲取和借鉴。拉美这笔无形资源和精神财富，需要当代中国人认真挖掘。从某种程度上说，这些历史经验和精神财富对中国而言，比从拉美进口的石油、铁矿石、铜矿石和林产品还要有价值。

　　赵诚：拉丁美洲对许多中国人来说，可能如同读了马尔克斯的《百年孤独》的感觉一样是既迷人又陌生。能否请您先介绍一下拉丁美洲的总体情况和这一地区简要的经济社会发展趋势。

张森根：请允许我先解释一下"拉丁美洲"这个名词。"拉丁美洲"早先并不是一个自然地理概念，而是一个文化术语。拉美现在包括 33 个国家和 12 个未独立地区。它们曾经是西班牙、葡萄牙、法国、英国和荷兰等老牌殖民主义者的殖民地和半殖民地。从 19 世纪起，先后有 18 个国家独立建国，到 1902 年和 1903 年古巴和巴拿马宣布独立为止，人们习惯上把这 20 个国家称为拉丁美洲。法国人最早用"拉丁美洲"，泛指受伊比利亚文化影响的美洲，以区别于盎格鲁 – 撒克逊文化影响的北美洲（即美国和加拿大）。1962—1981 年期间，加勒比沿岸又有 13 个国家宣布独立。联合国正式把这一地区定名为拉丁美洲及加勒比地区。它包括位于北美洲最南端的墨西哥、中美洲 7 国、加勒比 13 个岛屿国家和南美洲12 国。33 个国家中，18 国通用西班牙语，12 国通用英语，巴西用葡萄牙语，海地用法语，苏里南用荷兰语。拉美人在使用"拉丁美洲"这一称谓时是很谨慎的。"拉丁美洲"多半指早先独立的 20 个共和国，而不包括 20 世纪 60 年代后新独立的 13 个加勒比海沿岸国家。一些新独立国家也不承认它们属于"拉丁美洲"范畴。尽管 33 个国家有许多共同特征和相似性，但这些国家在政治、经济、社会和文化等领域仍然有不少差异性和不同特点，必须予以足够重视。拉美的概貌和总体特征有时并不能涵盖个别国家的特殊情况。人们涉及拉丁美洲时，往往指的是拉美 3 大国（巴西、墨西哥和阿根廷）和 4 个中等国家（秘鲁、哥伦比亚、委内瑞拉和智利），而对一些特殊国家不够重视，如玻利维亚（土著居民占多数的国家）、哥斯达黎加（最发达的中美洲国家）、乌拉圭（城市化水平最高的中美洲国家）和古巴（美洲唯一的社会主义国家，1850—1913 年期间人均出口额在拉美占首位），等等。

拉美经济社会的发展进程大体上经历了 3 个阶段：从 1870 年至 1930 年左右，为初级产品出口导向增长阶段；1930 年至 1980 年为进口替代工业化内向增长阶段；1980 年至今为向出口导向和新型发展模式过渡的转型阶段。拉美寻求现代化经历了曲折的路程，总体来说，算不上成功。1800 年，拉美是世界上最富裕的地区之一，人均国民实际总产值（按1960 年物价计算）达 2500 美元，超过北美（2390 美元）。到 1900 年，拉美的人均收入 GDP 只占美国的 1/8。1995 年时，也只相当于美国人均收入的 12%。拉美经过了近百年的奋斗，几乎没有多大变化。由于推行内向型的进口替代模式长达半个多世纪，拉美与东亚国家相比，也明显落后了。拉美在世界经济中的比重，1960 年时约占 8%，2003 年只占 4% 左右。

　　进入 20 世纪 70 年代后，发展主义的进口替代模式带来消极后果，加上举借外债失控引起的债务危机，使拉美国家陷于严重困境。20 世纪八九十年代是拉美战后以来经济最阴暗的萧条时期，也是各国迈入经济市场化和政治民主化最艰苦的调整时期。所幸的是，拉美经过这 20 年左右的努力，在政治民主化领域里却取得了有史以来最大的进展。90 年代，自 1973 年以来在智利执政的皮诺切特军政府也逐渐交出了全部权力，除 1991 年 9 月海地发生军人政变后遭联合国干预外，拉美各国普遍确立起宪政制度，包括议会制、选举制、政党制和军队国家化等资产阶级政治民主原则，即现代政治的宪政原则在拉美政治生活中都得到承认。文人执政替代军人独裁，政党政治取代兵营政变已昭如日星。尽管拉美政治民主的制度化尚是初步的，甚至是脆弱的，还有待日臻完善，但这一领域里的进展对拉美国家经济市场化改革和今后的长期发展，具有里程碑意义。

　　由于涉及发展模式和现代化战略的重大调整和改革，拉美经济在 80 年代经历了"失去的 10 年"，90 年代也经历波折，甚至陷入困境。1994—2003 年期间，在墨西哥、巴西和阿根廷连续发生了三次金融危机或经济危机，使拉美经济遭到重创。但拉美经济在 2004 年终于走出了 1994—2003 年的低谷，增长率达到 5.6%，2005 年增长 4.3%，宏观经济趋于稳定。此外，在经济市场化改革方面也逐步走向成熟。比如对中央银行的改革，不少学者认为是成功的。拉美中央银行现在基本上推行独立的货币政策，不受选举周期和政党政治的影响，利率、融资等方面也不受政府的干预，中央银行的主要职责是稳定价格、控制通货膨胀。"成也萧何，败也萧何"，金融体制改革是发展中国家市场化改革最难闯的关隘。拉美这方面的成功经验，对发展中国家有重大借鉴意义。

　　赵诚：20 世纪八九十年代是拉美国家的转型时期，在政治经济领域发生了巨大变化。但有人认为拉美改革属于新自由主义的，拉美是"新自由主义的重灾区"。您对这一结论如何看？

　　张森根：拉美原来的发展模式是建立在联合国拉美经委会创始人普

雷维什的结构主义（又称发展主义或拉美经委会主义）理论基础上的，它追求自主的工业化发展道路。它是凯恩斯主义在拉美的变异，曾经在拉美经济发展过程中起过积极作用。但它过分强调国家的保护功能，使拉美的经济结构长期处于十分落后状态。有的学者把这种由国家主导的发展模式称为"国家干预主义"或"民众主义"模式。

随着凯恩斯主义在全球的失落，新自由主义从1973年智利皮诺切特军政府上台起，逐渐对拉美国家的市场化改革施加影响，并在一些国家占据主导地位。但不能说拉美30年的经济改革就是新自由主义改革。新自由主义在不同国家、不同时期对拉美各国市场化改革的影响是有所区别的，不能一概而论。早在80年代，拉美的结构主义学派就开始修正自己的主义，采纳了开放市场、减少干预等观点，从而形成了"新结构主义"学派。新自由主义、新结构主义、社会民主主义、经济民族主义、经济实用主义等理论对拉美国家从以国家为主导的经济模式转向自由市场经济，都有不同程度的影响。即便是最早实施新自由主义的国家智利，自90年代起对新自主主义的经济政策（如"快速自由化"，忽视社会公正、弱化国家作用等），都进行了大幅度的调整，实际上已扬弃了新自由主义的典型做法。

智利皮诺切特军政府（1973—1990）、阿根廷梅内姆政府（1989—1999）、秘鲁滕森政府（1990—2001）和委内瑞拉佩雷斯政府（1989—1993）等的经济政策属于典型的新自由主义模式。墨西哥福克斯政府之前历届革命制度党政府，如萨利纳斯政府（1988—1994）和塞迪略政府（1994—2000），则从来不认为它们奉行新自由主义改革。尽管他们两位是彻头彻尾的亲美派，他们均认为墨西哥的改革属于"社会自由主义"或"新民族主义"。巴西卡多佐总统（1995—2003年在职）是巴西社会民主党创始人之一，以主张"依附性发展论""脱钩论"著称，继任者卢拉总统（2003年至今）是巴西劳工党领导人，是拉美响当当的左翼斗士。在科洛尔总统（1990—1994年）在职期间，卡多佐就出任财长，实行的是"开放经济、世界战略"。巴西从90年代开始的市场化改革，无论如何是不能定性为新自由主义改革的。因此，我认为尽管新自由主义在某些国家、某些时期占过主导地位，20世纪八九十年代拉美的经济改革还是泛称为经济市场化改革较为妥帖。

称拉美是"新自由主义重灾区",在学理上更是欠严谨的。首先,拉美各国经济改革并不都属于新自由主义的。其次,对新自由主义在拉美各国的实施,也应用一分为二的方法加以分析。新自由主义在智利获得成功,已为国际公认。新自由主义在阿根廷梅内姆执政的 10 年是最失败的。新自由主义改革在秘鲁滕森执政的 10 年应是毁誉参半。20 世纪八九十年代拉美经济的停滞、波折和困顿,在很大程度上要归咎于原有的发展模式及其遗留下来的沉重包袱。拉美各国进行结构调整、摆脱债务危机、摸索新的发展模式,必定会付出一定代价。从以国家主导的内向型经济走向以市场主导的开放型经济模式,可谓山高水险,难免一波三折。说拉美是"新自由主义的重灾区"的理由之一是拉美收入差距拉大,基尼系数高。新自由主义改革对拉美收入差距的拉大虽有不利影响,但早在 1970 年前后,巴西的基尼系数就高达 0.66,哥伦比亚和秘鲁的这一系数分别为 0.61 和 0.60。这是发展主义、国家干预主义和民众主义造成的,同新自由主义毫不相干。拉美的收入分配问题是几代人造成的,不可能在短时期内找到满意的解决办法。

从经济实绩看,90 年代的拉美经济也不是一团糟,90 年代与 80 年代相比,巴西和墨西哥的经济成就并不太差。巴西已提前偿还到期外债,并接近于石油自给的宏大目标。墨西哥的外债总额已降至 30 年来最低水平。阿根廷和委内瑞拉的宏观经济形势近年正在明显好转。智利则早在 80 年代中期就呈现经济稳定增长态势,至今一直是拉美经济市场化改革成功之星。因此,拉美"重灾区"之说,与实际情况不符,难以令人信服。

赵诚:有人以皮诺切特军政府为例,认为威权政府有利于发展中国家的经济社会发展,说一民主就要出现民粹主义的大乱,您对此有何看法?

张森根:在民主与专政、文人政府与军人政府的研究中,有许多新鲜观点值得我们重视。如有的同志认为,在拉美,"威权主义政治更有利于经济发展""与民主运动同步的则通常是经济危机,而不是经济繁荣""经济发展水平同稳定的民主制度并没有直接的、必然的联系"。这些见解都是带全局性的结论。我目前还无法接受,但一定会努力去思考上述观点。皮诺切特军政府下台后智利艾尔文、弗雷和拉戈斯 3 届政府的实际情况，显然与上述观点有抵触。智利的经验证明，政治民主化照样会带来经济繁荣和持续发展。智利致力于解决贫困和不平等问题，与其说是经济增长的结果，不如说是因智利政治制度的健全、政党的清廉化、法制的透明化和民主化带来的必然产物。经济增长固然是智利解决贫困和不平等问题的基础，但是只有建立了一系列有关政治、社会、行政、金融等制度性保障措施，这个问题才会真正提上议事日程。总之，经济改革与政治改革，经济市场化与政治民主化，两者孰前孰后、孰重孰轻和孰优孰劣的问题，拉美的经验、俄罗斯的经验、印度的经验和中国的经验，都出自其自身特殊的环境和历史背景，学理上不必强求整齐划一，可以仁智互见。

但有一点很明显，在独立后的很长一段时间，约 170—180 年，拉美国家的专制统治和民主、军人干政轮番交替，这虽然有文化与政治、经济上的原因，但教训也是深刻的。造成众多社会矛盾，社会发展并不和谐，并不全面。在 20 世纪八九十年代才建立起稳定的政治民主制度；政治民主制度化，这对拉美今后社会较健康的全面发展，具有极为重要的意义。

赵诚：1999 年以来，拉美左派纷纷上台执政。委内瑞拉的查韦斯总统和玻利维亚的莫拉莱斯总统还打出了社会主义大旗。有人认为拉美已刮起了"红色风暴"，掀起了"第二次独立战争"。您如何看待这一态势？

张森根：左右翼或右派或左派的称谓，在不同时期，不同国家，历来有特定的含义。当前拉美的左派同 20 世纪六七十年代的左派截然不同。委内瑞拉第五共和国运动领导人查韦斯（1999 年执政）、巴西劳工党领袖卢拉（2003 年执政）、阿根廷正义党领导人基什内尔（2003 年执政）、乌拉圭进步联盟—广泛阵线主席巴斯克斯（2004 年执政）、玻利维亚争取社会主义运动领袖莫拉莱斯（2005 年执政）和智利社会党领导人巴切莱特（2006 年执政），他们被公认为是左派总统，其基本政治信仰属于民族主义、民众主义和民主社会主义。而他们的政治色彩及浓郁程度并非一致。查韦斯和莫拉莱斯是最激进的民众主义，其他四人则是温和派，主张走中间道路，被称为中左派。拉美传统的左派是公开主张信仰马克思主义并号召暴力革命夺取政权。这与上述六位总统的政治信仰和价值观念天差地远，决不能混为一谈。他们六人的共同点是：具有不同程度的反美情绪，支持和同情古巴、主张市场化和政治民主化、同情弱势群体和主张社会正义。尽管怨美排美反美，但并没有与美决裂、断绝往来的打算，包括查韦斯在内，反美控制在适当程度。

民族主义和民众主义是 20 世纪以来在拉美最强大的政治思潮。拉美在 20 世纪中期前后盛行的民众主义是卡德纳斯主义、瓦加斯主义和庇隆主义。民众主义是拉美现代化进程中社会转型的产物。它追求国家与民族在政治上和经济上的自立、自主和自强。民众主义的兴盛，同拉美城市化进程的加快和城市劳工阶层的扩大有不可分割的联系，因此它又是平民主义运动。它主张国有化和实施土地改革、实现劳资合作，走非资非社的第三条道路，因此它又是经济民族主义与阶级合作主义。民众主义领袖多半拥有非凡的个人魅力，不时号召广大城乡群众参与政治决策，鼓吹强人政治和强调个人效忠主义，因此它又是软性的威权主义者。它善于呼喊激烈的政治动员口号，又善于大幅度地调整政治谋略，以攻为守，以屈求伸，因此又是政治实用主义者。全球化背景下的民众主义，虽然会有一些新的特点，但其基本面貌不可转凡为圣。

民众主义宣称的"第三条道路"，在拉美当代史上反复出现过多次。阿根廷的庇隆主义和秘鲁的阿普拉主义（又称人民党主义）都奉行过这一政治路线，最后还不是偃旗息鼓，半途而废。连 1968—1975 年当政的秘鲁贝拉斯科军政府也宣称要走"第三条道路"。当时他还颁布了一部激烈的《土改法》，采取了一系列国有化措施，大搞社会所有制企业，以"第三世界主义"和"不结盟"的名义走一条"既非资本主义，又非共产主义"的独创道路，结果还不是以失败告终。理论界过去讨论过所谓"基马尔道路"问题、非资本主义发展道路和后发资本主义问题，仁智互见，难以达成一致意见。我认为，除了中、越、朝、古等少数国家，大多数亚非拉发展中国家实际上走的是一条本国特色的资本主义发展道路，不管它打不打"第三条道路"的旗号，终归属于后发的资本主义问题。当然，后发的资本主义国家能否像新加坡那样最终发展为发达资本主义国家，这还有待历史来回答。

与传统的民众主义相区别，查韦斯近年来不断发出要用"新社会主义""21 世纪社会主义"来取代资本主义，以实现社会正义、公正和互助，并指出他的这种 21 世纪新的社会主义，既不同于当年苏东国家奉行的社会主义，也不是西欧的社会民主主义，也不会模仿古巴模式的社会主义，莫拉莱斯则提出"印第安社会主义"和"社群社会主义"的口号，以实现社会正义，反对新自由主义和新殖民主义。查韦斯和莫拉莱斯对社会主义的抱负和厚望，目前只是停留在言辞上，施政上并没有大的动作。国外评论家把这种所谓的"红色浪潮"仍看作一种"玫瑰色的民众主义"冷眼旁观而已。

民众主义根据国内外环境的变化往往会折射出色彩缤纷的政治光谱。以庇隆主义（即正义主义）为例，它的核心主张是"政治主权""经济独立""社会正义"和"第三种立场"。1974 年庇隆逝世后，正义党几经分裂，到 1989 年梅内姆上台执政后，正义党的基本教义却被罩上新自由主义的光泽。2003 年正义党再度执政时，基什内尔重新回到传统的正义党的正义主义立场上，对梅内姆过去的经济社会政策进行了实质性修正。同一个正义主义，在庇隆、梅内姆和基什内尔 3 人执政时期，政策判若云泥，决不能等量齐观。

当前拉美的左派或中左政府，都是依法通过选举方式和平地上台掌权的。它们谴责新自由主义，但也主张要顺应全球化大潮，同时加强国家的自我保护意识，趋利避害，维护自身的利益。在国内政策方面，更关注社会发展问题，并把减少和消除贫困作为重大目标。这是左派和中左派的底线。这条底线实际上同拉美所谓右派并没有多大差异。墨西哥国家行动党的福克斯和哥伦比亚现任总统乌里韦都是公认的右派，但在国内政策上，也日益注重收入分配和消除贫困问题。随着 90 年代拉美政治民主化成果的深化，左派、中左派和右派之间在政策上的趋同性越来越明显。双方在意识形态上的对抗性和差异性正在减弱。右派不太右，左派不太左。你中有我，我中有你。言辞上再左、再激烈的左派，一旦上台执政，一般不会轻易挑战现存的民主政治体制和市场经济规则。

2006 年拉美有 10 个国家举行大选，原来看好的墨西哥左派总统候选人洛佩斯·奥夫拉多和秘鲁总统候选人乌马拉均已落选。除中左派总统候选人巴切莱特在智利获胜外，哥伦比亚仍是乌里韦连任。哥斯达黎加则是老店新开，传统政党民族解放党总统候选人阿里亚斯重新上台执政。更多的左派能否登台执政，还要看 2006 年 10 月后巴西、厄瓜多尔、尼加拉瓜和委内瑞拉 4 国的大选。如左派在巴西和委内瑞拉失利，拉美左派的实力必将大打折扣。但即便是悉数获胜，拉美当前的政治经济大格局仍不会发生根本变化。一位访问过我国的美国知名学者詹姆斯·佩德拉斯指出，通过选举上台的左派政府，"一般都已右翼化"。他指的左派政府包括卢拉、基什内尔和莫拉莱斯3届左派或中左政府。

　　总而言之，我认为，拉美左派本质上属于民族主义和民众主义范畴。他们包括激进的民众主义者在内，与通常意义上的社会主义相去甚远。当前背景下，拉美不可能出现类似古巴那样的社会主义国家。当然，左派和中左派纷纷上台执政，说明拉美各国在全球化和新自由主义冲击下正在积极探索适合本国国情的发展道路，也说明拉美各国原来积累的社会矛盾在民主政治下需要有人化解，这在选情上有利于一贯主张社会正义的左派。这也表明拉美经济社会发展正朝着积极方向变化着。

　　赵诚：委—古—玻3国的"反美联盟"似乎正在日益壮大，它对当前的美拉关系有何影响？拉美历来被称为美国的"后院"，现在好像被一些媒体说成是反对美国霸权主义和强权政治的"前哨"。不知您对此作何评价？

　　张森根：美国对查韦斯政府一直采取打压政策，并鼓动委国内反对派推翻查韦斯，甚至暗中参与了2004年4月反对派的政变。美国情报部门甚至把恐怖主义的帽子扣在查韦斯和莫拉莱斯头上。美国的霸权主义和强权政治逼使委、玻日益与古巴靠拢。所谓的3国"反美联盟"只是外交上、政治上的相互呼应，并没有形成国际法上的"联盟"关系。

　　3国中，古巴和美国对立达半个多世纪，早已断交。委、玻两国虽然不断谴责美国，但彼此仍维持外交关系和经贸往来。委依靠出口石油从美国那里赢来大量石油美元。但为了反击美国的挑衅，查韦斯带头明确反对美国倡导成立的美洲自由贸易区，而主张建立排斥美国参加的拉美和加勒比地区一体化组织。因哥伦比亚和秘鲁相继与美国缔结自由贸易协定，2006年4月查韦斯断然宣布退出安第斯共同体，引起轩然大波。他还呼吁南共体国家（巴、阿、乌和巴拉圭）不要单独与美国签订任何自由贸易协定。他向原苏东国家采购大量军火，估计达30亿美元。玻利维亚没有委内瑞拉的经济实力，尽管批评哥伦比亚、秘鲁、厄瓜多尔与美国亲近的立场，但并没有宣布退出安共体。莫拉莱斯的反美行动不可能如查韦斯那样果断利落。

坦率地说，查韦斯的"新社会主义"和公然挑战美国，靠的是滚滚而来的石油美元。它是世界五大产油国之一，但 2003 年以来委石油产量减少了一半。石油工业和石油勘探业是高风险、高投资的行业。90 年代以来全世界的石油工业为了降低成本，提高市场竞争力，早已开始了新一轮的兼并与重组，朝上下游、内外贸、产供销一体化方向发展，实现了超大型化发展。委内瑞拉要保持其地位，必须把石油收入重新投入到需要 5 年至 10 年才能见效的产油工程项目上去，否则石油价格一旦下降，石油产量一旦再下降，查韦斯的第三条道路就难以持续下去了。

但是除委一古一玻以外，就拉美总体而言，美拉关系的主流依然是合作和交融与矛盾和冲突并存。拉美海外投资的 56% 来自美国，拉美 43% 的进口和 55% 的出口都是美国，美国又是拉美最大的债权国。大多数拉美国家一直采取比较谨慎的对美政策，谈不上充当反美的"前哨"。这些拉美国家大体上可分为三类情况。第一类是巴、阿、乌等中左或中右政府，反对美国对古巴的敌视政策，反对在多哈回合谈判中美国奉行的农产品补贴政策，也不同意立即重新启动美洲自由贸易区的谈判。第二类是墨西哥及一些中美洲和加勒比国家，与美国关系一直比较平顺。对美国的不满情绪主要是在移民等双边关系上。第三类是长期获得美国经援和军援的国家，如哥伦比亚、萨尔瓦多、尼加拉瓜等国，则在重大问题上积极支持美国。尽管拉美国家对美国的不满情绪在增强，但任何别的国家，目前而且在相当时期内无法代替美国在拉美的影响地位。

美国自 1823 年提出门罗主义以来，一直把拉美视作其"后院"。但"二战"结束后，随着拉美各国民族民主运动的高涨，特别是古巴革命胜利之后，拉美各国的离心倾向不断增强，"后院"之说早已不攻自破。苏东集团崩盘后，美国在拉美一超坐大的优势地位进一步受到挑战。2003 年 3 月美国发动伊拉克战争，整个拉美只有包括哥伦比亚在内的 4 个国家表示支持，并在伊拉克派驻了军队。墨西哥和智利作为两个联合国非常任理事国公开反对美国动武的立场。2004 年拉美国家还两次拒绝美国以观察员的身份参加南美—阿拉伯国家首脑会议。同年 11 月，在第 4 届美洲国家组织首脑会议上，在委、巴、阿、乌等国的强烈反对下，美国重新启动美洲自由贸易区谈判的努力遭到失败，令美国极为难堪。上述情况表明，拉美国家以美国马首是瞻的局面已成为历史。拉美国家不再随意听从美国为它们所做的安排，而是决然要走自己的路。当然除了委—古—玻3国以外，大多数拉美国家在贸易、移民、扫毒、反恐等问题上，同美国还不会太僵，双方在这些问题上的合作和交融与矛盾和冲突并存的局面将继续保持下去。

赵诚：2005年美国国会曾就"中国在西半球的影响"举行听证会，表明美国对中拉双边关系的发展十分敏感。您如何看待当前中国在拉美的影响？

张森根：中国发展中拉关系的方针是"在政治上相互支持，成为可信赖的全天候朋友；在经济上优势互补，成为在新的起点上互利双赢的合作伙伴；在文化上密切交流，成为不同文明积极对话的典范"。中国一贯重视发展与拉美的关系，近些年来双方在政治、经济、文化等领域的交流不断加快，双方高层之间的访问十分频繁。和平发展、和平、互利、共赢是中拉关系的基石。中国走向拉美是中国走向世界的一部分。中国加快走向拉美并不意味着中国有意挑战美国在拉美的特殊利益和价值观。中拉交往的深度和广度与美拉双边关系还无法相比。以经贸领域来说，尽管中拉双边贸易额在2000—2004年间年均增长率达38%，但中拉贸易额仅占中国对外贸易总额的3%左右，中国对拉美的投资额也只占中国对外投资总额的6%。中国对拉美的投资总额至2003年以来仅为4.6亿美元，而美国在拉美的投资总额为3000亿美元。2004年，中拉贸易额为400亿美元，只及美拉贸易额的1/10。从美国公布的这次听证会的材料来看，美国对中国在拉美的影响并没有作出过度反应。美国认为自己在拉美的优势地位一直会保持下去，并对自己在拉美的地位充满自信。

对中拉关系的现状与发展前景应有清醒的估计，切不可夸大其词，信口开河。2006年年初有一个研究部门在报纸上公布它测定的2005年拉丁美洲十大新闻。十大新闻中竟有4条涉及中拉双边关系，它们是：中国与智利签署自由贸易协定；胡锦涛主席等出访拉美；中国与格林纳达复交；中国—加勒比经济合作论坛首届部长级会议召开。这四条"十大新闻"中，我看也只有一二条可充当上"十大新闻"。公布这样的"十大新闻"，只能起到误导作用。不客气地说，公布者既不懂拉美，也不懂什么叫新闻。不仅夸大了中拉关系的现状，高估了中国在拉美的地位和影响力，而且为"中国威胁论"提供了口实。

赵诚：您开头提到拉美的无形资源和精神财富，指的是拉美现代化进程中的经验与教训吗？不知能否再多说一些？

张森根：拉美现代化进程中积累的经验和教训，是一笔巨大的精神财富，可供我们思考、汲取和采纳。如经济发展与政治民主的关系问题。拉美的政治民主化是在各国经济最阴暗的 20 世纪八九十年代获得长足进展的，拉美的经验证明，政治民主化并非一定要以经济繁荣为前提条件。智利在军人交权之后，在宪政制度的推动下，经济取得了长期稳定发展，世人瞩目。又如，国民经济的高速增长并不会自动改善收入分配。拉美在 20 世纪六七十年代经济高速增长时期，由于政府没有相应的收入分配措施加以调控，财富大量向富人聚集。到八九十年代时，随着拉美经济转入低谷，政府由于财政压力而不得不削减社会开支，贫困问题就更加突出了。再如，市场机制和政府监管、调控机制相配套的问题。拉美国家中，凡是把两者关系处理好的国家，其经济运行就能实现良性循环；如果在强化市场机制的同时，国家的监管、调控严重缺失，其结果必然是经济和社会发展险象丛生，甚至陷于危机。

赵诚：您对中国的拉丁美洲研究，作何展望？

张森根：国外称拉丁美洲研究叫拉美学。拉美学是地区研究的一个分支，也是介于人文社会科学和应用科学（国际关系、国家安全等涉外问题研究）之间的一门跨学科专业。拉美学需要采用综合比较方法，从经济、社会、政治、历史、文化、国际关系等多种角度对拉美的历史和现实问题进行宏观分析和微观研究。

中国的拉美学研究开始于 20 世纪 60 年代初，当时陆续成立了拉丁美洲研究所（现归中国社科院）以及北京大学、南开大学和复旦大学下设的 3 个拉美研究室。经过几十年的积累，我国拉美学的研究队伍初具规模，学术成果不断增加。为了使这一学科更加成熟，我提出如下四点建议。

（1）研究性综合大学要成为我国从事拉美研究的重要中心和培养人才的孵化器。在世界各地，大学历来是外情外域研究的中心，因为那里人才济济，有利于对专门地区进行跨学科研究，但我国高校目前只注重对大国、强国、富国的研究，而对拉丁美洲、非洲的研究往往不予重视。这一情况应尽快纠正才行。

（2）处理好意识形态与社会科学之间的关系；处理好为当前政治服务和实事求是之间的关系；处理好政治性、现实性与科学性、学术性之间的关系。中国的拉美研究，需要广泛进行国际交流，不断提高国际学术对话能力，获得海外同行的认知和称许。

（3）要处理好地区研究、总体研究与国别研究、专题研究之间的关系。目前有关拉美综合研究的著作文章发表不少，但有深度的国别研究和专题研究并不多。我们特别要加强对巴西的研究。巴西作为"金砖四国"（BRIC）之一，我们对它的研究，比起对俄罗斯和印度的研究显得十分单薄。

据估计，巴西在今后 50 年中经济增长率平均为 3.6%，人均收入在 50 年中可增长 5 倍以上。到 2025 年，巴西将超过意大利，到 2050 年"金砖四国"加上美国和日本，将构成世界新的六大强国，英、德、法、意四强将退而居次要地位。从发展中巴双边关系的角度，我们也要重视巴西。目前双边贸易额已超过 100 亿美元，双方在航天、科技等方面有良好的关系。拉美问题研究离开了对巴西的专门研究，就称不上拉美研究。这几年在讨论诸如"拉美化"和"新自由主义在拉美"等问题时，论者好像很少以巴西为例，因此得出的许多结论往往不太有说服力。这也说明我们对巴西的研究远远不够。再者，学术性和理论性研究不一定非要综合研究不可，有时从国别研究角度得出的结论和看法，往往比拉美综合研究、整体研究要更牢靠，更接近实际状况。

（4）要加强对拉美史、特别是 19 世纪以来的拉美史的研究。史学研究是各项应用性研究的基础，对提高地区研究的学术水平起着关键作用。由于对拉美近 200 多年的历史研究不够，"我们现在对拉丁美洲也还是抽象的概念多于具体的知识，模糊的印象多于确切的体验"（李慎之先生语），基础研究丝毫不能马虎。

（原载《社会科学论坛》2006 年 10 月）

进一步让中国了解拉美，
让拉美了解中国

——从拉美国家在人权会议上的投票想到的

最近，在广大发展中国家的支持下，我国又一次挫败了西方国家利用人权问题干涉我国内政的图谋。这是我国在国际人权领域取得的第七次胜利。值得注意的是，1997 年参加联合国人权委员会会议投票的 11 个拉美国家中只有 3 个国家（智利、萨尔瓦多和尼加拉瓜）明确站在西方国家一边①；在对我国提出的"不予审议表决"的提案投弃权票的 9 个国家中，拉美占了 6 国（巴西、墨西哥、阿根廷、厄瓜多尔、乌拉圭和多米尼加）②。1996 年曾公开支持西方国家立场的巴西、厄瓜多尔和多米尼加 1997 年改投了弃权票。

综观近两年拉美国家在人权会议上的投票，总的趋势是"两头小，中间大"：明确支持我国立场的只有古巴和另一个拉美国家（1996 年为秘鲁，1997 年为哥伦比亚）；公开支持西方国家立场的已从 1996 年的 6 国降为 1997 年的 3 国，它们不仅包括与我国台湾有"邦交"的几个小国家，而且有与我国建交的国家，如巴西、智利和厄瓜多尔；投弃权票的国家相应增加，它们当中不仅有与我国建交的国家，而且也有未与我国建交的国家，如多米尼加。

---

① 1996 年公开支持西方国家立场的拉美国家有巴西、智利、厄瓜多尔、多米尼加、萨尔瓦多和尼加拉瓜。

② 1996 年投票时有 6 个国家投了弃权票，其中 3 个是拉美国家——墨西哥、哥伦比亚和委内瑞拉。

上述走势一方面说明西方国家在人权问题上搞对抗不得人心，越来越多的拉美国家已经或正在选择对话和合作的方式来处理国际人权领域中的异议问题；另一方面也不难发现，多数拉美国家在国际行为规范、价值观和政治文化方面与我国尚有不小的距离。除了古巴，拉美国家属于后发的资本主义国家，人权观念植根于它们的意识形态和政治文化，人权会议上的投票反映了更深层次的问题。尽管如此，只要不懈地开展各方面的工作，我国在国际人权领域里就能够争取到更多拉美国家的理解和支持。

一　切实加强我国对拉美工作的力度

就我国对美、日、欧以及周边国家的关系相比较而言，拉美在我国对外关系中并不占重要地位，但对拉美工作却具有特殊性。我们至少要考虑以下三方面的需要。

其一，对台斗争的需要。目前台湾当局同世界上 29 个国家尚有"邦交"，其中 16 国在拉美。这些拉美国家又是台湾当局在联合国兜售"一中一台"方案的马前卒。此外，台湾当局以经援、投资为诱饵，在同我国建交的 17 个拉美国家中推行"务实外交"，在其中 9 个国家设立了有台湾当局背景的商务机构。如果我方工作力度不够，台湾在拉美的势力将更为嚣张。

其二，国际人权斗争的需要。拉美国家和中国虽然同属于发展中国家，双方对许多重大国际问题和地区性问题经常进行对口磋商，协调立场，互相支持，但是彼此之间毕竟在历史文化背景、社会政治制度和价值观念等方面存在着基本的差异。按照亨廷顿的"文明冲突论"，拉美文明是"西方文明"的吸纳对象；而中国文明则是它排斥、对抗的一方。中拉之间在国际行为规范、价值观和政治文化问题上的差异将长期存在下去。

其三，争夺市场斗争的需要。不论是美国确认的 10 个"新兴大市场"，还是世界银行确认的"十大新兴国家"，拉美就占了三个——巴西、墨西哥和阿根廷。在下一个十年或更长的一段时期内，拉美仍将是世界上经济最活跃的地区之一，仅次于东亚。面对 2005 年将成立的以美国为主导的拟议中的美洲自由贸易区，法国总统希拉克前不久建议 1998 年年底在巴西召开欧盟——拉美国家首脑会议，以密切双方之间的关系。英国冀图在伊比利亚美洲出现新的"英国世纪"，表示要与拉美国家一起"铸造新的联盟"。俄罗斯同拉美国家的关系冷淡了多年之后，最近也有大幅度的调整。由于苏联曾向拉美国家提供过贷款、大学奖学金和有利的贸易条件，俄拉关系必将会有明显发展。面对拉美三个"新兴大市场"，我国似应有个中长期规划。

二　全方位地开展对拉美的工作

我国不仅要加强与拉美高层之间的往来，而且要充分调动外交和经贸、政党、军队、工会与群众团体、侨务、新闻媒介、旅游、教育、文化、体育、卫生、科研等战线上各方面人员的主动精神，在广泛的基础上开展对拉美的友好工作，促进民间更多的往来与相互了解。我国以拉美为工作对象的各方面人员，包括常驻拉美的，或去拉美短期工作的，或在国内接触有关拉美业务的，是一支数目很大的队伍。他们是我国开展对拉美工作的生力军。一方面我们需要进行经常的高层往来，另一方面又需要进行扎实的人民外交。只有这样，我国对拉美的工作才能达到应有的力度。外交和经贸在国际交往的初始阶段是一股强劲的推动力。教育、文化等领域里的交流则是双边关系深入发展的必由之路。向拉美各国青年来华学习提供更多的奖学金名额，鼓励我国有实力的民营企业家去拉美开拓，似应作为我国加强对拉美工作的两项长远安排。我们应当下功夫在拉美国家中培养一批了解中国、熟悉中国的友好人士，让他们为沟通拉中之间的关系奉献智慧和力量。美国所以在拉美各国有很深的影响，一方面固然同美国的综合实力以及地理上同拉美各国邻近有关，另一方面同美国高等院校每年接纳大批来自拉美各国的留学生有密不可分的关系。比如，一大批从美国获得硕士和博士学位的墨西哥青年回国后在政界、商界和学界担任重要职务。当前美墨关系出现了双方历史上最和谐的时期。墨西哥的事例充分说明，教育、文化和学术方面的交流对于促进国与国之间关系的深入发展具有战略性的意义。

三　加强协调管理，奋力拓展拉美市场

经贸领域是我国发展与拉美国家双边关系的重要阵地。1995 年中拉双边贸易额突破 60 亿美元，1996 年已达到 67 亿美元，其发展之迅猛，令世人瞩目。但从双方的贸易总额或各自的进出口额以及与西方国家在拉美的投资和拉美国家间的相互投资相比较来看，中拉之间的贸易和相互投资都是有限的。在世界经济日趋集团化和地区一体化的形势下，我国对拉美的经贸关系正在摆脱单纯进出口的旧模式，从当前以贸易为主逐步走向以贸易、对外经济援助和各种形式的投资活动（贸工农技银结合，工程劳务承包、资源开发等）并重的大经贸战略。我国要拓宽拉美市场将面临一系列棘手问题，如运输周期长、客商起订数量少等；售后服务、出口信用保险和出口信贷等方面的工作也有待于切实改善。但当前亟待解决的是，政府有关权威机构要承担起领导者和组织者的责任，调集并统筹外交、外经贸、财政金融、保险、交通运输，以及信息、调研和教育等各个领域的力量，加强集中协调，对我国开拓拉美市场作出总体部署，确定工作重点和中长期目标。不论发达国家，还是发展中国家，政府权威机构在开拓国际市场的过程中多半大刀阔斧地扮演着领导者和组织者的角色。同样的经济发展水平和实力，囿于政府协调管理能力的强弱高低，会使它们在国际市场上的表现和业绩判若云泥。按照我国目前的经济发展水平和实力，只要政府权威机构发挥积极协调作用，我国在拉美市场所占据的地位将会越来越有利。

四　下真功夫，促进中拉之间的相互了解

国与国的交往都离不开相互之间的了解。任何国家、任何地区都需要不断加强对其他国家、其他地区的了解，而且要把对象国、对象地区作为一个整体来加以研究。如果昧于外情，就无法进行有效的交流。我国从 60 年代开始重视对拉美的了解，迄今为止，虽然在宏观上对拉美国家的政治与经济有所了解。但往往是"抽象的概念多于具体的知识，模糊的印象多于确切的体验"。随着彼此之间交往的不断深入，人们就会从

了解对象国和对象地区今天的政治和经济深入到它们的历史和文化背景。对拉美各国之间的差异性，对隐藏在这些国家深层次的政治和社会问题，尤其是与中国在社会、政治和文化上的差异，我们知之甚少。反过来说，拉美国家对中国也不甚了了，甚至远不如中国对它们的了解。据报道，在 1999 年 5 月台湾李登辉对尼加拉瓜进行"国事访问"期间，尼官方电视台播映了江泽民主席在人民大会堂接见外宾的画面。是年 6 月，台湾"行政院"院长连战在参加萨尔瓦多总统就职典礼的入场式时，萨电视台播映的画面是我国的五星红旗。这虽是两个小插曲，但却说明一些拉美国家对中国的了解是何等的浅薄。即使像巴西、墨西哥和阿根廷这样的拉美大国，它们多半也是通过西方新闻媒介来看中国的，尤其是在政治和社会问题上，往往接受西方新闻媒介的误导。"让中国了解拉美，让拉美了解中国"，应成为我国一切从事拉美业务的工作人员的自觉追求。为此，我国应当进一步加强对拉美的了解，只有真正了解了拉美，我国才能有效地向拉美宣传和介绍中国，以使拉美也了解中国。

（原载《领导参阅》1997 年第 19 期；《拉美调研》1997 年第 6 期）

对当前拉美研究中几个问题的看法

——在拉美所建所 45 周年庆祝大会上的发言

刚才袁东振同志题为《拉美政治研究的回顾与展望》的发言勾画出了我所拉美政治研究的轨迹，请允许我以读者和拉美研究爱好者的名义，对袁东振同志刚才的汇报作三点补充。

第一，我完全同意他所指出的拉美研究，包括他说的政治研究在内，开始实现了从资料搜集、一般性研究和基础性研究向理论性、学术性、综合性、对策性、前瞻性、前沿性研究的转变。这一转变是清晰可见的，成果累累，为学界所公认。这一成绩的取得是全所新老同志长年累月辛勤耕耘的结果。特别令我欣慰的是，一批三四十岁的同志在这一领域里登堂入室、大展身手，比我们当年取得了更多的成果。

拉美所 45 岁了，这是从自然年份上说的。对一个研究机构来说，更重要的是它的学术生涯持续时间。从 1961 年建所，经过"文革"的干扰，一直到 1976 年重新恢复，甚至在恢复初期，由于我国对外工作的基本路线还没有来得及做大的调整，故而我们实际上是长期处于非研究状态之中。那时主要是打基础、摸背景、查情况，搞点翻译（大多来自俄文和英文资料），介绍一些国外研究拉美的资料。即便是出了些铅印或油印的东西，基本上属于介绍有关拉美的时政常识，配合当时展开的反帝斗争和支持第三世界国家革命，服务于政治斗争的时效性大大领先于学术领域的探索性。因此，从学术生涯的角度看，拉美所今天与其是处于"不惑之年"，不如说是"而立之年"。关键性的转变，我认为是发生在 80 年代中期，而 1984 年拉美学会的成立，也许是这一转变的标志。应该说，真正的研究工作算起来大约只有 30 年光景。学术研究从稚嫩走向成熟，认真地说来，现在仍然是初级阶段。

基础性研究与理论性研究、综合性研究、应用性研究、前瞻性研究，本来就是密切相关的，两者相互促进，相得益彰。我们现在还要提倡不断发展和深化基础性研究，因为基础性研究不扎实，其他方向的研究工作就很难从浅层走向深层，会影响学术水平的真正提高。

比如，我们迄今对拉美史的研究很薄弱。这也属于基础性研究的范畴。现在还找不到一本比较理想的史学专著或教科书。尤其是我们对 19 世纪以来的拉美史了解得很浅薄，知识陈旧，对这门学科的前沿研究也不够。对外国问题的研究，最初往往是从了解它们的政治与经济入手，但要进行深层次的研究，一定要从它们今天的政治与经济转入到领悟它们的历史文化背景。这就要求我们大力加强基础性研究，其重要性是无可置疑的。

现实问题研究的深度往往离不开基础性研究的根底。今年是拉美大选年，前不久秘鲁阿普拉党现任主席阿兰·加西亚从原来民意调查中排名第三胜出，击败了被各界看好的乌马拉，再次出任总统。1985 年，加西亚在 36 岁时就出任过总统，执政 5 年后，因涉嫌贪污而出国避难。身背恶名的他这次竟能重新出山，相当程度上说明阿普拉主义在秘鲁的重大影响。我们对阿普拉主义和他的创始人阿亚·德拉托雷以及阿亚的同代人、他的战友兼对手马里亚特吉了解多少？还是应了李慎之先生那句话："我们现在对拉丁美洲也还是抽象的概念多于具体的知识，模糊的印象多于确切的体验。"阿亚从 20 年代活跃于政治舞台一直到 1979 年去世，留下了大量著作，我们几乎没有做多少翻译和评价方面的工作。马里亚特吉的《关于秘鲁国情的七篇论文》，我们还译成中文出版。但是对阿亚的思想文化遗产，我们了解得很不够。阿亚和马里亚特吉这两位 20 世纪秘鲁的名人，对 21 世纪秘鲁的政治史和思想史仍将留下他们的印痕。对秘鲁当前问题的研究，我们不弄懂弄通他们，怎能做深层次研究工作呢？

现在大家都认为拉美许多国家的传统政党正在退出历史舞台，这种看法是有道理的。但是也应该看到传统政党的政治纲领、主张、思潮和理念，甚至这些政党本身依然强大存在或老店新开，对当前现实问题研究和对策性研究仍有重要价值。上面提到的阿兰·加西亚会"与时俱进"，把阿普拉主义演变为"阿兰主义"，但阿普拉党或人民党的宗旨还会对他有所约束。在阿根廷，从庇隆的正义主义、梅内姆的正义主义到现任总统基什内尔的正义主义，尽管在政策主张上已然大相径庭，但正义主义的核心内容并没有发生根本变化。传统政党不只是在秘鲁和阿根廷老店新开，而且在墨西哥仍有强大的实力。革命制度党在政治舞台上连续执政达71年，尽管在今年7月2日总统大选中再次败北，它对墨西哥政治进程的影响和作用，仍然是不容抹杀的。总之，基础性和传统性的研究对当前转入现实问题研究、对策性研究和应用性研究，还是很有意义的，二者都不能偏颇，要两手抓，两手都要硬。

在谈到拉美所如何保持它在我国拉美学界相对优势地位时，我认为有必要再做些具体的分析。中国研究拉美的队伍，原来有五支，即社科院、高校、政府部门、军队和党校等各个系统都有自己相对独立的研究力量。尤其是在80年代中期前后，这五支队伍互相铺垫、互相配合，呈现出中国拉美学研究一派欣欣向荣的气象。但不能不指出，90年代以来，高校研究拉美的队伍显然大大地收缩了。60年代上半期与拉美所差不多同时成立的北大和复旦的拉美研究室，眼下是名存实亡。复旦大学拉美研究室最兴旺时有20人，目前只有一名在读博士生在支撑局面。南开大学研究拉美的力量近期好像也比过去缩减了。根据国外的经验，研究型综合大学是外情外域研究的主要基地，现在失去了或削弱了高校这棵大树，研究成果的比较、评估、鉴定，实际上就失去了现实意义。学术水平上的高低优劣，需要在互相应对、互相比较、标新立异和竞争拼搏的氛围中才能得到确认，否则所谓的"优势"就成了过誉，就会名不符实，孤芳自赏。

第二，我也同意袁东振同志所指出的，拉美政治领域的研究范围不断扩大，许多空白点都得到了填补，成果喜人。过去很少问津的问题，如政治体制、政治改革、政治现代化、政治民主化等专题，不仅有了高水平的论文，而且有了专著。

在政党和政党政治研究方面，我认为成绩更突出。我所对墨西哥革命制度党和古巴共产党的研究比较深入。这方面，徐世澄、曾昭耀和毛相麟3位同志的贡献是有目共睹的。

80年代以后的民主化进程中，拉美政党政治空前活跃，各类政党，不论老党和新党，右翼党和左翼党，不论这些党内部的传统派和新兴派，都在市场经济规则和民主政治的大框框内施展身手，以便在现存的体制内赢得胜利，走向成功。尽管人口中的相当比重对现存政治制度的运行不满意，对与市场经济相伴的收入下降、贫富差距拉大、贫困和失业不满意，但拉美大多数政党都不太可能与现存的政治经济秩序发生根本冲突。它们的立场都在向中间道路靠拢，其纲领、政策和意识形态方面越来越接近，趋向性日益明显多于对抗性和差异性。言辞上再左、再激烈的政党，一旦上台执政，就不能不守着上述这条政党政治的底线，即遵奉市场经济与民主政治的游戏规则，而现实地面对国际国内严峻的挑战。左派不左，右派不右。你中有我，我中有你。在左派内部，左左之间的分野并不逊色于左右之间的分歧。拉美政党政治的经验表明，对所谓的左右之间和左左之间言辞上的分歧，不必看得太重。重要的是，分歧再大各方都不至于挑战现存的民主政治体制，如权力制衡制度、选举制度、军队国家化等重大规则。政党政治研究中的上述看法，我认为很有价值，我也同意这些看法。

在重大理论和现实问题研究中，我所政治研究室以委内瑞拉的"新社会主义""21世纪社会主义"和玻利维亚的"印第安社会主义"作为个案和实例加以深入探讨，这也是很有眼光的。

查韦斯等人宣称的第三条道路，在拉美当代史上反复出现过几次，庇隆主义、阿普拉主义等都奉行过这一政治路线。1968—1975年以贝拉斯科将军为代表的秘鲁军政府也宣称走第三条道路。当时军政府颁布了一部激进的《土改法》，采取一系列国有化措施，大搞社会所有制企业，并打出"第三世界主义"和不结盟的口号，宣称走一条"既非资本主义又非共产主义"的独创道路，以谋求秘鲁"第二次独立"。最后还不是偃旗息鼓，半途而废。

查韦斯的"新社会主义"和公然挑战美国，靠的是滚滚而来的石油美元。它是世界五大产油国之一，但2003年以来委内瑞拉石油产量减少了一半。石油工业和石油勘探业是高风险、高投资的行业。90年代以来全世界的石油工业为了降低成本、提高市场竞争力，早已开始了新一轮的兼吞与重组，朝上下游、内外贸、产供销一体化方面发展，实现了超大型化发展。委内瑞拉要保持其地位，必须把石油收入重新投入到需要5

年至 10 年才能见效的产油工程项目上去，否则石油价格一旦下降，石油产量一旦再下降，查韦斯的第三条道路就难以持续下去了。

这里，我顺便说一下，一些报刊最近编发的关于委内瑞拉、玻利维亚的文章中有的缺少分析的眼光，报道的内容也不全面。有的不顾事实，故意炒作。什么拉美刮起了"红色风暴"，出现了"反美同盟"，进行"第二次独立战争"，云云。我希望本所的同志在报刊上多发表些有见解的文章，一则普及拉美知识，二则发扬严谨的学风，以正视听。

我认为拉美的第三条道路，不论是理论还是实践，都很值得研究。毛主席 1940 年在《新民主主义论》中说过"基马尔道路"走不通的话，指的是广大亚非拉国家在社会主义与资本主义之间，世界革命力量与世界反革命力量之间不能骑墙，二者必居其一。如果拉美保持自己的特性走上资本主义发展道路，这未尝不是一种选择呢？这条道路从墨西哥1910 年革命之后拉美各国不是一直在走吗？除了古巴走社会主义道路以外，大多数拉美国家这种后发的资本主义，这种拉美特色的资本主义，不管它打不打着走第三条道路的口号，仍然是一种本地化了的资本主义道路，而且看来也必将是拉美今后主要的选择方向。

在研究委内瑞拉和玻利维亚当前发生的新情况时，我认为要进一步研究他们同民众主义的关联问题。当前经济全球化背景下的民众主义，与 20 世纪四五十年代经典式的民众主义有许多相似点。查韦斯和莫拉莱斯等人，与其称他们为新社会主义者，还不如称他们为激进的民众主义者更为贴切。无论是老牌的民众主义领袖还是新生代的民众主义领袖，都鼓吹平民主义、民族主义和国家干预主义，主张国有化和土地改革，实施多阶级合作主义，走第三条道路。他们都拥有非凡的个人魅力，在动员广大城市群众参与政治、经济和社会决策方面赋有强大的号召力。他们也善于大幅度地调整政治谋略，往往以攻为守，以屈求伸。新老民众主义领袖在追求本国的自主、自强、自立发展方面，都有积极贡献。他们是经济民族主义者、国家干预主义者、政治实用主义者，又是软性的权威主义者。民众主义问题还需要我们加强研究。

在民主与专政、文人政府与军人政府的研究中，有许多新鲜观点值得我们重视。如有的同志认为，在拉美，"威权主义政治更有利于经济发展""与民主运动同步的则通常是经济危机，而不是经济繁荣""经济发展水平同稳定的民主制度并没有直接的、必然的联系"。这些见解都是带全局性的结论。我目前虽然还无法接受，但一定会努力去思考。皮诺切特军政府下台后智利艾尔文、弗雷、拉戈斯 3 届政府的实际情况显然与上述观点有抵触。智利的经验证明，政治民主化照样会带来经济繁荣和持续发展。智利致力于解决贫困与不平等问题，与其说是经济增长的结果，不如说是因智利政治制度的健全、政党的清廉化、法制的透明化和民主化带来的必然产物。经济增长固然是智利解决贫困、不平等问题的基础，但是只有有了一系列政治决策，社会、行政、金融等制度性保障措施，这个问题才会真正提上议事日程。总之，经济改革与政治改革、经济市场化与政治民主化孰前孰后、孰重孰轻和孰优孰劣的问题，拉美的经验、俄罗斯的经验、印度的经验和中国的经验，都出自其自身特殊的环境和历史背景，学理上不必强求整齐划一，可以仁智互见。

在综合研究与国别研究中，我认为这些年来对国别研究还强调得不够。尽管这几年出版了几本国别手册和地区手册，毕竟还算不上是深度研究。拉美 33 个国家，我认为至少先抓 10 个国家，即 3 个大国（巴西、墨西哥和阿根廷）、4 个中等国家（智利、委内瑞拉、哥伦比亚和秘鲁）和 3 个特殊国家（古巴、乌拉圭和哥斯达黎加）；尤其对巴西的研究，更要下本钱。自从达沃斯世界经济论坛提出"金砖四国"的概念后，全世界对俄罗斯、印度、巴西和中国的研究都在加强。据估计，巴西在今后 50 年中经济增长率平均为 3.6%，人均收入在 50 年中可增长 5 倍以上。到 2025 年，巴西将超过意大利。到 2050 年，"金砖四国"加上美国和日本，将构成世界新的六大强国，英、德、法、意四强将退而居其次。从发展中巴双边关系的角度，我们也要重视巴西。目前双边贸易额已超过 100 亿美元，双方在航天、科技等方面有良好的关系。拉美问题研究离开了对巴西的专门研究，就称不上拉美研究。这几年在讨论"拉美化"和"新自由主义在拉美"等问题时，论者好像很少以巴西为例去议论这些课题，因此得出的许多结论往往不太有说服力。这也说明我们对巴西的研究远远不够。再者，学术性、理论性研究，不一定非要综合研究不可，有时从国别研究角度得出的结论和看法，往往比拉美综合研究、整体研究要更牢靠，更接近实际状况。

第三，袁东振同志在汇报中谈到，直至 90 年代中后期拉美研究中学术性研究的特点明显增强，"意识形态宣传的色彩不断消退"。我想就学术研究与意识形态的关系问题多说几句。

大家知道，社会科学具有意识形态属性，又是科学性和阶级性的统一。研究人员必须面对现实的政治环境、国家利益和意识形态，这是首肯的条件。因此在社会科学研究中率先要反对非政治化、非意识形态化的错误倾向。但社会科学也是科学，要讲究科学性，要从客观世界的本来面貌去描述或解释世界，其核心原则是客观性，即符合客观世界的真实联系和规律性。同时，我们也要反对社会科学研究中泛政治化、泛意识形态化的不良倾向。毫无疑问，只要我们准确地运用马克思主义的立场、观点和方法，把它与具体的学科结合起来，真正地把它融化到日常的研究工作中去，社会科学与意识形态是完全可以统一的，不存在什么"意识形态宣传"的问题，也不存在什么学术性强不强的问题。因此，越是马克思主义的，就越是科学的，就越接近客观世界的本来面貌。社会科学要发展，就必须真正地学好用好马克思主义，把它与专业研究结合起来。

比如，宗教学研究，过去只强调宗教是鸦片烟，是剥削阶级统治百姓的工具，现在则看到了宗教的合理性与多方面的社会功能，宗教属于一种文化，一种正当的精神文化。随着我们学习与研究马克思主义水平的提高，宗教学的研究水平就提高了。过去把宗教只看作是一种意识形态而不是文化，实际上说明我们的马克思主义水平不高。

拉美学研究水平的提高也要靠研究人员马克思主义水平的提高。前二三年出了一本批判新自由主义的专著，因为涉及拉美，我用心读了一下，标题是"拉美是新自由主义的重灾区"，总共有6篇文章，从这6篇文章中，我看不到这一标题（实际上是结论）究竟是怎么加上去的。6篇文章中，3篇是本所同志写的，对新自由主义的看法见仁见智，基本上是一分为二的。"重灾区"的说法显然是主编者添加的。主编者在"主旨"报告中提到：1990年"华盛顿共识"出笼后，就成了新自由主义的国家意识形态化、政治化和范式化，是"经济体制、政治体制和文化体制的'一体化'，即美国化"。

这本书的第17页还说，为迎合国际垄断资本和大金融寡头向世界扩张的需要，老布什政府"炮制了'华盛顿共识'"。"华盛顿共识"具有经济体制、政治体制和文化体制三重特性，演变成了"美国的国家意识形态和主流价值观念"。明明是威廉姆逊炮制的《华盛顿共识》，怎么又变成了老布什的杰作？明明是针对经济市场化的十条，怎么又具有经济、政治、文化体制的三重特性？这么多色彩强烈的论断，在书中并没有具体的论证，我读后为之一怔，好在学术界对这种论断并不怎么看好。

把1990年威廉姆逊制定的供拉美国家经济调整与结构改革参考的十条，等同于新自由主义，这本身就需要严肃的论证。《华盛顿共识》不等于新自由主义。威廉姆逊自己也承认他最初提出的十条有缺陷，需要继续思考和不断完善，因此在1996年他随即做了修订，但他的本意是为拉美国家确立一套经济市场化改革的一般规则，怎么最后被中国的学者说成是美国的"国家意识形态化、政治化和范式化""美国化"呢？我弄不明白，美国的"国家意识形态"是什么？是共和党的还是民主党的，是白宫的还是美国国务院的？美国有划一整齐的"意识形态"吗？他的十条意见怎么嬗变成了美国的意识形态？

威廉姆逊最近说，实际上有三套《华盛顿共识》的版本，第一套是他当初根据他同10个拉美国家学者一起总结出来的，即原生态的《华盛顿共识》。第二个版本是世界银行和国际货币基金组织向广大发展中国家推广的《华盛顿共识》。第三个版本是斯蒂格利茨心目中批他的所谓《华盛顿共识》。去年年底，前巴西中央银行行长弗拉加撰文说，不要指责《华盛顿共识》，那些贯彻了《华盛顿共识》基本方针的国家，经济上都要比那些没有按照《华盛顿共识》去做的国家强些。智利最成功，墨西哥和巴西都不错。他认为90年代与80年代相比，拉美取得了巨大成就。

事实上，威廉姆逊本人并不信奉新自由主义理论。美国政府奉行的经济政策，特别是里根政府早期和克林顿政府同新自由主义也扯不到一起。美国政府为解决拉美债务危机而推出的结构调整方案，一个是1985年《贝克计划》，一个是1989年《布雷迪计划》，统统在《华盛顿共识》出笼之前。再说，世界银行和国际货币基金组织的基本经济政策同美国财政部的政策也不是一回事。在开放资本账目上，美国一直对智利等拉美国家施加压力，而世界银行和国际货币基金组织在1997年亚洲金融危机之后并不坚持这一政策。在分配政策上，美国官方从来不屑一顾，世界银行和国际货币基金组织一直关注拉美国家在这方面的进展。世界银行和国际货币基金组织一直批评美国的贸易政策，而美国对本国的农业和钢铁业长期推行保护主义政策。

90 年代的拉美并不是一团糟。如果是重灾区，我国主要领导人为什么要经常出访这个地区呢？如果是"重灾区"，中拉之间经贸关系又如何向纵深发展呢？"重灾区"的说法显然与拉美的实际情况不相符。20 世纪八九十年代拉美经济的停滞和波折，在很大程度上要归咎于原有的发展模式。这种被称为发展主义、国家干预主义或民众主义的发展模式，推行了半个多世纪，到 20 世纪七八十年代早已弊端丛生，接着又陷入债务危机。拉美各国要进行结构调整，摸索新的发展模式，必然会出现波折，有时甚至陷入困境。经济市场化改革之路山高水险，难免一波三折。拉美的经验，我国自己的经历，都说明经济改革的成功总是要付出一定成本的。拉美国家经济市场化改革中出现的问题，我们现在把它统统归罪于新自由主义，那么如果这些国家有的取得成功，比如智利，我们难道就要歌颂新自由主义吗？说拉美是新自由主义重灾区的理由之一是，拉美收入差距大，基尼系数高。新自由主义经济改革确实对拉美收入差距的拉大有重大影响，但拉美国家的基尼系数早在 1970 年前后就在 0.44—0.66。这是发展主义、国家干预主义和民众主义带来的，同新自由主义没有什么关系。拉美的收入分配问题是几代人造成的，不可能在短时期内有较满意的解决方案。我国财政部副部长楼继伟前不久在《学习时报》上撰文说，中国的基尼系数为 0.46，收入差距拉开的速度相当之快，在不到一代人的时间就从相当均等到拉开这么大，比有些国家经过几代人才拉大收入差距的情况，冲击力要大得多。我国的经验表明，收入差距的扩大和社会公平问题的解决是一个十分复杂的问题，是一个涉及经济、政治、社会方方面面的系统性、综合性的问题，决不应简单地归结于某一种经济理论。你总不能说，中国的 0.46 也是新自由主义造成的吧？

拉美经济终于走出了 1999—2003 年的困境。2004 年经济增长率达 5.5%，2005 年在 4% 左右，今年预计在 3.8%。巴西目前已提前偿还到期外债。墨西哥的债务总额已降至 30 年来最低水平。反映拉美 20 世纪八九十年代在政治民主化方面进展的研究成果，我所已有不少。拉美在经济市场化方面也有不少积极变化，也应予以肯定。比如，拉美对中央银行的改革，我认为是成功的。中央银行现在基本上推行独立的货币政策而不受选举周期或政党政治的影响，利率、融资等方面也不受政府的干预，中央银行的主要职责是稳定价格，控制通货膨胀。拉美在这方面的成功经验，对我国金融体制改革具有借鉴意义。

把 20 世纪八九十年代拉美的市场化改革是否都定性为新自由主义改革，也值得认真研究。阿方辛、梅内姆、德拉鲁阿时期，阿根廷的经济政策可以定性为新自由主义的改革。皮诺切特时期的智利，属于新自由主义改革，把 1990 年以后的艾尔文、弗雷、拉戈斯时期智利政府的经济政策说成新自由主义也是可以的。但总不能把提倡"依附性发展论""脱钩论"的巴西总统卡多佐和以拉美左翼斗士闻名的卢拉也划入新自由主义改革的范畴吧？墨西哥革命制度党执政时的改革措施都自称为"社会自由主义"和"新的民族主义"，尽管萨利纳斯和塞迪略本人都是彻头彻尾的亲美派，但都不承认他们要搞的改革被称作新自由主义。有些中小国家在经济改革上并没有大的举措，更没有必要把它们一股脑划为新自由主义。在拉美政治和文化领域，新自由主义更扯不上。20 世纪八九十年代拉美政治领域里占主导地位的理论是一般民主主义和社会民主主义以及民族主义和民众主义。

由是观之，八九十年代拉美各国的经济改革，除了新自由主义的重要影响，新结构主义、经济民族主义、经济实用主义的影响也不能低估。我认为，称它为经济市场化改革较为妥帖，并着重指出在某些国家某个时期里新自由主义影响占支配地位。

今天是拉美所喜庆的日子，本应当说一些金玉满堂的话，我却说了一些可能不太切题的话，只能请诸位海涵。但我的心态是积极的，总希望我所的研究水平不断提高。这也是我一生的梦想。成就、成绩、成功说少了，建议、期待、改进说多了。梦想多于回忆。

拉美所成立于 1961 年，我是同年本科毕业后被分配到复旦大学当拉美史专业研究生的。在古巴革命胜利的欢呼声中，我的一生（包括在座的许多老同志）永远地绑在拉美所这棵大树上，固定在拉美研究这个行业上，我对此感到十分荣幸。我个人的成长有赖于拉美所内外一些师长、朋友的教诲和栽培。今天我要借此机会向他们一一表示感谢。他们把拉美研究的接力棒交给了我们，他们中的许多位却已经去世了。我现在特别感激程博洪、李春辉、罗荣渠、李芸生、张佐华、沙丁、李琼英、徐壮飞、卢韦这些师长和朋友对中国的拉美研究事业、拉美所和我本人付出的心血。我将永久地缅怀他们。同时我也衷心希望今天在座的年轻朋友把老一辈留下的接力棒一代一代传下去，使中国的拉美研究事业龙腾虎跃、欣欣向荣，与我国日益增强的国际地位相匹配。

（原载《拉美史研究通讯》2006 年第 2 期）

研究型综合大学
理应有拉美学一席之地

——庆贺复旦大学拉美研究室成立40周年

拉美学①是地区研究（Area Studies）的一个分支，也是介于人文社会科学和应用科学（国际关系、国际安全等涉外问题研究）之间的一门跨学科专业。它在传统的西方社会科学六大门类（人类学、历史学、地理学、经济学、政治学和社会学）中，虽然算不上是一个独立的学科，但确实又是上述六大门类中专门研究拉美地区的一门学科。拉美学采用综合比较方法，从经济、社会、政治、历史、文化、国际关系等多种角度对拉美的历史问题和现实问题进行宏观分析和微观研究。

1959年古巴革命胜利，我国开始关注拉丁美洲和加勒比地区的发展和变化。

1961年拉丁美洲研究所（原由中国科学院哲学社会科学部和中共中央对外联络部共管，1981年起隶属于中国社会科学院）的创建，1964年在北京大学、南开大学和复旦大学三校中拉美研究室的成立，标志着我国拉美学的勃兴。

40年来，我国拉美研究事业取得了重大进展。迄今为止，中国人对拉美的了解远远胜于拉美人对中国的了解。但总体上说，我们对这个地区的了解，依然是"抽象的概念多于具体的知识，模糊的印象多于确切的体验"。

---

① 有关"拉丁美洲学"，另参见张森根《一门有待拓深的新学科——拉丁美洲学》，载《拉丁美洲研究》1990年第4期，第51—52页。——编者

40 年间，我国拉美研究事业经历了曲折的发展进程。20 世纪六七十年代，出于开展反帝、反修和支持第三世界革命斗争的需要，在建制、人员和资金等方面都得到有力保障。进入 20 世纪八九十年代以后，高等院校的拉美研究和教学活动则出现了重重困难。

我认为，在全球化和知识经济的大背景下，我国研究型综合大学仍应保留拉美学科的研究和教学工作，并给予应有关注。

一

我国高等教育在重视基础学科、强调文理并重、相互渗透的同时，也要培养学生的国际眼光和全球意识，设置包括拉美学、中东学、非洲学等地区研究在内的跨学科专业，赋予人才培养目标以鲜明的国际化内涵，使他们成为能充分发挥潜能、在国际竞争和合作中勇于开拓的优秀人才。

中国现代化建设的宏伟大业迫切需要我们大力加强对外情外域的了解。邓小平早在 1988 年就指出："人们常常讲 21 世纪是太平洋时代……我坚信，那时也会出现一个拉美时代。我希望太平洋时代、大西洋时代和拉美时代同时出现。"[①]

生产社会化、经济国际化和信息全球化大潮正在促使人类社会从封闭走向开放，从相互排斥走向相互依存，从国别发展走向区域发展和世界范围内的协调发展。"让中国了解世界，让世界了解中国"正在成为每一个中国人自觉的追求。国与国的交往，包括外交、外贸的发展，都离不开相互之间的了解。任何国家、任何地区都需要不断加强对其他国家、其他地区的了解，而且要把对象国、对象地区作为一个整体来加以研究。外交、外贸在国际交往的初始阶段是一股强劲的推动力。随着彼此交往的不断深入，人们就会从了解对象国和对象地区今天的政治和经济深入到它们的历史背景和文化背景。如果不了解外情，就无法进行有效的交往，更谈不上树立正确的对外意识。了解外情外域是我国走向世界的必

①　中共中央文献研究室编：《邓小平年谱 1975—1997（下）》（1988 年 5 月 15 日），中央文献出版社 2004 年 7 月第 1 版，第 1230—1231 页。——编者

备条件，也是提升本科生和研究生教育质量的一项重要举措。

二

拉美虽远离中国，但属于开发较早的发展中地区。拉美现代化进程中的经验教训，尤其是在经济市场化、政治民主化和文化多样性方面，有许多地方可供我国借鉴和吸取。

值得我国借鉴和吸取的拉美地区的经验和教训如下。

一是最近有关"拉美病"（"拉美化"或"拉美现象"）方面的讨论。

二是拉美国家在国有企业私有化和金融自由化方面的问题。出现了1994年墨西哥金融危机、1999年巴西货币危机和2001年阿根廷债务危机。

三是拉美从20世纪70年代的军人专制主义走向今天的"代议制民主"。多党结盟、联合执政成为拉美政治民主化的主流。

四是墨西哥革命制度党（PRI）从革命党转变为执政党，最后又成为在野党。PRI执政长达71年。墨西哥出现了从一党专制走向以一党为主、三党称雄、多党共存、平等竞争、互相制衡的局面。

三

就我国对美、日、欧以及周边国家的关系相比较，拉美在我国对外关系中并不占重要地位，但加深对拉美的了解却具有特殊的意义。

其一，外交利益。拉美33国中已有22国同我国建交，这些国家占拉美总面积的95%，占总人口的89%和GDP的98%。但仍有13国与台湾当局有"邦交关系"①。台方通过卑劣手段，不断进行"固邦护盘"，想方设法对同中国大陆建交的国家进行渗透和拉拢，企图在拉美"拓展国际生存空间"。我国同拉美所有国家建立和发展官方关系的问题，受到台

---

① 在本文集出版时，与台湾有所谓"邦交关系"的拉美国家有12个，它们分别是：巴拿马、尼加拉瓜、洪都拉斯、萨尔瓦多、危地马拉、伯利兹、海地、多米尼加、圣基茨和尼维斯、圣卢西亚、圣文森特和格林纳丁斯及巴拉圭。——编者

湾问题的掣肘，中美洲和加勒比地区几个小国和微型国家时常在联合国充当台湾当局的马前卒。因此，对拉美的外交工作我们要做好长期性和反复性的准备。

其二，在国际人权斗争领域中，不少拉美国家由于对中国不了解，也由于双方在国际行为规范、价值观和政治文化上的差异，对西方大国的强权政治时常表现出怯懦，甚至屈从其蛮横行径。如已同我国建交的智利（1996 年和 1997 年）、巴西和厄瓜多尔（1996 年）在联合国人权委员会的投票中曾公开支持西方国家的立场。据此我国迫切需要加强对拉美工作的力度。

其三，涉及市场和资源问题。无论是国际公认的 10 个"新兴大市场"，还是"十大新兴国家"，拉美就占了 3 个——巴西、墨西哥和阿根廷。在 21 世纪的头 20 年或更长的一段时间内，拉美仍将是世界上经济最活跃的地区之一，仅次于东亚地区。2006 年即将启动的美洲自由贸易区（34 个成员国、8 亿多人口、10 万多亿美元产值）由于实施原产地原则、共同对外关税、反倾销等保护措施，区内成员国的优惠待遇远远高于世贸组织框架内的安排，使我国与拉美的经贸关系面临严峻考验，双方之间的竞争和矛盾可能趋于尖锐①。我国应深入研究这一因经济全球化和区域一体化而带来的新问题，谋求万全之策。

我国粗放型的制成品出口战略，在墨西哥、秘鲁等拉美国家已引起了激烈的贸易摩擦和竞争，给双边关系的良性发展造成不良影响。

进口委内瑞拉和墨西哥的石油、巴西的铁矿石、智利的铜、牙买加的铝、古巴的镍以及拉美丰富的森林资源，将有利于我国的资源安全。我国应确保这一通道的顺畅。

上海作为国际化大都市和全国最大的国际金融、国际贸易中心，应预作打算，精心培养本地的"拉美通"人才，以服务于地方经济。

其四，拉美是我国开展反对国际霸权主义和单边主义的重要同盟军。2003 年，墨西哥和智利以安理会非常任理事国身份拒绝投票支持美国对伊拉克动武。在 2003 年 9 月坎昆世界贸易组织部长会议上，巴西与我国、

---

① 建立美洲自由贸易区的倡议是由美国提出的，但遭到包括巴西在内的一些拉美国家的反对，因此，在本文集出版时，美洲自由贸易区并未建立起来。——编者

印度等国组成 21 国集团，为发展中国家的合法权益与欧美等西方强权进行了针锋相对的斗争。

我国已同巴西和委内瑞拉建立了"战略伙伴关系"，同墨西哥建立了"战略合作关系"。

2003 年 12 月，时任国务院总理温家宝在与时任墨西哥总统福克斯会谈时指出，我国要努力落实"增强互信、扩大共识、深化合作、共谋发展"的方针，以推动中拉之间长期、稳定、平等、双赢的全面友好合作关系的进一步发展。

我国已成为美洲开发银行、联合国拉美经委会、拉美一体化协会等泛美组织的观察员和加勒比开发银行的正式成员。

"金砖四国"（"Bric"，巴西、俄罗斯、印度和中国）到 21 世纪中期前后对世界的影响将难以估量。巴西的潜力和巨大作用，必须予以重视。

拉美左派正在重新崛起。巴西和厄瓜多尔的左派从在野党转变为执政党。乌拉圭、尼加拉瓜、危地马拉、萨尔瓦多、墨西哥等国的左派组织已成为本国主要的政治力量之一。

巴西和墨西哥都在积极争取成为联合国常任理事国。

拉美国家的"亚太意识"不断加强，并越来越重视中国在世界格局中的地位。

其五，为了更全面地了解美国，也必须更深入研究拉美。我国过去对美国与拉美双边关系的研究，往往偏重于揭露和谴责前者对后者的剥削、控制、颠覆等问题，而对双方间融合、共荣、相互借鉴等正面影响不太注意。进入 20 世纪 90 年代后，美拉关系进一步密切。1994 年生效的北美自由贸易协定对墨西哥和其他拉美国家发展进程的影响，也应看到具有积极效应的一面，而且将起长期性作用。

在美国国内，总人口中的拉美裔人口迅猛增长，其数量正在赶上并超过非洲裔美国人。到 2050 年前后，拉美裔、非洲裔、亚裔这三大非白种人，将超过白种美国人。届时美国将成为一个以非白种人为多数的国家。在三大非白种美国人中，拉美裔人口的参政意识最为强烈。美国的双语教育计划以西班牙语最为普遍。不用多少年，讲西班牙语的人口将占美国人口的 1/4。拉美裔人口在美国政界的人数在不断上升。美国总统和高官以操西班牙语为荣。拉美的传统意识、历史文化以及价值观念对美国今后的发展同样会产生不可磨灭的影响。这一点，我们决不可小觑。

四

复旦大学拉美研究室在 20 世纪八九十年代编译出版了 10 多部著作和几十期《拉美问题译丛》及《拉美问题资料》，为中央有关部门提供了大量有价值的信息，成绩斐然。它培养了 9 名研究生，其中 7 名是以研究拉美问题为专业方向的。

1998 年 8 月原新华社副社长庞炳庵在《对格瓦拉批判的反思》一文中，对复旦大学拉美室编译和撰写的《德布雷文选》（1971 年）、《游击战》（1974 年）、《切·格瓦拉》（1975 年）和《传奇式游击英雄切·格瓦拉》（1997 年），以及其他单位作者撰写的《当代拉美政治思想》（1988 年）和《拉美国际关系史纲》（1996 年），不指名而严厉地提出了批评。他认为，我国从 20 世纪 60 年代初公开赞扬格瓦拉、"文革"前内部批判格瓦拉、到"文革"后公开大肆批判格瓦拉，是极不正常的，是我们把西方资产阶级学者创造出来的贬义词接过来，"又加到格瓦拉的头上"。庞先生建议"停止这种对格瓦拉的大批判"。

我完全同意庞文的基本观点。格瓦拉不仅道德高尚，他的思想和事业以及行为都是 20 世纪人类的骄傲。我们一定要还格瓦拉本来面目。但上述几本书的作者，决不是"批判""鞭挞"格瓦拉的始作俑者。

我们应当共同从中吸取经验教训：处理好意识形态与社会科学之间的关系；处理好为当前政治任务服务与实事求是之间的关系；处理好政治性和现实性与科学性和学术性之间的关系。

我国的人文社会科学研究应当更加成熟起来。一方面要强调为本国当前需要服务，另一方面也要不断提高国际学术对话能力，进行国际交流，获得国际学术界的称许。

五

我的恩师程博洪先生不仅是复旦大学拉美室的创建人，也是我国拉美研究事业最早的开拓者之一。程先生的道德文章、崇论闳议，使我终身受益。

例一，程先生 1980 年访美 6 个月。回国后在北京拉美所作即兴发言，回上海向复旦大学历史系师生做汇报，介绍美国大学的历史系和拉丁美洲学。他的汇报记录稿有 2 万多字，不仅内容丰富生动、详尽细腻，而且目光如炬、入木三分。他认为，没有必要把我们的青年送去美国社会科学各系和文科各系念学位，而是先让他们在国内大学毕业后留在大学从事教学、科研二三年，然后再去美搞"独立研习"，"博览那里的图书资料，心中有主地向导师请教，与同学切磋，并现场观察美国社会经济，不去追求学位，好自为之，那是可以获益不浅的"。在谈到研究现状问题时，他认为热点的存在，应不妨碍冷门研究。谁知今日冷门，不会在明日后转化为热点，"冷热互不干扰，或说冷门热门并行不悖，这正是美国现状研究中一个正常而显得健康的方面，其特征是冷热有度，不隐不哄"。

例二，程先生提出，要搞好外国研究必须同时注意四个方面。第一方面是马克思主义和历史唯物主义。他说，这一点当前比"文革"以前有显著退步，而且读不大懂马恩著作或误解其意，有的甚至"随意解释这些著作，用实用主义态度去对待，妄图一遂自己的需要，故意曲解……我有时简直为此失望和愤慨"。第二方面是专门知识。第三方面是外语知识。第四方面是利用外国著作的本领。他说，我们研究外国，不可能占有很多的或足够多的原始的、二手的材料，但通过必要的比较和对照，只要善于使用，照样可以从西方著作中找到可用的东西。

例三，程先生学术底蕴厚实、惜墨如金，平时不肯轻易出手鸿篇巨制。他谈论问题时，常常是点石成金，一语中的，精当不易。对待学问，他总是不求闻达。

1984 年，他私下同我说，英文 Commonwealth 这个多义词被国人误解，把五个根本不是联邦的政治客体误解为"联邦"。后来他就这个问题同我有五六封通信。我把他的主张写成《程博洪教授吁请不再滥用"联邦"称谓》一文，分别登在中国社会科学院内刊《学术动态》（1991 年 4 月 17 日）和《拉丁美洲研究》（1991 年第 3 期）上。程先生的见解得到外语界前辈程镇球先生的赞赏，并把上述文章转载在《中国翻译》。

1993 年 11 月，我国领导人出访拉美之前，我所主管外事的徐世澄副所长布置我就中拉关系中的一些问题写成专文向高层呈递。我在那篇策论中写道："要解决好政府领导部门与研究部门之间的信息沟通问题。据报道，10 月 7 日江主席接见了多米尼加联邦总统。实际上'多米尼加联邦'国名本身就是明显的误译。上海复旦大学教授程博洪早在 1984 年就指出，不能把英文 Commonwealth 这个多义词译成'联邦'并加以滥用。所谓的'多米尼加联邦'，根本无邦可联，采用与联邦制迥异的单一制国家结构。他建议把这个独立于 1978 年、以操英语为主的微型国家，译成'多米尼加国'，以区别于 1844 年独立、以西班牙语为主的多米尼加共和国。……但程的意见迄今无人搭理。一个译名况且如此，别的什么看法要真正反映上去，着实不易。"程先生十来年前的看法，这一次总算引起了高层的重视。1994 年 1 月 14 日外交部办公厅正式发文下达《关于更改多米尼加联邦、巴哈马联邦和波多黎各自由联邦译名的通知》。文件指出，"根据有关专家的意见"，将上述三种名称分别改译为"多米尼克国""巴哈马国"和"波多黎各"。由于程先生的意见引起高层的重视，那篇策论被评为中国社科院好信息，与顾颉刚等其他四位学者一起荣获一等奖。

程先生做学问的执着精神，可见一斑。

（原载《拉美史研究通讯》2004 年第 2 期）

忆李慎之先生对中国拉美研究事业的关注

2003 年 4 月 22 日中午，美国研究所研究员曹德谦给我打电话，说慎之先生于当日 10 点 05 分辞世。曹老与慎之先生同庚，是燕京大学同学，又是新华社外训班和美国所的同事，相知相交甚笃。他随后寄来《十遇李慎之》和《八十自唱》两首诗，让我与他共寄哀思。捧读曹老的诗章，不禁勾起我对慎之先生这些年来关注拉美研究事业的历历往事的回忆。

事情要从 1988 年秋慎之先生作为中国社会科学院副院长批准资助出版中文版《剑桥拉丁美洲史》（CHLA）说起。

1985—1986 年访美期间，通过洛杉矶加州大学教授伯恩斯的引荐，我结识了《剑桥拉丁美洲史》（共 11 卷）的主编、英国伦敦大学教授贝瑟尔。在伯恩斯的宴席上，贝瑟尔向我试探，能不能把他的这套《剑桥拉丁美洲史》译成中文推向华语世界。他说，《剑桥拉丁美洲史》的西班牙文版和葡萄牙文版正在筹划中。我坦诚地对他说，如能出《剑桥拉丁美洲史》中文版当然对中国人了解拉美有巨大推动作用，因为它不只是一部历史学著作，而且也是一部拉美的百科全书，但中国国内出版文史类著作首先需要一笔出版补贴资金。贝瑟尔答道，他会帮我同剑桥大学出版社联系，看看有没有解决办法。1986 年秋回国后，我马上将这一情况向中国社会科学院拉丁美洲研究所苏振兴所长和徐世澄副所长作了汇报，他们鼓励我积极落实，争取办成此事。不久，英方向我推荐新加坡和台湾的出版社，我们开始直接商洽，包括对方到北京面谈。但直到 1988 年秋，双方也未达成共识。我原来设想由拉美所译成中文、用新加坡和台湾出繁体字版来养活中国国内简体字版的计划，商业上无法操作。

眼看这项计划就要落空时，苏振兴所长提出，不妨向主管拉美所业务的慎之先生写个书面报告，直接要求院部斥资出《剑桥拉丁美洲史》。我想，这是最后一招，只能一试。

但事情竟出乎我们的意料，院领导和科研局很快就批复了我们的报告，答应给予《剑桥拉丁美洲史》中文版全书出版补贴。慎之先生在批文中指出："此事原则上完全可办、应办。书的内容不会有政治上的问题，译的质量肯定比台湾强，都不必顾虑。"消息传来，我们喜笑颜开。说实在的，我的这项"如意"计划，谈谈停停历时两年，几乎到了打算放弃的地步。试想一下，全书十来本，约1000万字，出版跨度要拖十来年，为了不显眼的拉美研究，谁愿意长计远虑斥资出书从而为此承担责任？正当我望而却步时，不料慎之先生慧眼独具，知者乐水，"知其不可为而为之"，在《剑桥拉丁美洲史》中文版的催生报告上添上了他千钧重负的一笔。

事后慎之先生对我说："院里的出版基金只能用于补贴本院科研人员撰写研究项目，不资助翻译著作，但考虑到拉美的特殊性，我支持出《剑桥拉丁美洲史》的中文版，算是个例外。我也就只批这一部书，下不为例。"据我所知，后来有人请他批准资助出版联合国教科文组织撰写的《非洲通史》中文版，他就没有表示支持。慎之先生几年后还通过私人渠道为《剑桥拉丁美洲史》中文版在海外出繁体字版，帮我们寻找合作者。1992年6月18日他打电话给我，说他已请著名出版家沈昌文先生（香港三联书店原总经理）帮忙，让我直接找沈先生。8月6日在沈先生的引荐下，我同台湾时报出版公司总经理郝名义先生在燕莎中心商洽出《剑桥拉丁美洲史》繁体字本问题。尽管此事终未办成，但慎之先生对中国拉美研究事业的关切，众目昭彰。

经过所内外30多人十来年的努力，《剑桥拉丁美洲史》中文版除第9卷因原作者交稿延滞而尚未翻译出版外，其他各卷都已出版。《剑桥拉丁美洲史》中文版出版的卷数眼下已领先于西班牙文版和葡萄牙文版。我匡算一下，中国社科院仅为这套书支付的出版补贴就约有50万元人民币。尽管这套书在翻译上还存在着不少专业问题，中国拉美学者对于它的出版还是给予了充分肯定。他们普遍认为，这套书为中国深化拉美研究提供了一个坚实的基础。北京大学历史系教授、原北大图书馆馆长林被甸指出："这本巨著的翻译出版是一件大大的好事，你们的眼光、勇气以及为此书付出的辛勤劳动更令人敬重。"北京大学、南开大学等已把该书列为博士生和硕士生的指定读本。饮水思源，如果没有慎之先生当年投下睿智而果断的一票，出版中文版《剑桥拉丁美洲史》的计划早就胎死腹中了。

在中文版《剑桥拉丁美洲史》第一个分卷（即原书第 4 卷）即将付梓时，慎之先生还欣然为我们撰写了出版前言。他在这篇只有 2400 字的前言中，对地区研究的任务、意义、地位和作用，以及研究的方法、现状和今后的方向，都作了精辟的论述；同时，还对从事地区研究的学者提出了殷切的期望。这篇前言，立论精粹而高远，气势奔放而大气，朴素中饱含深刻，简约中透着灵性，是一篇十分耐读的范文。

1990 年初秋的一个下午，我应约来到慎之先生的办公室，把为他准备撰写中文版前言的资料当面交给他。这是我同慎之先生第一次"零距离"接触。他说话声音响亮，清脆有力，直来直去，一点不带官腔。他详细询问了中文版的出版计划、译校者的组成情况以及原主编者的简历。他对我们提出的中文版采用"中腰开花"（即先出第 4 卷、第 5 卷、第 3 卷，再出第 1 卷、第 2 卷、第 7 卷、第 8 卷等）的办法表示赞同。他说，把 1870 年以后的拉美先介绍给中国读者，可以使这套书更贴近当前的需要。他所以关心这套书，是因为他对拉美的现代化感兴趣。拉美现代化是中国现代化的一个参照系，双方有可比性，面临的任务也是相同的。他特别谈到了"地区研究"的重要性。他说，对拉美的研究不能仅仅局限在政治、经济和国际关系方面，还要求深入到这些国家的历史与文化领域，否则研究工作就没有深度，写出的文章显得浅薄。慎之先生还饶有兴趣地向我询问美国研究拉美以及北京大学、南开大学和复旦大学拉美研究的情况。尽管是初次约我谈话，他谈兴甚浓，我在他办公室足足坐了一个半小时。最后他把贝瑟尔撰写的总序言和各卷的分序言（英文）、伯恩斯著的《简明拉丁美洲史》（中文版）以及我在《拉丁美洲研究》（1990 年第 4 期）上介绍拉美学的一篇短文留下，并答应在十几天内就会把中文版前言寄给我。慎之先生的稿子寄回时，苏振兴所长在国外，主管刊物的徐文渊副所长找我商量，表示要将这篇稿子在《拉丁美洲研究》1991 年第 1 期上先予发表。我自然赞成，后来用电话向慎之先生请示。在他同意后，徐文渊请编辑部主任周俊南把慎之先生的稿子抄录下来，还特地起草了一段"编后话"在刊物上同时刊登出来。慎之先生用原子笔写的原稿共 6 页，一直珍藏在我的书橱里。

慎之先生一直关注中国拉丁美洲学会和中国拉丁美洲史研究会的工作，多次参加这两个学术团体的研讨活动。1991 年 9 月，他亲赴大连出席由这两个学术团体和中国美国史研究会、中国中世纪史研究会等为纪念哥伦布"发现"美洲 500 周年而联合举办的学术讨论会，并在大会上发表了演讲。他从全球长远发展的视角高度评价哥伦布远航美洲的历史意义。他认为，这一历史事件的结果，"不仅导致推翻了那时的整个欧洲社会及其制度，而且将为各国人民的完全解放奠定基础"。针对有人主张以"两个文明汇合"和"哥伦布首航或远航美洲"来替代"哥伦布发现美洲"的提法，慎之先生的意见是："发现"虽然容易引起争议，但也并无不可，这"不但因为马克思主义的鼻祖马克思和恩格斯就没有忌讳过这个词，而且因为这个词似乎更能说明哥伦布这一壮举的意义"。慎之先生与会时，还不放弃参加分组活动。我至今记得，在一次由王耀媛和我担任召集人的分组会上，他足足坐了两个多小时，聚精会神地听取别人发言。1998 年 10 月，在北京密云召开的拉美学会年会上，慎之先生再一次作了精彩讲话，会后他还同拉美所的博士生、硕士生及其导师一起合影留念。这次会议以后，他好像就再也没有参加拉美学会的活动了。

1999 年 9 月初，冯秀文学长给我打电话，让我帮助联系慎之先生，希望以中国拉美史研究会的名义邀请慎之先生出席拉美史研究会 20 周年大会并在会上演讲，同时还希望他为会刊题词。9 月 5 日我拨通了慎之先生的电话，他爽快地答应出席大会并讲话，但说他从来不题词，字也写得不好。这是慎之先生最后一次参加中国拉美史研究会的活动。可惜大会召开时我因事滞留上海，未能聆听教海，幸好 11 月 2 日晚吴洪英通过电话向我介绍了慎之先生这次在国防大学召开的会议上演讲的简况。慎之先生的讲话，由张家哲学长笔录，经本人审订后发表在上海社会科学院院刊《社会科学》2000 年第 1 期上。文章的责任编辑是该院刊的总编辑。这篇文章重申了慎之先生关于全球化的一贯立场。他认为 21 世纪以及以后全球化的内容包括"经济市场化、技术全球化、政治民主化和文化多元化"；"全球化是世界各国实行现代化进程中的共同需求，现代化也不是西方化，而是生产力发展的必然"。他还进一步指出："我看拉丁美洲可能最容易在文化上实现全球化，因为它已实行了几百年的种族与文化大融合，它的文化中已经包容了多种文化成分。"

慎之先生曾对中国拉美史研究会理事长罗荣渠教授的遽然辞世表示了极大悲痛。这两位才华横溢的学界前辈，从初识到罗先生去世仅仅接触5年，见面机会也不多，但对全球化和现代化的理性思考使他们彼此一见如故，相知恨晚。文字交始于1991年大连会议。在慎之先生的印象中，罗先生"立论正大，思路缜密"。对于罗先生对所谓"中国人发现美洲说"的驳斥，慎之先生尤为赞赏。他认为"妄人倡说于前，愚众起哄于后"，经过罗先生的一一批驳，"南山可移，此案不可改了"。慎之先生对罗先生文章的评价是"通天彻地，考古论今""在今天的中国，是没有几个人可以写出来的"。他在《痛失良史悼荣渠》（为罗荣渠《美洲史论》一书而写的序言）中写道："真正能有世界眼光、历史眼光研究当前中国第一大课题——现代化而又能有真知灼见者又有几人？荣渠未能尽展所长而猝然辞世，使我不能不为中国学术界感到深深的悲痛。"

博学通识的慎之先生平时对拉美研究有着广泛的兴趣。1992年9月17日他打来电话，让我找出中国早期资产阶级改良派思想家王韬于1892年写的《哥伦布传赞》，送他一阅。很显然，王韬这篇专为纪念哥伦布发现新大陆400周年的文章对他考虑、思索即将来临的500周年会产生某种历史的共鸣与联想。第二天晚上他又来电话，让我隔天用电话回答一下有关帕洛斯的方位（西班牙安达卢西亚的港口，1492年8月3日哥伦布由此远航）和巴塞罗那与美洲殖民地贸易关系问题。慎之先生还经常阅览《拉丁美洲研究》杂志，有的文章他还剪下来收藏。有一次我去他家把新出版的《剑桥拉丁美洲史》第6卷下册交给他。他对我说，他把中共中央联络部么素珍写的题为《关于墨西哥革命制度党连续执政70年浅析》的文章（载《拉丁美洲研究》2000年第1期）剪了下来。他说，在改革开放初期，布热津斯基首次访问中国时就当面向他提起过墨西哥革命制度党的问题。后来慎之先生在一次电话中同我谈到要把1999年印尼苏哈托的专业集团党的下台、2000年台湾国民党的下台和同年墨西哥革命制度党的下台做综合研究。他说，这3个老牌集权主义政党在选举中失败，能和平交权，是一些发展中国家与地区政治民主化进程中一次突出的事件，很值得研究。他还问我看到过什么好文章吗？我答道：分开论述的文章倒有不少，综合起来分析的文章尚未看到。后来我把徐世澄的文章《墨西哥"民主过渡"缘何平稳》（载《改革内参》2001年第14期）、吴洪英的文章《墨西哥变天了》（载《南方周末》2000年7月7日）和魏红霞的文章《墨西哥和印度尼西亚的变革》（载《世界知识》2000年第17期）以及我写的两篇有关墨西哥政治权力结构变化的文章（载《世界形势研究》周刊1997年第29期和新华社《参考资料》1997年7月2日）分别寄他参阅。2001年3月22日，慎之先生打来电话，向我询问了有关委内瑞拉查韦斯的情况，还说道："我认为对老皮（指智利前总统皮诺切特）也要一分为二，他是拉美自由主义经济改革的带头人。至于政治迫害，搞权威主义的总是离不开政治迫害的。只是老皮太厉害些，而李光耀就比他高明一些。老皮后来不是也自己交权了，军政权搞文人化，向文官政治迈进。"他又说："一个社会，即使是民主社会，有点负面的、黑暗的东西也在所难免。"慎之先生有时还在自己的文章中引用《拉丁美洲研究》杂志上有关文章的论点作为佐证。例如他在最后一篇公开发表的文章《全球化和全球价值》中，就采用了拉美所江时学在1997年第4期《拉丁美洲研究》上发表的一篇文章中的一个说法。慎之先生在任中国社科院副院长期间还不时地提出一些有价值的题目供拉美所研究人员思索。墨西哥政治模式是他十分关心的课题。曾昭耀研究员的《政治稳定与现代化》（东方出版社1996年4月）一书，就是慎之先生当初提出来的课题之一。曾昭耀以此为题申报了1989年国家社科基金项目并获得批准。他带着这个课题去墨西哥进行了为期5个月的学术访问和实地考察。曾昭耀学长的这部著作是中国研究拉美政治和墨西哥现代化问题的基础读物和优秀作品。

　　慎之先生如此关注拉美研究，同他过去了解和掌握拉美方面的知识有密切关系。2002年7月28日下午我应约去他的新寓所。这是我头一次去其在华威西里的宿舍。客厅敞亮，书橱旁堆放着成捆的书籍。我刚进门，他就说：从永安南里搬过来后发现了一部拉美史的译稿，放在家里已属多余，"送给你留一个纪念，你随便处理，反正我不想保存了"。这是他在新华社外训班时留下的一部译稿，他说那时他很空，读书时间很多。他还参加了《第三帝国的兴亡》一书的翻译，因为不打算"吃翻译饭",后来由董乐山署名出版。此书成了"文革"结束后的畅销书。"文革"前他还读了赫伯特·赫林的《拉丁美洲史》,并把前面的9章翻译成了中文,直至"文革"爆发时才搁笔。他说:"我对拉美的了解,全靠着这本书。"我进门之前他早已把书稿捆上,在一张"中国世界观察研究所"的书笺上写有"拉丁美洲史译稿,约20万字,全书在百万字左右"字样。赫林的这部书最初写于1954年,共印4次,慎之先生读的可能是1961年修订版,是美国当时流行的一部拉美史基础读物。全书845页,慎之先生译至第192页。原书共分11部分,前3个部分为综合,后8个部分为国别。慎之先生译出的占综合部分的2/3以上。原来慎之先生早在20世纪60年代就下苦功夫了解拉美,他的学术生涯中潜藏着"拉美情结",这是人们过去所不清楚的。

慎之先生的学术成就集中起来说,一是在全球化和全球价值观念方面的远见卓识,二是对传统文化与皇权主义的无情批判。从时间上说,慎之先生是在1991年和1992年中国拉美学会和中国拉美史研究会上提出"全球化时代业已开始"以后,开始潜心探索,思深忧远,在上述两大领域内发表了一系列鸿篇佳作,引起世人的瞩目。他是以纪念哥伦布远航美洲500周年为切入点而提出全球化概念的。他是中国从学理上提出全球化问题的第一人。他认为:从哥伦布发现美洲开始了整个人类社会的全球化运动,但只是一种不自觉的全球化;冷战结束后,也就是从20世纪90年代起,才开始自觉的全球化;从1492年开始的500年里,充满了战争、杀戮、帝国主义、殖民主义、种族主义等邪恶因素;从1992年开始的500年里,战争和冲突已不再是主流,主流应该是和平与发展,其主要内容是经济市场化、技术全球化、政治民主化和文化多元化。他进而指出:"只有经济全球化而没有人类基本价值的全球化,这个全球化就是残缺不全的,甚至没有资格称为全球化,真正的全球化有赖于全球价值的确立。"慎之先生还认为:"要出现真正的全球化价值标准,即使再过500年也不算长。"在第一个500年结束,第二个500年开始的关键时刻,慎之先生以智者的先觉、勇者的气势向国人提出这些重大问题,不能不令人肃然起敬。以历史的长周期为视角,他对前一个500年进行了全面而无情的批判,见地独辟,气势雄浑;对后一个500年则提出清醒而隐忧的预感,胸襟宏大,思想深邃。慎之先生的文章,无论是对传统文化和皇权主义的清算，还是在全球化与全球价值观念方面的观点，都充溢着锐气和浩气。"笔落惊风雨，文章泣鬼神。"他留下的几十篇文章，是当代中国人的一笔巨大精神财富。借用他 1996 年在痛悼罗荣渠先生时的一句自问，可以作为晚辈们对慎之先生本人的敬慕之情："全球化是祸是福，正在引起全人类的注意，在这个历史转折点上，我特别痛感中国有大视野、大魄力又有实实在在的学力的学者的稀少与可贵。"

慎之先生远行，使我痛失了一位超越自我、风骨卓然的师长。要说的话太多，现在谨记以上几个片段，以示敬仰！

　　伟者慎之，披肝之言炳人寰，揄扬德先生、赛先生，凛凛
正气，垂范海宇；

　　远矣斯文，诛心之论振千古，操觚公民课、开放篇，悠悠
青天，启迪兆黎。

（原载《拉美史研究通讯》2003 年第 1 期；

转载《世界知识》2003 年第 3 期；

《拉丁美洲研究》2003 年第 6 期）

不要总是拿拉丁美洲说事

采访时间：2010 年 6 月 15 日
采访地点：北京拂林园
主持人：资深媒体人马国川
受访者：张森根

拉美的现代化道路不足为训

主持人：近年来，拉美成为国内的一个热门话题。作为拉美研究专家，您怎么评价这种现象？

张森根：我想起李慎之先生曾经说过的一句话："我们现在对拉丁美洲也还是抽象的概念多于具体的知识，模糊的印象多于确切的体验。"公众关注拉美是好事，但一些报刊发表的涉及拉美的文章中有的往往缺少分析的眼光，报道的内容也不全面。有的甚至不顾事实，故弄玄虚。知识界中总有些人喜欢拿拉美来说事，如说：拉美实现人均 GDP1000 美元之后经济就停滞不前，而人均 1000—3000 美元的社会正好处在"危险期"，容易诱发社会动乱；为了避免动乱，现存的体制就不能轻易触动它；"威权主义政治体制更有利于经济发展"，云云。其实这些人并不真正了解拉美（尽管本人也只懂些皮毛），但由于他们握有话语权的优势，说着说着，真实的拉美反而离我们越来越远了。

主持人：拉美和中国都在实现现代化的道路上，共同的背景可能是国人关注拉美的一个重要原因。能否请您简单介绍一下拉美的现代化进程？

张森根：在现代化道路上，拉美比我们起步更早。但是总体说，拉美寻求现代化路程曲折，算不上成功。1800 年时，拉美是世界上最富裕的地区之一，人均国民实际总产值（按 1960 年物价计算）达 250 美元，超过北美（239 美元）。到 1900 年时，拉美的人均收入 GDP 只有美国人均收入 GDP 的 12.5%。1995 年时，也只相当于美国人均收入的 12%。与北美相比，拉美依然落后。具体来看，拉美的发展进程大体上经历了三个阶段。第一阶段从 1870 年至 1930 年前后，是初级产品出口导向增长阶段。第二阶段从 1930 年至 1980 年，是进口替代工业化内向增长阶段。由于推行内向型的进口替代模式长达半个多世纪，拉美与东亚国家相比，也明显地落后了。第三阶段 20 世纪八九十年代至今，开始向出口导向和新型发展模式过渡。笼统地说，在将近一个半世纪的年代里，它们选择了从古典自由主义→发展主义—凯恩斯主义在拉美的变种国家干预主义或民众主义→新自由主义和经济实用主义的现代化路径，政策上从开放到封闭、半封闭再回到重新开放。

主持人：可是，如果只考虑单纯的 GDP 年均增长率或人均 GDP 增长率，自 1870 年至 1950 年间，拉美的综合数字都高于西欧国家的综合数字或单个国家（如英、德、法）的统计数字。

张森根：是的。从 1870—1913 年和 1913—1950 年，西欧国家的这两组数字，分别为 2.10% 和 1.19% 以及 1.32% 和 0.67%，而拉美则为 3.48% 和 3.43% 以及 1.81% 和 1.43%（据安格斯·麦迪森的数字）。80 年间表面上光鲜的数字并不能改变拉美在世界经济结构中所处的边缘地位。1950 年拉美 GDP 在世界总量中约占 7.8%，2008 年约占 7.9%，几十年间几无增加。拉美的经验告诉我们，表面的现代化，特别是只求 GDP 增长的经济层面的现代化，并不能从根本上解决任何国家的发展问题。美国拉美史学会前会长伯恩斯教授在他的著作《简明拉丁美洲史》里指出，起步于 19 世纪下半期的拉美各国的现代化，只是一种"表面性的现代化"，单纯地仿效 19 世纪欧洲和 20 世纪美国的现代化，不论在理念上或形式上都存在着这种毛病，无创造性可言。他指出："这种现代化只是一层虚饰，为顽固的机制加上装饰性的点缀，同时却不去实现这一概念所涵盖的改革。拉丁美洲的现代化缺乏真正的实质。"在伯恩斯看来，"发展""进步"和"现代化"等字眼，在拉美都走了样。在"发展"的名义下，甚至连"能够满足人民需要并为他们提供文化福利的传统生存文化"，也往往遭到了破坏。故而他把 19 世纪和 20 世纪拉丁美洲的现代化分别贬称为"进步的贫困"和"发展的劫掠"。通过对这一地区 100 多年现代化进程的剖析，伯恩斯得出的结论是："发展（应该）是为大多数人民提供最多的好处。"

主持人：如果从这个角度来分析，拉美的"发展""进步"不能简单地与"现代化"画等号。

张森根：毫无疑义，如果大多数人民没有获得最多好处，经济权力的运作又始终由一小撮人操盘，公正、公平的收入分配问题长期解决不了，甚至以恶意破坏生态环境、无知无情又大量地消耗各类资源为代价，这样的国家能称得上真正实现了现代化吗？伯恩斯认为，在拉美"殖民地历史长时期遗留下来并在 19 世纪得到加强的结构体制，至今还继续存在着"，因为，这里的上层人士仍然"趋于将自己的利益和愿望与整个国家的利益和愿望混为一谈"。而"维持现有体制比实行真正变革要容易得多"，这就造成了拉美永久的不解之谜——在具有巨大潜力的富裕地区却普遍存在着贫困。结论是，拉美的现代化道路不足为训，中国的现代化不能走拉美的老路。从这个意义上说，中国经济确实要避免走上"拉美化"的歧途。

"拉美是新自由主义的重灾区"吗？

主持人：有评论说，八九十年代处于转型阶段的拉美，成为战后以来经济最阴暗的萧条时期。

张森根：确实如此，但这一阶段也是拉美各国迈入经济市场化和政治民主化最艰苦的调整时期。由于涉及发展模式和现代化战略的重大调整与改革，拉美经济在 80 年代是"失去的 10 年"，90 年代也经历波折，甚至陷入困境。1994—2003 年期间，在墨西哥、巴西和阿根廷连续三次发生了金融或经济危机，使拉美经济遭到重创。

主持人：国内有人认为，拉美之所以经历波折，是由于奉行"新自由主义"的后果，甚至说"拉美是新自由主义的重灾区"。

张森根：这种说法把 1990 年威廉姆逊制定的供拉美国家经济调整与结构改革参考的十条，等同于新自由主义，并认为《华盛顿共识》是美国的"国家意识形态化、政治化和范式化"，继而推论说拉美的困难是推行"新自由主义"造成的。显然，这种说法经不起推敲。

事实上，威廉姆逊本人并不信奉新自由主义理论。威廉姆逊提出《华盛顿共识》的本意，是为拉美国家确立一套经济市场化改革的一般规则，与美国的"国家意识形态"没有任何关系。再说，美国有"范式化"的"意识形态"吗？美国政府奉行的经济政策，特别是里根政府早期和克林顿政府同新自由主义也扯不在一起。美国政府为解决拉美债务危机而推出的结构调整方案，一个是1985年《贝克计划》，一个是1989年《布雷迪计划》，统统在《华盛顿共识》出笼之前。再说，世行与IMF的基本经济政策同美国财政部的政策也不是一回事。例如，在分配政策上，美国官方从来不屑一顾，世行与IMF一直关注拉美国家在这方面的进展。

主持人：看来，《华盛顿共识》和新自由主义没有关系。

张森根：2005年威廉姆逊说，实际上有三套《华盛顿共识》的版本，第一套是他当初根据他同10个拉美国家学者一起总结出来的，即原生态的《华盛顿共识》。第二个版本是世银和IMF向广大发展中国家推广的《华盛顿共识》。第三个版本是斯蒂格利茨心目中批他的所谓《华盛顿共识》。原生态的《华盛顿共识》涵盖了一整套市场经济原论，对于拉美国家摆脱国家干预主义、走出"失去的10年"和债务危机，功不可没。2005年年底，前巴西中央银行行长弗拉加撰文说，不要指责《华盛顿共识》，那些贯彻了《华盛顿共识》基本方针的国家，经济上都要比那些没有按照《华盛顿共识》去做的国家强些。智利最成功，墨西哥和巴西都不错。2008年美国次货危机之前，拉美经济因而能多年保持较快增长，宏观经济和金融体系相对稳定，经常项目顺差和国际储备大量增加，使本地区在这几年国际金融危机中的风险承受力大为提高。2009年，拉美经济度过了最严重和最困难的阶段，开始呈现复苏迹象，预估今年的增长率会达到4%左右，将优于欧美国家。这说明拉美国家这些年推进市场经济改革方面的成绩是可观的。

主持人：那么，在您看来，造成八九十年代拉美经济停滞的原因是什么？

张森根：很大程度上要归咎于原有的发展模式。这种被称为发展主义、国家干预主义或民众主义的发展模式，推行了半个多世纪，到七八十年代早已弊端丛生，接着又陷入债务危机。拉美各国要进行结构调整，摸索新的发展模式，必然会出现波折，有时甚至陷入困境。经济市场化改革之路山高水险，难免一波三折。

拉美的经验，我国自己的经历，都说明经济改革的成功总是要付出一定成本的。拉美国家经济市场化改革中出现的问题，我们现在若把它统统归罪于新自由主义，那么如果这些国家取得较大成功，比如智利，我们是否也要相应地归功于新自由主义？

主持人：说拉美是新自由主义重灾区的理由之一是，拉美收入差距大，基尼系数高。

张森根：新自由主义经济改革确实对拉美收入差距的拉大有重大影响，但拉美国家的基尼系数早在1970年前后就在0.44—0.66。这是发展主义、国家干预主义和民众主义带来的，同新自由主义没有什么直接关系。拉美的收入分配问题是几代人造成的，不可能在短时期内有较满意的解决方案。但拉美的基尼系数已从20世纪60年代的0.53下降到20世纪90年代的0.49。而中国的基尼系数现在正接近或超过0.5，在不到一代人的时间就从相当均等（0.3左右）到拉开这么大，比拉美国家经过几代人才拉大解决收入差距的情况，冲击力要大得多。我国的经验表明，解决收入差距的扩大和社会公平问题是一项十分艰难的任务，涉及经济、政治、社会方方面面的问题，决不应简单地归结于某一种经济理论。你总不能说，中国的0.5也是新自由主义造成的吧？

主持人：一些人士就是这样认识问题的。在他们看来，中国的市场化改革就是搞新自由主义，同样，他们也把拉美的市场化改革都定性为新自由主义改革。

张森根：不能任意地把拉美国家的市场化改革和新自由主义画等号。不要用老一套的意识形态把市场经济改革图腾化。八九十年代拉美各国的经济改革，除了新自由主义的重要影响，新结构主义、经济民族主义和经济实用主义的影响也不能低估。改革的核心价值观来自经济实用主义。我认为，称它为经济市场化改革较为妥帖。墨西哥把1988—2000年的改革归纳为"社会自由主义"或"新民族主义"。巴西的卡多佐和卢拉，政治上是坚定的左派，更不能把他们称为新自由主义者。他们同样可以说，搞的是"拉美特色"的市场经济。

经过市场化改革，与 80 年代相比，90 年代的拉美取得了巨大成就。尤其是到 2004 年，拉美经济终于走出了低谷，增长率达到 5.6%，2005 年增长 4.3%，宏观经济趋于稳定。拉美在经济市场化改革方面也逐步走向了成熟。比如对中央银行的改革，不少学者认为是成功的。拉美中央银行现在基本上推行独立的货币政策，不受选举周期和政党政治的影响，利率、融资等方面也不受政府的干预，中央银行的主要职责是稳定价格、控制通货膨胀。金融体制改革是发展中国家市场化改革最难闯的关隘。拉美这方面的成功经验，对发展中国家有重大借鉴意义。

拉美的民主化失败了吗？

张森根：另一方面我们要看到，拉美在政治民主化领域里取得了有史以来最大的进展，1990 年智利皮诺切特军政府也逐渐交出了全部权力。除 1991 年 9 月海地军人政变，后被联合国干预外，拉美各国普遍确立起宪政制度，包括议会制、选举制、政党制和军队国家化等资产阶级政治民主原则，即现代政治的宪政原则在拉美政治生活中都得到承认。文人执政替代军人独裁，政党政治取代兵营政变已昭如日星。尽管拉美政治民主的制度化尚是初步的，甚至是脆弱的，还待日臻完善，但这一领域里的进展对拉美国家经济市场化改革和今后的长期发展，具有里程碑意义。

主持人：可是，现在一些人士宣扬说，因为民主化的失败，拉美在"向左转"，拉美刮起了"红色风暴"，出现了"反美同盟"，等等。

张森根：拉美的民主化失败了吗？没有。20 世纪 80 年代以后的民主化进程中，拉美政党政治空前活跃，各类政党，不论老党和新党，右翼党和左翼党，不论这些党内部的传统派和新兴派都在市场经济规则和民主政治的大框框内施展身手，以便在现存的体制内赢得胜利，走向成功。尽管人口中的相当比重对现存政治制度的运行不满意，对与市场经济相伴的收入下降、贫富差距拉大、贫困和失业不满意，但拉美大多数政党都不太可能与现存的政治经济秩序发生根本冲突。他们的立场都在向中间道路靠拢，其纲领、政策和意识形态方面越来越接近，温和性和趋同性明显地大于对抗性和差异性。言辞上再左、再激烈的政党，一旦上台执政，就不能不守着上述这条政党政治的底线，即遵奉市场经济与民主政治的游戏规则，而现实地面对国际国内严峻的挑战。左派不左，右派不右。你中有我，我中有你。在左派内部，左左之间的分野并不逊色于左右之间的分歧。拉美政党政治的经验表明，对所谓的左右之间和左左之间言辞上的分歧，不必看得太重。重要的是，分歧再大各方都不至于挑战现存的民主政治体制，如权力制衡制度、选举制度、军队国家化等重大规则。

主持人：那么，您怎么评论查韦斯等人采取的一系列国有化措施呢？在国内一些人士眼里，查韦斯的"新社会主义"是"社会主义全球化"的例证呢。

张森根：至于查韦斯，与其称他为新社会主义者，还不如称他为激进的民众主义者更为贴切。无论是老牌的民众主义领袖还是新生代的民众主义领袖，都鼓吹平民主义、民族主义和国家干预主义，主张国有化和土地改革，实施多阶级合作主义，走"第三条道路"。"第三条道路"在拉美当代史上反复出现过几次，庇隆主义、阿普拉主义等都奉行过这一政治路线。1968—1975 年以贝拉斯科将军为代表的秘鲁军政府也宣称走"第三条道路"。当时军政府颁布了一部激进的《土改法》，采取一系列国有化措施，大搞社会所有制企业，并打出"第三世界主义"和不结盟的口号，宣称走一条"既非资本主义又非共产主义"的独创道路，以谋求秘鲁"第二次独立"。最后还不是偃旗息鼓，半途而废？

拉美左翼政府近年"纷纷上台执政"，确实是事实，但上台执政的左翼和中左翼政府，总体上都是民族主义和民众主义的激进改革派或温和改革派，从政治信仰、理论渊源和政策主张等角度来分析，跟通常意义上的社会主义根本不是一码事。在施政方面，他们要恪守议会民主、三权分立、军队国家化、政党政治和意识形态多元化等资产阶级政治文明通行的基本准则。一旦违背了这些基本准则，他们的执政地位就岌岌可危，政局云谲波诡，右翼就会重新上台执政。查维斯 2008 年访华时曾说，中国的社会主义道路，将是"拯救全人类"的唯一道路。不要以为他这么一说，他就会走"中国道路"了。更不要一厢情愿地把拉美所谓的"21 世纪社会主义"当作"社会主义全球化"的开路先锋。

主持人：有人以皮诺切特军政府为例，认为威权政府有利于发展中国家经济社会发展，说一搞民主就要出现民粹主义的大乱。

张森根：国内知识界中确实有人说，拉美的威权主义政治更有利于经济发展，并认为与民主运动同步的则通常是经济危机，而不是经济繁荣，"经济发展水平同稳定的民主制度并没有直接的、必然的联系"。我认为，这种说法至少是不全面的，皮诺切特军政府下台后智利艾尔文、弗雷、拉戈斯三届政府的实际情况，显然与上述观点有抵触。智利的经验证明，政治民主化照样会带来经济繁荣和持续发展。智利致力于解决贫困与不平等问题，与其说是经济增长的结果，不如说是因智利政治制度的健全，政党的清廉化，法制的透明化、民主化带来的必然产物。经济增长固然是智利解决贫困、不平等问题的基础，但是只有建立了一系列政治决策，社会、行政、金融等制度性保障措施，这个问题才会真正提上议事日程。1990 年以后至今，科内尔、卡多佐和卢拉执政下的巴西民主体制在经济社会发展方面的绩效，也肯定比 20 世纪 70 年代巴西军政府强。私见以为，国人关于拉美专制主义与民主政治利弊的判断，缺少历史分析的眼光，多半陷于先验论。

拉美在独立后，在大约 170—180 年间，专制统治和民主、军人干政轮番交替，这虽然有文化与政治、经济上的原因，但教训也是深刻的。造成众多社会矛盾，社会发展并不和谐、全面。在 20 世纪八九十年代才建立起稳定的政治民主的制度，政治民主制度化，这对拉美今后社会较健康的全面发展，具有非常重要的意义。我们应该实事求是地看到拉美的进步与不足。拉美的现代化之路和中国的现代化之路，既有共同性与可比性，又有差异性与不可比性。在阐述中国现代化问题时，但愿国人不要随便拿拉美来说事，更不能拿"虚构的拉美"来说事。我们应该认真地全面地研究拉美的历史和现状，分享他们的历史经验，以便与他们一起在现代化的道路上民富国强，欣欣向荣。

（原载《soho 小报》2010 年第 6 期）

评拉美问题研究中的
两个理论观点

　　拉丁美洲自殖民主义时代晚期起，多元社会的特征十分明显。原始共产主义、奴隶主义、封建主义和资本主义的生产关系长期并存，互相斗争，互相渗透，前资本主义社会形态与资本主义社会形态互相交织在一起，形成了一个复合性结构的有机整体。在主要拉美国家，资本主义的生产方式、政治法律和意识形态取代前资本主义，经过了漫长的历程。如何运用唯物史观对这一进程作出科学分析，是有待研究的课题。

　　在这方面的研究工作中，迄今有两种理论观点较为流行。

　　一种观点否认拉美历史上存在奴隶主义和封建主义，认为殖民地时期的拉美属于"早期资本主义"。另一种观点认为，政治独立后的主要拉美国家属于"半封建半殖民地"社会，只是到了20世纪六七十年代才基本完成向"畸形发展的资本主义社会的转变"。前一种观点夸大了外部力量（欧洲）对拉美的影响，忽视了对拉美社会自身前资本主义因素的考察；后一种观点强调了拉美社会内部的封建主义根源，但没有充分估计外国资本主义对拉美社会演变的影响。

"早期资本主义"问题

　　所谓"早期资本主义"问题，是从讨论拉美是否存在"二元结构"和"二元社会"的问题而引起的。在美国经济学家刘易斯确立二元经济发展理论之后，拉美问题学者就拉美社会的二元结构问题进行了热烈讨论，至20世纪60年代达到高潮。其中，普雷维什、卡尔多索和富尔塔多等学者基本上赞同刘易斯的学说，并对其提出了各自的补充意见。但安德烈·弗兰克却认为，"'二元社会'的整个论点是错误的"①。他认为，拉美的不发达是资本主义而不是封建主义存在的结果，因为拉美自 16 世纪初期以来就属于"卫星式的发展"，不断地转变为出口经济地区并结合进世界资本主义体系。因此，连他人提到拉美受"封建体制残余的损害"，他都断然反对。阿根廷学者路易斯·怀特尔进一步申述了与弗兰克类似的观点。他断言，拉美的旧制度从来就不具有封建性，"拉美没有经历旧大陆的古典阶段，而是从原始土著公社直接转到由西班牙殖民主义者引进的早期资本主义。摆脱西班牙殖民主义者而取得独立的拉美不是被封建寡头统治，而是被由于依赖世界市场而造成美洲大陆落后的资产阶级所统治"②。他甚至认为，殖民地时期对劳动力的剥削不带有封建性。80 年代中期，我国学术界也有人提出类似怀特尔的观点③。

笔者认为，上述观点从总体上来说是不能成立的。

第一，拉美是否封建制的问题不能简单地按照欧洲封建制的模式去判断。任何一种社会经济形态在不同国家、不同时期都有不同的表现形式，它们既有共同性，又有多样性。恩格斯曾指出，封建主义的典型表现"是在短命的耶路撒冷王国，这个王国在耶路撒冷法典中遗留下了封建制度的最典型的表现"④，但人们并不因此否认西法兰克王国、英格兰、南意大利和法国的封建制存在。同样，西属美洲殖民地的基本生产方式尽管有自己的特征，但其实质——地主寡头占有基本生产资料（土地）和不完全占有直接生产者（债役雇农）——仍然属于封建制。封建制在拉美的主要表现形式就是大庄园制和债役雇农制。大庄园主占有大批土地，通过预付粮食、租赁小块土地等办法使附近的印第安人或混血种人沦为债役雇农。"这种借款和通常的高利贷造成同样的后果。劳动者不仅终身是债权人的债务人，从而被迫为债权人劳动，而且这种从属关系还

---

① ［美］查尔斯·K. 威尔伯主编：《发达与不发达问题的政治经济学》，中国社会科学出版社 1984 年版，第 147 页。

② ［美］皮特拉斯、齐特林主编：《拉美：改革或革命》，1968 年英文版，第 43 页。

③ 《世界史研究动态》1986 年第 8 期，第 52 页。

④ 《马克思恩格斯全集》第 39 卷，人民出版社 1974 年版，第 410 页。

要传给他的家庭和后代，使他们实际上成为债权人的财产。"① 马克思的这段话对于我们理解拉丁美洲债役雇农制的实质有重要意义。一位美国地理学家在对墨西哥的农村土地制度作了广泛调查后认为，墨西哥的债役雇农制是"一种束缚在庄园上的经济奴役制度"②，债役雇农并不是真正的工资劳动者，他们无法脱离他们所属的土地。斯坦夫妇在分析殖民地时期拉美的土地制度时指出，"在美洲，它采用了不同的形式：委托监护制、分派劳役制、米塔制以及后来的债役雇农制和动产奴隶制（Chattel Slavery）"③。就直接占有土地和不完全占有直接生产者来说，西属美洲和欧洲的封建制并没有根本的区别，但二者产生于不同的历史时代，其表现形式自然有所不同。（1）欧洲的封建制是在王权逐渐衰落的背景下得以延续的；而在西属美洲，西班牙国王在某些边远地区的权力虽然薄弱，但他从未放弃其至高无上的特权，更没有将这一特权施予地主。（2）欧洲的封建制基本上是一种封闭性的自给自足的农业经济；而西属美洲的封建制是建立在开放性的半自给自足的经济基础上的，它一开始就同外部市场保持紧密联系，并成为欧洲国家贵金属、农牧业产品的供应地。（3）欧洲的封建制兴起于八九世纪，至十二三世纪出现了重大危机，14世纪末走向灭亡；而西属美洲的封建制形成于欧洲国家从封建制走向资本主义的时期，是作为它们的附庸而发展起来的。这种封建制可称为殖民地封建制。

　　第二，否认拉美封建制的学者以商品经济形式的兴衰作为社会经济结构的本质特征，这显然是不正确的。殖民地时期拉丁美洲商品生产和商品流通的发展，主要是由于伊比利亚宗主国利用其殖民地的未加工产品从事对外贸易。17世纪伊比利亚的繁荣有赖于美洲殖民地对它的奉献。巴西的产品多年来占葡萄牙出口贸易的2/3。拉丁美洲经济的兴衰取决于某一项天然产品在海外的销售。这样的商品生产和商品流通主要不是为殖民地社会自身的再生产过程服务的。因此，仅仅根据这一点无法否认美洲殖民地封建制和奴隶制的客观存在。商品经济形式可以存活于极不

---

① 《马克思恩格斯全集》第31卷，人民出版社1972年版，第562页。
② ［美］乔治·麦克布赖德：《墨西哥的土地制度》，商务印书馆1965年版，第32页。
③ 斯坦夫妇：《拉丁美洲的殖民地遗产》，1970年英文版，第43页。

相同的生产方式中，可以为不同层次或不同阶段的社会再生产服务。经济史学者曾证明，中国清代商品经济的发展远远超过了世界各国在前工业化时期所达到的水平，20 世纪 30 年代中国和美国在国民收入中的商业比重是相同的（占 12.6%）；但中国始终没有因为商业的单一发展而实现其整个国民生产结构和基础的更新。由此可知，评价商品生产和商品流通的社会作用，应当结合考察土地占有制度和劳动力使用制度，否则就会导致片面的结论。

第三，一些激进派学者在分析 16 世纪以后的拉美历史时，运用了马克斯·韦伯的"古代资本主义"理论，但马克斯·韦伯本人并没有否认"新大陆"历史上存在"封建性的制度"。国外有人将韦伯的承袭制（Patrimonialism）同拉美的土地占有制度和劳动力使用制度联系在一起分析。"承袭制似乎最能说明在殖民地时代的拉丁美洲发展起来的大庄园和大种植园制。"① 在这种制度下，土地所有者对其下属行使权力，并把它作为其财产所有权的一个方面。在他的土地上生活的人受其控制。他完全按照个人的方式管理其地产，并控制其地产和外部世界之间的一切经济往来。韦伯的"承袭制"同市场资本主义风马牛不相及。韦伯在他的著作中把"古代资本主义"和近代资本主义作了明显的区别。在他看来，"古代资本主义"是建立在战争掠夺、纳贡、超经济强制的不平等基础上的，因此是不合理的。市场资本主义或近代资本主义是"合理的资本主义"。两者的区别在于："古代资本主义"不是建立在分工协作基础上的，没有类似机器等生产资料的固定投资，也没有产生一个真正的大众消费品市场；而近代资本主义的生产企业，已同家庭、血缘关系相分离，直接生产者已同土地相分离，形成了自由工资劳动者。如果怀特尔的拉美由原始土著公社制直接转变为"早期资本主义"指的是"古代资本主义"，那么只要注意分析一下纳贡、超经济强制等方面的资料，就可以确定殖民地时期的拉美是属于前资本主义历史范畴的。如果指的是早期的近代资本主义，那么这种"早期资本主义"与韦伯的"合理的资本主义"大相径庭。

总而言之，在殖民地时期的拉丁美洲占统治地位的生产方式并不是

---

① ［美］E. 布雷德福特·伯恩斯：《简明拉丁美洲史》，1986 年英文版，第 38 页。

资本主义的，它在西属美洲是殖民地封建制，在葡属巴西是殖民地种植园奴隶制。不论在西属美洲还是在葡属巴西，摆脱土地、债务等人身依附关系，能"自由地"出卖劳动力，并为劳动力的购买者生产出剩余价值的工资劳动者，只是局部性的现象。

"半殖民地半封建"问题

著名的英国历史学家巴勒克拉夫在谈到拉美历史学的新格局时指出，利用欧洲和亚洲的历史模式去对待拉美的历史，充满着"危险性"。他认为，拉美与其他"不发达地区"之间的差别大于它们之间的共同性，"拉美问题的特殊性使它不同于其他的前殖民区"[①]。

针对巴勒克拉夫的忠告，我们有必要认真思考一下拉美史研究中有没有"中国模式"的问题。这个问题并非无的放矢，它表现在有的学者对 19 世纪以来拉美史的研究沿用了中国近现代史的理论观点，即将中国的"半殖民地半封建"论作为解剖拉美近现代史的蓝本，并将其下限定于第二次世界大战结束。

诚然，中国 1840—1949 年间的经历同拉美独立后 100 多年的历史确实有不少相似之处。国内学者可能过分强调了中国和拉美之间的相似性而忽视了两者之间的差异性。但不论经典作家还是国外学者，几乎没有人把拉美的这种经历归结为"半殖民地半封建"。如列宁在分析第一次世界大战前后的阿根廷时，认为阿根廷几乎成了英国的"商业殖民地"，成为附属国的"另一种形式的标本"[②]。福斯特论证了拉美存在着"奴隶式的雇农制"、作为"封建制度的残余"的大地产制和新独立国家的"半殖民地的地位"[③]。马里亚特吉分析过秘鲁的"半封建的组织形式""半封建经济的基础"和沿海地区经济的"殖民主义性质"[④]。有历史学家认

①　［英］杰弗里·巴勒克拉夫：《当代史学主要趋势》，上海译文出版社 1980 年中文版，第 186、192 页。

②　《列宁选集》第 2 卷，人民出版社 1972 年版，第 805 页。

③　［美］威廉·福斯特：《美洲政治史纲》，三联书店 1961 年版，第 454、313、326 页。

④　［秘］何塞·卡洛斯·马里亚特吉：《关于秘鲁国情的七篇论文》，商务印书馆 1987 年版，第 16、37 页。

为，拉美在独立后出现了"经济殖民主义"①。有的历史学家则认为，在 1900 年前后，随着英国和美国替代西班牙和葡萄牙的地位，在拉美产生了"新殖民主义"②。伯恩斯教授把独立后庄园制的扩大称为拉美的"新封建主义"，以表明新国家建立后克里奥尔人的封建主义与殖民地时期西班牙权贵的封建主义之间的差异。他认为，到拉美宣布独立 100 周年前后，"新封建主义与 19 世纪充满生气的资本主义结成联盟""在新封建式农村的基础上强行实现资本主义"③。总之，在国外学者写的拉美问题著作中，几乎找不到"半殖民地半封建"的提法。

"半殖民地半封建"社会的概念能否适用于或在多大程度上适用于对拉美问题的研究，不妨从以下三个方面去考察。

（一）毛泽东在《中国革命和中国共产党》一文中系统地分析了中国半殖民地半封建社会的特点，如果我们把他指出的 6 个基本特点同拉美的实际情况相对照，不难发现它们之间的差异性远远超过其相似性。

最大的差异在于各自的工业生产水平和资本主义经济发展程度的迥然不同。早在 19 世纪中叶，随着政局的逐步稳定，巴西和智利开始把主要精力用于经济发展。到 19 世纪七八十年代，拉美经济进一步与世界经济结合在一起。同时，阿根廷、智利、乌拉圭和巴西开始了早期的工业发展。到第一次世界大战前夕，拉美资本密集型的出口加工工业在生产规模和结构上，已同世界各地类似的企业不相上下。阿根廷在 1835 年后就采取保护主义措施来发展本地工业。1900 年，它的农牧业产量与制造业产量之比为 2.1：1，1929 年仅为 1.3：1。到 20 年代，它的制造业年均增长率高达 7.1%；制造业在 1929 年国内生产总值中占 22%。1914—1929 年期间，在智利国内市场中，本国制造的工业品份额已占 50% 左右。乌拉圭从 19 世纪 80 年代起开始形成现代工厂制造业。到 1908 年，工业动力的消费量增加了 3 倍。在首都蒙得维的亚地区，全部动力靠机械力提供，其中 3/4 为蒸汽动力，1/4 为电力。巴西在 19 世纪 80 年代就开始形成现代工厂制造业。1935—1938 年期间，巴西工业产量增长 40%，产

①　［美］R. 琼斯·谢弗：《拉丁美洲史》，1978 年英文版，第 370 页。

②　［美］基恩和沃塞曼：《拉丁美洲简史》，1980 年英文版，第 165 页。

③　［美］E. 布雷德福特·伯恩斯：《简明拉丁美洲史》，1986 年英文版，第 167 页。

值增长 44%，工业产值比农牧业总产值高出 60%。到第一次世界大战结束，拉美已经能制造纺织机械、铣床、锅炉、马达、压缩机等资本货物。1930 年，美国制造商实际上已不向阿根廷和巴西出口成品汽车。主要拉美国家在 20 世纪 30 年代达到的现代工业生产水平是旧中国望尘莫及的。

　　拉美对外部世界的开放程度也是半殖民地半封建的中国所无法比拟的。进出口贸易在各自国民经济中的作用和地位明显不同。拉美在 1870—1884 年期间对外贸易额增加了约 43%，年贸易额每年超过 10 亿美元。1880 年，在中国的进口中，鸦片占 40%。到 19 世纪 80 年代，国外净收入仅占中国国民总收入的 0.34%。外国资本渗入拉美的时间也比中国早几十年。1810 年，住在布宜诺斯艾利斯的英国商人有 120 人之多，1824 年增至 3000 人。其时，在西属美洲开业的英国商行有 100 家，除了更早地接受商品输出和资本输出外，来自西方国家的移民对拉美 19 世纪中期以后的经济发展也起了重要作用。1871—1915 年，进入阿根廷的移民约 250 万。至 1935 年，阿根廷 60% 的工业企业主是移民。1908 年，在乌拉圭，移民占有蒙得维的亚制造业企业的 60% 以上。在 1871—1915 年期间，巴西接受移民 320 万；拉美接受欧洲移民的人数仅少于美国接受的人数。1900 年拉美总人口仅 5950 万，移民在人口中约占 6.6%。这是一个十分可观的数字。移民不仅充实了拉美的劳动力市场，而且也带来了资金、生产技艺和管理才干。在吸收外国商品、资本和移民方面，开放的拉美和封闭的中国相去甚远。

　　在吸收产业革命的成果和西方科技成就方面，拉美也走在半殖民地半封建的中国前面。拉美自 19 世纪中期起掀起了铺设铁路的高潮。古巴（1838）、墨西哥（1850）、智利（1851）、秘鲁（1851）、巴西（1854）和阿根廷（1857）等国第一条铁路的铺修时间比中国提前三四十年。中国迟至 1881 年才兴建了从煤城唐山到天津的铁路。直到 1898 年，中国的铁路才从天津延伸到北京。在拉美，铁路线的长度由 1880 年的 0.72 万英里增至 1900 年的 3.45 万英里。至此，拉美主要的铁路系统已基本建成。轮船的引进，拉美也比中国早几十年。巴西（1819）和智利（1812）在引进轮船之后，于 19 世纪三四十年代就拓展了定期班轮业务。1839 年巴西开辟了从里约热内卢至北部诸口岸的轮船航线。1840 年，加勒比地区各口岸每月有两班轮船通航。同年，南美西海岸也开展了轮船业务。而外商在中国江海真正拓展轮船业务，始于第二次鸦片战争。中国第一家轮运企业——轮船招商局则迟至 1873 年才创建。电报业务，智利和巴西开始于 1852 年；中国则到 1884 年才架设了国内电话线路，比拉美落后了 32 年。在蒸汽机的使用方面，清王朝比主要拉美国家也落后了几十年。

由于人口、资源条件的不同，经济发展水平和对外开放程度的差异，拉美和旧中国人民的贫困程度也不能等量齐观。阿根廷的人均收入早在 1929 年就接近法国的水平。1937 年拉美国家的人均国内总产值（按 1955 年美元价格计算，下同），阿根廷为 510 美元，智利为 280 美元，墨西哥为 230 美元，哥伦比亚为 175 美元，巴西为 145 美元。同年，意大利为 260 美元，日本为 185 美元。旧中国缺乏这方面的系统资料，这里无法比较，但可以肯定的是，拉美人民当时的贫困程度决不会达到毛泽东分析中国半殖民地半封建社会特点时所说"是世界所少见的"①。

（二）在"半殖民地半封建"这一概念中，"半殖民地"指的是国家地位，"半封建"指的是社会经济形态，两者联结在一起，用来称谓 1840—1949 年的中国社会，有其本身的内涵。如果把这一概念套用在拉美，特别是"半殖民地半封建"的下限定在第二次世界大战结束甚至 20 世纪六七十年代，显然不符合拉美国家的实际情况。

占拉美总面积 2/5 的巴西的近现代社会，就不能按照"半殖民地半封建"模式来解释。巴西历史上是殖民地种植园奴隶制社会，直至独立时，全国 400 万居民中将近 1/2 是非洲黑人奴隶及其后裔。在巴西，占有奴隶比占有土地更富有实际价值。1850 年奴隶贸易被宣布结束时，巴西总人口 700 万，奴隶人数仍接近 300 万。1888 年废除奴隶制时，获得解放的奴隶约有 60 万，占总人口的 1/20。社会的另一端是大种植园主及其家属，人数为 30 万。介于这两大主要阶级之间的，有各种各样的社会阶层和集团。与此同时，资本主义在巴西获得迅速发展。咖啡种植园的主要劳动力逐渐由欧洲移民取代。1850 年 6 月，巴西颁布了第一部商业法典。为了保护当地工业，巴西政府提高了关税。在 19 世纪 70 年代中期，进口纺织品的关税高达 50%—80%。从 19 世纪中期到第一次世界大战期间，巴西政府收入的 60% 来自进口税，其中主要是棉纺织品的进口关税。

---

① 《毛泽东选集》，横排一卷本，人民出版社 1968 年版，第 594 页。

工业资本主义在巴西政府的保护下日益壮大，最后导致 1930 年瓦加斯上台执政。尽管巴西在不同时间和地区曾经盛行封建剥削性质的租佃制、分成制和契约制，但封建主义在 1888 年以前并没有在巴西形成一种占统治地位的生产方式。巴西是在奴隶制生产方式瓦解的基础上，越过封建主义生产方式直接向现代资本主义转变的。从前资本主义向资本主义的转变，巴西到 20 世纪 30 年代时已基本实现。既然它历史上并不是封建制社会，"半殖民地半封建"又从何谈起？既然巴西工业资产阶级已于 1930 年上台执政，"半殖民地半封建"的下限断在第二次世界大战结束又从何解释？

　　巴西并不是拉美越过封建制直接向资本主义转变的唯一实例。1959 年革命前的古巴，能不能算"半殖民地半封建"？似乎也说不上。这是因为封建主义在古巴的历史上并没有形成一种占统治地位的生产方式。古巴的奴隶制一直维持到 19 世纪 80 年代，这时的古巴是殖民地种植园奴隶制社会。在甘蔗种植园奴隶劳动的基础上，古巴成为西属美洲最强大的出口国。19 世纪 70 年代初期，它每年平均的出口值达 5700 万比索，同时阿根廷、智利和秘鲁 3 国各自的出口值只有 3000 万比索，墨西哥仅 2400 万比索。美西战争之后，古巴的殖民地、半殖民地地位依然存在，但畸形的资本主义在奴隶制瓦解的基础上不断得到发展。古巴是一个城市化国家，20 世纪 40 年代初哈瓦那市人口占古巴总人口的 1/5，1953 年城市人口占总人口的 62.4%，中等阶层的力量比较强大，居民文化程度较高。1940 年，古巴甚至通过了一部资产阶级民主宪法。不论马查多时期还是巴蒂斯塔时期，占统治地位的是畸形资本主义。古巴当时的实际情况，与中国"半殖民地半封建"社会的 6 个基本特点似乎拢不在一起。

　　阿根廷、乌拉圭和智利 3 国近现代社会的发展轨迹，也是无法按照"半殖民地半封建"模式去寻找的。这 3 个国家早在 19 世纪七八十年代就出现现代工厂制造业，从而走上现代化、工业化和城市化道路。19 世纪末和 20 世纪初之交，中等阶层已占它们国家总人口的 10%。阿根廷的城市人口早在 1914 年已占 52.7%。1950 年，智利和乌拉圭的城市人口分别占 60.2% 和 57%。与殖民地时期和新中国成立初期相比，上述 3 国到 30 年代经济结构、社会结构和阶级结构都发生了深刻变化。

　　"半殖民地半封建"论，对于那些以印第安人和混血种人居多数的拉美国家是否适用呢？这个问题也需要深入研究。如果把"半殖民地半封建"的下限断在第二次世界大战结束，对墨西哥也是不适用的。人们可以说1910年民主革命前夜的墨西哥是个典型的半封建半殖民地社会，但在经历了1910—1917年革命之后，墨西哥的情况就发生了根本变化。尤其是卡德纳斯政府（1934—1940）推行一系列资产阶级民主改革，沉重地打击了封建大庄园制和外国资本主义势力，大力发展国家资本主义经济，使墨西哥稳步地走上资本主义发展道路。到20世纪40年代，墨西哥已发展成为一个农业—工业国。因此，如果运用"半殖民地半封建"的概念去分析墨西哥，至少对于进入20世纪40年代后的墨西哥就不适用了。

（三）在半殖民地半封建社会的特定条件下，对中国社会各阶级经济地位及其对革命态度的分析已形成一整套理论。如果把这些合乎中国实际情况的理论观点套用到对拉美社会各阶级的分析上去，多半是不合适的，而且会引起理论上的混乱。

在旧中国，资本主义分为两个部分——民族资本和买办资本；买办资本后来成为官僚买办资本，同帝国主义和本国封建主义紧密勾结，三位一体地压制中国民族资本主义的发展。官僚买办资本不但具有浓厚的封建性和垄断性，而且是帝国主义的附庸，其基本特点之一是卖国。

按照我国某些学者的意见，拉美似乎也应区分为民族资本和官僚买办资本以及相应地区别为民族资产阶级和官僚买办资产阶级。如此立论，是否符合拉美资本主义发展的实际情况呢？在旧中国，大资产阶级的特性中包含了买办性（反民族性）、封建性、官僚性和反动性，拉美的大资产阶级难道也是如此吗？也有人一边采用旧中国资本主义区分为两部分的概念，一边又证明拉美的大资产阶级不同于旧中国的大资产阶级，从而杜撰了"大的民族资产阶级"这个概念。在旧中国，民族资产阶级始终没有形成为强有力的政治力量，未能取得政治上的统治地位。但在我国学者的分析中却认为，拉美民族资产阶级在经济比较发达的国家里已经掌握政权或者在政权中拥有相当的力量。难道在拉美掌握政权的就是我们所谓的民族资产阶级吗？有民族主义色彩的政权就是民族资产阶级政权吗？在旧中国，民族资产阶级是同帝国主义国家的资本家联系较少或者没有联系的中等资产阶级，民族资本主义经济在旧中国国民经济中始终没有能够发展成为主要的形式。而官僚买办资本掌握了旧中国全部工业资本的 2/3，占全部工业、交通、金融、贸易等近代化企业的 80% 左右①。民族资本主义经济和官僚买办资本主义经济虽然同属资本主义经济的范畴，但在旧中国代表着两种不同的生产关系，泾渭分明。主要拉美国家资本主义发展的历史显然不存在类似情况。

　　通过上述三个方面的考察，笔者认为运用"半殖民地半封建"社会的概念去分析拉美问题确实存在"危险性"。为了避免这种"危险性"，我们需要下大力量去研究拉美与中国、与其他第三世界地区的差异性以及拉美各国之间的差异性。只有这样，才能对拉美从前资本主义向资本主义的转变得出科学的结论。

（原载《拉丁美洲研究》1988 年第 6 期）

---

① 黄逸峰等：《旧中国的买办阶级》，上海人民出版社 1982 年版，第 217 页。

中拉经贸关系现状和潜力

近十几年来，我国与拉美国家之间双边和多边的政治经济关系发展较快。目前，我国同33个拉美国家中的17个国家保持外交关系，同其中12个国家签订了政府间贸易协定，同其中9个国家建立了经贸和科技合作混合委员会。双方代表团频繁往来，定期磋商。此外，我国还同玻利维亚、智利、阿根廷、乌拉圭、秘鲁、厄瓜多尔和牙买加签订了相互鼓励和促进投资保护协定；同其他拉美国家签订类似协定的正式磋商也在加紧进行中。

我国同拉美各国的交往不断加深，在经贸领域的发展尤为迅速。

（1）贸易额大幅度上升。双方的贸易额，1950年仅196万美元，1979年超过10亿美元，1985年突破25亿美元，1989年接近30亿美元，1994年已达47亿美元（其中巴西14.21亿美元，巴拿马5.73亿美元，阿根廷5.60亿美元，秘鲁4.71亿美元，智利4.68亿美元，墨西哥2.95亿美元，古巴2.68亿美元，乌拉圭1.14亿美元）。

（2）贸易不平衡情况开始扭转。新中国成立以来，我国同拉美的贸易，除1967年、1968年、1970年和1994年外，长期处于逆差。在1974—1993年的20年中我方累计逆差132.3亿美元。整个80年代，双方累计贸易额约200亿美元，我方逆差竟达92亿美元。进入90年代，这种情况才开始有所扭转。1993年我方逆差减至1.6亿美元。1994年我方出口额为24.5亿美元，拉美进口额为22.5亿美元，我方顺差约2亿美元，这是20多年来罕见的。

（3）我国的出口商品日益多样化。除传统的轻纺产品以外，拖拉机、机床、飞机、船舶、电视机、小型水电设备、柴油机、汽车零部件等机电产品的比重正在不断增加。1994年我国对巴西和阿根廷的出口中，机电产品分别占出口总额的 45.6% 和 41.2%。

（4）双方的相互投资有了初步发展。据不完全统计，我方对拉美的投资约有 2 亿美元。我国在 16 个拉美国家建立了近 80 家非贸易性合资企业或独资企业。1992 年年底，中国首钢公司出资 1.2 亿美元购买了秘鲁铁矿公司，成为我国在拉美最大的投资项目。其他较大的项目设在巴西（生铁、木材加工和自行车装配）、委内瑞拉（拖拉机装配）、智利（鱼粉生产和服装加工）、阿根廷（捕鱼）、玻利维亚（锌矿）和厄瓜多尔（淡水养虾和服装加工）等国。

（5）金融合作初见成效。中国银行已同哥伦比亚银行（1985 年）和墨西哥银行（1986 年）签订了互惠信贷协议，还同阿根廷银行签有 2000 万美元额度的买方信贷协议。中国银行同巴西银行和智利银行有关开办买方信贷业务的商洽正在进行中。中国银行继 1994 年 7 月在巴拿马开设分行以后，正在积极筹办在巴西圣保罗开设代表处。此外，我国政府已于 1993 年正式申请早日加入拉美地区两大多边金融机构——美洲开发银行和加勒比开发银行。

（6）交通运输的条件正在改善。我国对拉美的海上和空中运力不足，许多商品需经香港和日本转口，造成诸多不便。为了克服这一障碍，中远公司自 1994 年 4 月和 10 月起，定期从天津、大连和上海每月开出 3 班全集装箱船，经香港、新加坡、南非后挂靠布宜诺斯艾利斯（阿）、蒙得维的亚（乌）以及桑托斯和巴拉那港（巴）。此外，中远公司从 1995 年 5 月起从上海开出第一班直达南美洲西海岸的集装箱班、轮，目前每月暂定 2 个班次，将来可视情况增开。

毫无疑问，中拉经贸关系迄今都是在各自追求多元化的目标下取得的，目前充其量只能对各自的经济发展起补充作用。无论是双方贸易总额还是各自的进出口额，目前大约仅占各自贸易总额和进出口额的 2%。与此相对照，1992 年拉美各国从美国、欧洲共同市场和日本的进口额为 826.9 亿美元、278.7 亿美元和 107.4 亿美元，分别占其进口总额的 46.5%、15.7% 和 6.1%。如果与西方国家在拉美的投资以及拉美国家间的相互投资相比，中拉之间的相互投资是微乎其微的。

但是，从中长期前景来看，中拉之间的经贸往来应当而且也有可能取得更丰硕的成果。中国和许多拉美国家正在大力推进经济改革，抛弃旧的发展模式，探索建立新的、更符合本国特点的市场经济。中国和拉美国家经济上的互补性很强，互通有无的潜力很大。当然，我国要拓宽拉美市场必将面临一系列棘手的问题。当前亟待解决的问题是，政府有关权威机构要承担起领导者和组织者的职责，调集并统筹外交、外经贸、财政金融、保险、交通运输以及信息、调研、教育等各个领域的力量，对我国开拓拉美市场做出总体部署，确定工作重点和中长期目标，以免商界不识深浅，仓促上阵，甚至在国外"打内战"，损害国家利益。按照我国目前的经济发展水平和实力，只要政府权威机构发挥好积极协调作用，我国在拉美市场所占据的地位将会越来越有利。

（1）拉美市场的开拓影响到我国与台湾当局的斗争。迄今台湾同世界上 30 个国家尚有所谓的"邦交"关系，其中 16 个在拉美①。此外，台湾当局还在同我建交的拉美国家中开展"务实外交"，在其中 9 个国家设立了有台湾官方背景的商务机构。台湾于 1993 年出资 1.5 亿美元正式加入中美洲一体化银行，并以 7000 万美元为代价唆使中美洲 7 个国家在加入联合国问题上为其张目。1995 年 7 月，台湾"经济部"正式决定筹组"中南美洲投资控股公司"，调集 10 亿新台币打入拉美国家。从我国与台湾开展斗争的角度出发，我国必须重视对拉美市场的开拓。只要我国在经贸领域里进一步密切与拉美各国的联系，台湾在拉美的地盘（不论明的或暗的）就将会受到限制。反之，如果我们在拉美市场上裹足不前，台湾的势力还可能膨胀。

（2）在世界经济日趋集团化和地区一体化的形势下，我国对拉美的经贸关系似应摆脱单纯出口的旧模式，及时地从当前以贸易为主逐步走向以贸易和各种形式的投资活动（如工程劳务承包和科技合作）并重。贸易自由化和经济一体化在拉美已经取得实质性进展。继北美自由贸易协定之后，南锥体 4 国组成的南方共同市场和安第斯条约组织的关税同盟已正式运行。尽管他们宣称"开放的地区主义"，我国对拉美的出口实际上将越来越困难。我国产品进入拉美不仅面临着各国本地产品的竞争，

---

① 在本文集出版时，与台湾有所谓"邦交关系"的拉美国家有 12 个，它们分别是：巴拿马、尼加拉瓜、洪都拉斯、萨尔瓦多、危地马拉、伯利兹、海地、多米尼加、圣基茨和尼维斯、圣卢西亚、圣文森特和格林纳丁斯及巴拉圭。——编者

而且面临着占有关税和地缘优势的拉美地区一体化集团成员国产品的强有力竞争。针对这一严峻形势，我国一些有实力的企业应设法在海外开设公司，把一些成功经营的项目延伸到拉丁美洲，在当地设计、开发、生产产品，形成自己的销售网络，并真正地融入当地社会。这类公司可大量雇用当地人员，我方只需派出少量管理和技术人员负责经营管理和财务。有些企业可通过工程承包参与当地基础设施项目的兴建，以带动我国机电产品的出口。此外，我国还可以开发拉美丰富的矿物和自然资源为重点，以购买（如首钢公司购买秘鲁铁矿公司）、合资或参股的形式在拉美兴办企业，以便扩大双方相互投资的规模和弥补国内原料之不足。

（3）在我国对拉美的贸易中，在继续保持出口商品多样化的前提下，加大机电产品、工程机械和成套设备的出口比重。我国的上述商品物美价廉，技术层次和价格水平较适合拉美市场的需要。它们是我国进入拉美市场的生力军。我国要寻求对拉美出口的实质性突破，关键在于抓好机电产品、工程机械和成套设备的推销。但是我国的这些产品往往面向拉美中小商人或财政拮据的各国政府，他们资金短缺，需要对他们采取灵活的销售方式。我国企业家如能将我国政府的援外贷款和商业贷款结合起来使用，采用放账的办法，就可以较顺利地把上述商品打入拉美市场。因此，要扩大这些产品的出口，必须获得政府财政金融保险部门的支持，光靠机电、工程机械和成套设备的制造商的自身努力是远远不够的。同样，交通运输部门要发展对拉美的直达运输业务，也需要其他部门的紧密配合。政府权威机构还应制止我国企业以市场竞争为借口在国外打乱仗。据报道，沈阳产凿岩机 1989 年卖价为每台 1200 美元，随着我国在智利销售该产品的公司增多，1994 年上半年降至 600 美元，下半年再降至 520 美元（成本价为 558 美元）。在阿根廷，经销中国机床产品的公司当前至少有 7 家，而且有些是同一厂家同一型号的产品，其价格与放款条件一家比一家优惠。针对以上情况，我国政府权威机构应硬性规定一个工厂的产品在一个国家只能有一个代理商，不能通过不同渠道同时进入同一国家市场，要坚持最低出口限价，对损害整个利益的低价不正当竞争行为予以严惩。

（4）政、企、学携手，加强对拉美市场的调研。拉美是一个多样化地区。这个地区的 33 个国家和十多个未独立地区在幅员、人口、资源、经济发展水平、社会、政治结构、教育与文化层次方面的差异性大于他们的相似性。迄今，我们对拉美各国的市场特点、劳工立法、税收、环保、知识产权政策以及金融、保险等制度方面的了解，还十分肤浅。由于调研不深，我国在拉美兴办的合作项目往往合作对象选择不当。有的项目在立项前缺乏充分的可行性考察，最后导致失败或效益很差。我方派出的人员素质不高、不懂业务、不懂当地语言的现象十分普遍。出口产品的宣传往往借助于英语，对我国商品推销很不利。针对这些情况，政府部门和企业要下本钱投入对拉美市场的调研，搜集信息，积累资料，以造就一支合格的科研队伍。拉美市场的进一步拓宽在很大程度上取决于我们在调研与人才培养方面的实际进展情况。

（原载《世界形势研究》1995 年 9 月 20 日）

拉美国家物价大起大落
对我国的一些启示

　　拉美地区宏观经济长期不稳，70 年代和 80 年代是世界通货膨胀率最高的地区之一。不少拉美国家在 70 年代时经济高速增长和高通货膨胀同时并存；进入 80 年代，大多数国家则经济低速增长（有时是负增长）和高通货膨胀相互牵缠。但 90 年代以来，由于各国不再单纯地追求增长速度，较好地处理了经济增长、价格稳定和国内外收支均衡之间的关系，这个地区宏观经济形势逐步好转。近一二年来出现了在低通货膨胀条件下平稳增长的势头，为 20 世纪末和 21 世纪初大展宏图打下了基础。

一

　　1985—1989 年拉美地区的国内生产总值年均增长率为 2.3%，通货膨胀率却高达 506.3%。1991—1994 年　全地区国内生产总值年均增长率为 3.5%，但通货膨胀率（不包括巴西）已从 1991 年的 49%、1992 年的 22% 和 1993 年的 19% 降至 1994 年的 16%。巴西的恶性通货膨胀举世瞩目，80 年代大多数年份的通货膨胀率都是三四位数，1993 年竟达 2500%。但自 1994 年下半年起，由于推行《雷亚尔计划》，通货膨胀率从当年 6 月的 50% 降至下半年平均为 3%，呈现了 70 年代以来前所未有的稳定状况。

　　由于反通货膨胀得力，在公布数字的 22 个拉美国家中，8 个国家（阿根廷、巴巴多斯、玻利维亚、智利、萨尔瓦多、墨西哥、巴拿马及特立尼达和多巴哥）1994 年通货膨胀率只有一位数，9 个国家在 10%—

28%之间，牙买加为33%，另有4国则超过40%。通货膨胀率一位数的国家以及巴西、秘鲁、哥伦比亚和危地马拉共12国在控制通货膨胀方面成效显著。

它们在抑制通货膨胀方面有些经验值得注意。

（一）**不再以舍弃稳定为代价来追求经济增长速度**。在凯恩斯主义影响下，拉美国家一贯推行赤字财政和信用膨胀政策，把经济总量的增长速度放在首位，忽视其他宏观指标的协调一致，因而造成宏观经济长期不稳定。由于宏观失控，这些国家在低速增长/高通货膨胀（如80年代大多数国家）、高速增长/高通货膨胀（如1968—1974年所谓的"巴西经济奇迹"）和低速增长/低通货膨胀（如90年代上半期多数国家）之间徘徊了几十年，走走停停，甚至大起大落。与东亚一些国家和地区的高速增长/低通货膨胀相比，起步较早的拉美现在落后了一大截，而且在可预见的时间内仍将难以与其并驾齐驱。

鉴于以往的教训，近几年拉美国家都把稳定物价作为宏观调控的重点，在刺激经济增长与物价稳定相左时，毅然决然地把控制通货膨胀放在优先地位，因此本地区经济总体上没有因过热而失衡。1992年经济增长率超过5%的国家有9个，1993年有5个，1994年只有3个。

从拉美实际情况来看，经济增长率较高的国家往往在宏观调控上有这样或那样的问题，一旦这类国家在调整与改革上迈开大步，它们就有意把过热的经济冷却下来，进而选择在低通货膨胀下的平稳增长。

（二）**推行财政和货币的双紧政策**。大量的财政赤字以及金融和货币的严重不稳定是造成拉美高通货膨胀的主要原因。这几年来，拉美在削减公共财政赤字方面成绩斐然。1988—1989年财政赤字约占本地区国内生产总值的5%，在有据可查的20个国家中，除智利和巴拉圭以外，18个国家出现赤字，其中墨西哥的赤字占国内生产总值的12.5%，巴西占6.9%，阿根廷占6%。而1990—1994年的5年中，拉美地区每年达到了财政平衡或出现盈余。在公布数字的32个国家中，25个国家的财政状况有了改善，其中12国在1994年实现财政平衡或盈余。长期困于财政赤字的阿根廷、巴西和墨西哥连续3年或4年出现盈余。

同时，各国在控制货币发行量、压缩信贷规模方面也有建树。在兑换领域，阿根廷、巴西、墨西哥等国从90年代初以来都实行盯住美元小步浮动的政策，尽管不时呈现出本币高估征候，但在程度上与 80 年代大相径庭，因此货币较为稳定。

这些国家经济活动中的美元化，在美国低利率、低通货膨胀率和美元实际价值相对稳定的条件下，可吸引较多的外资，有利于拉美平衡国际收支。但与财政政策相比，拉美国家的货币政策仍然偏松，容易引起金融市场动荡。

（三）**在税制改革上迈开大步**。税制改革是理顺宏观经济秩序和结构调整成功与否的关键。90 年代以来拉美各国在这方面取得了喜人的成绩。

一是调低税率、扩大税基，较公平地对待个人收入和经营收入，以利于增加政府的税收收入。如秘鲁 1990 年税收收入仅占国内生产总值 4%，1993 年占 10.8%，1994 年增至 12% 以上。

二是简化税制，将原来所得税的多种等级尽可能简化。有的国家甚至改成统一的税率。阿根廷统一了公司所得税，取消了超额累进税。墨西哥和哥伦比亚则尽量取消各种减免。

三是将税收的重点转移到间接税上来，提高间接税的比重。拉美国家在增值税的征管上成效显著。税制改革的初步成功对于拉美国家平衡财政收支、改善宏观经济环境起到了推动作用。

四是通过社会契约来制止通货膨胀。墨西哥于 1987 年年底由政府、企业界和劳工共同签署"经济团结契约"，规定政府实行严格的财政纪律，并控制公共服务部门和国营企业的商品和劳务的价格；企业主承担责任，将价格限制在规定的幅度内；劳工则同意工资增长的幅度以当年的通货膨胀率为限。此类社会契约自 1988 年以来已连续实施了 7 年之久，基本上做到了共同遵守，对于抑制墨西哥通货膨胀产生了积极效果。1994 年 9 月三方签署了新一轮协议，规定 1995 年的通货膨胀率比 1994 年（8%）再降低一半，预计为 4%。由于 1994 年年底爆发了金融危机，墨西哥这一轮的社会契约将面临严峻的考验。

二

宏观经济管理要在经济增长、就业、物价和国内外收支平衡等多项难抉择中求得和谐与协调，绝非易事。从拉美国家的经历来看，它们进行宏观经济管理的重点已从 50 年代初强调控制通货膨胀、六七十年代侧重经济增长转变为 90 年代重新把控制通货膨胀置于优先地位。

由于国情不同，拉美国家近年治理通货膨胀的具体政策未必适合我国。如拉美各国削减财政赤字的主要手段是出售国有和半国有企业，迄今为止，墨西哥、阿根廷、智利、秘鲁等国国营经济的私有化已接近基本完成。为了保持物价稳定，拉美国家不惜压低增长速度，1994 年拉美经济增长率仅为 3.7%。联合国拉美经委会的正式文件指出，拉美经济增长率达不到 4% 的话，就根本无法解决本地区贫穷问题。拉美地区的储蓄率仅占国内生产总值的 19%，基础设施和基本工业投资严重不足。拉美国家许多城市的公开失业率已达 10%，并呈不断上升趋势。

但是，拉美国家正反两方面的经验表明，单纯追求经济增长速度、忽视对通货膨胀的控制，必然会对经济发展和人民生活带来严重影响。巴西在这方面的教训尤其深刻。

80 年代初我国就有人援引"巴西经济奇迹""巴西模式"来兜售"通货膨胀无害论"。人们往往对巴西的高速增长（1968—1974 年国内生产总值平均增长率为 10%，外贸增长了 4 倍）推崇备至，而对它带来的消极后果却不甚了了。殊不知"巴西经济奇迹"给巴西造成的负面影响也是十分深远的。

一是高通货膨胀。"巴西经济奇迹"的设计师们万万没有想到，为了那几年的经济高速增长，巴西蒙受高通货膨胀之苦至少达 20 年之久。

二是国际收支失衡，外债猛增。到 1982 年，巴西已欠外债 870 亿美元，为世界头号债务国（包括短期债务在内，外债总额达 1000 亿美元）。

三是收入分配严重不公。巴西最富者和最贫穷者的收入差距，1960 年为 17∶1，1980 年为 33∶1。

四是地区差别进一步拉大。富庶的东南部在社会发展指标上可与葡萄牙和韩国相比，贫穷的东北部却与肯尼亚的水平相同。巴西新总统卡多佐今天要处理的社会经济问题几乎都是在 1968—1974 年经济高速增长/高通货膨胀期间潜伏下来的。巴西当年追求经济高速增长的教训值得我们吸取。

（原载《参考资料》1995 年 5 月 8 日）

墨西哥经济发展与社会公正
不能并举后果严重

编者按：中国社会科学院拉美所科研人员张森根于 1994 年 7 月下旬赴墨西哥参加有关墨西哥发展进程的学术讨论会。现将他的出访报告摘报如下：

（一）墨西哥的经济社会发展模式不足为训。墨西哥自萨利纳斯总统 1988 年执政以来，大幅度调整政策，采取了新的发展模式。这些政策在推动宏观经济平衡、减少财政赤字、控制通货膨胀、吸引外资、加强对国际市场的参与等方面起到了积极作用，但在实现社会发展目标方面建树不多，成效有限。

人们指责墨西哥经济为"赌场经济"。虽然外资大量流入给墨西哥经济带来了一定活力，但外资在墨西哥主要的兴趣放在发展当地金融业和服务业上，并以金融投资和短期投资为主。除了汽车工业以外，墨西哥制造业不仅没有跟上发展步伐，而且由于大量进口而处境维艰。外资的流入并没有对扩大墨西哥就业带来多大好处，相反大批中小企业纷纷破产。墨西哥实际 GDP 增长率自 1990 年以来从 4.4%、3.6% 和 2.8% 降至 0.4%（1993 年）。萨利纳斯上台时制定的年增长率为 6% 的目标已成空话。1991—1993 年墨西哥的贸易逆差累计为 367 亿美元，经常项目赤字为 631 亿美元。

随着私有化计划的迅猛推行，1982 年（墨西哥国营企业为 1155 家，目前只剩下 137 家），墨西哥亿万富翁的人数已增加到 24 个，仅次于美国、德国和日本，在世界各国中排行第 4，但全国 4000 万穷人（其中极端贫困者为 1700 万）和一部分中产阶级，却为政府的发展政策付出了高昂代价。目前，政府对穷人的补贴大为削减，城市工资收入者的平均购买力已下降22%。1993年失业人口增加到349万。在非正规部门就业的人口已达898万。

社会财富分配不公和贫富差距进一步扩大，导致墨西哥社会矛盾日益表面化。据墨西哥《至上报》披露，继1994年年初恰帕斯州印第安农民开展武装斗争后，全国31个州中有12个州存在着武装集团。《美国新闻与世界报道》则说，至少有10个州正酝酿暴乱。3月执政党总统候选人被刺，国民银行总裁哈普被绑架（据说付了3000万美元才被释放），4月巨人连锁集团（资产25亿美元）副总裁安赫尔·洛萨达被绑架（至今未归），蒂华纳市警察总监何塞·贝尔特斯被暗杀。目前，墨西哥的绑架案件从1988年平均138起增加到1993年的1500起，在锡那罗亚州平均每6天发生一起。墨西哥经济发展和社会公正不能同时并举的模式值得深思。

（二）中墨双边关系不容乐观。出于其全球战略的考虑，美国近年来对墨西哥的政治和经济利益给予了充分的照顾。一批从美国获得硕士和博士学位的墨西哥青年回国后纷纷担任重要职务。作为发展中国家开创先河的行动，墨西哥不仅与北方强邦签署了自由贸易协定，而且跻身于"经合组织"，成为这个"富国俱乐部"的第25个成员国。墨西哥在世界人口排第10位，面积排第13位，在全球国内生产总值中排行第13位，农业产值排行第11位，制造业排行第13位，矿业排行第9位，天然气产量排行第6位，石油储量排行第7位，航空客载量排行第7位。

由于在世界和拉丁美洲的地位相对上升，墨西哥统治阶层近年来春风得意，自以为得计，对中墨关系采取了极端不负责任的行为。1994年5月，墨西哥总统萨利纳斯竟秘而不宣地会见了"台湾行政院院长"。墨西哥政府事先不打招呼，于1993年4月15日对我国十大类4000多种产品进行所谓反倾销调查，同时征收高额临时反倾销税，其中鞋类为1105%，玩具为351%，合成纤维布为501%，成衣为533%……从1986年算起，墨西哥对我国提出的反倾销案已有50多起。实际上，中国对墨西哥的出口只占墨西哥进口很小的比重，中国产品对墨西哥庞大的贸易赤字并没有造成多大影响。1992年中国对墨西哥的出口额仅1.58亿美元，只占其进口额的0.33%。1993年墨西哥的外贸赤字为188亿美元，按中方计算，中国顺差仅 4376 万美元（按墨方计算为 3 亿美元），然而墨西哥只对中国一家发起"反倾销"攻势。这种做法，在国际贸易中是罕见的。

此外，墨西哥对我国人员赴墨也进行种种限制。据一家在墨西哥的中国公司负责人说，除了"五矿"在墨西哥的公司外，其他中国公司已无法为其人员赴墨工作申领签证了。

墨西哥在中墨双边关系上的一些做法，似应引起我国警惕。考虑到墨在拉美，特别在中美洲和加勒比地区的影响，在"两个中国""一中一台"等原则问题上，我方不应一味退让和容忍，否则台湾在拉美的势力将更为嚣张。

（原载《中国社会科学院要报》1994 年第 30 期）

墨西哥政治体制改革面临严峻考验

从 1997 年 4 月 22 日起，为在中期选举中获取更多的选票，墨西哥各大政党和政治力量之间展开了激烈斗争。此次中期选举对墨西哥政治体制和执政党的政改方案将是一次严峻考验。

国外舆论界和学术界十分关注墨西哥中期选举。据分析，墨西哥两大重要的反对党——国家行动党和民主革命党的目标是力争在议会中获得更多的席位，各自在一个州的议会中成为多数党，并能由本党成员出任墨西哥城市长。墨西哥城市长一职历来由总统任命，一直在执政党旗下，1997 年起将由选举产生。从实际权力和影响力来看，市长的地位仅次于总统，属国内第二号人物。市长一职落在谁手，将是这次选举的压轴戏。在目前的 4 个角逐者中，民主革命党的小卡德纳斯和国家行动党的卡洛斯·卡斯蒂洛以及革命制度党的德尔马索（原墨西哥州州长）在民意测验中的得票率十分接近。

小卡德纳斯是 30 年代墨西哥石油国有化的倡导者拉萨罗·卡德纳斯的后代，在 1988 年总统选举中的得票率高达 31.12%，在国内有较高的声望。他关注收入公正分配问题，同情下层群众，并支持萨帕塔主义，在贫穷者、印第安人和知识分子中间赢得不少选票。西方舆论认为，小卡德纳斯的党如获胜，将更多地推行民众主义政策，容忍示威游行，支持非正规部门。执政党则公开指责他上台后不久会搞"分离主义"，而且在经济领域会采取"不合时宜"的政策。

被称为中右的国家行动党是最强大的反对党，已建党 58 年。近一二十年来，随着墨西哥经济的现代化和市场化以及政治开放进程的加快，实力成倍增强。墨西哥 37% 的人口实际上已在国家行动党的管治之下。

革命制度党以民族主义、民众主义和实用主义为信条，是墨西哥政治结构的基石，也是经济和政治改革的始作俑者。为了顺应潮流，它早在 60 年代就从改革选举制度着手，开始对自己一党专权的体制进行调整，试图通过渐进方式逐步转变到以自己为主导、多党并立、平等竞争、互相制衡的格局中去。但到现总统塞迪略上台后，政治改革的步伐和后果给他自己带来了麻烦。

首先，革命制度党在国内的声望急剧下降。进入 80 年代，在几届总统选举中，他的得票率从 70.9%（1982 年德拉马德里上台）和 50.36%（1988 年萨利纳斯上台）下降至 48.7%（1994 年塞迪略上台）。同时，在州和地方一级选举中也屡遭失败。随着国家行动党和民主革命党的日益壮大，一旦他们在议会中实现某种程度的联合，执政党在国内的主导地位将难以维持。

其次，党内对改革抱怨甚多，不时产生严重分歧。革命制度党内的大老（西方舆论称为"恐龙派"），包括一些劳工部门的负责人和地方上的领导人经常对总统的改革方案进行公开指责。1996 年 1 月，执政党 298 名众议员中的 255 人联名要求总统放弃现行的经济政策，重新回到 1994 年 12 月比索贬值前的格局中去。在石油工会的压力下，总统已决定搁置对 61 家国有石油化工企业实行私有化的计划。同年 12 月，执政党议员还否决了一项养老金私人管理计划。党内不少人还批评塞迪略政治上软弱，放弃责任，向反对党让步过多。他们认为，这不但解决不了问题，反而产生问题。在党内传统派的带领下，党的 17 次代表大会（1996 年 9 月）正式规定，今后凡出任该党总统候选人者，至少要有 10 年党龄和出任过选举职务或党的领导职务的阅历。这一举措显然是为了堵塞类似于德拉马德里、萨利纳斯和塞迪略这类握有国外文凭的技术官僚的晋升之路。

最后，总统的权威大大动摇。墨西哥总统拥有至高无上的权力，这是同执政党历来强调纪律、效忠和统一分不开的。但随着党内分歧的严重存在和进一步发展，总统已丧失了控制权，塞迪略已成为墨西哥历史上最软弱的总统。在党内，一方面，他要面对一大群终生靠对党的服务、以选举（实际上往往是贿选和舞弊）为能事的传统分子的反对；另一方面，又要应付大力鼓吹新自由主义改革的压力。值得注意的是，前执政党总书记、恰帕斯谈判特派员卡马乔（他在党内传统分子的压力下已离开了该党），于 1996 年 5 月与豪尔赫·卡斯塔涅沃一起赴爱尔兰都柏林前总统萨利纳斯的寓所会谈。据传，三人曾制订了一个把塞迪略总统撵下台的计划。在一次由反对派政治家组织参加的集会上，卡马乔公开主张成立一个政党联盟来挫败革命制度党。他主张用欧洲式的议会制取代墨西哥的总统制。有消息说，他有可能组成"第四党"，在 2000 年总统选举中以中左的姿态同革命制度党对峙。

无疑，不论经济改革还是政治改革，都对革命制度党原有的体制产生了巨大冲击。1994 年 3 月和 9 月，党内连续发生的两起谋杀案以及萨利纳斯和塞迪略权力交接时的相互诟病，充分说明了执政党内部分裂和削弱的严重程度。

此外，选举制度的改革、国内的治安、经济状况都使执政党在中期选举中处于不太有利的地位。

1996 年年中，执政党的重要反对党之间就选举改革问题已达成共识。新的选举办法将增加公正性和透明度，使执政党（通过政府）不得任意干预选举。选举委员会成为单列的国家机构，由议会划拨资金，管辖 8000 名工作人员。选举委员会的主席和 8 名委员由议会选举产生，任期 7 年。过去，执政党常常靠挪用选举基金和多占用电视节目时间为自己的候选人捞取更多选票。但现在，这些办法已经用不上了。这次中期选举的公共基金为 2.79 亿美元，明文规定执政党可得其中的 42%，国家行动党得 25%，民主革命党得 19%。用于竞选的电视网节目时间，1988 年时 80% 被执政党占用，1994 年这一比重降到 50% 以下，这次中期选举将安排得更为合理。

社会治安状况从 1994 年以来一直没有改善。1997 年前 3 个月，首都街头平均每天发生的侵袭案达 86 起，比以往增加了 1 倍。1996 年下半年，墨西哥城中 62% 的商业企业至少被盗窃过一次，1/3 的企业则被盗窃过多次。1996 年 12 月，几十名警员因充当国内最大通缉犯、毒品头子阿马多·卡里洛的保镖而被捕。1997 年 2 月，身为联邦缉毒署署长的古铁雷斯·罗约沃将军也因贪赃枉法锒铛入狱。1994 年发生的两起震惊海内外的政治谋杀案，查了 3 年多时间至今仍不甚了了。面对因社会分配不公正和贫困化加剧而引起的下层群众的武力反抗，政府毫无良策。尽管 1995 年 4 月政府已同萨帕塔民族解放军重新举行谈判，但从 1994 年 1 月起义至停战前，已有 145 人死亡。更为严重的是，一支号称"人民革命军"的队伍在 6 个州开展协调一致的武装骚扰活动，重创政府军多人。

社会经济状况不佳则是反对党集中攻击革命制度党的主要话柄。尽管从 1996 年下半年起，墨西哥开始摆脱金融危机并走向复苏，但宏观经济的稳定仍是初步的、脆弱的，因此面临不少难以矫治的问题。

（1）失业率过高。1996 年，墨西哥经济自立人口为 3440 万，实际失业、半失业的人口占 2/3。有学者认为，这一数字为 1680 万，约占劳动力的 49%，其中包括制造业中的失业者 88.6 万人，农业中的就业不足者 127.11 万人，服务业中的失业者 363.8 万人。墨西哥面临的既是总量性失业，又是结构性失业。在目前社会总投资不足、年经济增长率只有 3%—4% 的态势下，这一问题无法解决。

（2）外债总额巨大。1996 年，墨西哥外债总额高达 1800 亿美元，每年要支付的本息估计在 300 亿美元以上。沉重的债务负担制约着墨西哥经济的快速发展。

（3）居民实际生活水平下降，贫富差距悬殊。墨西哥居民的购买力在 1995 年下降了 20%—30%，实际工资在下一个 5 年内很难恢复到 1994 年的水平。全国近 9000 万人口中，贫困者已达 4000 万人，其中 1700 万（一说 2200 万）生活在赤贫状况下。许多人分享不到经济改革和贸易自由化带来的好处。北部各州由于北美自由贸易协定的关系处境较好，南部（如恰帕斯州、瓦哈卡州和格雷罗州）都因经济停滞而叫苦不迭。一个靠市场驱动的、现代化的墨西哥和另一个落后的、农村的墨西哥之间的差距正在扩大。

由此可见，不论从自身的分裂和削弱，还是从面对的严峻外部环境来考虑，革命制度党都无法预测自己在这次中期选举中的结局将会如何。不论出现什么结果，包括 2000 年的总统选举在内，墨西哥从革命制度党一党支配走向以一党为主导、多党并立、平等竞争、互相制衡的趋势是不可逆转的。

（原载《参考资料》1997 年 7 月 2 日）

墨西哥经济模式的转换及其代价

1994 年 3 月和 7 月，应"墨西哥国际性研究项目"（PROFMEX）的邀请，我两度访问墨西哥，在其首都及附近地区小住了十多天。当我驻足于开阔而肃穆的索卡洛广场，环视巍峨的墨西哥大教堂及其毗邻的总统府时，跃入眼帘的是它的历史浑重感和现代革新精神。

广场的西边，一群民间艺术家正在表演传统的印第安舞蹈；东边，一批政党与工会组织的积极分子在此安营扎寨，正在为 1994 年的大选和墨西哥刻意向外界展示的政治多元主义进行炽烈的宣传战。广场上行人如鲫，挎着长枪和冲锋枪的武装警察巡行其间。只有旅游者和外国游客伫立片刻，本地人则安之若素，悄悄然匆匆离去。

正是我眼前这个古老而年轻的国家，弹指十多年间发生了沧桑巨变。

一 10 多年的经济变化

1982 年 8 月，当墨西哥宣布无力为其外债支付利息时，一场倒海翻江的债务危机席卷了全球。此刻，墨西哥经济已到了崩溃边缘——本国货币比索一再贬值，三位数的通货膨胀率，财政赤字竟占国内生产总值的 16.9%。推行达 40 年之久的进口替代工业化战略，终于走到了它的尽头。尽管从统计数字上看，这几十年来，它的经济每年以 6% 的速度递增，但囿于固守内向型的发展模式，工业与技术长期落后，产业结构陈旧不堪，出口下降，资金奇缺，国内储蓄严重不足，只能靠庞大的外债来支撑经济的运转。它在世界出口额中的比重，从原来的 13% 降至 5% 以下。出口额占国内生产总值的比重，也从原来的 14% 降到 4% 左右。

1982 年 12 月，德拉马德里总统上台执政时，面对严峻的经济形势，他一面大力执行"经济复兴紧急计划"（PIRE），一面对政府在经济活动中的作用逐步予以清理。但是祸不单行。1985 年 9 月，墨西哥发生了强烈地震。次年，它的主要产品石油的出口价格从每桶 25.5 美元降为约每桶 10 美元。这两大突如其来的打击，使墨西哥的经济恢复如蹈汤火。按照国际货币基金组织的思路，政府不遗余力地推行其稳定化计划，然而收效甚微。

1987 年下半年起，才出现转机。这时，墨西哥政府参照以色列对付通货膨胀的经验，结合采用正统与非正统的手段，开始实行一项新的稳定化计划。同时，又有政府、劳工和企业家三方签订"经济团结契约"（PASE），共同来矫治经济痼疾。

1988 年 12 月萨利纳斯总统执政后，墨西哥乘势加快了经济改革的步伐。次年，墨西哥的通货膨胀率降到 20% 以下，到 1993 年则控制在一位数以内。1990 年，国内生产总值增长率达到了 4.4%，创 1982 年以来的最高纪录。财政赤字在 1988 年降到占国内生产总值的 12.5%，到 1991年扭亏为盈，财政盈余相当于当年国内生产总值的 2%。1994 年 4 月，墨西哥取消了最后一批控制物价的行政措施。至此，在生产、消费和流通等领域，墨西哥按市场经济模式将它们纳入商业周期，从而基本完成了新旧发展模式的转换。

二　萨利纳斯总统的政绩

萨利纳斯总统（将于 1994 年 12 月卸任）执政的 6 年，墨西哥经历了一场半个多世纪以来最深刻的变化。萨利纳斯执政 6 年抓了四件大事。

第一，稳定财政。采取种种紧缩措施，使非必要的公共开支减少到最低限度，从而千方百计地削减财政赤字。由于目标明确，措施得力，自 1991 年以来年年出现财政盈余。为了健全财政体制，1993 年通过的宪法修正案规定，中央银行保持独立地位，其职责是维持全国价格稳定。1994 年 4 月，一项新的法令规定，墨西哥银行（中央银行）成为自主的实体，应执行独立的货币政策；联邦政府无权强迫其为政府的财政赤字提供保障。

第二，推行私有化。1982 年 12 月，墨西哥拥有公共企业 1155 家。

但大多数公共企业经营亏损，加重了联邦政府的财政负担。目前，这些企业中已有 1018 家被出售、关闭、合并或正在交割之中。在剩下的 137 家企业中，政府正设法通过成立信托基金会等办法来加以管理，以扭转其亏损状况。

第三，减少政府干预经济的范围。对现行的法规、法令乃至宪法进行必要的修订，增加公平竞争的条款和提高法律的透明度。到 1993 年年底，墨西哥已对 17 项以上的法令和 40 项以上的法规进行了修订。1992 年通过的一项新的联邦法规定，今后颁布任何一项新的经济管理规则，都需要事先同私营企业、消费者、生产者等有关方面商量，以征求他们的意见、批评和建议。为了有利于在公平竞争的基础上培育市场机制，同年还颁布了新的反托拉斯法，成立了联邦竞争委员会（1993 年 6 月），通过了新的外资法（1993 年 12 月）。

第四，贸易自由化。墨西哥于 1986 年 7 月加入关贸总协定后，最高关税已从 100% 降到 20%，不同的关税率简化为 16% 至 5%，平均关税减少到 14%。随着贸易的振兴，墨西哥对石油出口的依赖已大为下降，从 1982 年占出口总额的 74.6% 降为 1993 年的 14.3%。继 1994 年 1 月 1 日与美国和加拿大签订的北美自由贸易协定生效后，墨西哥与 3 国集团成员国的哥伦比亚和委内瑞拉，与哥斯达黎加、加勒比共同市场、智利、中美洲共同市场的自由贸易协定也已生效或将要生效。

萨利纳斯令人注目的经济改革日益受到国际多边机构和北方强邻的推崇和青睐。墨西哥不仅成为第一个加入亚太经济合作组织的拉美国家，而且成为第一个与发达国家签订北美自由贸易协定和加入"富国俱乐部"——经合组织（OECD）的拉美国家。墨西哥在世界和拉美的相对地位正在上升。1970—1979 年它在拉美地区总产值中占 18%，1990—1993 年已占 20.3%。

三　社会矛盾加剧

从旧结构迅猛崩溃、新结构快速生成、避免双轨制带来的难题和麻烦来说，墨西哥转换新的发展模式，堪称成功的案例。但是，人们又指出，在转换模式的过程中，墨西哥在实现社会发展目标方面，不仅建树不多，成效有限，反而使原先存在的社会财富分配不公和贫富差距进一步扩大。不论国际还是国内，许多学者对墨西哥自诩的这种"社会自由主义"新模式提出了种种诘难。他们认为，这只不过是一种改头换面的新自由主义模式。有的学者甚至断言，墨西哥当前经济是一种"赌场经济"（Casino Economy），潜伏着严重危机。

人们的指责不是没有根据的。虽然萨利纳斯任内吸收的外国投资已从230亿美元增至500亿美元，但外资在墨西哥的投资方向瞄准当地的金融业、服务业和短期目标，对生产厂家、设备更新和长期目标，并没有多大的兴趣。除了汽车工业等少数部门，制造业不仅没有跟上发展步伐，而且由于大量进口而处境维艰。外资的大量流入，既没有对扩大社会就业面产生积极效果，反而造成大批中小企业破产。墨西哥实际国内生产总值自1990年以来连年下降（从4.4%、3.6%和2.8%降至1993年仅为0.4%）。1991—1993年的贸易逆差累计367亿美元，经常项目赤字累计631亿美元。为了解决经常项目连年赤字，它不惜以高利率（比发达国家的利率高出2至3倍）为代价大量吸收国外金融投资，外债总额由1989年的891亿美元增至1993年的1250亿美元。

一位墨西哥国立自治大学的经济学家严正地指出，墨西哥当前的发展模式意味着它正在退回到1982年以前受到猛烈批评的"债务诱导发展"的老路上去。他进而分析道，由于政府放弃了国家在经济事务和社会生活中的有力干预（宏观的和微观的，直接的和间接的），名义上是进行结构改革，引进竞争机制，实际上是对国民财富进行一次收入再分配，而在这次再分配过程中，社会财富进一步向少数富翁集中。据1994年7月号美国《福布斯》杂志披露，墨西哥的亿万富翁，在1987年时只有1人，现在已有24人。这一数字，仅次于美国、西德和日本，在世界各国排名第四。另据墨西哥有关方面的资料，当地25家大财团控制的财富已相当于墨西哥国内生产总值的47%。这些大财团中的5家控制了银行和信贷市场的75%和投资股权的66%。与此同时，全国4000万穷人（其中极端贫困者为1700万）和一部分中等阶层却为新的发展模式付出了高昂代价。目前，政府对穷人的补贴大为削减，城市工资收入者的平均购买力已下降22%。1993年年中，全国的失业率接近经济自立人口的20%。在非正规部门就业的人口高达898万。

　　社会财富分配不公和贫富差距的进一步扩大正在导致社会矛盾日趋表面化。据墨西哥一家大报透露，继1994年年初恰帕斯州印第安农民武装起义之后，全国31个州中有12个州存在着武装集团。《美国新闻与世界报道》则称，墨西哥至少有10个州正酝酿暴乱。1994年3月执政党总统候选人科洛西奥被刺和国民银行总裁哈普被绑架（据报道，付出3000万美元后才被释放回家），4月巨人连锁集团（资产达25亿美元）副总裁安赫尔·洛萨达被绑架（至今下落不明）和蒂华纳市警察总监何塞·贝尔特斯被暗杀等一系列暴力事件，普遍被认为决不是偶然发生的。绑架事件从1988年平均138起增加到1993年的1500起。在西部的锡那罗亚州，平均每6天发生1起。如此频繁地发生暗杀、绑架和抢劫事件，是它战后几十年来闻所未闻的。

　　人们对墨西哥这种经济和社会发展不能同时并举的模式，正在产生越来越多的疑惑。

（原载《瞭望》杂志1994年第37期）

墨西哥政治权力结构发生历史性变化

　　1997 年 7 月 6 日，墨西哥举行中期选举。执政的革命制度党遭到了自 1929 年成立以来最惨重的打击，两大主要反对党——国家行动党和民主革命党——大有所获。根据初步选举结果，民主革命党总统候选人夸特莫克·卡德纳斯当选为占全国人口 1/5 的联邦区行政长官（即首都墨西哥城市长，一般认为其重要性仅次于总统）。在众议院 500 个席位中，执政党将只拥有 235 至 236 席，首次失去了多数地位。在 6 个州的地方选举中，国家行动党在 2 个州夺魁，其余 4 个州仍掌握在执政党手中。

　　分析家认为，这次中期选举的结果使墨西哥的政治权力结构发生了历史性的变化，并将对今后国家政治生活产生深远的影响。其一，墨西哥将进入真正多党格局的新时代。中期选举后，墨西哥一半以上人口实际上没有在执政党的直接管治之下。墨西哥是实行总统制的联邦国家，总统虽拥有至高无上的权力，但它将面临一个反对党居多数的议会，这意味着执政党今后提出的任何议案都将受到两大主要反对党和另外 5 个小党的掣肘。其二，两大反对党把这次中期选举视为 2000 年总统选举的预演。深受这次胜利的鼓舞，这两个党都把入主国民宫作为下一步的奋斗目标，执政党将面临更加严峻的考验。其三，对革命制度党而言，这次中期选举无疑是以和平和体面的方式默认，它的长达 68 年的一党时代已成为历史；它将面临如何应对多党竞争、互相制衡的局面。选举一结束，墨西哥总统塞迪略即向各党派伸出橄榄枝，保证要进一步推动政治改革，呼吁各党派共同推进多党间的对话和合作。

　　许多观察家曾预言，革命制度党可能在中期选举中遇挫，但是它落到如此惨败的地步，却是许多人始料未及的。出现这种局面的主要原因如下。

（一）执政党在推动经济改革的同时没有解决社会公正问题，致使许多基本群众和知识阶层对其失去信任。墨西哥连续四届总统——波蒂略（1976—1982）、德拉马德里（1982—1988）、萨利纳斯（1988—1994）和塞迪略（1994—）——在转换发展模式、培育市场经济、使墨西哥经济与国际经济接轨方面均有所建树，但这些技术官僚出身的总统都解决不了社会公正分配问题。面对大量失业、贫困化和贫富悬殊加剧等一系列棘手问题，他们虽然实行过一些重点扶贫计划，但与他们大力推行新自由主义带来的消极后果相比，只是杯水车薪。人民群众对执政党愤懑难抑。目前，墨西哥实际人均国内生产总值已降到 1973 年的水平。在全国9000 多万人口中，贫困者已达 4000 万人，其中 1700 万人处于赤贫状态。同时，拥有 10 亿美元以上资产的巨富却有 15 个，仅次于美、德、日和香港，在全球排行第五。按照塞迪略总统前不久公布的"全国财政发展计划"，1997—2000 年国内生产总值的年增长率分别为 4.5%、4.8%、5.2% 和 5.6%。这样，严重的失业状况不可能得到根本改善，实际工资也很难恢复到 1994 年水平。由于执政党失去了许多民众的支持与信任，在 1995 年和 1996 年的州与地方选举中得票率仅占 43%，这实际上是这次中期选举失利的预兆。

（二）执政党声望下降，党内分裂，对墨西哥社会的政治调控能力已大为削弱。革命制度党以民族主义、民众主义和实用主义为信条，在 60多年的统治中一贯地在激进主义（卡德纳斯主义）和保守主义（阿莱曼主义）之间、劳动和资本之间、公共部门和私人部门之间、经济增长和社会公正之间寻求平衡，实行"钟摆式"的政治调控。它不搞多党制，而是行政权高于一切的总统集权制。这一套政治权力结构在过去几十年中曾经是行之有效的。任何政治风浪都没有动摇它对墨西哥的牢牢统治。一党制可以说是墨西哥几十年社会稳定的基石。但是进入 80 年代，随着经济和政治改革对原有体制的冲击，"钟摆"却一直偏向保守主义、资本和私人部门一端。执政党原来可以通过总统"全党一致"地在"左""右"之间进行摆动，现在却由于利益冲突上升，老的办法行不通了。总统再也无法把两者的矛盾与冲突在党内"熨平"。1988 年总统大选前夕，党内激进派的领袖夸特莫克·卡德纳斯率先发难，不久即与其他政治派别正式成立了民主革命党。他抓住萨利纳斯的贿选和腐败不放，使执政党失去了许多选民。塞迪略上台后，党内又有一群著名人物正式退党；1997 年，另一实力派人物卡马乔在党外成立新党。凡在社会上攻击革命制度党最猛烈的往往是原该党党员。

（三）近些年来执政党的腐败丑闻不绝，国内外形象不佳。革命制度党执政 68 年来，在党内渐渐形成了一些特殊利益集团。它们对塞迪略总统提出执政党与政府应保持一段"健康的距离"的论断十分抵触，不愿放弃手中握有的权力。在联邦、州与地方上担任政府职务的执政党成员中，许多人是贪赃枉法者，有的还与毒品交易有染。执政党一些成员不仅追逐金钱与美色，而且反映在对权欲的迷恋上也是十分腐朽的。1994年 12 月墨西哥金融危机造成经济损失 700 亿美元，使其蒙受了自 30 年代以来最严重的打击。这场危机的直接原因是投机性的短期资金流入过多、政府汇率政策不当等，但亦与执政党的政治腐败休戚相关。从 1994 年第三季度起，资金外逃，比索定值过高已十分明显，墨西哥许多经济学家纷纷撰文，批评官方的"赌场经济"。美国财政部官员也私下向墨方发出严重警告。但执政党出于自身利益迟迟不作调整。它当时为夺取 1994 年8 月总统选举的胜利和为萨利纳斯总统 1994 年 12 月下台后竞选世界贸易组织总干事一职制造墨西哥出现"太平盛世"的假象，经济政策久拖不调，最终引发了震动全球的金融大风暴。哈佛国际事务研究中心研究员、著名评论家胡安·恩里克斯指出："革命制度党越来越没有能力统治下去，这一体制是如此的腐败以至于最好和最明智的政治家都不能修补它了"。

（四）两大主要反对党实力增强。从执政党的分裂和削弱中扩大了自身的影响。由于革命制度党这些年来"钟摆"一直指向"右"边，党员中的基本群众就开始把选票交给了民主革命党。在联邦区行政长官的选举中，民革党的得票率几乎比执政党高出 1 倍。在新的众议院议席中，它的得票率已接近第二大党国家行动党。民革党的选票主要来自城市平民和知识阶层。它成了这次中期选举的大赢家。民革党以维护民众利益和为弱者申言的姿态参加竞选，而且及时缓和了激进的调子，为自己塑造新的形象。它在《1998—2000 年经济发展与社会公正纲领》中没有对墨西哥通行的经济模式发表相忤的言论。卡德纳斯本人不再像 1988 年那样公开谴责国际货币基金组织，表示将按约支付外债本息。他还承认了萨利纳斯时期私有化的现实。他许诺该党将创造500万个新的工作岗位，其中至少350万个长期性工作岗位，同时又不影响墨西哥经济的"国际竞争力"。显而易见，民革党在争取民众的同时，力图博得工商界的青睐。舆论普遍承认，卡德纳斯比1988年和1994年时老练了，终于脱颖而出。他今后3年任期内的政绩将关系到2000年总统桂冠的角逐。

虽然中期选举的最终结果要到7月下旬才正式公布，但革命制度党一党统治的时代无疑已宣告结束。政治分析家认为，这是墨西哥社会发展的必然。然而，墨西哥能否忍受住这一政治阵痛，还有待证实。墨西哥今后政治与社会稳定以及经济发展，仍离不开执政党的巨大影响和作用，特别是它与两大主要反对党之间的对话和合作。执政党具有庞大的社会支持体系和将近70年的执政经验，在多党竞争、互相制衡的格局中，它必定会为保持住自己对墨西哥权力结构的主导地位而顽强地争斗。

（原载《世界形势研究》1997年第29期）

墨西哥前总统埃切维利亚被传讯

墨西哥的 7 月，对年届八旬的埃切维利亚来说，的确是酷热难当。一周之内，这位前总统两度受到特别检察官卡里略的传讯。卡里略就1968 年 10 月和 1971 年 3 月学生被害案件，以及 70 年代至 80 年代的"肮脏战争"，向他提了一百多个问题。特别检察官办公楼附近，一群人打着"埃切维利亚，你的末日到来了!"的标语。国内外记者对这一罕见的重大新闻进行了广泛报道。

一 无法消隐的创伤

埃切维利亚是墨西哥自 1934 年以来第一个被司法传讯的离任总统。他和他的政党所处的年代，注定了他要成为旋涡的中心。

1968 年，埃切维利亚当选总统前两年，左翼学生造反运动在世界范围内呈狂飙突起之势。墨西哥学生和知识界深受法国"五月风暴"的影响，上街要求政府克服社会经济和政治生活中的弊端。7—9 月，17 万以上的大学生举行罢课斗争。8 月 27 日，甚至有 30 万大、中学生参加示威游行。为了发泄对革命制度党的积怨，学生们甚至把抗议的声浪引向即将在墨西哥城举行的第 19 届夏季奥运会。

墨西哥历来有结社、集会、游行和大学自治的传统，学生当时的游行和集会实际上并不会对革命制度党政府造成重大威胁。但由于 10 天后即将举行奥运会，面对汹涌而来的学潮，革命制度党政府认为这是一个"颠覆性阴谋"，因而显得惊恐万状，冥顽不灵，为收一时之效，竟采取了抱薪救火的不当举措。

1968 年 10 月 2 日，墨西哥城大中学生在该城东北部的特拉特洛尔科地区集会，要求政府消除经济不公正和进行政治改革。埃切维利亚时任内政部长，受他管辖的奥林匹亚营是镇压这次学生运动的主力。镇压造成300多人死亡，2000多人受伤，2000多人被捕（其中有不少人被关押达2年之久）。

特拉特洛尔科惨案发生后，许多青年学生和知识分子走上了与革命制度党公开对抗的道路。埃切维利亚担任总统期间（1970—1976年），革命制度党对国内的左翼反对派采取高压政策。在1971年3月的一次学生集会游行活动中，至少有30名学生遭军警杀害。

不久，一批自称"农业社会主义"的左翼反对派，在"穷人党"的带领下展开游击战。其领袖卡巴尼亚斯，被喻为"墨西哥的格瓦拉"，几年后在一次绑架前州长的武装冲突中被军警打死。政府镇压左翼分子武装反抗的活动持续到80年代初，被今人称为"肮脏战争"，现已确认至少有275人遭军警杀害。

国内外学者普遍认为，特拉特洛尔科惨案是墨西哥现代政治史的转折点，也是革命制度党由盛转衰的分水岭。这一事件揭开了七八十年代以来墨西哥政治、经济体制改革的序幕，同时给革命制度党留下了难以愈合的创伤。

二　改革、反思和检讨

与六七十年代巴西、阿根廷、智利、乌拉圭等南美洲国家的政府当局以及许多中美洲国家的统治者相比，墨西哥一直属于拉美较民主的国家。执政的革命制度党富有政治经验，对国内的政治反对派通常采取安抚的办法：向他们提供说话的机会，就业的机会或作出让步。有观察家概括他对待政治反对派的手法是：给两根胡萝卜，也有可能给三根或四根，尔后，如必须，就打一棍子，通过接纳和瓦解反对派来强化自己的政治体制。

1968年10月事件之后，由于面临国内外的巨大压力，革命制度党迅速做出妥协，调整对知识界和政治反对派的政策。就政绩和德行而言，埃切维利亚总统在历任革命制度党政府的总统当中可列中乘以上。在他出任内政部长和总统期间，墨西哥经济高速发展（年增长率约为6%），国内金融—工业集团垄断趋势明显加强，资本主义大型农场迅猛发展。然而，这一切导致国民收入的分配趋势越来越有利于资本和土地的所有者。深刻的社会矛盾激发了学生运动，逼得政府终于举起了"棍子"。埃切维利亚就成了这一镇压政策的直接指挥者之一。

埃切维利亚就任总统后，着手进行一系列社会经济改革（如1970年颁布新的劳动法，1971年颁布土改法和调节外资的新法令），增加对农业的投资。同时，他积极开展同青年对话，撤换大批政府官员，起用一批年轻知识分子和有名望的专业人员。1968年学运中的许多积极分子，后来成了作家、编辑、教授、议员、大使和部长，他们陆续地融入了主流社会。

在对外领域，埃切维利亚推行独立自主的对外政策，倡导"第三世界主义"，支持革命的古巴，对遭受拉美各国独裁统治者迫害的左翼流亡者提供慷慨援助。1974年他下令与智利军事独裁政权断绝外交关系，1975年他和委内瑞拉倡议成立了不让美国插手的"拉美经济体系"。他还支持恢复我国在联合国的合法地位（1971年）并同我国建交（1972年）。他是中墨友谊的奠基人，是中国人民的老朋友。

在埃切维利亚下台7年后，也就是特拉特洛尔科事件15周年之际，为了消除历史造成的裂痕，革命制度党遂允许反对派在当年的惨案发生地——三文化广场矗立一块纪念这一事件的石碑。三文化广场是墨西哥知名的旅游胜地。此举实际上表明革命制度党愿意反思和检讨的态度。这一有勇气的举动也说明革命制度党处理政治历史问题游刃有余。

1989年，革命制度党还同意成立官方的全国人权委员会，着手调查政治迫害和滥施暴力的问题。1998年，它甚至容许议会正式介入惨案的调查。当然，革命制度党此时仍握有实权，它毕竟不太愿意让1968年事件和"肮脏战争"深挖下去，它可能期待这些不幸事件会在人们的记忆中渐渐消隐。然而政治反对派的胜利来得太快了，岂能放过对手的"伤疤"？

三　调查、控诉与辩护

2000年12月上台后，福克斯总统不断表示欲揭革命制度党这一"伤疤"。早在竞选总统时，他就提出要成立一个"真相委员会"。虽然这一提议因革命制度党在议会中仍掌握微弱多数而未被通过，但在 2001 年 10 月，一名因追查革命制度党滥施暴力而驰名的女律师被右翼分子暗杀后，他加快了揭"伤疤"的步伐。

2001 年 11 月，福克斯总统下令全国人权委员会公布一份长达 2846 页的调查报告。该报告虽不包含 1968 年 10 月事件中的死亡人数，但明确指出在埃切维利亚（1970—1976 年）和波蒂略（1976—1982 年）执政期间，在 532 起"失踪者"案件中，至少有 275 人是被警察和安全人员杀害的左翼人士，另有 97 起"失踪者"案件因证据不充分尚难确认。报告还确认，37 家政府部门中有 74 名公职人员涉嫌滥施酷刑和杀戮反对派人士的人命案。

2001 年年底，在西班牙和墨西哥披露出 35 张指证奥林匹亚营士兵射杀学生的黑白照片，进一步激起了民众对革命制度党的怨恨。2002 年 2 月，福克斯亲自下令释放军内的反对派加利亚多将军。加利亚多因于 1993 年撰文提及军队滥施暴力而被革命制度党政府以"贪污罪"判处入狱 28 年。6 月，福克斯决定将标明特拉特洛尔科事件的档案立即放置在国家档案馆，供公众调阅。政府新通过的《信息自由法》规定，1952—1985 年革命制度党政府手中保管的数量达 8 亿案宗的文件要向公众开放，任何公民只要提出，政府部门必须在 20 天以内向其提供文件的复印件。福克斯还许诺成立一个专门机构研究对被害者家属给予赔偿。与此同时，惨案幸存者和见证人 4 年前向最高法院提出的诉讼状被正式纳入司法程序。

幸存者的诉讼状、人权委员会的报告和杂志上的照片已将革命制度党置于被审判者的地位。面对诉讼状和谴责，埃切维利亚说："我的良心是清白的。"一位现任革命制度党的议员、前将军阿尔瓦多·巴利亚塔表示，坚决反对有人利用历史问题谴责军队。他说，在特拉特洛尔科事件中，"谁下令开的枪，我不知道。军队只是履行使命。如军队开枪的话，决不至只死 27 人。"另一位退役将军阿尔韦托·金塔纳尔说，"根本不存在'肮脏战争'，我们只是在国内清除犯罪分子，如托洛茨基分子、毛主义者和其他破坏墨西哥稳定的人"。现任国防部长赫拉尔多·克莱门特将军说："我们只接受命令。军队只做国家让我们做的事。"

四　多党制下的命运

墨西哥官方目前只是对埃切维利亚进行司法传讯，今后能否定罪和宣判，将取决于以下情况。

（一）**凿凿有据的犯罪事实**。革命制度党政府承认在 1968 年 10 月 2 日事件中死亡人数不到 30 人，而且被害者只是破坏社会稳定的暴徒。公众确认的死亡人数则在 200—300 人之间（还有人认为在 500 人左右），死亡者大多数是无辜的学生，甚至包括少年。死亡人数和死亡者身份，在经过了 34 年之后，已很难精确核实。迄今为止，档案中找不到有谁在 1968 年 10 月 2 日下令开枪的直接证据。舆论认为，这一惨案应由当时的总统奥尔达斯负责，内政部长埃切维利亚负部分责任。墨西哥《改革报》7 月的一份新闻调查材料表明，85% 的墨西哥人认为，埃切维利亚至少应对惨案负部分责任；67% 的墨西哥人支持对"肮脏战争"进行调查，并处罚前总统们；26% 的人则认为，应忘却这一不幸事件。

（二）**司法审判和犯罪学上的界限**。目前披露的事实确已证明革命制度党政府在 20 世纪 60 年代末至 80 年代初期间对一般民众和政治反对派（有的属于左翼游击队员）有滥施暴力的问题。对于涉嫌此案的中下级官吏和军警而言，他们只是执行上级命令，如予以定罪和宣判，必将引起争讼。对于总统和内政部长等被指控者，即便找到了他们直接下令开枪的证据，也只能以"国家犯罪"来界定，难以对他们个人进行刑罚。对于这一点，埃切维利亚本人十分清楚。在接受传讯后，他说他自己离被捕入狱，"还有很长的距离"。

（三）**福克斯的政治决断**。革命制度党的"伤疤"是福克斯手中的一张王牌，可随时使他得分。他上台时许诺的经济、政治和社会方面的目标，眼下大多落空。他指出墨西哥年经济增长率可望达到 7%，现已成为笑话。墨西哥经济对美国的依存度太高，美国经济衰退，福克斯只能自认倒霉。他曾答应解决恰帕斯问题、街头暴力问题和扩大墨西哥在美移民的权利问题，实际成果不多。在经济和社会政策领域，他采取与革命制度党政府相似的措施，二者并无多大变化。民众对福克斯的支持率已有所下降。只有在推行政治民主化和反腐败方面，他聊可自慰。墨西哥政府官员每年贪污的金额约为 300 亿美元，占联邦和州税金收入的 15%，抓这两个问题，实际上就是拷打革命制度党。但福克斯抓这两大问题也不是毫无顾忌。革命制度党目前在议会中仍占多数，福克斯政府和军队中的重要职位仍由不少革命制度党人担任。革命制度党拥有 1300 万党员，组织结构严密，盘根错节。福克斯的国家行动党只拥有 15 万人（缴党费者），党内还存在着老派和新派成员之间的政治分野。2003 年中期选举已不远，革命制度党仍有 50% 的可能在下一届总统大选之年东山再起。福克斯如何一面揭革命制度党的"伤疤"，一面又不同它彻底闹翻，确实不易。

一位美国学者丹尼斯·德雷瑟在评论墨西哥多党政治架构时意味深长地指出："除非福克斯能应对过去，否则他就把握不了未来。"墨西哥从 2001 年 12 月起结束了革命制度党的一党制政治模式，开始由国家行动党、革命制度党和民主革命党共同构筑"三驾马车"式的多党互竞互存下的代议制民主体制。这一崭新的政治架构目前尚处于初级而脆弱的阶段，它必将经历一个曲折而漫长的路程才能日臻完善。福克斯今后能否运用自如地应对统治墨西哥达 71 年之久的超大型政党——革命制度党及它带来的历史遗产，以及革命制度党能否遵照新的"游戏规则"行事，将在很大程度上影响未来的发展进程。

（原载《南风窗》2002 年 9 月）

关于中美洲国家
经济增长模式的历史考察

拉丁美洲国家的经济增长模式既具有相似性又具有多样性。战后初期到 60 年代中期，墨西哥和主要南美洲国家采用的是工业进口替代的经济增长模式，而在中美洲国家①，占主导地位的依然是初级产品出口导向模式。中美洲国家的这种经济模式发轫于 19 世纪 70 年代，最初以输出单一性农产品为特征，到 20 世纪 20 年代达到顶峰。此后，它又同农业进口替代和工业进口替代结合在一起。即使在 60 年代地区一级工业进口替代达到高潮时，农产品出口导向模式仍然是中美洲各国经济活动的基本模式。

一 单一农产品出口导向模式的形成

中美洲诸国从 1821 年起先后脱离西班牙殖民统治，宣告独立。独立后的头 50 年内，由于内部纷争和政治动乱，各国经济几无进展。但独立后的第二个 50 年内，即 1870—1920 年期间，它们开始获得较稳定的经济增长，其基础是向世界市场出口咖啡和香蕉两大热带农产品。

在 18 世纪，咖啡原是欧美上层人物的消费品；到 19 世纪下半叶它已成为大众饮料。国际市场对咖啡的需求量不断增加。中美洲的气候、土壤等自然条件十分适合种植咖啡树。早在 1740 年和 1779 年，危地马拉和

---

① 本文所述中美洲国家指哥斯达黎加、萨尔瓦多、危地马拉、洪都拉斯和尼加拉瓜 5 国，不包括 1903 年脱离哥伦比亚而独立建国的巴拿马和 1981 年独立的伯利兹。

哥斯达黎加就开始种植咖啡树，并分别于 1853 年和 1825 年出口咖啡①。随着连接太平洋和大西洋的巴拿马铁路的建成，中美洲各国同欧洲和美国东、西两岸的通商日益便利，中美洲的咖啡得以大量出口。到 19 世纪末，在中美洲各国的出口中，咖啡已占举足轻重的地位：危地马拉占 96%（1889 年），哥斯达黎加占 91%（1890 年），尼加拉瓜占 71%（1890 年），萨尔瓦多占 66%（1892 年）。

正当中美洲各国高原地区广泛种植咖啡树时，香蕉种植业则在这些国家的加勒比沿海地区逐步兴起。早期的香蕉种植园位于铁路线两侧，最终都落入了外国公司手里。1899 年成立的美国联合果品公司垄断了危地马拉和哥斯达黎加的香蕉生产和出口。洪都拉斯的香蕉生产和出口则由 3 家外国公司——美国联合果品公司、巴卡罗公司（后称标准果品和轮船公司）和萨姆·塞穆赖德库约梅尔果品公司——垄断。1870 年洪都拉斯已开始定期向海外出口香蕉②。1913 年，香蕉在出口总额中，洪都拉斯和哥斯达黎加占 50%，危地马拉占 5.7%，尼加拉瓜占 5.6%。同年，咖啡和香蕉在出口总额中，哥斯达黎加占 85.2%，萨尔瓦多占 79.6%，危地马拉占 90.5%，洪都拉斯占 53.5%，尼加拉瓜占 70.5%。

与此同时，中美洲各国的政治经济体制逐步适应这种出口模式并使其强化。1870 年后，各国相继进行了资产阶级性质的变革运动，自由派寡头势力取代了传统的大地主、大畜牧业主寡头的统治地位。新的寡头势力代表咖啡和香蕉出口集团的特殊利益，有意以当时出现经济繁荣的阿根廷为榜样，发展本地的物质文明，并以欧洲大陆的经济贸易连接在一起。他们推崇墨西哥科学家派的主张，仿效波菲里奥·迪亚斯的政策，推行中央集权主义。自由派寡头的专政给中美洲各国带来比较稳定的政局。1870—1920 年的 50 年中，危地马拉两个独裁者前后对该国持续了 36 年的统治。在萨尔瓦多，马丁内斯—基尼奥内斯王朝的 14 个家族（实际上是 60 个大家族），从 1913 年起牢固地掌握了本国的统治权。他们不但

① ［美］E. 布拉德福德·伯恩斯：《1875 年埃德沃德·梅布里奇在危地马拉》，美国加州大学出版社 1986 年英文版，第 92—97 页。

② ［英］莱斯利·贝瑟尔：《剑桥拉丁美洲史》第 5 卷，剑桥大学出版社 1986 年英文版，第 219 页。

垄断了咖啡的种植、加工和出口，而且控制了本国的银行资本。通过法律手段，各国自由派寡头窃取了印第安公社和教会的土地所有权，使大批土地落入咖啡业主和香蕉业主手中。贫困大众无法获得土地，而在市场法则驱使下不得不向咖啡庄园和香蕉种植园出卖劳动力。此外，国家还制定了强迫征募的法令，强制印第安农民替农产品出口集团效劳。在土地和劳动力投入方面，自由派寡头集团确保了单一性农产品出口导向模式的顺利运转。

现代银行体系的建立则为咖啡和香蕉的种植、加工和出口提供了良好的资金条件。从 1864 年哥斯达黎加成立第一家商业银行起，到 1915 年为止，中美洲各国共成立了 24 家银行。20 世纪以前的银行业牢牢掌握在本国业主手中。他们忠诚地为咖啡业和香蕉业服务，对于发展其他经济活动则不感兴趣。各国的货币制度也有利于农产品出口模式的运行。1870 年后，各国陆续同银本位脱钩，开始大量印制纸币，使银元渐渐退出流通领域，同时降低汇率，促使国内价格上涨。咖啡业主在金本位市场出售他们的商品，汇率的降低无损于他们的利益。他们支付的只是本币，而且付出的工资总是滞后于国内物价的上升。咖啡利益集团从现存的货币金融制度中获益最多。为加速咖啡和香蕉的出口，中美洲各国掀起了修建铁路的高潮。从 1867 年和 1871 年洪都拉斯政府两次发行债券修建从科尔特斯港通往首都的铁路算起，到 20 世纪 30 年代，中美洲各国共铺设铁路线 2000 多千米。这些铁路线将咖啡和香蕉的产地、加工地、港口、首都或中心城市连接在一起，极大地推动了农产品的出口，客观上有利于中美洲现代经济的成长。

二　从农业进口替代到工业进口替代

1870—1920 年期间出口导向模式的形成对中美洲各国的经济发展产生了深远影响。各国经济增长的动力严重依赖于以自然资源为基础的出口品。直到 20 世纪 40 年代末，各国的出口品几乎全部是咖啡和香蕉，而萨尔瓦多（咖啡）和洪都拉斯（香蕉）却偏重于发展其中的一种作物。出口的多寡决定着投资、信贷和进口的方向和数额。而进口的多寡又影响着各国工商业的发展以及政府的税收和分配。各国经济对出口的依赖至今仍未发生根本变化。1979 年，萨尔瓦多、洪都拉斯和尼加拉瓜的贸易系数甚至高于其 1920 年的水平。80 年代中期，中美洲诸国的贸易系数比拉美地区（13%）和巴西（11%）高出 2—5 倍，超过联邦德国（36%）和加拿大（29%）的水平。出口商品的单一性导致经济的脆弱性。外部环境的微小变化都会对它们的生存和发展产生影响。各国经济的极端脆弱性还表现在进出口市场上对美国的依赖。美国在中美洲各国进、出口总额中的比重，从 1913 年的 55% 和 44% 分别增至 70% 和 80%，绝大多数劳动力从事农业，农业在国内生产总值中的比重至今超过制造业（见表 1）。除食品加工业和纺织工业外，中美洲各国几乎没有现代化工业企业。外国直接投资主要集中在香蕉种植园、铁路和矿业。除在洪都拉斯和尼加拉瓜具有一定地位外，矿业在其他中美洲国家不起重要作用。

表 1　　　　　1920—1984 年中美洲国家农业和制造业在国内
生产总值中的比重（%）

年份	哥斯达黎加		萨尔瓦多		危地马拉		洪都拉斯		尼加拉瓜	
	农业	制造业	农业	制造业	农业	制造业	农业	制造业	农业	制造业
1920	46.9	7.5	45.6	10.0	41.8	13.7	498.	6.5	56.5	9.2
1929	42.1	8.7	45.9	11.7	36.2	13.7	56.0	5.0	66.0	5.0
1939	35.1	12.6	47.6	10.3	44.9	8.3	49.9	6.9	53.1	9.3
1949	39.0	11.0	43.2	12.5	37.7	11.7	45.8	8.4	35.3	11.3
1959	30.0	12.4	37.1	13.6	33.1	11.8	36.3	13.3	30.7	13.0
1969	25.8	14.9	29.9	17.7	30.3	14.7	35.6	13.6	28.4	18.2
1979	19.6	17.1	28.9	17.6	28.2	15.3	24.9	14.8	29.6	22.1
1984	21.5	16.6	30.1	16.6	28.4	14.8	26.8	13.8	27.8	23.2

说明：除 1920 年和 1980 年为连续 2 年的平均数，其他年份系连续 3 年的平均数。

资料来源：［英］布尔默－托马斯：《1920 年以来中美洲的政治经济》，剑桥大学出版社 1987 年英文版，第 271、273 页。

尽管农业至今仍是中美洲各国的主要经济部门，但在出口导向模式的影响下，真正受到重视的是向国际市场提供商品的出口农业，而向国内市场提供食品和工业原料的民生农业往往得不到足够的支持。同样是农业，其地位截然不同。出口农业得到政府的各种支持，加之采用规模经营方式，资金和土地相对密集，集中使用雇佣劳动力，机械化程度逐步提高，因此劳动生产率高。20 年代末，出口农业在洪都拉斯和哥斯达黎加农业中占 70% 以上，在萨尔瓦多和尼加拉瓜占 50% 以上。而民生农业几乎得不到政府的资助，在小块土地上靠家庭自有劳动力勉强维持生计。从单个家庭来说，向市场出售的农产品也十分有限。1921—1928 年期间，民生农业的年平均实际增长率反而低于人口增长率。在哥斯达黎加，这两个数字分别占 0.9% 和 1.7%，萨尔瓦多占 1.5% 和 2.1%，危地马拉占 2.1% 和 3.3%，洪都拉斯占 0.6% 和 2.9%。由于粮食生产不足，在 20 年代末中美洲各国的进口中食品占 20%。

按照恩格尔定律，随着人均收入的提高，每个家庭用于食品的开支将逐步减少，同时，农业在国内生产总值中的比重也会随之下降。而在中美洲，由于出口农业的迅猛发展，农业的增长快于本国国内需求的增长，农业在国内生产总值中的比重的下降十分缓慢，其间甚至出现局部上升现象。以洪都拉斯为例，农业在国内生产总值中的比重从 1920 年的 49.8% 降至 1979 年的 24.9%，前后经历了 60 年；农业地位的变化在 1920—1949 年的 30 年中几乎难以作出肯定的判断。尤其在 1920—1929 年间，尽管民生农业在国内生产总值中的比重由 25.4% 降至 16.8%，但由于香蕉出口猛增，出口农业在国内生产总值中的比重由 24.4% 上升至 39.2%，结果整个农业在国内生产总值中的比重反而从 1920 年的 49.8% 增至 1929 年的 56%。以上情况说明，中美洲国家并非完全适用有关农产品出口导向模式的恩格尔定律。[①]

单一农产品出口导向的经济增长模式自 1920 年起日益暴露出其局限性。虽然出口的繁荣带来了进口的增长以及关税和政府预算开支的增加，但由于世界商品市场价格的波动，这种繁荣很难持久。1921 年咖啡的平均价格突然下跌，只及 1919 年的一半水平，比第一次世界大战时期还低。到大萧条来临时，中美洲各国的处境更加困难。1926—1942 年期间，哥斯达黎加的实际国内生产总值下降 21.3%，萨尔瓦多下降 23.3%，危地

---

① ［英］莱斯利·贝瑟尔：《剑桥拉丁美洲史》第 5 卷，剑桥大学出版社 1986 年英文版，第 271 页。

马拉下降 23.9%，洪都拉斯下降 31.7%，尼加拉瓜下降 43%。在外界环境日益不利的情况下，中美洲各国对各自的增长模式进行了局部修正，于是产生了 30 年代的农业进口替代、40 年代的农业多样化和 50 年代的工业进口替代。

　　农业进口替代指的是发展替代进口的玉米、豆类、大米、小麦等种植业和牲畜饲养业。发展这类生产部门无须利用多少外汇，反而由于减少或取消进口而节约外汇。这时，出口农业的增长速度降低了，它与民生农业争土地和劳动力的局面有所缓和，因此民生农业加快了发展步伐。1932—1938 年期间，民生农业的年均增长率在哥斯达黎加为 5.7%，在萨尔瓦多为 4.4%，在危地马拉为 16.8%，在洪都拉斯为 4.6%。1934 年危地马拉通过了《反流民法》，强迫无地少地的印第安农民每年到咖啡庄园劳动多达 150 天，[①] 使农业部门的劳动力供应得到了保障，从而推动了民生农业的发展。哥斯达黎加、萨尔瓦多和尼加拉瓜则向小农发放贷款，以促进农业进口替代。1932—1933 年萨尔瓦多设立了"社会进步基金"，为无地农民获得土地提供便利。30 年代，中美洲各国的交通状况得到明显改善。危地马拉在这 10 年中公路网增加了 5 倍。这一切有利于国内农产品的生产和流通。农业进口替代的实施，在一定程度上减缓了大萧条对中美洲各国经济带来的危害。

　　40 年代末开始的农业多样化最初同第二次世界大战有关。原由亚洲国家供应美国的橡胶、马尼拉麻和奎宁等热带作物因太平洋战争的爆发而改由中美洲国家种植和出口。同时，美国海军征用了香蕉运输船，使哥斯达黎加的香蕉出口量大大下降。50 年代和 60 年代，棉花、牛肉和食糖在中美洲各国出口中的地位日益提高。棉花的种植分布在人口稀少的太平洋沿岸低地，由于得到金融业的支持，机械化程度高，种植面积迅速扩大。产量和出口量集中在为数有限的大农场和大庄园。中美洲的棉花出口额由 1954 年的 2710 万美元增至 1959 年的 5930 万美元。中美洲牛肉出口前景的看好得益于传统出口国阿根廷、巴西和乌拉圭国内牛肉消费量的增加。1957 年，中美洲只有哥斯达黎加出口牛肉，其出

---

　　① ［美］莱斯特·D. 兰莱：《中美洲——真正的利害关系所在》，多尔塞出版社 1985 年英文版，第 142 页。

口额为 10 万美元；1959 年洪都拉斯和尼加拉瓜也出口牛肉；1962 年，危地马拉也加入了牛肉出口国行列，上述 4 国出口总额达 1500 万美元。美国对古巴的贸易制裁刺激了中美洲的食糖生产和出口。50 年代末，古巴食糖出口的大部分配额由哥斯达黎加、萨尔瓦多和尼加拉瓜填补。到 60 年代中期，中美洲 5 国都成为食糖出口国。随着棉花、牛肉和食糖出口量的增加，到 1970 年，中美洲各国的单一农产品出口结构才有所改观。

　　第二次世界大战结束后，作为初级产品出口增长模式的补充，工业进口替代开始在中美洲各国经济中日益发挥作用。虽然工业中的传统部门（食品、饮料和烟草工业）和非传统部门（纺织、橡胶和水泥工业）早在 20 世纪 30 年代甚至 19 世纪末或 20 世纪初就已在若干中美洲国家出现，但他们由于缺乏政府的大力支持而未得到应有的发展。经济史学家称 1871—1944 年期间的中美洲处于 "松散的工业化" 时期[1]。这个时期的工业，主要是农产品加工业，在加工粮食、油料和棉花的基础上产生了食品、制皂和纺织工业。整个工业得不到财政金融方面的支持。政府只是有选择地采用免税和关税保护的优惠措施来推动某些行业和家族的发展。这些措施往往因人而异，因时而异，零零散散而又间间断断，始终形成不了强有力的工业保护主义。在萨尔瓦多，马丁内斯政府（1931—1944 年）甚至通过法律禁止进口工业发展必需的资本货，以维护手工业界的利益。

　　战后，这种状况发生变化。一是各国纷纷通过保护主义的《工业法》，以促进工业的进口替代。哥斯达黎加于 1946 年对原来的《工业法》进行修订，并于 1954 年建立了有利于民族工业发展的保护主义关税结构。危地马拉于 1947 年颁布《工业发展法》，大力倡导民族工业的发展。萨尔瓦多在 1948 年后取消对工业投资的限制，并于 1952 年通过了《加工工业促进法》，对一些工业部门的发展给予关税和税收方面的优待。二是各国政府开始对工业部门的发展提供中长期的财政支持。危地马拉于 1948 年成立工业发展协会，其他中美洲国家也成立了类似机构，以促进本国

---

　　[1]　[美] 保尔·J. 多萨尔：《1871—1948 年危地马拉工业化的政治经济》，载《西班牙美洲历史评论》杂志，1988 年，第 328 页。

工业的发展。由于商业银行的贷款主要流入了咖啡、棉花、畜牧业和商业，各国还相应成立了发展银行，为工业的进口替代提供资金。政府有时还通过对商业银行的干预，促使它向工业部门发放短期贷款。三是各国增加了对基础设施的投资，以改善工业发展的环境。从40年代末起，各国政府通过出口和税收提高了收入，加之50年代初通过向国际金融机构贷款，先后修建了一些铁路、公路、水坝和航空港。50年代初，公共投资在危地马拉和萨尔瓦多投资总额中已占1/3，在洪都拉斯和哥斯达黎加也达到1/5。四是私人投资增加。战后，由于农产品出口价格上升，出口的纯盈余增加了。虽然从农业中获得的盈余主要用于增加消费而不是用来投资和储蓄，但这一时期私人资本的实力确实壮大了。各国纷纷成立商业银行，加速了私人资本的积累。各国私人投资在国内生产总值中的比重明显增加：萨尔瓦多从1945年的3.7%增至1954年的7.5%，危地马拉从1944年的3.8%增至1950年的8%，洪都拉斯从1944年的4.8%增至1953年的12.5%。尽管私人资本主要投于建筑业、交通运输业和商业，客观上却有利于工业进口替代的发展。此外，各国还通过了劳工法，工会活动逐步合法化，劳动力的自由市场开始形成，从而在劳动力资源方面确保了中美洲各国工业进口替代时代的来临。

三 从地区一级的工业进口替代到出口替代

进入60年代后，工业进口替代发生了显著变化。1958年，中美洲5国签署经济一体化和自由贸易多边协定。1960年12月，萨尔瓦多、危地马拉、洪都拉斯和尼加拉瓜签署了中美洲一体化总协定；1962年7月，哥斯达黎加加入了签约国，正式形成了共同市场。小地区共同市场的形成给中美洲的工业进口替代带来了活力。共同市场的有关协议规定，取消成员国之间的关税壁垒，进入小地区的95%以上的货物实行统一关税，并以最优惠的办法建设一批现代企业，以促进小地区工业一体化的实现。

由于进口替代从一国狭小的市场转入地区一级的市场，中美洲各国的工业得到较迅速的发展。以1970年美元计算，5国制造业的增加值1950年为2.54亿美元，1955年为3.39亿美元，1960年为4.64亿美元，1965年为6.96亿美元，1970年为9.91亿美元。制造业的范围也相应扩大。除原有的食品和纺织工业外，化学工业和能源工业也得到初步发展。制造业在各国国内生产总值中的比重，从 1950 年的 9%—11% 增至 15%—17%。工业在国民经济中地位相应提高。现代工业企业的集中化趋势正在缓慢增长。1950—1953 年期间，企业的平均雇佣人数，哥斯达黎加为 5.9 人，萨尔瓦多为 6.3 人，危地马拉 19.1 人，洪都拉斯 5.2 人，尼加拉瓜为 13 人；1961—1965 年期间，其平均雇佣人数依次为 21.5 人、29.1 人、13 人、31 人和 24.3 人。到 1975 年，雇员超过 50 人企业的产值，在哥斯达黎加和危地马拉已占各自工业总产值的 79.3% 和 81.3%，而这些企业仅占它们全部企业数的 7.7% 和 17.5%。这说明大中型工业企业已在现代经济中发挥重要作用。

随着市场的扩大，外资增加了对中美洲各国的投资。外国在这一地区制造业部门的直接投资，从 1959 年的 1460 万美元增至 1969 年的 2.33 亿美元，制造业部门从占外国直接投资总额的 3.8% 增至 30.8%。其中危地马拉最受外资的青睐。在整个 60 年代增加的外国投资中，有 40% 投在危地马拉。这一时期危地马拉的制造业曾以年均增长 7% 以上的速度递增。洪都拉斯获得的外国投资最少。1962—1969 年期间，中美洲各国工业中的固定资本和流动资本有 30% 来自外国。外资的增长有利于这个时期各国在地区一级基础上的工业进口替代。

但是，中美洲共同市场的规模毕竟太小。根据人口、资源、私人消费开支和主要工业品产量等数字综合计算，它的市场规模在整个拉美地区只占 2.64%；中美洲 5 国中市场最大的危地马拉也只占 0.97%[①]。尽管 1960—1970 年期间小地区成员国之间的出口贸易的比重从 7.5% 增至 26.9%，但制造业的蓬勃发展仅限于电力设备、食品加工、纸浆和纸制品及化肥等部门。共同市场的工业保护主义强调发展消费品生产，歧视中间产品和资本货的生产，因而牺牲了其他部门的发展。在这一方针指导下，60 年代末中美洲 5 国的食品工业和纺织工业在全部工业增加值中占一半左右。这种状况直至 70 年代末也未发生多大变化。同时，地区一级的工业进口替代严重依赖原料进口。1970 年，从共同市场以外进口的原料在全部原料进口额中，哥斯达黎加占 76.9%，萨尔瓦多占 74.3%，

---

① 美国《拉美商情》杂志，1982 年 12 月 22 日。

危地马拉占 76.1%，洪都拉斯占 76.2%，尼加拉瓜占 76.2。这说明，中美洲 5 国工业生产所需的原料只有 1/4 左右可在小地区范围内解决。同年，从共同市场以外进口的资本货占全部资本货进口额的比重，上述各国依次为 98.6%、95%、97.7%、96.5% 和 96.6%。这说明，中美洲 5 国工业进口替代所需的资本货几乎 100% 从地区以外输入。此外，地区一级的工业进口替代对中美洲 5 国扩大就业并没有产生多大影响。1958—1968 年期间，各国按照小地区工业一体化计划的部署陆续开设了一批工业企业，然而制造业每年新增就业人数只有 3000 人。据专家计算，60 年代初到 70 年代初，中美洲各国制造业雇佣人数仅增加 20 万，即每年 2 万人。这是因为各国强调通过资本集约的方式而不是劳动力集约的方式开辟地区市场，从而解决从地区外进口工业消费品问题。

地区一级的工业进口替代并没有也不可能给中美洲各国带来同等程度的经济繁荣。由于彼此利益分配不均，各国间摩擦增加。在成员国之间的贸易中，尼加拉瓜在 1961—1970 年期间、洪都拉斯在 1965—1970 年期间，年年出现赤字。后者累计赤字达 8540 万美元，最后不得不以美元结算。洪都拉斯的制造业部门没有其他中美洲国家那样广泛吸收外资，因此发展缓慢。萨尔瓦多的制造业向它大举渗透。直至 1966 年才有所收敛。同时，有 15 万萨尔瓦多人进入洪都拉斯境内，从事垦殖活动。洪都拉斯总统洛佩斯·阿雷利亚诺决心排斥萨尔瓦多人的扩张。1969 年 6 月，洪都拉斯政府下令驱逐萨尔瓦多人。7 月，两国发生战争。洪都拉斯切断了同萨尔瓦多的外交和贸易关系，禁止萨尔瓦多商品过境。1970 年 12 月，洪都拉斯推出共同市场。1972 年哥斯达黎加也宣布暂时退出共同市场。至此，中美洲共同市场已名存实亡。70 年代中期起，中美洲各国为争取恢复和发展共同市场曾作出过多次努力，然而由于各国政局动荡，加之 1974—1975 年和 1979—1982 年两次世界经济危机的影响，中美洲共同市场至今仍无多大起色。地区一级的工业进口替代在各国经济增长过程中实际上已不起作用。

1979—1982 年的世界经济危机对中美洲各国的经济增长产生了极为不利的影响，同时也促使它们谋求新的经济增长模式。各国经济因世界市场需求下降和初级产品价格下跌而陷于困境。1980—1983 年，哥斯达黎加、萨尔瓦多、危地马拉、洪都拉斯和尼加拉瓜的人均实际国内生产总值分别下降 13.1%、21.9%、13.4%、10.8% 和 3.7%。1980
年全地区失业率在 10% 以上。中美洲的汇率在过去 60 年间基本保持稳
定，但 1979 年后这种局面已被打破。资本大量外流。外债负担加重。
各国出现了两位数甚至三位数的通货膨胀率。为渡过难关，中美洲各国
互设关税壁垒限制对方，以平衡或改善本国的国际收支状况。1980—
1985 年期间，地区间的贸易额下降了一半。由于初级产品出口不景气
和地区共同市场不畅通，跨入 80 年代后中美洲国家开始摸索出口替代
模式。它们试图在继续保持初级产品出口的同时，不断扩大出口加工过
的初级产品、半制成品或制成品，以便逐步缩小乃至替代传统的初级产
品出口。1984 年 1 月，美国里根政府推出的"加勒比地区计划"也鼓
励中美洲各国向美国市场出口非传统产品。里根的这项计划不啻是新的
历史条件下的"胡萝卜加大棒"政策。一方面，它允许该地区各国
（古巴、尼加拉瓜和圭亚那被排除在外）的商品免税进入美国市场，优
惠期长达 12 年；另一方面又规定这些国家必须接受美国国际开发署、
国际货币基金组织和世界银行规定的条件。哥斯达黎加、萨尔瓦多和危
地马拉着手按照出口替代的要求对本国的经济体制进行调整。然而，由
于经济危机的深远影响，加之传统的经济结构与体制根深蒂固，各国实
施调整的余地十分有限。1979 年后，哥斯达黎加率先冲破了固定汇率，
而萨尔瓦多和危地马拉两国直到 1985—1986 年才调整了汇率。小地区
汇率定值过高的倾向并未克服。各国不同程度地增加了直接税，并对出
口给予某些奖励，但各国对本国市场的平均保护率仍然较高。尽管萨尔
瓦多推行了第一阶段的土改计划，农村和土地结构并没有发生明显变
化。上述三国中，哥斯达黎加向共同市场以外地区和国家出口的非传统
产品增加了 14%，成绩在其他两国之上。迄今，中美洲国家向第三者
市场出口的非传统产品的数量十分有限，若干年内对中美洲各国的宏观
经济还起不了多大作用。看来，出口替代的增长模式一时还替代不了中
美洲传统的初级产品出口模式。

四　几点看法

（一）中美洲各国自 1870 年以来的 100 多年中，经济增长的动力主要来自以农业为基础的初级产品出口。直至 80 年代中期，出口农业仍占中美洲各国国内生产总值的 10% 以上。初级产品出口是它们最主要的经济增长模式。尽管它们曾采用过农业进口替代、工业进口替代或出口替代模式，后者只是前者的补充而已。它是一种外向型增长模式，但战后又同内向型增长模式（一国或小地区的进口替代）混杂在一起。由于自然条件的限制和历史条件的差异，小国、岛国或内陆国采取外向型或出口导向型经济战略，依然是一种合理的选择。

（二）对中美洲的这种增长模式应给予历史主义的分析，不应全盘否定。统计资料表明，1920—1950 年和 1950—1982 年期间，中美洲各国的国内生产总值年均增长率分别达到 3.1% 和 4.2%；如果不计算 1929—1934 年和 1979—1982 年这两次世界经济危机时期，中美洲的年均增长率接近 5%。应该说，这是一个值得注意的数字。西方学者对于国际贸易在发展中国家经济发展中的作用存在歧见。悲观论者认为，由于贸易条件恶化，国际贸易无助于落后国家增加收入和积累资金。从中美洲这段历史来看，这种观点似乎站不住脚。中美洲国家自 1870 年起参与了国际贸易和世界市场，出口农业仍拥有一定的比较优势，同时，他们并没有经历贸易条件长期恶化的情况。通过出口农产品，他们获得了国内生产总值和人均国内生产总值的增长。有人认为，中美洲经济属于“无发展的增长”，这也不无道理。但几十年积累的增长，总不能说没有一点发展吧。

（三）中美洲国家与亚洲“四小”相比，虽然他们采取的都是外向型增长模式，双方的增长速度都取决于国际市场对它们出口产品需求增长的速度，彼此的贸易系数也不相上下，但是中美洲经济的脆弱性远远甚于“四小”。这不但是因为前者出口需求弹性小的农产品，后者出口制成品。而且更重要的是，中美洲的内部市场并没有随着出口部门的发展而获得应有的扩大。中美洲的出口经济对其他经济部门的引导作用相当微弱，更没有建立起本国的工业生产体系。中美洲共同市场形成后，它只注重消费品生产，忽视生产部门之间的联动作用。出口农业的片面发展减弱了国内市场的需求，出口利益集团控制了各国的信贷市场，对民生农业产生副作用，使国内工业原料得不到起码的保障。中美洲经济的出路在于，通过初级产品的出口导致非出口部门的发展，最后达到较大程度的自我增长。

（原载《拉丁美洲研究》1989 年第 5 期）

1944—1954 年
危地马拉民族民主革命的发展

一　前言

第二次世界大战结束以后，拉丁美洲的民族民主革命运动曾经以两种类型出现。一种是发生在古巴的革命，另一种是 1944—1954 年危地马拉革命。

古巴革命是通过开辟农村根据地、进行游击战争的途径发展起来的。从 1953 年 7 月 26 日攻打蒙卡达兵营算起，大约经过不到 6 年的时间，在 1959 年 1 月 1 日推翻巴蒂斯塔反动政权，赢得了民族民主革命的基本胜利。由于革命领导权紧握在武装斗争中锻炼成长起来的真正革命者的手中，古巴人民就从民族民主革命阶段不停顿地进入社会主义革命阶段。今天，胜利了的古巴革命正顶住美帝国主义和国内反动派的逆流，汹涌澎湃地在向前发展。

古巴的道路是中华人民共和国和其他亚洲、欧洲人民民主国家所走过的道路，是一条把民族民主革命彻底完成、争取社会主义革命胜利的道路。

危地马拉的革命则与此截然相反。1944 年 10 月，民族资产阶级在广大人民的支持下，通过一次成功的武装起义获得了政权。此后，危地马拉的民族民主革命在国内外阶级斗争形势的推动下，沿着上升路线逐步向前发展。但是，在反帝反封建斗争中民族资产阶级一贯持动摇和妥协的立场，并在 1954 年 6 月向国内外反动派表示屈服，使革命遭到失败。

危地马拉人民在民族资产阶级的领导下，不但没有在 10 年民族民主运动①中基本完成反帝反封建的任务，而且在短短的 10 天时间内即被美帝国主义所颠覆。

危地马拉的道路是 1910—1917 年墨西哥革命的道路，它的方向是旧民主主义的。危地马拉民族资产阶级以墨西哥革命作为自己的原型，追求着资产阶级民主共和国的幻想。民族资产阶级在若干具体措施上（如进行土地改革和执行《石油法》等方面）都竭力效法墨西哥 30 年代卡德纳斯政府的榜样。但是，墨西哥革命和危地马拉革命发生在两种不同的历史条件下。墨西哥革命发生在俄国十月革命之前，虽未能彻底完成资产阶级革命的任务，但毕竟是一次成功的革命。危地马拉革命发生在 1944—1954 年，民族资产阶级企图走上资本主义道路，是完全办不到的。在俄国十月社会主义革命以后，旧的资产阶级世界革命的时代已经结束。阿本斯说，危地马拉的资本主义道路是"必须的，不可避免的和刻不容缓的"，但无论如何国际国内的环境都不容许危地马拉走这条路。资产阶级民主共和国的道路既然走不通，必然回复到半殖民地、半封建社会的老路。因此，危地马拉的资产阶级民主共和国道路是民族民主革命中途夭折的道路，是失败的道路。

不同的革命道路产生不同的结局。胜利的古巴和失败的危地马拉是拉美民族民主革命的两面镜子。

对于革命人民来说，古巴革命的成功经验和危地马拉革命的失败教训都是同样可贵的。总结古巴革命的成功经验和危地马拉革命的失败教训，是我们当前面临的一项迫切任务。

1963 年 10 月周扬同志在《哲学社会科学工作者的战斗任务》一文中指出："我们需要研究世界各国人民为争取世界和平、民族解放、人民民主和社会主义而斗争的经验，特别需要研究亚洲、非洲、拉丁美洲地区的民族解放运动的经验。"

本文根据可能见到的资料，就 1944—1954 年危地马拉民族民主革命的发展，试作一次初步的探索。

---

① 危地马拉本国革命者把这 10 年民族民主革命亲昵地统称为危地马拉的"十月革命"。为行文起见，本文有时也借用这名词来泛指 1944—1954 年的民族民主革命。

二　20 世纪 40 年代的危地马拉社会

(一) 历史概况

在当今的中美洲 6 国中, 危地马拉居最西北部, 面积仅次于洪都拉斯和尼加拉瓜, 人口居首位。1523—1821 年, 它是西班牙王室的殖民地。1821—1823 年, 它与原属危地马拉总督辖区的其他 4 省一道被并入墨西哥帝国。1823—1839 年, 包括危地马拉在内的中美洲 5 个省组成了 "中美洲联邦"。1839 年 4 月 17 日危地马拉开始单独建国。从独立战争以来, 中美洲共有 25 次统一行动, 但由于各国内部存在着落后的社会经济结构, 加之外国特别是美帝国主义从中作梗, 统一的愿望至今尚未实现。

从 1821 年宣布独立至 1944 年推翻乌维科的统治的 123 年中, 危地马拉从一个西班牙的封建殖民地逐步沦为半殖民地、半封建国家。半殖民地化的过程在卡雷拉、巴里奥斯、卡夫雷拉和乌维科先后统治的 70 多年中表现得颇为鲜明。

还在独立战争时期, 英国资本即乘虚而入。危地马拉土生白人—封建主通过向英国贝克利商行借款, 同外国资本主义进行勾结。1838—1865 年, 代表封建主和英国资本利益的独裁者拉斐尔·卡雷拉执政。在他的统治下, 危地马拉成了英国纺织工业的附庸。在 1857 年化学颜料被发明前, 一直是英国的天然颜料 (靛和洋红) 的生产国。[1] 1859 年, 卡雷拉与英国签订了《伯利兹边界约定》。英国以帮助危地马拉修筑一条从首都通往加勒比海的公路作为诱饵, 从卡雷拉手中获得了伯利兹地区 (又称英属洪都拉斯) 的主权[2]。

1871 年, 地主阶级革新运动的著名人物鲁菲诺·巴里奥斯继承了独立战争时期莫拉桑的改革路线, 在国内对教会封建势力进行打击。他剥夺了教会的大量荒地, 废除了它的 "死手权" 和什一税[3]。但是, 巴里奥斯的 "革新" 却使世俗封建势力得到了空前发展。他不仅把教会的荒地

---

① ［美］普莱斯顿·E. 杰姆:《拉丁美洲》, 第 664 页。
② 伯利兹于 1981 年 9 月 21 日独立, 为英联邦成员国。——作者于 2014 年新加的注释。
③ ［危］海梅·迪亚斯·罗索托:《危地马拉革命的性质》, 俄文译本, 第 19—20 页。

分赐给军人，而且在缩小荒芜土地和发展小农经济的幌子下使世俗封建主大量侵占印第安人公社的土地。在巴里奥斯执政时期，肥沃的土地大多数落入咖啡种植园主手里。咖啡种植园广泛发展①，土地发生了新的集中。更重要的是，通过土地的兼并，咖啡种植园主得到了无数的廉价劳动力。失去公地的印第安人破例地从世代久居的高地来到咖啡种植园当垦殖农或帮工，呻吟在债务雇农制的羁绊下。从一种单一作物制向另一种单一作物制转变时，占人口一半以上的印第安人的半农奴地位②依然如故。

正是在地主阶级革新派统治时，外国资本的奴役达到了新的高潮。这时欧洲资本主义、首先是德国高利贷资本大举入侵。巴里奥斯的口号："一切为了进步，一切为了扩大市场"，正中他们的胃口。从 1862—1870 年间移居至危地马拉的德国人（他们不加入侨居国国籍），不但占有许多咖啡园，而且靠着强大的银行组织和自己的交通工具，垄断了危地马拉的咖啡出口业。德国人种植园主还充当出口商人和高利贷者；三者兼而任之。1880 年，一家美国公司（联合果品公司的前身）还从巴里奥斯手中无偿地获得了危地马拉北部 1500 卡瓦耶里亚土地③。尽管巴里奥斯曾为本国建立了第一家银行，第一条铁路，第一家纺织厂，第一个啤酒酿造厂，他的统治无疑标志着危地马拉社会半殖民地化进入了新的阶段。

1885 年 4 月，为了用武力统一中美洲，巴里奥斯战死在萨尔瓦多。1898 年，在 10 多年争权夺利的混战后，埃斯特拉达·卡夫雷拉登上了总统宝座。他执政的 22 年，是美国联合果品公司打入危地马拉并取得飞速

① ［美］普莱斯顿·E. 杰姆：《拉丁美洲》，第 664 页。《美国百科全书》第 13 卷第 519 页。危地马拉种植咖啡的自然条件十分优越：除了北部以外，几乎全国都能种植；雨量集中在一个季节；全年平均温度 60 ℉—70 ℉。从 19 世纪 80 年代起，咖啡一直是危地马拉的主要出口作物。它的咖啡以质地优良驰名世界。系世界三大咖啡输出国之一。第二次世界大战以前，危地马拉咖啡种植业集中在两个地区：一是在首都、安提瓜周围地区和摩塔瓜河上游；二是在太平洋地区的俄科斯和昌培里科以及中央高原地区。前者是土生白人和欧印混血种人种植园主经营的；后者为德国移民的后裔所占有。德国人—咖啡种植园主在 1939 年前占咖啡种植面积的一半。

② 《国际年鉴和政治家人名录》，1954 年，第 202 页。1952 年 4 月的资料：全国人口 2787030 人，其中印第安人为 1491725 人，欧印混血种人（"Ladinos"）为 1296397 人。

③ 海梅·迪亚斯·罗索托：《危地马拉革命的性质》，俄文译本，第 10 页。1 卡瓦耶里亚 =45.13 公顷 =111.5 亩。

发展的 22 年。美国垄断资本通过 1901 年和 1904 年两项与卡夫雷拉签订的合同，开始把它沦为美国独占的"香蕉帝国"。1906 年，美国联合果品公司在伊萨瓦尔省建立了第一个香蕉种植园，后来在东部河谷地带广泛发展香蕉种植业①。危地马拉的半殖民地、半封建社会至卡夫雷拉退位时已最终形成。

　　1929—1933 年的世界经济危机严重地影响着危地马拉的经济生活和政治生活。当时由于咖啡价格猛跌，传统出口业大为低落，全国到处发生饥荒。在 30 年代初印第安农民起义爆发的同时，统治阶级内部发生了尖锐的派系斗争。1931 年，一个得到美国垄断资本和国内封建势力青睐的军官豪尔赫·乌维科"当选为"总统。乌维科生于 1878 年，其父是安提瓜省省长。1894 年进政治学院，1919 年获中校军衔，1921 年晋升为将军。历任省长、军事部长等职。他与国内大地主阶级保守派的勾结远远胜于他的前任。在他统治的 13 年间，美国垄断资本最终排挤了欧洲资本主义的竞争，取得了独占鳌头的地位。1934 年他颁布了《游民取缔法》，企图以此延长封建土地关系的寿命。根据该法的规定和 1935 年的补充规定，凡未占有并耕种 6.9 亩土地的人（如其土地种植经济作物，则为 5.2 亩），每年必须到种植园去当雇工。其中耕种少于 2.8 亩土地的人，规定为 150 天。如耕种的土地超过 2.8 亩但又少于 6.9 亩或 5.2 亩的限额，则规定为 100 天。否则，即以游民加以逮捕，或被押送去修路，充劳役。在乌维科的《游民取缔法》下，大多数印第安人被正式的法律圈为种植园主的雇工，他们的半农奴地位越来越悲惨。更有甚者，在他被推翻前两个月，还颁布了所谓"第 2795 号法令"。根据这项法令，庄园主或种植园主可以采取任何手段对付从他们庄园中逃跑的雇工，甚至格杀勿论。

（二）外国资本主义的奴役

　　一部自独立战争以来的危地马拉近现代史，同时也是一部危地马拉

---

　　①　联合果品公司在这里的主要种植园是勃纳奈拉（Bananera）。20 世纪 40 年代起，香蕉种植业的中心由东部河谷地带移向太平洋沿岸。公司在那里建立了基吉萨特种植园（Tiguisate）。1934 年，88% 的香蕉产量产自摩塔瓜河谷地带，但至 1939 年太平洋沿岸的香蕉产量已占总产量的 53%。

遭受外国资本主义和帝国主义奴役的历史。

英国资本对危地马拉的侵略始自 19 世纪初。至 19 世纪 80 年代末，英国在危地马拉的投资已达 544200 英镑，90 年代末为 922700 英镑[①]。伴随着 70 年代的"改革"，德国资本开始侵入危地马拉。英国和德国在 19 世纪是危地马拉人民两个最大的国际剥削者。

德国资本的主要活动范围在咖啡种植业。至 1939 年，危地马拉大庄园的 48％ 是由外国地主所占有的，其中大部分是德国人。在这些大地产中，2/3 系咖啡种植园[②]。第二次世界大战初，在危地马拉登记的德国公民有 2200 人。他们同当地人通婚，但仍保留德国国籍。在圣马科斯省和马萨特南戈省，他们完全操纵着当地的咖啡业[③]。1942 年和 1944 年，危地马拉政府接管了德国人的财产，他们的咖啡种植园改由政府经营，其生产所得占政府收入的 15％[④]。

19 世纪末 20 世纪初，美国垄断资本对危地马拉的侵略开始显露头角。它的势力以三大公司为代表，其中联合果品公司名列前茅。

联合果品公司勾结历届卖国政府，通过签订不平等条约和协定，攫取了种种特权。它同卖国政府所签订的 1901 年、1904 年、1930 年和 1936 年四项协定，是套在危地马拉人民头上的四根绳索。在 1901 年和 1904 年协定中，联合果品公司借口为危地马拉传递邮件，攫取了渗入大西洋沿岸的特权。在 1930 年和 1936 年协定中，它又以替危地马拉建造一个现代化港口为幌子，取得了在太平洋沿岸霸占土地的"合法"地位。公司在大西洋沿岸共强占 263000 亩的土地。在太平洋沿岸，通过它的子公司——危地马拉农业公司，霸占了 3000000 亩土地。两者加在一起约为 228000 公顷土地。

危地马拉在这四项丧权辱国的协定中，除了失去大量的土地外，还受到联合果品公司其他各种奴役。我们不妨以 1904 年的协定为例。该协

①　［美］勒佩：《1822—1949 年英国在拉丁美洲的投资》，第 25 页，第 37 页。

②　［美］普莱斯顿·E. 杰姆：《拉丁美洲》，第 665 页。

③　约翰·根室：《拉丁美洲内幕》，第 138 页。

④　关于德国资本，危地马拉研究者有不同的看法。如罗索托认为，德国资本属于民族投资的性质，因德国人在危地马拉居留，资本和利润从未运出，所以他们不代表外国经济利益。见海梅·迪亚斯·罗索托《危地马拉革命的性质》，俄文译本，第 53 页。

定规定：美国负责修成大西洋铁路，危地马拉则把该铁路的整个所有权，以及 1891 年建成的巴里奥斯港的港口设备、铁路和电报线，港口地区的 50 亩土地，全部火车车厢、铁路的仓库和栈堆，一条长 1 英里宽 500 码的狭长地带，农业地区的 17 万英亩土地（由美国人挑选），统统无偿地赠送给美国公司。协定还规定：协定签订后的 99 年，这家美国公司才须把它所占有的资产"变卖"给危地马拉政府。此外，在协定执行期间，公司方面免除地方当局和中央政府的一切捐税，包括将来可能订立的关税在内。而美国负责建造的大西洋铁路，这时仅差兰乔至危地马拉城一段，相距 98 千米；从兰乔至巴里奥斯的一段，早由危地马拉人铺设成功。美国资本以卡夫雷拉赠予的 800 万美元作为担保，发行了大约 400 万美元债券，他们利用这一笔钱和经营兰乔到巴里奥斯的利润，就分文不花地把大西洋铁路建成了！

实力次于联合果品公司的中美洲铁路国际公司，1904 年成立于美国新泽西州。至 1953 年，危地马拉全国 720 千米的铁路中，有 652 千米归它所有。1923 年因它主持了危地马拉通往萨尔瓦多边界的一条铁路支线的修筑工程，政府赠予它约 35 万亩荒地，每千米铁路还另加 7500 美元作为奖金。[1] 1936 年 9 月 17 日起，它的 42.68% 的股票被联合果品公司持有。双方协议的要点如下：果品公司将不在太平洋沿岸建立港口；它将购买 10 座火车头和 300 节车厢，以运送太平洋沿岸地区的香蕉到巴里奥斯港；从太平洋沿岸地区到巴里奥斯港的每一车皮香蕉的运输费，铁路公司只收取 60 格查尔；果品公司将付给铁路公司 2165000 格查尔，以获取其 185000 张股票和股息。

在美国三大公司中，危地马拉电力公司是最晚成立的。第一次世界大战期间卡夫雷拉秉承美国主子的旨意，把德国在危地马拉的资产，其中包括德资"危地马拉电力公司"加以没收。1919 年，这家电力公司由政府转让给美国资本。尽管该公司的资产总值为 100 万美元，美国"股票证券公司"只作价 40 万美元，实际只付 30 万美元就把它"收购"过去了。美资"危地马拉电力公司"除了最初投入的 30 万美元，一直没有投进新的资本，可是至 50 年代，它的资本总额达 1200 万美元。该公司价

---

① 海梅·迪亚斯·罗索托：《危地马拉革命的性质》，俄文译本，第 54 页。

值为 3.5 美元的一张股票，一跃而值 500 美元，上升 1400%。

第二次世界大战的爆发大大巩固了美国垄断资本在危地马拉的地位。以投资计算，至 1940 年年底，美国在危地马拉的投资为 7400 万美元，其中绝大部分为直接投资，而其他各国的投资总额仅 4900 万美元，其中英国 2500 万，德国 2000 万，荷兰 400 万；但至 1950 年，美国上升为 2.25 亿美元，英国只有 980 万①。以对外贸易计算，1936—1939 年危地马拉从德国的进口每年平均数占其总进口额的 27%—35%，而 1940 年德国对危地马拉的输出减至 2.8%，1941 年为 0.3%；英国对危地马拉的输出在 1937 年为危地马拉总进口额的 8%，1940 年只占 1.6%；但是美国 1941 年在危地马拉的进口中占总额的 92.3%，在出口总额中占 78.5%。②

至第二次世界大战结束，美国资本在危地马拉的绝对地位终于确立了下来。三大公司这时操纵着全国 75% 的国民经济，置危地马拉于完全从属地位。③

美国垄断资本在危地马拉俨然是"国中之国"。它自己制定法律，豢养警察，私设监狱。更加荒唐的是，三大公司沆瀣一气，拒不纳税。这种情形在 1944 年"十月革命"后仍在出现。如 1945 年联合果品公司在其全部 67 万次出售货物中，声称仅获利 462.72 美元，只向危地马拉政府"交税" 24.74 美元。公司积欠的税款达到了不可想象的地步，单以对火车征收的福利税一项，即有 400 多万格查尔。

不仅如此，三大公司还千方百计地编造黑账，虚报数字，牟取暴利。如 1947 年，公司收割的香蕉共有 6148371 扎，其中运往美国的大串香蕉约占 70%，即 4303881 扎，但公司只以每扎 60 磅的重量计算其利润和费用。然而，占产量 70% 的大串香蕉每扎平均达 88 磅，每扎 28 磅的差额就被公司囊括而去。这一年被公司吞没的香蕉总计 120508688 磅，以每磅

①　[苏] 格·吉洪诺夫：《危地马拉人民争取民族独立的斗争》，见《国际问题译丛》1954 年第 8 期。

②　[美] G.H. 阿特勒、E.R. 希雷雪格和 E.C. 奥尔逊：《危地马拉的公共财政与经济发展》，第 38 页。

③　[危] 里查多·拉米来兹：《十三年来的危地马拉》，参见《人民日报》1957 年 10 月 28 日。

卖价 0.07 美元计算，公司即能榨取 8435606.76 美元①。公司编造账目、弄虚作假的地方，时常遭到揭露。如它宣布说，1946 年公司的出口额为 850 万格查尔，但据国际货币基金组织的揭露，这一年的出口额至少为 1900 万格查尔。1942 年它公开承认的出口额只有 1150 万格查尔，但实际数字为 3080 万格查尔；1942 年它隐瞒的出口额总值达 2100 万格查尔。②

美国垄断资本在危地马拉强夺土地，侵占港口，控制交通，操纵发电，垄断市场，规定价格，确定运费，构成了一张完整而严密的剥削网。美国资本的奴役窒息着民族资本的发展。

如联合果品公司从太平洋运一车皮香蕉到巴里奥斯港只需花 60 格查尔，而危地马拉人从埃斯昆特拉把一车皮咖啡运到大西洋沿岸则需付运费 250 格查尔。

又如，乌维科执政时期，一家由民族资本经营的"加利福尼亚—危地马拉公司"，在太平洋沿岸埃斯昆特拉省基吉萨特地区大规模发展香蕉种植园，并打算在得到政府的同意后，在太平洋沿岸建设一个专门输出其产品的港口。但联合果品公司在这里早存自己的盘算。1930 年联合果品公司同卖国政府签订了协议，独揽了在危地马拉太平洋沿岸建造港口的大权。它看中的地点恰好是民族资本草拟中的港口位置。这样，在美国垄断资本的压力下，"加利福尼亚—危地马拉公司"不得不把它的全部土地 181878 亩和价值 269607.39 美元的装备一起转卖给美国公司。与摩塔瓜河谷地带的勃纳奈拉遥遥相对，基吉萨特成了"香蕉帝国"在危地马拉南海岸的强大基地。

再如，30 年代危地马拉筑成了一条由首都通往圣何塞港的公路，这对与公路线平行的铁路线的利润大受影响。美国公司当即要求实行"联运价格率"制度，1937 年这项欺侮危地马拉民族经济的办法，竟得到了卖国政府的同意。公司的手段十分刁钻：一方面自动降低铁路的运费，以打击公路的经营；另一方面却提高海运的价格，并对每吨进口商品抽

---

①　［危］路易斯·卡尔多萨和阿拉贡：《危地马拉人民和联合果品公司》，第 19—20 页。

②　同上书，第 18 页。另据 1949 年国际货币基金组织的揭露，联合果品公司隐瞒了其出口产品所取得的利润的一半以上。见［危］路易斯·卡尔多萨和阿拉贡《危地马拉人民和联合果品公司》，第 60 页。

取港口费用 2 个格查尔，既保证了铁路线的垄断，又提高了对利润的榨取。

综上所述，美国垄断资本是 20 世纪以来危地马拉人民最大的国际剥削者。美国垄断资本的统治是危地马拉社会前进的绊脚石。独立战争以来，特别是 20 世纪以来外国资本的奴役史，决定了危地马拉必然面临着一场民族民主革命的风暴。阿雷瓦洛政府和阿本斯政府以后的改革措施为此做了初步的斗争。

（三）土地关系

1944 年"十月革命"前后，危地马拉盛行的土地关系是半封建性质的，它是西班牙老殖民主义的遗产，也是近代新殖民主义侵略危地马拉的社会基础。广大直接生产者的半农奴地位，从独立战争起直至 1952 年《土改法》的实施止，一直受到国内外统治阶级的保护。

16 世纪初西班牙殖民主义者在征服中美洲后，把"监护征赋制"（Encomienda Syctem）强加在危地马拉印第安人的身上。在这种制度下，被西班牙贵族"监护"的印第安人处于农奴的地位。1616 年，西班牙国王授予某些殖民地官吏有权摊派印第安人到指定地点服劳役的"证明书"，于是"分派劳役制"（Mandamiento Syctem）渐渐兴起。"分派劳役制"推行于尚未实行"监护征赋制"的地区（西班牙殖民主义者称这些地区为"自由农村"）；两者互相补充，并行不悖，是西班牙殖民主义者最大限度地控制、榨取和奴役印第安人的两种剥削形式。"分派劳役制"经过巴里奥斯的肯定，一直保持到 1894 年才正式废除。在"分派劳役制"下，大地主与殖民地官吏、"卡西克"（Caciques，指"自由农村"地区印第安人的酋长）串通一气，强迫印第安人从高地到沿海地区种植蓝靛。印第安人能领取一小笔象征性的"工资"，被严加看管，逃跑者受法律严惩；他们的身份跟奴隶差不多。印第安人由于靛叶中毒和疟疾，大量死亡。

债务雇农制迟至 19 世纪 70 年代才在危地马拉正式确立。1877 年巴里奥斯的《日工条例》，便是这种半农奴制度的法律依据。它是适应改革时期广泛发展起来的咖啡种植园的产物，是危地马拉社会步入半殖民地、半封建化的有力明证。

据 1877 年法令的规定，债务雇农制在危地马拉有垦殖农（Colono）和帮工（Cuadrillero）两大类。

垦殖农同种植园主订有契约，他们从早上 6 时到下午 1 时在种植园劳动，其余时间则耕种从种植园主那里分得的一小块播种玉米和豆类的土地。垦殖农必须向种植园主交纳劳役形成的地租，才能耕种一小块为自己使用的土地。同时，种植园主付给垦殖农一小笔象征性的"工资"，其数目多少以分给他们为自己耕种的土地多寡而定。种植园主通过自设的商店，把质地蹩脚而价格昂贵的货物，用记账的方式强行向垦殖农推销。这样，垦殖农所得的"工资"大抵都变成了一个负数。在契约规定的 4 年期间，他们总是在种植园主的账簿上积欠下一大笔数字，甚至他们辛勤劳动一年仍然不能还清。债务传给了他们的第二代，子承父业，久而久之，垦殖农和他的子孙就永远被束缚住，保证了种植园最低限度的劳动力供应。

种植园在农忙季节则以季节性或流动性的劳动力，即帮工作为补充。印第安人帮工在咖啡收获的每年 10 月至 12 月的 3 个月中（他们在闲季时则在香蕉种植园里做工），从高地来到种植园主临时安排的棚屋中居住。在工头的监督下，他们拼命劳动，按契约规定的工作量收取工资。能采 125 磅一袋的咖啡豆的帮工通常才会得到一天的工资。这是一个熟练工人才能达到的工作量。收获季节过去了，帮工得到的全部工资往往抵消不了他们在种植园中的生活费用和种植园主发给他们的一笔预支金的总和。这时，帮工欠下了债务。在未了清债务之前，他们下一年还得来债主的种植园里做工，直到结清为止。帮工是流动性的，并订有规定时限的契约。但是，帮工决不能"流动"，决不能摆脱债务雇农制的樊笼；规定的时限也并不能制服债务的魔力。帮工从一个种植园"流动"到另一个种植园的过程中，不时有机会陷入债务的圄圈，他们充其量是能流动的半农奴而已。

建立在债务雇农制基础上的种植园制，以种植单一作物为追逐高额利润的有力手段。从殖民主义时期种植甘蔗和可可，建国后生产靛蓝和洋红，19 世纪 70 年代培植咖啡转变为 20 世纪初同时发展香蕉业，危地马拉的单一作物制总是"监护征赋制""分派劳役制""债务雇农制"等最后的土地关系的伴侣。即使在 1953—1954 年，咖啡的出口仍占出口总额的 75%—80%，香蕉占 11%。咖啡和香蕉成了国民经济的风雨表。而 99% 的咖啡均来自种植园，全国的咖啡种植园有 31000 个之多，在其中 1744 个最大的咖啡种植园中就有将近 18 万名债务雇农。[①] 由此可见，大庄园制（在危地马拉表现为种植园制）、债务雇农制（垦殖农和帮工）和单一作物制是三位一体的。它构成了一张天罗地网，使危地马拉社会长期处于停滞状态，占全国人口绝大多数的印第安人无法逃脱他们被摆布的厄运，而沉浮在三者的汪洋大海之中。

1950 年的土地调查资料反映了危地马拉在 1944 年"十月革命"时半封建土地关系的轮廓。据那次统计所载，全国有 341530 名被列为农业经营者，336024 名 7 岁和 7 岁以上的男性农业劳动者。在农业经营者中，土地的占有状况见表 1。[②]

表 1　　　　　　　　　1950 年土地调查表　　　　　　单位：公顷

每户占有的土地面积	农业经营的数目	占农业经营者的百分比	土地总面积	占全国土地面积总数的百分比
3.2 以下	259162	76	327369	8.9
3.5—22.4	68508	22	501987	18.8
22.4—44.8	6387		188041	
44.8—448	6387	2	800497	72.3
448—2240	960		831490	
2240—4480	104		327449	
4480 以上	49		690798	
总计	341503	100	3667631	100

①　在这 1744 个种植园中，垦殖农 80421 名，流动帮工 99010 人。在其他咖啡园中，另有雇佣劳动者 9551 名，总计 188982 人。见 ［美］纳桑·怀顿《危地马拉的土地和人民》，表 22。但 ［苏］魏尼在《危地马拉》一书中说，危地马拉全国有 45 万雇农，集中在生产咖啡总产量 80% 的 500 个最大的咖啡园中。他的数字同吉洪诺夫的说法大体上一致。

②　采自吉洪诺夫的数字，见 ［苏］格·吉洪诺夫《危地马拉人民争取民族独立的斗争》，见《国际问题译丛》1954 年第 8 期。但危地马拉、美国、苏联各国研究者对此说法颇不一致。

从表 1 中可以看出，占农业经营者人数 2% 的大地主阶级占有全国耕地的 72.3%，而占农业经营者人数 76% 的广大贫困农民只拥有 8.9% 的耕地。将近 26 万的贫困农民，由于无地、少地或拥有的土地太贫瘠、不足以维持生计，大都需要从地主那里租种一部分土地。他们构成了一支人数最多的佃农和佃中农队伍。地租往往为收成的 67%。[①]

危地马拉 1950 年的人口为 2787000 人，其中 88% 为农业人口。在这将近 245 万的农业人口中，债务雇农估计在 23 万人以上，[②] 佃农和佃中农约 26 万人，连同他们的家属加在一起，雇农、佃农和佃中农的数目占绝大部分。

由于绝大部分农业人口处于半封建的地位，危地马拉的农业十分落后。以农业技术论，据调查，平均 50 个农业经营者才有 1 辆马车，使用铁犁的农户仅占总农户数的 1.5%，而其余的农户都用木犁。因有机肥料奇缺，印第安人农民只能以焚烧干草和土地轮番休耕的办法来补充必要的肥力。在 1952 年 6 月的《土改法》颁布前，全国有一半以上的农业用地播种玉米和豆类（主要食品），可是危地马拉每年还得从外国进口大量粮食。1944 年进口的粮食竟占全国总输入的 11%。

半封建的土地关系严重阻碍了危地马拉社会的前进，这种情况决定了危地马拉的民族民主革命必然是一场土地革命。1952 年 6 月民族资产阶级领导的土地改革为此做了一次初步尝试。

（四）民族工业的成长

美国垄断资本的奴役和国内封建土地关系的存在，为危地马拉规定了民族民主革命的客观任务。民族工业的成长，民族资产阶级和工人阶级力量的增强，则是民族民主革命发展的前提条件。

危地马拉的民族工业诞生较迟，在拉美各国中是最晚的国家之一。较弱的民族工业，如同在西班牙殖民主义时期当地的手工业受到重商主义和封建行会的遏制那样，遭受到美国和欧洲资本主义国家以及本国封

---

① ［秘鲁］赫纳罗·卡尔内罗：《拉丁美洲国家概述》，俄文译本，第 202 页。

② ［美］纳桑·怀顿：《危地马拉的土地和人民》，第 13 页。咖啡种植园的雇农为 188982 名，此外，在其他种植园中尚有 43298 名垦殖农，共计 232280 名。

建势力的百般压迫。其他拉美国家的民族资本（如大国阿根廷、巴西、墨西哥，小国乌拉圭），在第二次世界大战前后，都取得了较明显的进展，但在危地马拉等中美洲国家，由于美帝国主义的严加防范和国内封建势力的强大，民族资本的力量仍然是较弱小的。

19 世纪末 20 世纪初，民族资产阶级开始登上危地马拉的历史舞台。从这时起，民族资本逐渐地在向前发展。20 世纪初，在危地马拉开设了两家纺织厂。1937 年通过向国外购买机器设备，又建立了两家纺织厂。靠近克萨尔特南戈的一家纺织厂是最早创办的，共有 4 万纱锭。1927—1929 年间，危地马拉还创办了四家袜厂和衬衣厂。此外，有两家羊毛织品厂分别在克萨尔特南戈和阿马提特兰开工。第二次世界大战期间，民族工业有了进一步发展。1941 年，一家由民族资本经营的胶鞋厂开办了。① 1945 年，首都建立了一家火柴厂。危地马拉城尚有一家 19 世纪末建成的水泥厂，每昼夜能产水泥 20 吨，以及一家造纸厂和一家肉类屠宰冷藏厂。此外，国内另有数十家锯木厂和一家胶合板厂。② 至 40 年代末50 年代初，民族资本已向国内市场提供酒类、啤酒、蔗糖、纺织品、鞋、肥皂、卷烟、火柴、家具、纸张和水泥等大部分轻工业产品。

1948 年食品工业在民族工业中占 34.6%，纺织工业占 18.9%，木材加工业占 9%，采矿业和其他部门占 14.5%，手工业占 23%。③

由于民族经济在第二次世界大战期间和战后初期的发展，民族工业（包括采矿和手工业在内）在国民经济中的比重已占 13.8%④。在1947—1948 财政年度中，工农业在国民生产总值中所占的比重见表 2。

---

① ［美］乔治·魏：《拉丁美洲的工业》，第 315—322 页。
② ［苏］魏尼：《危地马拉》，第 72 页。
③ ［苏］格·吉洪诺夫：《危地马拉人民争取民族独立的斗争》，见《国际问题译丛》1954年第 8 期。
④ ［美］G. H. 阿特勒、E. R. 希雷雪格和 E. C. 奥尔逊：《危地马拉的公共财政与经济发展》，第 72 页。

表2　　　　　　　　1947—1948 年工农业在国民生产
　　　　　　　　　　总值中的比重　　　　货币单位：格查尔

农业（包括渔业和森林产品）	生产价值 18980 万	在总生产值中的比重 56.7%
其中：咖啡	2610 万	7.8%
香蕉	1820 万	5.4%
制造业和矿业	4630 万	13.8%
其中：粮食和饮料	1600 万	4.8%
纺织业	870 万	2.6%
木材业	420 万	1%—2%
其他制造业、矿业、手工业	1740 万	5.2%
国民生产总值	33500 万	100%

　　从表 2 可以看出，民族资产阶级经营的只是轻工业，民族工业在国民经济中所占的比重还相当低。

　　危地马拉民族资产阶级不但力量十分单薄，比拉丁美洲大多数国家的民族资产阶级诞生得晚，而且比本国无产阶级诞生得还要晚，资格较浅。危地马拉无产阶级随着欧美资本主义的大举入侵就开始诞生了。早期的无产阶级队伍由在外国经营的企业中的铁路工人、公用事业工人和农业工人组成。早在 1894 年，它们就组织了最初的工会。1925 年中美洲共产党的成立标志着无产阶级的核心力量正在开始形成。1948 年在全国加工工业企业中工作的，共有 3 万工人，如果加上铁路、运输、电力系统的工人以及联合果品公司工作的 3 万名工人，无产阶级是国内一支强大的政治队伍。①

----

　　①　参见［苏］格·吉洪诺夫《危地马拉人民争取民族独立的斗争》，见《国际问题译丛》1954 年第 8 期。关于危地马拉无产阶级的人数，有多种说法。如有的人认为：1950 年危地马拉在 5 个和 5 个以上工人的工厂中，总共只有 225 名，其中工业无产阶级 60 名，农业无产阶级 195 名。有的说：1950 年全国工人只有 80 名，其中工厂工人 30 名，手工业者、家庭手工业者和 5 个人以下的工厂中雇佣工人为 50 名。1953 年在全国工人中，食品工业工人占 32.6%，皮革和缝纫业工人占 16%，纺织业工人占 12%，化学工业工人占 6.8%，烟草业工人占 3%。另据新华社 1963 年 8 月 5 日危地马拉城航讯：1957 年危地马拉在有 3 个和 3 个以上工人的工厂中，工业就业人数为 27781 名。在各部门中分配如下：食品业（饮料除外）—5632 人；纺织业—3513 人；衣服和制鞋业—3862 人；三者在工业就业人数中占 43.9%。

民族资产阶级是个两面性的阶级，它既有反帝反封建的一面，又具有动摇性和妥协性的一面。

由于外国资本控制着国民经济的 75% 和国内大多数人口处在半农奴制的束缚下，生产力发展水平十分低下，国内市场狭小，民族资本主义的发展必然要求对外国资本主义和国内封建主义进行一定的斗争。

市场问题和原料问题相当突出。如危地马拉两家制鞋厂的机制鞋，连同手工制作的鞋算在一起，每年产量为 50 万双。这笔数字实际上很小，可是对于 300 万人口的危地马拉来说已经太多了，因为在被污称为"赤脚民主"的国家里，只有少数人能穿上鞋，大多数人连这种起码的购买力都不具备。又如，在大庄园制、债务雇农制和单一作物制的羁绊下，不但国内市场狭小，即使连提供轻工业品的有限的农业原料也发生了问题。据统计，1946 年全国轻工业的原料中，40% 以上是由国外运入的。集中在首都和克萨尔特南戈的纺织业，靠着外国进口的棉纱和人造丝才能生产棉布和人造丝织品。纺织工业所需要的原料——棉花，70% 是进口的。甚至连大部分羊毛厂还需要进口羊毛。[①]

如果说市场问题和原料问题使民族资产阶级深受封建势力束缚的危害，那么，美国资本的奴役更迫使它非起来积极挣扎不可。美国垄断资本控制交通，操纵发电，垄断市场，规定价格，确定运费，在这种情况下，民族资本不主动起来斗争，是没有出路的。

但是，危地马拉的民族资本相当弱小。它本身就对外国资本主义和国内封建主义存在着动摇和妥协的特性。民族资本一方面受到外国资本的压迫，另一方面在技术、装备、交通运输、电力保证、原料供应等方面不得不仰它们的鼻息。民族资产阶级一方面有反对封建势力的要求，另一方面他们大都出生于地主阶级家庭，或兼营农业，同国内封建势力也有千丝万缕的联系。[②] 民族资产阶级这种特殊的经济地位规定了它的两面性。随着无产阶级力量的增长，民族资产阶级的动摇性和妥协性表现

---

① 《危地马拉：海外经济纵览》，伦敦，1956 年 3 月。

② 如阿雷瓦洛出生在圣罗莎省的一个中等地主阶级家庭。阿本斯本人拥有 1700 英亩土地。阿本斯政府的最后一任外交部长吉列尔莫·托烈埃略，拥有 1200 英亩土地。以上分别见［美］斯奈德《共产主义在危地马拉》，第 15 页；［美］特拉维斯和马吉尔的小册子《危地马拉真相》。

得更加显著。1954年6月，阿本斯在美帝国主义和国内反动势力一发出枪声就猝然表示屈服，这是危地马拉民族资产阶级动摇性和妥协性的有力明证。

除了外国资本主义和国内封建主义，束缚民族资本主义发展的还有国内资产阶级右翼集团。

资产阶级右翼集团代表着危地马拉大资产阶级的利益，是资产阶级中的反动派。它们是旧帝国主义为了侵略的需要所一手造成的。美国垄断资本、国内封建势力和资产阶级右翼集团是民族资本主义发展的三大障碍。

广义地说，以哈维尔·阿拉纳、伊迪戈拉斯·富恩特斯、卡斯蒂略·阿马斯、埃尔弗戈·蒙松、恩里克·迪亚斯为首的旧军官集团，也隶属这个右翼集团，并成为他们的领导成分。阿拉纳等在"十月革命"前是帝国主义和封建主义的公开代表，但是在1944年10月的革命形势下，他们摇身一变混进革命领导者的队伍，成了"十月革命"的同路人。但是，他们之所以参加倒乌维科的斗争，完全是为了乘机打进革命队伍，从内部破坏它阉割它。他们一开始就暗藏在革命阵营内部，窃居高级领导职务，成为外国资本主义和国内封建势力的代理人，接着走上了与他们公开勾结的道路，充当了颠覆"十月革命"的主力军。"十月革命"期间，民族资产阶级并没有正确认识右翼集团作为国内外反动派的代表的本质，结果在革命实践中造成了不可挽回的结局。

20世纪40年代危地马拉社会的半殖民地、半封建性质，决定了危地马拉面临着一场民族民主革命的风暴。帝国主义和封建主义是这次革命的直接对象。革命具有民族革命和民主革命的双重任务。民族民主革命的动力是工人、农民、小资产阶级和民族资产阶级。依附于帝国主义和封建主义的资产阶级的反动派——右翼集团，是这次革命中暗藏的敌人。由于工人阶级和农民尚未充分组织起来，无产阶级在政治上尚未充分成熟，民族民主革命的领导权暂时落到了民族资产阶级手里。

三　革命的前期——阿雷瓦洛执政阶段
（1944年6月—1951年3月）

（一）从乌维科倒台至阿雷瓦洛执政（1944 年 6 月—1945 年 3 月）

1944 年是世界形势发生剧烈变化的一年。在欧洲，苏联人民在斯大林的正确领导下即将取得卫国战争的最后胜利；德国法西斯的彻底失败指日可待。在亚洲，中国人民在毛主席的英明领导下进入了战略反攻阶段，抗日民族解放战争即将告捷；日本法西斯的"大东亚共荣圈"在亚洲人民的英勇斗争下行将就木。在拉丁美洲，民族民主运动的巨浪从格兰德河以南一直席卷到合恩角。就连被美帝国主义严加防守的中美洲也发生了动荡。1944 年 4 月，在萨尔瓦多的一次总罢工中，埃尔南德斯·马丁内斯的独裁政权崩溃了。拉丁美洲的民族民主斗争使帝国主义者产生了极大恐慌。它不得不承认，还在第二次世界大战以前，"许多拉丁美洲国家就在经历着相当全面的政治和社会变化。接着，他们日益增长的期望所造成的革命就蔓延开来，正当美国几乎把全部注意力集中在冷战时，这种革命的势头也愈来愈猛"①。1944 年危地马拉的"十月革命"就发生在这样的国际背景下。

乌维科的黑暗统治在危地马拉引起普遍愤慨。他豢养了一支军队和警察力量，以暴力维系着自己的地位。他在中小学校施行法西斯军事教育，取消了大学历来享有的自治权。由于乌维科打算继续执政，革命的形势早在 1944 年春已酝酿成熟。在他下台前 5 天，他还气势汹汹地告诫人民说："当我在当总统的时候，我不能答应出版自由或结社自由，因为危地马拉人民对民主制度没有准备，而是需要暴力。"② 乌维科的倒行逆施首先在大学生和知识界产生了反响。

大学生要求享受公民权利，在街上游行。6 月份的最后一周危地马拉城的商人和职员打破顾虑，加入了反对乌维科的行列。45 名律师要求乌

---

① ［美］新墨西哥大学泛美事务学院研究报告：《第二次世界大战后拉丁美洲的政治发展》，第 54 页。

② ［美］斯奈德：《共产主义在危地马拉》，第 9 页。

维科将一个负责政治迫害的法官撤职。教师要求增加工资。法律系的学生结成"正义协会",成了反对乌维科的先锋队。他们在 6 月初就要求罢免为各学生组织不能同意的学校行政人员,提出了一项学校改革方案,并向政府交出了一份 24 小时的最后通牒。6 月 22 日,乌维科在收到这份通牒后下令停止宪法保障。大部分学生领袖逃至墨西哥大使馆避难。24日,在青年律师的发起下,由 311 名首都公民签名的"311 备忘录"交给了政府,对学生的正义斗争表示支持。24—25 日,首都的学生和中产阶级进行了游行,军队将一名青年教员枪杀。

6 月 26 日起,反乌维科的斗争队伍大为扩大。危地马拉城的工人进行了总罢工。1942 年没收德国咖啡种植园一举,使原来支持乌维科的人也转而参加了倒乌维科的斗争。这时,人民的斗争情绪十分高昂,纷纷涌至国民宫,要求乌维科下台。7 月 1 日,乌维科狡黠地把政权交给了他的代理人,由弗德里科·庞塞将军、爱德华多·比利亚格兰将军和布埃纳文图拉·皮内达三人替他执政。

在庞塞政权存在的 100 多天中,人民发动了再接再厉的斗争。这时民族资产阶级和小资产阶级的政治组织及工人阶级的群众组织相继成立。由中小资产阶级和知识分子组成的民族复兴党及由学生、青年专门职业人员组成的国民解放阵线联合提名著名的教育家和哲学家胡安·何塞·阿雷瓦洛博士为总统候选人。但庞塞仍然宣布他将继续充当原来的执政党——自由党的总统候选人。庞塞的真面目暴露了。8 月 15 日,一批青年法律工作者被捕。反对派的领袖纷纷被警察跟踪。9 月 3 日,阿雷瓦洛自阿根廷抵危地马拉城,受到人民热烈欢迎。但在庞塞迫害下,他不得不在外国使馆避难。10 月 1 日,有大量销路的《公正报》的出版人亚历杭德雷·科尔多瓦因反对庞塞企图强迫立法机关修改宪法让自己不必经过选举而继续执政,被警察所谋杀。10 月 16 日,阿雷瓦洛等著名人物发表了宣言,正式宣布举行政治罢工。

正当阿雷瓦洛发动一般性的政治斗争时,一位辞职的上尉哈科沃·阿本斯和危地马拉城著名的商人豪尔赫·托烈略以及后者的兄弟吉烈尔莫·托烈略在计划武装起义。10 月初乌维科的坦克兵司令哈维尔·阿拉纳少校加入了他们的行动,共同制定了一个军事计划。10 月 20 日,一小组革命者攻占了政府军控制的一个堡垒,并把武器分发给学生、工人和志愿军。革命武装力量迅速获得成功，成立了以阿本斯、阿拉纳和豪尔赫·托烈略组成的革命政治委员会，正式接替庞塞政权。所谓的"十月革命"就这样诞生了。

从 1944 年 10 月 20 日至翌年 3 月 15 日由革命委员会执政，豪尔赫·托烈略担任代总统，阿拉纳成为独立于总统、并享有许多"自治权"的军队首脑。10 月 25 日新政府颁布它的第一条法令：解散乌维科的国民大会。11 月 3—5 日，进行了新的国民大会议员的选举。11 月 27 日新政府在第 17 号法令中规定，本届内阁阁员不得为总统候选人。12 月 17—19日，进行了总统选举。12 月 28—30 日，进行了制宪大会议会选举。在不到两个月中，危地马拉进行了三次投票（不识字的男子和全体妇女无选举权），这是空前的。国民解放阵线和民族复兴党的总统候选人、40 岁的阿雷瓦洛，在总统选举中得到 29.5 万张选票中的 25.5 万张选票。1945年 3 月 15 日他正式就任。

10 月 20 日武装起义的胜利揭开了 1944—1954 年危地马拉民族民主革命的帷幕。不同于民族资产阶级中间派在倒乌维科运动中所采取的一般性政治斗争，民族资产阶级的左派则用暴力的形式把庞塞政权推翻。但是左派的武装斗争是一瞬即发的，尽管有不少学生和工人的加入，并没有经过长期的准备，更没有较深厚的群众基础。民族资产阶级在武装斗争中未能培养和掌握一支可靠的武装力量。10 月 20 日武装起义的胜利基本上是民族资产阶级争取和利用旧军事人员的胜利。然而，正是这支被现成利用的旧式军队在革命成功后不但不能真正地被改造好，而且成为国内外反动派用来残害革命的屠刀。

但是，10 月 20 日的胜利并没有导致民族资产阶级左派完全掌握政权。左派领导人不敢挺身而出，反而采取息事宁人的态度，把政权拱手交给在旧军官阿拉纳集团威胁下的中间派领导人阿雷瓦洛。正如后来阿雷瓦洛自己辛辣地追忆说："在危地马拉有两个总统，他自己是'没有武器的总统'，阿拉纳是'手执机枪的总统'。"

（二）阿雷瓦洛的社会政治观点

胡安·何塞·阿雷瓦洛 1904 年 9 月 10 日生于圣罗莎省的一个中等地主阶级家庭。他在首都上完中学后，在阿根廷接受高等教育。1934 年，在阿根廷拉普拉塔大学获得哲学博士学位。1934—1936 年，在危地马拉教育部任职，但才智未能充分发挥。从 1937 年至 1944 年 8 月被本国人民推为总统时为止，他一直在阿根廷的几所大学中任教。

阿雷瓦洛的社会政治观点在 1945 年前他自己把它表述为所谓"精神社会主义"或"唯灵论社会主义"，而在 1945 年后人们又把在他一系列的温和改革中所包含的社会政治思想统称为"阿雷瓦洛主义"。阿雷瓦洛的社会政治思想在危地马拉和中美洲其他国家的影响较大。对"精神社会主义"和"阿雷瓦洛主义"的剖析，有助于我们进一步认识危地马拉民族资产阶级的本性。

阿雷瓦洛的社会政治思想随着国际国内阶级斗争形势的变化而变化。1954 年 6 月危地马拉革命失败后，阿雷瓦洛的社会政治思想有了很大的发展。在革命失败后所写的题为《关于鲨鱼和鳎鱼的寓言》一本著作中，他对美帝国主义的本性的认识比以前有了提高，他用亲身的经历揭露了泛美主义的无耻把戏。关于 1954 年 6 月以后阿雷瓦洛的政治思想不属于本文讨论的范围，这里着重分析一下他的"精神社会主义"，"阿雷瓦洛主义"在下一节还将有所涉及。

阿雷瓦洛是这样解释"精神社会主义"的。

"从 19 世纪思想体系的基础在欧洲和美洲大国遭到危机算起，已过去 100 年了……社会主义从空想的成为唯物的，而今天，它已成为精神的……既然我们生活在 20 世纪，我们就是社会主义者。但是，我们不是唯物主义的社会主义者。我们不相信人首先是吃饱肚子而已。我们认为人首先是追求尊严的意向……我们的社会主义并不走天真地分配物质福利的道路，也不把占有不同经济地位的人愚蠢地加以经济平等化。我们的社会主义在心理上解放人，把被保守主义和自由主义所否认的精神的和心理的整体性交回给他们……把共和国社会主义化，这并不意味着简单地实行在经济管理上与工人合作……精神社会主义，这是有关道德和心理解放的学说。

"社会主义学说是如此有力和深刻，以致在我们的时代中甚至大企业家、贵族代表和军人都在社会主义的有益的精神范围中思考着，感觉着和行动着……

"原始的阶级仇恨已被克服。早期空想的无政府主义精神已让位于秩序和纪律。代表自己要求的社会集团的专政，作为一种方法已破产。在这一历史时代，大家的视线互相交叉在一起。从 200 余年前自由派的利己主义到个人主义对集体的宽宏大量的意向！互相谅解和互相援助的意志，这是任何制度的中坚……

"我们之所以称战后的社会主义为'精神的'，那是因为今天在全世界，包括危地马拉在内，在人类的整体性上发生了决定性的转变。唯物主义的说教完全暴露出它本身是一种服务于极权主义学说的新式武器……然而正是精神的起源在这个星球上凌驾于一切生命的经济表现之上，充实着它，赋予它以民族的内容。"①

阿雷瓦洛的"精神社会主义"是资产阶级"社会主义"，这是十分清楚的。马克思和恩格斯在《共产党宣言》中曾指出："资产阶级中间有一部分人想把社会疾病治好，以求巩固资产阶级社会的生存。"② 资产阶级"社会主义"在 19 世纪早已是一种反动的社会政治学说，不同的只是，阿雷瓦洛的"精神社会主义"是 20 世纪 40 年代的翻版，它产生在一个被压迫民族的国家中，被民族资产阶级用来摆脱外国的压迫和束缚，打击封建生产关系，同时维系和巩固本阶级对劳动人民的剥削。但是，毫无疑问，阿雷瓦洛的冒牌社会主义在本质上同样是反动的。他把他的"这种安慰人心的观念，制造成为多少是完整的体系。它号召无产阶级来实现它的这种体系和走进新的耶路撒冷。"③

"精神社会主义"的哲学基础是主观唯心主义。阿雷瓦洛是"唯灵论"的忠实信徒，否认物质第一性。还在他的《个性教育学》一书中，他自己说他的思想根源是来自"柏拉图，普罗提诺，圣·奥古斯丁，斯宾塞，罗骚和弗希特"④。他否认科学，认为它不是客观的存在。他主张意识决定存在，认为客观历史即是哲学。他还提倡为教育而教育，说什

---

① 转引自海梅·迪亚斯·罗索托《危地马拉革命的性质》，俄文译本，第 132—134 页。另参见［美］斯奈德《共产主义在危地马拉》，第 17 页。

② 《马克思恩格斯文选》两卷集，卷 1，第 36 页。

③ 同上。

④ 阿雷瓦洛：《个性教育学》，危地马拉城，1948 年第 2 版，第 23 页。转引自海梅·迪亚斯·罗索托《危地马拉革命的性质》，俄文译本，第 75 页。

么"教育并不是为了人类社会利益的需要，而是仅仅由于教育本身"①。

"精神社会主义"的核心是鼓吹阶级调和论。阿雷瓦洛认为，时至 20 世纪，"原始的阶级仇恨已被克服"，无论是资产阶级的专政或无产阶级的专政已不复存在，而应代之于"互相谅解和互相援助的意志"。他认为，剥削阶级、"大企业家""贵族"和作为他们两者工具的"军人"，同被剥削阶级的工人都可以在同一个所谓的"社会主义"学说下，"思考着，感觉着和行动着"，而问题在于，只要不"简单地实行在经济管理上与工人合作"，不走"天真地分配物质福利的道路""不把占有不同经济地位的人愚蠢地加以经济平等化"。显而易见，如果危地马拉广大被剥削阶级真地走进了阿雷瓦洛的"耶路撒冷"，就只能当世世辈辈的奴隶。

"精神社会主义"的矛头直接指向科学社会主义。它把辩证唯物主义理论武装起来的科学社会主义，说成是相信"人首先是吃饱肚子而已"。对于苏联社会主义革命和建设事业的实践，它看作是"天真地分配物质福利""愚蠢地加以经济平等化"。它把马克思主义理论胡说为"服务于集权主义学说的新式武器"。

"精神社会主义"的主张，一方面说明了在为资产阶级社会效劳的理论武库中又增加了一种对付劳动人民的"新式武器"，另一方面也说明了资产阶级社会政治学说的传统理论的破产。资产阶级的"自由、博爱、平等"已经不再是包医百病的良药了。他们不得不打起别人的旗帜，改头换面，在被剥削阶级中进行新的诓骗活动，推销他们从天国中觅取来的"免罪符"。

1945 年 3 月阿雷瓦洛担任了总统，"精神社会主义"终于从学者的书案上被运用到社会实际。"阿雷瓦洛主义"应运而出。

什么是"阿雷瓦洛主义"？阿雷瓦洛在就任总统时宣称的一段话，可作为回答。他说：

"……在巩固民族资本的阵地之后，我们一定要解放危地马拉的土地……但是，我们一贯保护危地马拉的和外国的地主和资本家的利益。"②

"阿雷瓦洛主义"是民族资产阶级两面性在危地马拉的历史投影。在

---

① 海梅·迪亚斯·罗索托：《危地马拉革命的性质》，俄文译本，第 77 页。
② ［苏］哥尼昂斯基：《拉丁美洲和美国（1939—1959）》，第 228 页。

"阿雷瓦洛主义"实施的 6 年中，民族资本虽有所发展，但"民族资本的阵地"并没有得到巩固，土地也没有从本国大地主和外国公司的手中解放出来，相反地，国内外地主和资本家的根本利益却受到了政府的保障。如在阿雷瓦洛任期内，联合果品公司的纯利润从 1939 年的 1000 万美元激增至 1950 年的 6600 万美元。1948 年美国垄断资本还获得了 88.1 万公顷石油产地的租让权。① 同时，咖啡种植园主的收益随着咖啡产量的猛增，也大为扩大了，而占人口绝大多数的农民继续被束缚在半农奴制的生产关系下。

"阿雷瓦洛主义"是第二次世界大战结束后危地马拉民族资产阶级对资本主义道路的天真幻想。阿雷瓦洛由于害怕革命的前景，在反帝反封建的斗争中具有极大的局限性，无力摆脱国内外的压迫和束缚，也根本不可能实现其发展资本主义的幻想。1951 年 3 月 15 日在总统交接仪式上，他慨叹地说，一种超乎"国际关系和人们共处关系所支配的法则和道德"的力量——"无形的力量"，使他深感其苦。他说："在商业大报和大电台所采用的公式化的词典中，'民主''尊严''自由'的意义，与我们在政治哲学中所赋予的意义完全相反。我懂得了，按照国际上的秩序，尽管它并不成文（然而却是在起作用的），小国并不享有主权。我觉察到，封建思想方式的国民把自由的要求理解为增添自己财富的自由，无限地增添，没有一点义务，对劳动者毫不注意……"② 阿雷瓦洛的 6 年实践，宣告了资本主义道路的破产。但是，阿雷瓦洛的后继者阿本斯并没有吸取这一条教训，而继续走他的道路。

"阿雷瓦洛主义"是"精神社会主义"的政治方案，是资产阶级社会改良主义的变种。它的核心依然是阶级调和论。阿雷瓦洛强调"十月革命"捍卫"国家、资本家和劳动者"三者之间"协调一致"的精神。在阶级调和论的遮盖下，"阿雷瓦洛主义"起了维系资产阶级剥削劳动群众的作用。它回避对危地马拉的半殖民地、半封建社会作出任何一点真正的改革，不去认真地解决民族问题和社会问题。如在阿雷瓦洛的政治方案中，军队被渲染成一支游离于社会生活的特殊力量。阿雷瓦洛认为，

①　［苏］哥尼昂斯基：《拉丁美洲和美国（1939—1959）》，第 228—229 页。

②　海梅·迪亚斯·罗索托：《危地马拉革命的性质》，俄文译本，第 139 页。

军队必须超乎政治，保持自治，否则，军队和政治一结合，必产生专政。他认为，军队的职能和保卫民族领土是一回事。他相信，军队将"绝对地遵守自己的自治原则"。对于"司令官和军官的品行的高尚"，他坚信不疑。① 阿雷瓦洛对军队的一整套观点，在 1945 年宪法中都得到强调。显然，危地马拉军队并没有脱离也不可能脱离社会的阶级斗争。在"阿雷瓦洛主义"的指导下，军队不仅没有得到根本改造，在民族民主革命过程中没有起先锋作用，反而在右翼集团的控制下，成为残害革命的屠刀。

最后，还不应忘记，"精神社会主义"和"阿雷瓦洛主义"作为被压迫民族资产阶级的一种社会政治学说，在当时的条件下，毕竟还具有反帝的民族主义色彩和反封建的进步意义的一面。

在阿雷瓦洛执政的 6 年中，通过了不少社会改革法案，他们在一定程度上都具有反帝反封建的意义。早在阿雷瓦洛竞选总统时他就指出："危地马拉所发生的，不是一次政变，而是某种深刻的和生气勃勃的革命。这不是一次简单的由别的一个人对一个人的替换。事情是改造乌维科腐朽透顶的政治制度所立足的根基本身。"在 6 年执政后，阿雷瓦洛的反帝反封建意识更加具体化了。他在 1951 年 3 月 15 日总统交接仪式上说，为了达到自由，"我们应该改变我国非常独特的社会和经济结构，在这个国家中，300 个家族操纵着文化、政治和经济……在像危地马拉这样受外国人和危地马拉本国人剥削的国家中，必须开始同封建贵族、巨额财富的占有者和文化发展的阻碍物进行搏斗……"② 由于害怕阿雷瓦洛有限的民主改革会造成深远的后果，美国垄断资本一直在处心积虑地策划颠覆阿雷瓦洛政府的阴谋。一位古巴记者曾说："阿雷瓦洛的整个统治时期，是在同'联合果品公司'的斗争中渡过的。"③ 难怪连西方的研究者也不得不指出，阿雷瓦洛的"精神社会主义"，"代表了第二次世界大战结束时在拉丁美洲的一种绝非例外的趋势。他的'精神社会主义'可以跟秘鲁、哥伦比亚和委内瑞拉的同样的倾向相比较"。"它们显现出易于

---

① 海梅·迪亚斯·罗索托：《危地马拉革命的性质》，俄文译本，第 1—7、126、147 页。

② ［秘鲁］赫纳罗·卡尔内罗：《拉丁美洲国家概述》，俄文译本，第 190—191 页。

③ 参见［苏］哥尼昂斯基《拉丁美洲和美国（1939—1959）》，第 229 页。

受民族主义的教义的影响，或者说，他们试图把这些跟社会主义思想按照墨西哥革命的样式加以糅合。"[1]

阿雷瓦洛的"精神社会主义"形成于 40 年代，表述得很完整。从 1945—1951 年的 6 年中，他又把它贯彻在他的社会改良主义的实践中。阿雷瓦洛的冒牌社会主义和所谓"阿雷瓦洛主义"，反映着被压迫民族资产阶级的社会政治观点，很值得我们注意。

（三）埃斯昆特拉会议和阿雷瓦洛的改革措施

危地马拉在 1944 年 12 月同时进行了总统选举和制宪大会议员选举。1945 年年初召开了新的制宪大会。大会成立了由 14 名律师和大学生，以及 1 名医生组成的宪法起草委员会。3 月 13 日通过了新宪法。

新宪法以 1917 年墨西哥宪法为蓝本，记录了一些民族资产阶级反帝反封建的要求。他宣布对庄园的规模规定限额（第 91—92 条）。对在外国企业和本国企业中工作的劳工和受雇人员给予保障（第 56—58 条）。军事政变政府的首脑或他们有关的亲属，以及总统的亲属、武装部队司令不得当选为总统（第 131 条）。规定初级教育义务制（第 81 条）。允许不识字的成年男子和识字的成年妇女有选举权。宣布工业发展自由化，禁止垄断和特权（第 97、98 条）。宣布伯利兹为危地马拉的领土。

1945 年宪法是危地马拉建国以来的第四部宪法，也是迄今最进步的宪法，但是比不上 1917 年墨西哥宪法。宪法的条文中几乎没有一点要求对现存的制度进行变革的影子。宪法第 32 条还规定不准建立所谓"国际性"的组织，阿雷瓦洛政府曾借此否认共产主义政党的合法存在。即使新宪法记录了一些进步要求，它也是民族民主革命所要力争的奋斗纲领，而不是革命已获得的成果。

如果说 1945 年宪法为民族资产阶级规定了行动准则，埃斯昆特拉会议则为他们制订了一系列社会改革措施的基本出发点。两者构成了"十月革命"前期的根本政治路线。

1945 年 5—6 月，第一届区域经济会议在埃斯昆特拉城召开。各方面的代表在会议上做了发言。埃斯昆特拉农业工人代表豪尔赫·阿雷亚格

---

① ［美］A. 寇铁斯·威尔格斯主编：《加勒比地区：它的政治问题》，第 20—21 页。

在发言中要求把农业工人的每日工资从 25 分提高到 74 分，并要求政府改善他们的居住条件，提供必要的粮食。圣罗莎省债务雇农的代表埃尔涅斯托·赖斯则要求政府把土地分给他们，因为他们在庄园中得到的一小块播种玉米的坏地不顶用。地主阶级的代表也在会议上发言，他要求政府立即制订束缚雇农和农业工人的《庄园劳动法》，并"停止导致加强阶级斗争的宣传"。美国垄断公司的代表也混进了会议。中美洲铁路国际公司经理托马斯·佩特逊希望危地马拉不要在有铁路线的地区搞公路和其他交通运输建设事业。

阿雷瓦洛政府在会议上起了所谓"缓冲器"的作用。会议确定了著名的"埃斯昆特拉三方面原则"，强调"十月革命"所捍卫的"国家、资本家和劳动者"三者之间"协调一致"的精神①。会议结束时，根据这个原则作出了 76 项决议。主要内容是：发展国内工业，禁止国家和市政当局干涉工商业；允许自由竞争，国家不得调整生活必需品的价格（战时准许例外）；改革工农立法，允许工会自由，提高工资，8 小时工作日，女工权利平等；发展信贷，农产品价格自由，给予技术援助；建设公路，加强电力工业的生产；发展合作社，农业机械化；建立加工工业；国内贸易自由，等等②。

显然，埃斯昆特拉会议是"阿雷瓦洛主义"的具体贯彻，是民族资产阶级两面性的产物。阿雷瓦洛政府宣传"国家、资本家和劳动者"的"协调一致"，其目的是为了使民族资产阶级在保持本国地主和外国垄断资本既得利益的前提下实行本阶级的统治，使劳动者永远处在被奴役的地位。会议所通过的 76 项决议，有利于民族经济的发展，大大巩固了民族资产阶级的地位。但是，埃斯昆特拉会议是民族资产阶级对封建地主和美国垄断资本实行妥协的会议，农业工人和债务雇农所提出的各项根本要求都被抛在一边。

会议结束后，阿雷瓦洛从"埃斯昆特拉三方面原则"的精神出发，陆续颁布了一些社会改革法案。阿雷瓦洛的改革措施主要有：1946 年通过《社会保险法》；1947 年通过《劳工法》和《工业发展法》；1948 年

---

① 海梅·迪亚斯·罗索托：《危地马拉革命的性质》，俄文译本，第 231 页。
② 同上书，第 232—235、238 页。

通过《石油法》；1949 年成立生产发展院。

1946 年的《社会保险法》是危地马拉建国以来第一项正式的社会劳动保护立法。在 1948 年至 1954 年间，国家根据该法的规定，对 20 万次工伤事故给予了援助。单在 1953—1954 年，受援人就有 56635 人。但是《社会保险法》仅涉及伤亡事故，享有社会保险待遇的人共 20 万，只占全部人口的 6.5%[①]。

1947 年《劳工法》的通过，一方面说明这是工人运动高涨的结果，另一方面也说明民族资产阶级企图用立法的手段限制工人运动的进一步发展。该法规定，工人"罢工及病假工资照发，解雇后给遣散费"，而"罢工须经全厂 2/3 的工人赞成方为合法"。它规定，"劳资纠纷不能解决时，则交劳工法庭处理"。但第 20 条又规定，禁止工会组织参加政治活动[②]。

同年 11 月 21 日颁布了《工业发展法》（第 459 号议会法）。民族经济在《工业发展法》的推动下，有了显著的发展。这时危地马拉发展了建筑业、纺织业、运输业、采矿业和银行业，"开始形成了民族资产阶级的核心"。[③] 在该法颁布后的两年半中，有 59 家企业（也有外国资本在内）享受了它所规定的免税权。[④]

1948 年《石油法》的颁布是危地马拉民族资产阶级同美国垄断资本进行斗争的胜利果实。属于洛克菲勒财团的美国石油垄断组织，其中包括俄亥俄美孚石油公司和大西洋炼油公司，都曾经千方百计地向危地马拉政府要求石油租让权。早在 1946 年，美国驻危地马拉大使卡意尔就对正在当律师的吉列尔莫·托烈略这样说："喏，托烈略先生，如果你愿意让我在危地马拉获得石油，你就应该改变一下共和国的宪法。"[⑤] 不仅如此，美国还为此决定向阿雷瓦洛总统行贿，答应付给他美国公司开采石油纯收入的 10%，一直付到他不在人世为止。但是阿雷瓦洛决定为保卫

---

① ［危］托烈略：《为危地马拉而战》，第 43—44 页。

② ［美］斯奈德：《共产主义在危地马拉》，第 133 页。

③ 海梅·迪亚斯·罗索托：《危地马拉革命的性质》，俄文译本，第 266 页。

④ ［美］G. H. 阿特勒，E. R. 希雷雪格和 E. C. 奥尔逊：《危地马拉的公共财政与经济发展》，第 120 页。

⑤ ［危］托烈略：《为危地马拉而战》，第 187 页。

本国石油资源而斗争，他请阿根廷工程师乌尔德多·德门多萨协助开采石油。8月30日，阿雷瓦洛签署了国会所通过的《石油法》，规定只有国家、危地马拉人和民族资本占主要部分的危地马拉公司才能在危地马拉领土上开采油田。《石油法》的颁布使美国大发雷霆。美国大使气势汹汹地质问阿雷瓦洛："您为谁收回这石油？"总统自豪地回答说："为危地马拉人！"

墨西哥卡德纳斯将军1938年3月的石油国有化法令和委内瑞拉的反面例证，对危地马拉1948年《石油法》的通过起着促进作用。正如阿雷瓦洛在后来的回忆录中所说："我们由于墨西哥的悲惨经历已经对石油取得了某种认识，墨西哥只是由于卡德纳斯有远见的政策才幸免惨祸。我们也知道委内瑞拉的石油，石油虽带来了国库的大量收入，但与此同时却使它的农业几乎完全破产。"[①]

生产发展院是根据1948年7月29日议会的法令在1949年正式成立的，资金650万格查尔。它的活动，规定以下7项宗旨：增加基本口粮的生产，以稳定生活水平；在工业企业中介绍先进的科学技术，减低生产耗费；扩大有前途的出口业，并寻找新的出口途径；减少某些进口，用国货替代；把未充分利用的资源引介到生产中来；改善人民的生活水准，等等[②]。生产发展院的活动对于繁荣民族经济带来了积极作用。至1949年年底，它发出619笔总数为200万多格查尔的信贷，其中2/3的信贷交给农业和加工工业，其余为制造业、商业和建筑业所利用[③]。它还创建了全国第一个农业机械化中心，其中有一所培养拖拉机手的学校。

此外，阿雷瓦洛在对外关系上也作出了几项进步的创举。如他断绝了同西班牙佛朗哥政权的外交关系并与苏联建交，与人民民主国家的捷克斯洛伐克进行贸易。1950年他还迫使美国召回在危地马拉搞颠覆活动的美国大使派特逊。但阿雷瓦洛的对外政策是他两面性的国内政策的继续。如在联合国中危地马拉政府经常追随美国的路线，充当华尔街的表

---

① ［危］阿雷瓦洛：《危地马拉：民主与帝国》，危地马拉城，1954年。转引自［秘鲁］赫纳罗·卡尔内罗《拉丁美洲国家概述》，俄文译本，第193页。

② ［美］G. H. 阿特勒，E. R. 希雷雪格和E. C. 奥尔逊：《危地马拉的公共财政与经济发展》，第264页。

③ 同上书，第265页。

决机器，支持美国污蔑中华人民共和国为"侵略者"，还赞成它对中国和朝鲜民主主义共和国的"禁运"法案。

总之，阿雷瓦洛的改革是相当温和的。西方研究者也认为，他的改革是"许多形形式式拉丁美洲政府"都曾经搞过的那种改革罢了。[①] 作为一个民族资产阶级的中间派人物，阿雷瓦洛以不去触动现存的外国资本主义势力和国内封建势力的基础为前提，来维护和赢得本阶级的政治利益和经济利益。对于广大劳动者，他的这些改革，一方面，对他们作出了一些历来的统治者从来没有作过的让步；另一方面，由于害怕工农的阶级斗争可能侵犯本阶级的利益，因而就以资产阶级的法律来限制他们的进一步发展，使他们永远处在被奴役的地位。阿雷瓦洛的改革的两面性是由民族资产阶级的本性决定的。但是，也不能不看到，阿雷瓦洛政府是危地马拉历史上第一次由民族资产阶级掌握政权的政府，他的一系列改革毕竟触动了民族民主革命的若干课题，对革命的进一步发展起着促进和推动作用。

（四）各派政治力量的搏斗与1950年总统选举

在阿雷瓦洛执政的 6 年中，危地马拉阶级斗争的局面是异常尖锐和复杂的。"十月革命"的领导人尽管对外国资本主义和国内封建势力的基本利益采取了温和的立场，但是国内外反动势力却容不得它们的存在。从 1945 年 3 月至 1951 年 3 月，国内外反动派策动了 27 次阴谋政变，企图推翻阿雷瓦洛政府[②]。他们在向阿雷瓦洛政府直接进攻的同时，更多地则是利用混入革命队伍内部的资产阶级右翼集团。对于右翼集团疯狂的破坏活动，阿雷瓦洛政府不但不能郑重地加以对付，还经常屈服于它们的淫威，用暴力镇压工人运动和农民运动，唯恐工农大众力量的发展危及它本身的统治。

美帝国主义对阿雷瓦洛政府施加了直接的经济压力和政治压力，软

---

① ［哥伦比亚］赫尔曼·阿西涅加斯：《拉丁美洲情况》，第 295 页。

② 同上书，第 294 页。从乌维科被推翻至 1953 年 3 月萨拉马市叛乱事件为止，共发生 30 多次反动暴乱。（见［美］特拉维斯和马吉尔的小册子《危地马拉真相》，第 4 页）但也有人说，从 1946 年至 1950 年间，危地马拉的反动派在美国支持下发动的政变有 30 多次。见［苏］哥尼昂斯基《拉丁美洲和美国（1939—1959）》，第 229 页。

硬兼施，用心极恶。美国大使派特逊曾对阿雷瓦洛说："您的政府决不会从我的政府那里得到一毛钱或一双鞋子，除非您停止对美国企业的迫害。"① 他还放肆地说："我不喜欢那些官员，我将要求把他们免职。"② 美国不但向阿雷瓦洛本人行贿，诱惑他出卖石油开采权，而且还用"美援"作为诱饵，企图使危地马拉放弃斗争。派特逊有一回对危地马拉的一位部长这样说："我们和你们之间未获解决的所有问题，可在得到一笔1500万美元援助时得到调整。"③ 甚至在他被危地马拉人民赶走前不久，他还向阿雷瓦洛劝说签订一项对联合果品公司有利的协议。如果阿雷瓦洛照办不误，那么他就能得到一笔现金的奖励。此外，杜鲁门总统也会邀请他访问华盛顿，并在白宫逗留一阵。④

美国在停止"美援"、禁止出口军事物资和拒绝增加投资的同时，还将大批武器运往危地马拉，供右翼集团发动军事政变之用。美国大使馆直接参与了各种反政府的阴谋活动。在1949年2月18日反革命叛乱发生之前，美国大使在使馆大楼纠集叛乱头子举行会议。18日，右翼集团的首脑、武装部队司令阿拉纳上校率领他的叛军袭击了总统府。正在危急之时，首都人民武装起来，歼灭了叛乱者。可是派特逊却死不甘心，还主张美国把自己的军队开入危地马拉城，"保护美国侨民的个人安全"⑤。1950年7月，在派特逊被赶走后不久，美国助理国务卿米勒访问危地马拉。他在危地马拉继续对阿雷瓦洛政府施加压力，并鼓吹在当地的美国资本家采取怠工、关闭企业和煽动暴乱等方式来推翻现政府。

受到美国垄断资本和本国封建寡头多方支持的右翼集团，跟阿雷瓦洛政府站在完全敌对的立场上。他们的势力得到了扩大。这时，已渗入了国民解放阵线，使这个大部分成员系学生的中小资产阶级政党发生了分化。正如"十月革命"的参加者迪亚斯·罗索托所分析："当运动具有真正的社会和经济改造的性质时，大学生按阶级路线发生变化。显然，

---

① ［哥伦比亚］赫尔曼·阿西涅加斯：《拉丁美洲情况》，第295页。
② ［危］托烈略：《为危地马拉而战》，第69页。
③ 同上。
④ ［秘鲁］赫纳罗·卡尔内罗：《拉丁美洲国家概述》，俄文译本，第196页。
⑤ 智利《浏览》杂志1954年第96期第20页。转引自［苏］哥尼昂斯基《拉丁美洲和美国（1939—1959）》，第230页。

在学生界人士中存在着的许多封建寡头利益的代表者，敌视革命活动，并采取行动来保卫自己的特权。"① 势力分布在军队、政府和政党中的右翼集团，汇集在武装部队司令阿拉纳、政治学院院长卡斯蒂略·阿马斯和内政部长埃尔弗戈·蒙松的周围。

可是，面临着国内外反动派不断进攻的阿雷瓦洛政府并不希望取得自己的积极支持者——广大工农群众的信赖。早在 1946 年 1 月 25 日，在"手执机枪的总统"阿拉纳的压力下，"没有武器的总统"阿雷瓦洛就下令封闭了一所培养工会干部的学校——喀拉列达德学校。这所学校是危地马拉工人阶级学习和宣传马克思列宁主义的园地，它的封闭对工人运动的发展和民族民主革命的深入进行都带来了重大损失。喀拉列达德学校被封闭事件助长了右翼集团的气焰，也暴露出民族资产阶级的动摇性和妥协性，说明阿雷瓦洛政府"跟反共的垄断资本、地主和天主教会找到了共同语言。"②

阿雷瓦洛政府摧残工农运动的立场是一贯的。如 1945 年 8 月危地马拉劳工联盟召开第一届全国代表会议，要求工人阶级在严格遵守宪法的途径下与政府和企业主保持接触，但是对于这样一个反映资产阶级思想对工人运动影响的工会组织，阿雷瓦洛竟不能加以容忍。在会议结束后 7 天，政府即把在农村的工会组织封闭。后来，阿雷瓦洛又把 17 名危地马拉的工会干部借口说他们是中美洲国家的共产党人而逐出危地马拉国境。他的官吏甚至还下令焚烧农庄，以阻止农民组织的发展③。与此同时，阿雷瓦洛政府却容忍大批原来逃亡在国外的政客、反动分子回国从事反对"十月革命"的勾当④。内政部长蒙松上校还把另一所工会学校——哈科沃·桑切斯学校强行封闭。尽管阿雷瓦洛对于 1949 年 9 月成立的危地马拉共产党采取了默认的态度，蒙松却下令停止危地马拉共产党出版自己的机关刊物《十月周刊》。当危地马拉共产党为此事向阿雷瓦洛提出抗议时，阿雷瓦洛又承认了蒙松这种做法的合法性，他回答说，《十月周刊》

① 海梅·迪亚斯·罗索托：《危地马拉革命的性质》，俄文译本，第 45 页。
② 同上书，第 161 页。
③ 同上书，第 165 页。
④ ［美］斯奈德：《共产主义在危地马拉》，第 21 页。

是"一个国际组织在危地马拉的机构",违反宪法第 23 条,故不得出版。①

阿雷瓦洛用限制工人运动来讨好右翼集团的办法,并没有使后者缓和它们对政府的敌对活动。它们的进攻在 1949 年 7 月 18 日阿拉纳死后越发加紧了。阿拉纳死去的第二天,在右翼集团的教唆下,数百名大学生和资产阶级分子在国民宫前举行反对政府的静坐抗议。这时幸而危地马拉城的工人进行了支持政府的反示威游行才扭转了局面。右翼集团在这次静坐事件失败后就全力破坏 1950 年的总统选举运动。

由于阿拉纳生前多次政变均未得逞,美国垄断资本和国内封建势力决定利用总统选举的合法途径来对付"十月革命"。他们出钱资助右翼集团的伊迪戈拉斯·富恩特斯将军为新总统候选人。右翼集团则通过它在军队、政党、议会、政府和群众团体中的分子施展各种花招,收买人心,企图挫败民主选举阵线。此时,与他们站在一起的有国民解放阵线和其他依附于他们的地主资产阶级党派。右翼集团在危地马拉城比较得势。

在右翼集团的疯狂挑战面前,革命政党和各进步阶级重新组织了自己的队伍。早在 1948 年年底,工人阶级就主张以国防部部长阿本斯上校为新总统候选人。在全国工人政治委员会 1950 年 2 月 24 日发布的《第一号协定书》中,工人阶级正式宣布阿本斯是他们和农民兄弟的候选人。《第一号协定书》进一步指出:已死去的阿拉纳上校是反动的叛徒,联合果品公司的工具,而国民解放阵线则是分裂主义者。② 这样,由于工人阶级的积极支持,民族复兴党和 1945 年 11 月由前者和一部分国民解放阵线成员合并而成的革命行动党,就同工人阶级结成了统一的民主选举阵线。民族资产阶级、小资产阶级和工人阶级的统一行动,使阿本斯在 1950 年 11 月 10—12 日的总统选举中获胜。阿本斯取得了 26.7 万张选票,占不识字的居民选票的 86%,识字的居民选票的 56%。在首都的选举中,阿本斯在总数 5.8 万张选票中取得了 2.5 万张选票。

伊迪戈拉斯·富恩特斯的失败是国内外反动势力的失败。阿本斯的胜利当选,证明革命政党和各进步阶级的联合力量是能够击败右翼集团

---

① ［美］斯奈德:《共产主义在危地马拉》,第 72 页。

② 同上书,第 135 页。

的。在人民的支持下，阿本斯的当选是 1944 年"十月革命"的转折点。正如阿雷瓦洛在 1951 年 3 月 15 日总统交接仪式上所说："从权力交给新政府起，危地马拉革命发展的高级阶段就开始了，它的最大成效的时期开始了。"①

阿雷瓦洛时期是危地马拉 1944—1954 年民族民主革命的前期。在阿雷瓦洛执政的 6 年中，"十月革命"毕竟在缓慢地向前发展。广大工农群众从一般参加 1944 年的政治斗争到 1950 年提名阿本斯为总统候选人的过程表明：危地马拉无产阶级正在逐渐取得对本国政治发展的发言权。民族资产阶级在这 6 年中经受着动摇和分化的考验，他们的力量继续在壮大。右翼在 1950 年总统选举中遭到了失败，但决不甘心。他们作为革命的潜在的敌人的面貌，尚未引起人们足够的认识。在人民的支持下，阿本斯胜利当选为总统，革命继续发展，并且进入了它的真正发展的时期——阿本斯执政阶段。

四　革命的发展阶段——阿本斯时期
（1951年3月—1954年6月）

（一）阿本斯的施政纲领和一般改革措施

哈科沃·阿本斯 1913 年 9 月 14 日生于克萨尔德南戈城。他的父亲是 1901 年移居至危地马拉的瑞士药剂师。1935 年阿本斯在政治学院毕业，获得陆军少尉军衔。两年后他在母校任教官，曾讲授历史等科目。1944 年 7 月 4 日，阿本斯辞去上尉职务，在萨尔瓦多从事推翻庞塞政权的革命活动。在革命委员会（洪他）执政期间，他是三人洪他的成员之一。他在阿雷瓦洛内阁中任国防部长。1950 年年初，阿本斯本人正式提出为新总统候选人。他不但是"十月革命"的最早组织者之一，而且在担任国防部长期间，在保卫"十月革命"的成果上作出了相当的贡献。阿雷瓦洛曾这样赞赏阿本斯："他领导了军队的改造工作，促使军官热爱和尊敬工农。一旦其他军人想消灭我们的革命成果时，他担负起保卫革命成果的任务……正因为如此，危地马拉的工人和农民热烈地赞扬他的名字，

---

① ［秘鲁］赫纳罗·卡尔内罗：《拉丁美洲国家概述》，俄文译本，第 197 页。

提出了他为候选人，作为解放运动顺利发展的保证，并为他的胜利当选展开了斗争。"①

阿本斯当选为总统后立刻提出了一个比阿雷瓦洛激进的施政纲领。他的纲领才算得上是一个具有资产阶级民主革命色彩的纲领。在1951年全国社会团体和国民经济会议上，他把他的纲领概括如下：

"我们将按照三个基本目的发展危地马拉的经济：第一，把我国从半殖民地经济的附属国改变为经济独立的国家；第二，把我国从落后的、以半封建经济占优势的国家改变为现代资本主义的国家；第三，尽可能迅速地提高广大人民群众的生活水平。"

他还说，经济的发展只能是"我们本身力量，我们本身劳动和我们本身资源的结果。"他同时指出，在危地马拉的外国资本"可以指望得到合法的利润和合理的保障"，但是"它不应利用自己的经济活动去占据垄断地位，它得避免进入那些只是或主要是被指定为民族资本的经济；它不应去排挤我们本身的企业家和妨碍我们本身的资本家阶级的形成和成长；它得向国家交纳公正的捐税，不应在财政、运输或其他方面要求专门的特权。"

他在报告中谴责了庄园制。他说，工业化要求大量自由劳动力，"没有土地改革就不能实现国家工业化"。他进而指出："土地改革应逐步地导致全体农业地产占有者把它们自己看作是资本主义企业并相应地去管理它们。这既是生产方法，又是跟劳动人民的关系。"

最后他断言，危地马拉的革命不是为了一方面的利益而损害另一方面的利益，而是"为了民族的共同利益"；危地马拉的资本主义道路是"必须的，不可避免的和刻不容缓的。"②

从阿本斯的纲领来看，尽管它比阿雷瓦洛的"埃斯昆特拉三方面原则"前进了一大步，但在本质上仍然是一个彻头彻尾的资产阶级改良主义的纲领。对于外国资本主义，他不准备从根本上加以打倒，而容忍它们已经取得的特权地位；对于封建庄园，他也不打算从根本上加以废除，

---

① ［秘鲁］赫纳罗·卡尔内罗：《拉丁美洲国家概述》，俄文译本，第198页。

② 海梅·迪亚斯·罗索托：《危地马拉革命的性质》，俄文译本，第305—316页。参见［苏］魏尼《危地马拉》，第38—39页。

而是祈求封建主自动地资产阶级化，阿本斯重新捡起了阿雷瓦洛的阶级调和论的大旗，在"为了民族的共同利益"的口号下，幻想以此谋取本阶级的发展，并把危地马拉推向资本主义的发展道路。

为了贯彻他的纲领，阿本斯提出了 5 年计划。主要内容为：土地改革；修筑一条通往大西洋出海口的公路，以便打破美国公司对交通运输业的垄断地位；在大西洋沿岸兴建圣托马斯港，以用它与联合果品公司控制的巴里奥斯港进行竞争；在首都附近的胡伦山区建筑一座国营水力发电站，以结束美国公司对电力工业的控制地位①。

阿本斯的 5 年计划都是针对限制和打击国内外反动势力的。5 年计划的贯彻，对于维护和扩大民族资产阶级的利益，对于民族民主革命的深入发展起了促进作用。

1953 年 3 月，阿本斯为执行 5 年计划发行了总数达 2000 万格查尔的建设公债。政府建立了"埃斯达托电力公司"。该公司的圣玛利亚发电站的发电能力占全国第二位，负责向危地马拉的第二大城市克萨尔德南戈输送电力。另外一所较大的发电站是在埃斯昆特拉省的胡鲁娜发电站。它向首都送电，故而打败了美国公司在那里的垄断地位。此外，政府还在巴里奥斯港附近建成了圣托马斯港。1952 年阿本斯拨款 1700 万格查尔修筑从巴里奥斯港通往首都的公路线。该项支出占政府预算的 1/3。

在阿本斯执政的 3 年多时间中，危地马拉的经济在历史上第一次显现出欣欣向荣的局面。国民总产值 1944 年为 131613600 格查尔，1948 年为 189800000 格查尔，1953 年增至 558281300 格查尔。尽管它的经济命脉继续被美国三大公司所操纵，本国资金不足，危地马拉却在没有任何外国资本（政府的或私人的）投入的情况下，着手并陆续完成了几项大工程的建设任务。与此同时，格查尔与美元的比值始终保持在以前的水平。国家的货币储备从 1952 年的 4400 万格查尔增至 1953 年的 5300 万格查尔。银行投资从 1948 年的 28235000 格查尔增至 1952 年的 41469000 格查尔。对外贸易从 1952 年起至 1954 年，年年出超。1952 年出超的贸易额为 11741326 格查尔。

随着土地改革的胜利，原来的经济面貌开始发生变化。1954 年危地

---

① 参见［美］特拉维斯和马吉尔的小册子《危地马拉真相》，第 17 页。

马拉历史上第一次向国外输出棉花。在阿雷瓦洛时期仍需要进口粮食的危地马拉，这时已向墨西哥和萨尔瓦多输出玉米。在阿本斯时期，全国粮食产量的 60% 已能供应国内的消耗。[①]

工人和职员的工资都有了一定的增加。物价虽有所上升，但比起其他拉美国家，情况还是比较好的。以 1948 年的生活必需品的指数为 100，1952 年危地马拉为 126.9，而墨西哥为 154，尼加拉瓜为 146，萨尔瓦多为 156。

在文化教育方面，阿本斯政府的成就也是较显著的。新政府不但成立了人民大学和工人夜校，同时还组织由教师、医生、体育工作者等组成的文化工作队在全国巡回服务，在农民群众中普及文化和科学知识。1953—1954 年年底，教育经费占预算的 15.32%。1953 年，危地马拉政府下令没收美国《时代》杂志的国际版，并禁映反苏的美国影片。同时，危地马拉上映了中国影片《白毛女》。

阿本斯的施政纲领和 5 年计划首先引起了美国垄断资本的极大恐惧。1951 年夏季，为了对阿本斯政府施加压力，联合果品公司借口它在太平洋沿岸的大部分香蕉种植园已被飓风吹倒，辞退了未到契约规定期限的危地马拉工人 3746 人，并无理地要求新政府给予它更多的土地和其他各种优惠待遇。它还威胁说，如果它的要求得不到满足，它将拒绝在飓风侵袭的种植园上恢复经营。同时，公司拒绝向被解雇的工人根据规定支付赔偿金。被解雇的工人涌至法院，要求美国资本家给予赔偿。法院支持工人的要求。1952 年 2 月，埃斯昆特拉城上诉法院决定，如公司继续拒绝支付赔偿费用，它的财产将予以没收并交付拍卖。这样，美国公司才表示屈服，但是公司仍然拒不恢复在飓风侵袭地区的种植园的经营业务。

国内外反动派对阿本斯政府的进攻在 1952 年 6 月《土改法》颁布后更加激烈了。

（二）1952 年 6 月的《土改法》及其执行

1952 年 6 月 17 日危地马拉国民议会通过的《土改法》是一项民族资

---

① ［秘鲁］赫纳罗·卡尔内罗：《拉丁美洲国家概述》，俄文译本，第 201 页。

产阶级的土地纲领。它正式宣布："废除所有的农奴制和奴隶制依存关系，并禁止无偿地利用农民、垦殖农和农业工人的劳动；禁止出租土地，并停止把印第安人编在大地产上，不管其形式如何。"并说，本法"以消灭农村中的封建所有制及与此相适应的生产关系为宗旨，以便在农村经济中发展资本主义生产的形式和方法。并为危地马拉的工业化打下基础"①。阿本斯政府的《土改法》（即第 900 号法令）的主要内容如下：

（1）拥有不超过 90 公顷的土地所有者，不论他们是否耕种这些土地，不列为土改的对象；拥有不超过 200 公顷的土地所有者，只要其中有不少于 2/3 的土地已加以耕种，不列为土改的对象；凡种植经济作物（如咖啡、香蕉和棉花）的地产，及预先指定为种植园用途的土地，不论其面积大小，也不列为土改的对象；

（2）凡拥有超过 200 公顷的地产，在下列诸情况下，均在土改之列：该地产未经地主耕种；该地产未经地主的管理人耕种；该地产并非某种形式的出租土地；该地产不是建立在奴役关系之基础上的经营土地；

（3）被剥夺之土地或直接转为国家所有，或为农民占有。前者：国家将国有化了的土地交给农民终身利用或租种。后者：如果被剥夺的地产的面积不超过 17.47 公顷，农民就占有该土地；

（4）如土地由农民占有，他必须在 25 年中为这块占有的土地每年向国家交付其收成的 5%，而且在 25 年中他不得将该土地转售给他人；如土地由国家交给农民终身享有，则在 5 年中该农民只需交出每年收成的 3%，同时他无权出售归他所享用的土地；

（5）地主被剥夺之土地将报以赔偿金，其数目根据地主本人在审定土地税时自己申报的地产价值而定（即以 1952 年 5 月 9 日土地税登记清册上的财产数字为准）；

（6）国家以"土地改革公债券"作为对赔偿金的支付，规定最迟在 25 年中付清，年息 3 厘；

（7）《土改法》对于在危地马拉的外国人的地产，与危地马拉人的地产一视同仁；

①　［危］托烈略：《为危地马拉而战》，第 7—8、51 页。

（8）土改的执行机构是国家土地部。①

对于这个土地改革法，"十月革命"的领导人把它视为一剂包医百病的良药：它既能消灭封建土地所有制，又能创立资本主义土地所有制，而且附有能避免阶级斗争进一步发展的特效。如吉烈尔莫·托烈略所说："创造了农民所有者新阶级的土地改革，事实上将消灭形成农村无产阶级的原因，而这个阶级的存在才是采取共产主义制度的行动的必然条件。"②但是阿本斯政府的《土改法》充其量只是民族资产阶级的温和的土地纲领，它的改良主义色彩是异常浓厚的。

第一，1952年的《土改法》尽管庄严地宣布废除"封建所有制及与此相适应的生产关系"③，但是土地改革法的条文中并没有要求废除封建土地所有权和美国公司的土地所有权，更没有确认农民的土地所有制。

它的真实意图是希望通过重新分配庄园的荒地来解决土地问题。对于美国公司霸占的土地，它所涉及的也只是荒地而已。从《土改法》的规定中，我们不难发现这一点。中等土地所有者不在土改之列；占全国农业经营者总数2％、占全国土地面积72.3％的大土地所有者，也只有一小部分地主须交出（有赔偿地）自己的荒地。拥有90至200公顷土地的地主，只要其中1/3不是荒地，也不在土改之列。土改的对象仅指拥有超过200公顷荒地的地主，而不是指整个地主阶级。种植园的所有者，即种植经济作物的本国地主和外国地主，不论拥有的土地面积多少，均不在土改之列。地主阶级，特别是外国公司援引《土改法》的条文，诡称他们拥有的荒地是某种预先指定为种植园用途的土地，以此逃避土改。因此，在《土改法》执行期间，被没收的土地总共只有332150.14公顷，其中属于美国公司的土地为154259公顷。④可见，从本国封建地产所有者那里剥夺的土地只有177891.14公顷，这些土地跟危地马拉的大地产相比，是一个相当小的数字。我们已知：占农业经营者总数2％的大地主就

---

① 参见［秘鲁］赫纳罗·卡尔内罗《拉丁美洲国家概述》，俄文译本，第203—204页。但特拉维斯和马吉尔在小册子《危地马拉真相》第51页上的说法与赫纳罗·卡尔内罗的说法颇有出人。

② ［危］托烈略：《为危地马拉而战》，第49页。

③ 同上书，第229页。

④ ［秘鲁］赫纳罗·卡尔内罗：《拉丁美洲国家概述》，俄文译本，第205页。

拥有全国总耕地面积 3667631 公顷之中的 2650234 公顷，因此从本国庄园主手中没收的土地仅占全国大地产的 1/15，全部没收的土地在全国大地产中也只占 1/8。美国公司在土改后还留下约 8 万公顷肥沃的已耕地和充足的储备地。被没收的 33 万公顷土地无助于 50 万户债农和佃农确立自己的土地所有权。

第二，阿本斯的《土改法》不但没有废除封建土地所有权和美国公司的土地所有权，同时还对被剥夺的土地报以赔偿金。无地或少地的农民以及农业工人都是有偿地从国家那里得到从地主或外国公司手中剥夺来的一小块荒地。这样，《土改法》实际上等于默认了封建土地所有权的合法性，而不能从根本上解决农民的土地问题。

广大农民为自己在土改中分得的一小块荒地连续 25 年付出收成的 3% 到 5%，这完全是不合理的。与此同时，阿本斯政府对被剥夺土地的赔偿，却作了相当优厚的规定。如联合果品公司在太平洋沿岸所攫取的 81878 亩土地，每亩只付出 1.48 美元的费用，而政府付给公司的赔偿金每亩 2.86 格查尔；在大西洋沿岸，公司得到的荒地是分文不付的，可是政府却赔给它每亩 3.21 格查尔。[①]

第三，1952 年《土改法》不是发动广大农民自下而上地加以贯彻，而是由政府自上而下地把土地"恩赐"给农民。

民族资产阶级的这种做法对农民的革命热情大为不利。结果至 1954 年 2 月，只有 55734 个农民分到 180599.84 公顷土地[②]。分得土地的农民在占有 3.5 公顷以下的农业经营者人数中只占 1/5；在全部雇农和佃农人数中只占 1/9 左右；他们分得的土地在总数为 265 万公顷的大地产中只占 1/15。至阿本斯政府被颠覆为止，也只有约 10 万农民及其家属得到了将近 40 万公顷土地。[③]

尽管为推行土改在全国成立了 986 个地方土改委员会，参加委员会工作的农民约有 4 万人，但是"并非所有的农民都已鼓起勇气，要求分配

---

① ［危］托烈略：《为危地马拉而战》，第 63 页。
② 海梅·迪亚斯·罗索托：《危地马拉革命的性质》，俄文译本，第 241 页。
③ ［秘鲁］赫纳罗·卡尔内罗：《拉丁美洲国家概述》，俄文译本，第 205 页。

土地"①。而在农民提出分配土地的要求时，经常被省和中央一级的土地主管机关所扣押。② 一旦在政府部门核准了农民的土地要求后，右翼集团控制的地方法院又挺身而出，加以阻拦。土改之执行，只有在埃斯昆特拉和奇马尔特南戈等地开展得较为顺利。由于民族资产阶级的土改没有扎实的群众基础，因此在阿本斯政府被推翻后半年，阿本斯即能借口"大多数农民无条件宣布自己愿意恢复货币工资制度"，轻而易举地把分得土地的一半农民从他们自己的田地上撵走。

由于存在着以上的严重问题，"十月革命"的领导者之———罗索托在总结革命经验时指出，1952 年《土改法》确实存在着"深刻的政治和历史性的错误"。③

但是作为一次进步的尝试，1952 年危地马拉的《土改法》毕竟有着巨大的历史意义。在这个《土改法》下，美国垄断资本和本国封建寡头势力的利益受到了危地马拉独立建国以来第一次真正的打击。广大农民和农业工人在经济生活上得到了初步改善。如 1952 年 10 月根据《土改法》而成立的国家农业银行开始向农民发放信贷。至 1953 年 12 月 13 日，11403 个农民已得到国家的抵押贷款 100 万格查尔，6470 个农业合作社社员得到国家的抵押贷款共有 130 万格查尔。在土改执行期间，农民分得了1.2 万头牲畜。国家以最高的市场价格收购个体农民和合作社生产的咖啡。埃斯昆特拉省有的咖啡生产合作社每个社员每天的收入已在 80 分以上④。不少农民开始享用以前没有享用过或只是有限享用过的轻工业品——鞋子、布匹、电熨斗、自行车、收音机以及农具，等等。⑤

《土改法》的颁布与执行在危地马拉展示了一场空前激烈的阶级斗争。"十月革命"的各政党和各进步阶级都站在拥护土地改革的一边，国内外反动派、包括右翼集团在内却死心塌地地站在反对土改的一边。危地马拉的民族民主革命在土改与反土改的斗争中进入了一个崭新的阶段。

最初认识土地改革的重要性的并为《土改法》的彻底贯彻而英勇斗

---

① ［美］特拉维斯和马吉尔的小册子：《危地马拉真相》，第 15—16 页
② 海梅·迪亚斯·罗索托：《危地马拉革命的性质》，俄文译本，第 246 页。
③ ［秘鲁］赫纳罗·卡尔内罗：《拉丁美洲国家概述》，俄文译本，第 205 页。
④ 同上书，第 228—229 页。
⑤ 同上书，第 241 页。

争的，是危地马拉的工人阶级。工人阶级主张应全部没收庄园主的土地，而不是"收买"他们的土地。它认为《土改法》的颁布只是为解决土地问题的"第一个回合"①。当地主阶级在土改中使用各种手段，从玩弄"法律"的诡计，到暗杀农民，依靠反动的法官逮捕土改委员会的许多委员，驱逐农民，解雇支持土改的农业工人，焚烧农民的住宅时②，危地马拉工人阶级在劳动党的领导下进行了顽强的斗争。

在广大人民群众的支持下，阿本斯等人这时在土改中表现了较高的积极性。在《土改法》颁布的那天，他正确地指出："土地改革问题划出了一条明显的界限：坚决走向革命的人构成一方，坚决反对革命的人构成另一方。如同在作出所有巨大的历史性决议时一样，中间分子在这里不存在，也不可能存在。"③ 当土改遭到国内外反动派的猛烈反对时，他回答说："如果他们（指国内外反动派——引者）要挑起内战，我们则准备给他们以应有的回答。……无论代价要花多大，土地改革要一直搞下去。"④ 阿本斯后来在人民的要求下把袒护庄园主的最高法院法官免除职务，加以改组，并颁布了《土改法》修正案，使下层群众有较多的机会直接参加土改的实施工作。

早在《土改法》制订时，国内的牛鬼蛇神就一齐出笼了。地主阶级的"危地马拉土地持有人联合会"也提出了一项土地纲领的草案。根据它的规定，无地农民只应在热带森林地区的佩滕省进行垦殖，他们在得到了依靠国家基金的土地后，事情就完了⑤。地主阶级不但提出了自己的土地纲领，进行破坏性的宣传活动，而且在国民议会讨论《土改法》草案时，进行恐怖活动。他们在全国两个最大的水电站——阿马提特兰和圣玛利亚——埋下了地雷，准备在议会讨论热烈时突然爆炸，使全国的中心地区断电。法西斯主义的青年组织还组织了对许多进步团体的领导人、包括工会领导人古铁雷斯在内，进行谋杀活动。⑥ 他们肆意挑起内

---

① 《争取人民民主，争取持久和平》，1952 年第 29 号。

② 同上书，1953 年第 20 号。

③ ［秘鲁］赫纳罗·卡尔内罗：《拉丁美洲国家概述》，俄文译本，第 206 页。

④ ［美］斯奈德：《共产主义在危地马拉》，第 200 页。

⑤ 海梅·迪亚斯·罗索托：《危地马拉革命的性质》，俄文译本，第 247 页。

⑥ ［苏］魏尼：《危地马拉》，第 82—83 页。

战。反动派的这些阴谋幸而及时被革命政府所破获，未酿成不堪设想的后果，但《土改法》的批准却因此受到耽误。可是，当第一个地主根据《土改法》应把他的荒地交给农民时，他向法院提出"申诉"。由于法院被右翼集团的法官所操纵，法院判决说：从地主那里剥夺土地是"非法的"。有的地主除了通过他们在司法、行政机构中的代理人，还以武力对付要求土地的农民。

从 1953 年 3 月起，阿本斯政府在人民的支持下着手没收美国公司所占有的荒地。美国拒绝交出它的荒地，并向危地马拉最高法院起诉。被右翼集团控制的最高法院竟对政府的正义决定作了否定的结论。最高法院的叛国行为引起了人民群众举国一致的气愤。当议会以 41 票对 9 票通过罢免最高法院首席法官和其他三位陪审官的决议时，在右翼集团的唆使下，"律师联合会"就指责议会违反了 1944 年宪法。反动的学生接着上街进行反政府游行，在国民宫前发生了骚动。尽管联合果品公司根据《土改法》将获得 185 万多格查尔的赔偿金，它却一再向危地马拉政府提出无理指责；是年 8 月美国国务院也为此发出正式外交文件，进行恫吓。

《土改法》，哪怕它是相当温和的，依然被国内外反动派看作眼中钉。1954 年 6 月 17 日，即《土改法》颁布的第二周年纪念日，他们终于开始用武力来推翻颁布《土改法》的阿本斯政府了。

（三）工人阶级的壮大

危地马拉的工人运动一直遭到反动派统治阶级的残酷镇压。在 1920 年年底卡夫雷拉统治崩溃后的 10 年中，工人运动才有初步发展，并对当时的政治斗争起着巨大的影响；但是在乌维科统治下，工人运动几乎完全停顿了。当时除了独裁者"钦定"的黄色工会以外，工人阶级的真正组织都遭到了取缔。1932 年他把 76 名优秀的工会干部逮捕定罪，其中 10 个人遭枪杀。[①] 1944 年 6 月，随着"十月革命"的胜利进展，工人运动才逐渐恢复起来。

危地马拉工人阶级的力量，在"十月革命"发展的 10 年间，特别是

---

① ［美］斯奈德：《共产主义在危地马拉》，第 55 页。并参见 ［美］ R. G. 阿历克山大《共产主义在拉丁美洲》，第 353 页。

在阿本斯时期，有了极大发展。工人阶级的壮大是这次民族民主革命的主要推动力；但是由于它在政治上还没有完全成熟，革命的领导权落在民族资产阶级手中，使民族民主革命遭到失败。1944 年 6 月，成立了危地马拉劳工联合会。它是乌维科统治以来第一个工会统一组织，但是还受到资产阶级思想的严重影响。在它的章程中竟这样写着，危地马拉劳工联合会"在立法范围内进行抵抗，以阻止资本主义剥削的加强"（第一条），它"将利用一切合法手段和一切合法道路"（第二条）。[①] 1945 年 8 月在他召开的第一届全国代表会议所通过的决议中，继续散布通过向政府呼吁来解决劳工问题的错误思想。不仅如此，它还要求工人无条件地支持阿雷瓦洛政府，并参加了根据第 200 号法令而建立的审议劳资纠纷的混合委员会的工作。

1946 年 5 月 1 日危地马拉工会统一全国委员会的成立，使工人阶级开始从经济斗争走向政治斗争。成立后不久，它就着手制订有关土地改革法的草案。但是在工会统一全国委员会的内部，资产阶级和小资产阶级思想仍然居主导地位。委员会的领导人并没有注意建立工农联盟的问题，在工作中只搞"上层活动"，跟广大的被剥削者几乎没有接触。

工会的统一从 1951 年 5 月 1 日起才在真正的意义上开始了。危地马拉工人阶级终于在 6 年的斗争历程中找到了方向。各工会组织通过联合成立庆祝"五一"国际劳动节的委员会，互相接近。1950 年他们成立了全国统一的工会中心——危地马拉统一劳工联合会。统一劳工联合会的成立是工人阶级对自己队伍内部资产阶级思想的一次重大胜利。它的章程说明，工人阶级对危地马拉的社会性质和自己的历史使命已有了最基本的认识。章程指出："拉丁美洲劳动人民购买力低，主要是由于这些国家的经济结构，它对外国的半殖民地依赖性所造成的；因而外国垄断资本的统治阻碍了它的经济发展，并使它不能完全独立。"它进而指出，国内封建势力的"支柱主要是外国垄断资本"；"它鼓励和支持土地改革，以满足农民刻不容缓的要求和为创立民族工业的国内市场提供可能性。"章程对今后的斗争还规定了以下三项原则："工人运动对企业主或政府的任何影响保持独立性，因为这种影响对它的切身利益有害；在我们的队

---

① 海梅·迪亚斯·罗索托：《危地马拉革命的性质》，俄文译本，第 161 页。

伍中维护广泛的工会民主制度；以无产阶级国际主义团结的精神教育工
人阶级。"[1] 至 1954 年召开第二届全国代表大会时，已有 500 个工会组织
和 10.4 万名会员团结在统一劳工联合会的周围。

工人阶级自己的政党组织——危地马拉共产党（后易名为劳动党）
的重新形成和日益发展，是工人阶级壮大的又一个重要标志。危地马拉
共产党虽成立于 1949 年 9 月，但是在阿雷瓦洛时期，由于 1945 年宪法第
32 条的束缚，党一直处在非法地位。至 1952 年 12 月在党的第二次代表
大会上作出了易名劳动党的决议后，党才转入公开活动。危地马拉劳动
党在 1954 年 6 月阿马斯雇佣军入侵前，总共只有 18 个月是被允许合法存
在的。尽管党所处的地位对它的工作很不利，党的力量却发展得极为迅
速。第二次代表大会时期的党员人数比 1949 年第一次代表大会时多了 13
倍。1949 年党没有自己的刊物，可是至 1952 年党的《十月周刊》的销售
数已由 1950 年 6 月创刊时的 800 份增至 3000 份，有几期还达到 7000 份。
1953 年 8 月党决定，《十月周刊》改为出版日报——《人民论坛报》。该
报在 1954 年 5 月每天出售 15000 份，在全国报纸发行量中占第二位。由
于 1952 年 2 月危地马拉革命工人党宣布加入共产党，因此党召开的第二
次代表大会不只是党的力量发展的大会，同时也是一次团结的大会。在
会议进行期间，代表们通过讨论和批判，对工人阶级在资产阶级民主革
命时期的领导权问题有了进一步的认识。[2] 大会还要求把现阶段的革命斗
争"彻底地转变成一个危地马拉的反封建、反帝国主义的革命，成立一
个更加民主的、更能代表人民的、真正反帝的政府"。

由于本身力量的壮大，在迫使民族资产阶级政府采取反帝反封建的
措施上，在打退国内外敌人对民族民主革命的进攻上，危地马拉工人阶
级的斗争起了重大的推动作用。工人阶级从 1945 年起就一直注意土地改
革的问题，几乎在每次召开会议时都谈起它。[3] 在议会讨论《土改法》草
案时，工人代表团和农民群众一起陆续来到首都，直接向议员们提出了
自己的要求。议员们还收到了他们数千封要求土改的来信。1952 年 5 月 1

---

① 海梅·迪亚斯·罗索托：《危地马拉革命的性质》，俄文译本，第 178—181 页。

② 《争取人民民主，争取持久和平》，1953 年第 6 号。

③ 海梅·迪亚斯·罗索托：《危地马拉革命的性质》，俄文译本，第 182 页。

日，他们在危地马拉城进行了一次盛大的游行，要求迅速通过《土改法》。工人和农民的代表拥挤在议会大厦门口，盼望着《土改法》的通过。他们一直在议会大厦停留了两天，直到 6 月 17 日晚上国民议会正式通过时方才回家。而当资产阶级右翼集团在国内外反动派唆使下发动叛乱时，工人阶级又站在保卫民族民主政府的前列。1953 年 3 月美国策动萨拉马叛乱就是由政府在工人阶级的有力支持下才镇压下去的。1953 年 7 月，危地马拉电气公司工人为提高工资进行了罢工。在工人斗争的促使下，政府责成公司提高工资的 37%，结果该公司 1953 年发电量虽有增加，但利润却比 1952 年降低了[①]。

可是危地马拉的工人阶级及其政党并没有认真地着手解决建立工农联盟的问题。尽管他们一贯注意到土改问题，然而迟至 1954 年统一劳工联合会在它召开的第二次代表大会上，才强调了建立工农联盟的必要性，致使拥有 20 万会员的危地马拉全国农民联合会一直处在中小资产阶级政党的影响下。工人阶级不能有效地建立工农联盟，这是它没有能取得民族民主革命领导权的主要原因之一。

（四）国内外反动派的进攻与民族资产阶级的屈服

从 1953 年 3 月阿本斯正式执政起，国内外反动派的进攻比起在阿雷瓦洛时期更加凶狠了。

阿本斯就职后不久，右翼集团就制造了孤儿院反革命骚乱事件。1951 年 5 月，阿本斯政府委派一位进步人士担任原先由天主教会反动势力控制的国立孤儿院院长一职。右翼集团利用这一人事变动放出恶毒的谣言，说什么嬷嬷和孤儿遭到了新院长的虐待。一群妇女听信了谣言，涌进孤儿院闹事。次日，右翼集团在总统官邸前组织了一次挑衅性的示威游行，并把总统卫士长的汽车烧毁，迫使阿本斯同意把新院长解职。

国内反革命分子在"反共"的幌子下大肆活动。除了原来早已存在的"反共统一党"以外，是年 8 月，极右派的"国民委员会""大学生反共委员会"相继成立。至年底，各地的反共委员会网已形成，并在 11 月 26 日召开全国会议。1952 年 3 月，他们在首都和其他主要城镇同时发动

---

① 见苏联《国际生活》杂志 1956 年第 1 期。

了一次反革命的示威游行。右翼集团的势力和极右派的势力在危地马拉城郊集中，不少大学生被他们所控制。当阿本斯将反对土改的最高法院法官罢免职务时，反动的学生就在国民宫前进行示威，烧毁一部 1945 年的宪法，以表示对阿本斯政府的"抗议"。1952 年下半年起，右翼集团把注意力集中到议会选举。它们在 1953 年年初召开的议会的 58 席中取得了 7 席。

1953 年 3 月 29 日，他们在萨拉马市发动了一次反革命叛乱事件。它们从联合果品公司得到 6.4 万美元用于购买军火。参加叛乱的有 200 人，其中两名系公司的高级职员。美国通过它的走狗——萨尔瓦多驻危地马拉大使，向叛乱者提供了 30 挺机枪。右翼集团打算在叛乱成功后即由联合果品公司的律师胡安·谢恩代替阿本斯为总统。但是他们的美梦并未实现。在 12 小时内，政府的军队在萨拉马市的工人和市郊农民的支持下，就镇压了这次叛乱。[1]

萨拉马事件后，右翼集团的各种势力都聚集在卡斯蒂略·阿马斯的周围。卡斯蒂略·阿马斯在阿雷瓦洛政府中曾任政治学院院长。在阿拉纳死后，他直接领导了 1950 年 11 月 5 日的军事政变。1951 年 7 月 11 日他越狱潜逃。在他的"上帝、祖国和自由"口号下，有 12 个不同团体参加了他的"解放运动"。卡斯蒂略·阿马斯从萨拉马事件后，甘心充当美帝国主义雇佣军的头子，一直策划着从中美洲其他国家侵入危地马拉。1953 年 9 月 12 日他写信给尼加拉瓜总统索摩查："我们的朋友们通知我，北边的政府（指美国——引者）……决定允许我们开始我们的计划。"[2]卡斯蒂略·阿马斯通过新奥尔良的一个美国律师按月得到美国政府向他支付的阴谋活动费用。通过得克萨斯州达拉斯城的一个美国商人，他得到了各种武器和装备，其中包括 P-47 型飞机，这类型号的飞机除非得到国务院的准许，否则是不可能转到一个外国人手里的。1953 年年底，有 9 个美国飞行师和 9 个航空机械师在卡斯蒂略·阿马斯手下服务[3]。卡斯蒂略·阿马斯在洪都拉斯和尼加拉瓜征募雇佣军，每人月薪 300 美元。

---

① ［美］特拉维斯和马吉尔的小册子：《危地马拉真相》。
② ［危］托烈略：《为危地马拉而战》，第 268 页。
③ 同上书，第 73—74 页。

从 1954 年 3 月起，他公开地从美国驻洪都拉斯的大使馆向外装运武器弹药。武器和兵员集中在洪都拉斯—危地马拉交界的戈帕。1953 年 8 月13—14 日，右翼集团的两大头子伊迪戈拉斯·富恩特斯和卡斯蒂略·阿马斯签订了联合行动的秘密协议。协议规定：卡斯蒂略·阿马斯为"革命的军事首脑""临时政府的首脑"；伊迪戈拉斯·富恩特斯为"总统候选人"，他的政治势力应支持卡斯蒂略·阿马斯的军事行动。

1954 年年初，国内外的反革命分子在组织上达到了统一。流亡在国外的右翼集团分子聚集在"反共解放阵线"的周围，由设在洪都拉斯的"反共协调委员会"领导；在国内，"反共民族阵线"则努力纠集 10 个不同的反革命集团，积极与国外的敌人进行勾结。阿马斯的代理人分布在军队和政府部门中。危地马拉城市政委员会委员曼努埃尔·卡梅霍就负有向他提供军事情报的使命。潜伏在革命队伍内部的右翼集团的成员竟能得到全国各军政机关、包括总统府在内的无线电电报。参加反革命活动的还有民用飞机驾驶员等。[1]

在背后操纵右翼集团的是美帝国主义。危地马拉人民的民族民主斗争危及它在拉丁美洲的统治秩序，因此美帝国主义怀恨在心。联合果品公司经理肯尼迪·雷蒙特一语道破了美帝国主义对危地马拉的刻骨仇恨。他说："今天的问题不是危地马拉人民和联合果品公司的冲突，而是共产主义（这是美国垄断资本家对危地马拉革命的故意歪曲——引者）对所有制的权利、西半球的生活和安全的威胁。"美帝国主义对危地马拉的颠覆活动从 1953 年 1 月共和党执政起变本加厉了。国务卿杜勒斯本人在1930 年和 1936 年起草了联合果品公司和危地马拉政府所签订的两项奴役协定。与波士顿财团有密切联系的卡波特家族在政府中担任了要职。从1953 年 10 月 14 日泛美事务助理国务卿摩斯·卡波特对危地马拉发出了第一次正式的攻击起，美国的执政党与在野党、将军们与议员们就毫无顾忌地表示要支持危地马拉的右翼集团，发出了疯狂的战争叫嚣。它们的主张得到了民主党参议院领袖、时任美国总统约翰逊的支持。[2]

美帝国主义在颠覆危地马拉的过程中采取了各种形式的反革命手段，

---

① ［危］托烈略：《为危地马拉而战》，第 74 页。
② 《新华社新闻稿》1954 年 6 月 26 日。

这些狡猾的手段就是对付革命的古巴的一套旧做法。

（1）用经济、宣传、外交攻势配合武装颠覆活动，并以武装颠覆为主。

在阿本斯执政时期，美帝国主义一贯采用经济制裁、宣传攻势和外交压力来对付危地马拉的民族民主革命。它几乎停止在危地马拉进行新的投资，拒绝给予各种非军事性的经济援助，而且不准它购买武器①，危地马拉军队连演习用的子弹都没有。危地马拉在其他国家的军事订货也遭美帝国主义的阻拦。危地马拉从一家瑞士公司买到的军火在汉堡装运时被美国没收。② 与此同时，它的宣传机器不惜工本地把危地马拉污蔑为加勒比海的"癌症""灾祸"；是"国际共产主义的桥头堡""中美洲的赤色前哨""莫斯科的傀儡"和"卫星国"；"威胁巴拿马运河和得克萨斯的油田"，等等。它还千方百计地指令右翼集团在总统选举和议会选举中通过合法的途径窒息民族民主革命。

但是在美帝国主义的侵略计划中早就拟定了以武装颠覆为主的方略。美国大使馆直接组织了几次武装叛乱。1953 年 12 月，美国垄断资本就迫不及待地宣传说，他们已"不可能用和平的方式来消灭"危地马拉人民了。③ 美国在萨拉马事件后积极利用卡斯蒂略·阿马斯组织武装入侵。美国为这支雇佣军耗费 600 万美元④。它认为依靠着这支由美国出钱、中美洲各国反动派出人的雇佣军，在进入危地马拉时，国内会发生"民众叛乱"，这时他们的野心就得逞了。国务院、五角大楼和中央情报局一直在为武装入侵进行谋划。1954 年 6 月 17 日晚上他们作出了正式入侵的命令。

（2）以美洲国家组织等为工具，纠集拉丁美洲的反动政府对危地马拉进行"集体制裁"，为武装入侵寻找"法律"根据。

---

① 1944—1950 年美国在危地马拉的直接投资每年平均为 270 万美元，同时期它对巴西的直接投资每年平均为 5880 万美元，古巴为 1660 万美元；1951—1953 年美国在危地马拉的直接投资每年平均为 30 万美元，同时期对巴西的直接投资为 119.7 万美元，古巴为 1470 万美元。（见 H.S，艾立斯编《拉丁美洲经济发展》）。又，1954 年 10 月 13 日美国给阿马斯的一笔技术援助数目达 6425000 美元。

② ［危］托烈略：《为危地马拉而战》，第 132 页。

③ ［美］特拉维斯、马吉尔：《危地马拉真相》。

④ ［危］托烈略：《为危地马拉而战》，第 161 页。

美帝国主义利用美洲国家组织侵略危地马拉始自 1952 年 9 月的中美洲国家组织会议。萨尔瓦多外长在会议上挑衅地提出了所谓"共产主义"渗透问题的提案。中美洲国家组织的敌视态度迫使危地马拉在 1953 年 4 月退出了该组织。1953 年年底，在准备武装入侵的同时，美帝国主义召集了第 10 届美洲国家组织会议。在杜勒斯的亲自率领下美国代表团在这次会议上向危地马拉进行了疯狂的攻击。杜勒斯以"反共"为幌子积极拉拢拉丁美洲各国共同参加颠覆危地马拉的勾当。会议所通过的第 93 号决议成为它扑灭危地马拉民族民主革命的合法依据。此外，美国在阿马斯入侵时还打算在 1954 年 7 月初召开美洲国家组织外长咨询会议来扼制阿本斯政府。但是由于美国估计在这次会议上它关于向危地马拉进行"集体制裁"的提案未必获得必要的 2/3 的多数票；加之危地马拉国内右翼集团的迪亚斯和蒙松叛变即将告成，外长咨询会议的事就作罢了。

（3）借手他人，利用一个或几个加勒比国家，作为向另一个加勒比国家进攻的基地。

美帝国主义及其雇佣军对危地马拉的侵略活动大部分是在几个加勒比国家，特别是在危地马拉邻国的领土上准备的。洪都拉斯、萨尔瓦多、多米尼加、尼加拉瓜、哥伦比亚等国的统治阶级积极参与了美帝国主义对阿本斯政府的颠覆活动。1952 年 9 月，萨尔瓦多在美国的授意下封闭了它与危地马拉的边界，把住在萨尔瓦多的 1200 名危地马拉人赶走。1953 年 11 月，美国与尼加拉瓜签订军事协定，由 54 名军官和 700 名士兵组成的美国军事使团常驻科林托港，实际上形成了美帝国主义对危地马拉海岸的包围线。[①] 1954 年 5 月，洪都拉斯香蕉种植园 5 万多工人由于反对美资联合果品公司的压迫爆发了总罢工。这时，洪都拉斯硬说总罢工与危地马拉的外交官有联系，[②] 就下令封闭了三个危地马拉领事馆，让雇佣军在洪都拉斯各地放肆地活动。被封闭的三个领事馆均位于雇佣军活动的要害地点：戈帕——阿马斯的大本营；科尔吉斯港——从海上侵入危地马拉并向巴里奥斯港发起进攻的基地，圣彼得罗苏拉——雇佣军

---

① 《争取人民民主，争取持久和平》，1954 年第 27 号。

② 洪都拉斯的指责纯系虚构。连一位反共的研究者也不敢苟同。斯奈德说：此事"仍然是有讨论余地的问题。"见［美］斯奈德《共产主义在危地马拉》，第 298 页。

的供应中心。① 美国驻危地马拉大使馆经常向戈帕的阿马斯参谋部发出军事指令。尼加拉瓜总统索摩查父子通过"A. 索摩查公司"同阿马斯保持经常联系。② 此外，洪都拉斯还拒绝危地马拉提出的与它缔结友好和互不侵犯条约的要求。6月17日晚上，在美国国家安全委员会作出武装入侵的决定后，又一批大量的武器弹药运到了洪都拉斯、尼加拉瓜和萨尔瓦多。雇佣军集中在与危地马拉接壤的地点，然后从陆、海、空三路大举入侵。

（4）美帝国主义一面组织雇佣军外部入侵，一面又在危地马拉策动潜伏在国内的右翼集团的成员进行反革命政变，互相呼应。

阿马斯率领的2000名雇佣军在入侵开始的一周之内就败北了。从23日起，政府的陆军和空军共有1万名已在危地马拉城通往巴里奥斯港铁路线一带的主要作战地点出击；雇佣军仓皇往洪都拉斯边境逃窜。阿马斯在军事上的败局，美国不是不曾预先估计到的，因为对它来说，阿马斯的武装入侵只是一个政治信号，为右翼在国内制造政变提供契机而已。

潜伏在革命阵营内部的右翼集团则从6月起就在美国驻危地马拉大使普理弗伊的策动下着手举行政变了。属于这个反革命集团的军官这时与阿本斯总统进行了三次威胁性的谈话，要求他"澄清"同"共产主义"的关系。6月5日，总参谋部的军官们向阿本斯发出一份备忘录，其中包括有20个问题和建议。他们要求阿本斯在国内政治生活中排斥劳动党，并向国内外反动派让步，使民族民主革命往后退却。③ 此外，他们还坚决拒绝执行阿本斯关于把武器交给人民和把5000名工人加以武装并派往前线的命令。高级军官们计划杀死阿本斯，如果他不愿辞职的话。④ 6月27日晚上，在美国大使的授意下，军官代表会见阿本斯并要求他辞职。阿本斯在提出两项条件后竟然同意辞职。他的条件是：继续抗击外国雇佣军；对他的支持者不采取报复手段。同一天，在全体内阁部长和高级军官出席的会议上，叛变者宣誓遵守阿本斯的两项条件，并立下文据。这

① ［危］托烈略：《为危地马拉而战》，第130—131页。
② ［危］托烈略：《为危地马拉而战》，第267页。
③ ［美］斯奈德：《共产主义在危地马拉》，第193、316—317页。
④ ［危］托烈略：《为危地马拉而战》，第169—170页。

样，政权就为以恩里克·迪亚斯（原国防部长）、埃尔弗戈·蒙松（原不管部长）和何塞·桑切斯所组成的三人洪他所掌握。但是，迪亚斯和美国大使普理弗伊发生了意见冲突①。29 日，蒙松在美国主子的指使下二次政变，接管了新政权。7 月 2 日，在普理弗伊的直接参与下，右翼集团各头目之间达成协议，建立了一个以蒙松为首、包括卡斯蒂略·阿马斯在内的新政权。7 月 8 日，卡斯蒂略·阿马斯正式上台，至此，美帝国主义扑灭危地马拉民族民主革命的全部计划方始完成。

阿本斯的辞职意味着民族资产阶级对国内外敌人的屈服。阿本斯辞职的前一天，在劳动党领导人与他交换意见时，已诚恳地向他指出辞职的严重后果；② 可是，作为一个民族资产阶级政府的首脑，阿本斯此时此刻决心走上背离民族民主革命的道路。随着他的屈服，危地马拉 10 多年民族民主革命的成果几乎全部丧失殆尽。危地马拉重新加入了中美洲国家组织，并在臭名昭著的第 93 号决议（《加拉加斯宣言》）上签了字。在 8 月 2 日发布的第 57 号法令下，大多数从土改中分得土地的农民重新丧失了土地。不仅如此，连在这些土地上尚未收割的庄稼，以及他们的牲畜、住房、小马车、肥料、禾苗、农具等各种财产都一齐被地主阶级倒算过去。③ 美国公司差不多全部收回了它被收归国有的土地，甚至还获得了利用土地和水源的新的租让权。是年 10 月，阿马斯宣布外国石油公司已在 20 万公顷土地上开始进行勘探。两个月后，外国石油公司已获得了在危地马拉全国进行勘探的特权。

五　失败的原因和革命的历史意义

危地马拉 10 年民族民主革命是在美帝国主义的颠覆下遭到失败的。

---

① 迪亚斯上台后立即宣布劳动党为非法，并把劳动党和工会领导人加以逮捕，普理弗伊要求迪亚斯在 24 小时内把所有被捕者一律枪决。迪亚斯对此有不同意见。他问普理弗伊为什么非这样做不可。普理弗伊说："因为他们是共产主义者。"迪亚斯回答说："这需要到你坐在总统的安乐椅上，并在总统府的旗杆上升起星条旗时，才更合适些。"（参见［危］托烈略《为危地马拉而战》，第 171 页）

② 海梅·迪亚斯·罗索托：《危地马拉革命的性质》，俄文译本，第 332 页。

③ ［危］托烈略：《为危地马拉而战》，第 181 页。

搞垮危地马拉革命是美帝国主义战后对付拉丁美洲人民的重要战略步骤。危地马拉人民和拉丁美洲人民决不会忘记美帝国主义在这 10 年中所犯下的滔天罪行。

民族资产阶级的动摇、妥协和屈服，则是 10 年民族民主革命失败的直接原因。1955 年 6 月，劳动党中央委员会在《北美对危地马拉的干涉和民主制度的破灭》一文中指出，革命失败的原因是由于"资产阶级的无能，犹豫不决，畏葸不前和叛变；政府的瓦解，拒绝武装人民；军事领导人的叛变；阿本斯的辞职；我党的弱小和错误，等等。"[1]

民族资产阶级在反帝反封建斗争中表现了极大的局限性，一贯地动摇和妥协。它对在危地马拉的美国资本基本维持原状，并允许其享受"合法的利润和合理的保障"。对被剥夺的美国公司的荒地，报以优厚的赔偿。它没有跟同美帝国主义勾结的资产阶级右翼集团进行坚决的斗争。在民族资产阶级的领导下，危地马拉不但在经济上未曾获得独立，连政治上的独立地位也没有保住，更不必说民族资产阶级如何以经济独立来扩大政治独立和以政治独立来保障经济独立的问题了。民族资产阶级的本性决定它不敢同美帝国主义的各种侵略手段进行针锋相对的斗争。它宁愿通过联合国、美洲国家组织等来阻止美帝国主义的侵略，却没有决心争取同拉丁美洲广大人民建立广泛的统一战线，来对抗美帝国主义及其走狗们的联合战线。它宁愿对发展联邦德国、日本和法国的贸易抱有不切实际的幻想，却没有决心去发展同社会主义阵营的贸易，以打破美帝国主义的经济歧视政策。民族资产阶级对外国资本的态度决定了它对本国封建势力的态度。民族资产阶级冀图用改良主义的土地改革使本国走上资本主义道路。但是，在不触动封建土地所有制根底的情况下，广大农民的革命潜力就不可能真正地被发掘出来，民族资产阶级在反帝反封建斗争中失去了农民的支持，必然遭到失败的结局。

民族资产阶级在民族民主革命中的 10 年，是它从逐步领导革命到屈服于国内外反动派的压力、放弃革命领导权、走上背叛革命道路的 10 年。阿本斯政府的执政标志着民族资产阶级对革命领导权的进一步加强，但是在阿本斯时期，随着阶级斗争的日益发展，民族资产阶级始则是个

---

① ［秘鲁］赫纳罗·卡尔内罗：《拉丁美洲国家概述》，俄文译本，第 231 页。

别分子背叛了革命（如国民解放阵线的右翼分子，一批学生领袖）；继则是整个阶级在国内外反动派的压力下，猝然丢弃了革命斗争（如阿本斯总统本人的辞职）。如果说民族资产阶级的左派在 1944 年 10 月还敢于组织人民用武装斗争打倒庞塞反动政权，那么，经过了 10 年的革命实践，窥探到广大工农群众的潜在力量的民族资产阶级，这时再也不敢用武装斗争来保卫革命了。面对美帝国主义雇佣军的入侵，他们除了发出几声请求右翼集团的军官武装人民的哀鸣声外，无所事事。正如人们所分析的，民族资产阶级"刚一听到几下枪声和帝国主义发出了要与人民决一死战的信号时，它就彻底无遗地投到了敌人的阵营"①。

民族资产阶级在这 10 年中的所作所为生动地说明了这一真理：民族资产阶级不能领导反帝反封建的革命，不可能把民族民主革命引导到胜利。《第二个哈瓦那宣言》正确地指出："在拉丁美洲目前的历史条件下，民族资产阶级不能领导反封建和反帝国主义的斗争。经验表明，在我们这些国家内，这个阶级尽管与美帝国主义有利害矛盾，却不能反对美帝国主义，它由于害怕社会革命和害怕被剥削群众的呼声已经不能有所作为了。"② 危地马拉民族资产阶级作为革命的领导阶级，10 年民族民主革命是它的头一回，也将是仅有的一回。历史的火车头在前进，革命领导的重责必将由危地马拉无产阶级来担负。

但是，这次革命失败的内部原因，从最根本上说是由于无产阶级在政治上的不成熟性，使运动的领导权落在民族资产阶级手中所致。

危地马拉无产阶级的力量在 1944—1954 年间有了很大增长，但是，它对于自己在民族民主革命中的历史使命认识不足。它没有把马克思列宁主义的普遍真理正确地贯彻在本国的革命实践中；没有努力解决无产阶级的革命领导权、统一战线和武装斗争的三大问题。

1955 年劳动党中央委员会政治局在谈到这次革命失败的原因时指出："无产阶级没有觉悟到在反帝反封建斗争中自己的领导作用。危地马拉劳动党在无产阶级中间帮助了对加入民族民主阵线的资产阶级政策和政府方面的幻想的传播，没有公开地说出资产阶级的动摇；没有揭露军队领

---

① ［秘鲁］赫纳罗·卡尔内罗：《拉丁美洲国家概述》，俄文译本，第 223 页。
② 《哈瓦那宣言》，第 31—32 页。

导人广大集团的阴谋行动；妨碍了无产阶级的行动实践……危地马拉劳动党既不善于缔结工农联盟，又不善于利用党和党的一些著名的工会活动家的权威和信誉，以便在工人中间消灭经济主义以及在工人群众和党之间建立不断的联系。"①

对于无产阶级在民族民主革命中的领导权问题，在劳动党 1952 年 12 月召开的第二次全国代表大会上曾经进行了广泛的讨论。大会虽然对革命必须由资产阶级领导的错误观点进行了一些批判，却没有重视无产阶级的领导权问题。在大会通过的文件中，只是泛泛地谈到"劳动党还不准备直接为在危地马拉建立社会主义社会而斗争"②，但对于无产阶级在反帝反封建斗争中的领导权，未作明确的决议。劳动党没有认识到：民族民主革命的彻底胜利必然是社会主义革命的开始，而工人阶级的领导既是民族民主革命取得胜利的根本保证，也是向社会主义革命过渡的首要条件。由此可知，无产阶级把反帝反封建的领导权让给资产阶级，这是导致革命失败的根本原因。

劳动党在统一战线上所犯的错误也是严重的。它没有认真地去建立工人阶级与农民和其他劳动人民的联盟，让有 20 万会员的全国农民协会长期处在中小资产阶级政党的影响下。它与民族资产阶级、其他可以合作的非劳动人民虽然建成了联盟，但是不能掌握联盟的领导权。它号召广大工农群众支持阿本斯，却没有在必要的时候强调并揭露民族资产阶级和工农之间的本质差异。这样，在劳动党的革命实践中，实际上就让并不在它领导下的、工人阶级和民族资产阶级的联盟代替工农联盟。它没有认识到：在革命队伍的两个联盟中，工农联盟是基本的力量，工人阶级和民族资产阶级的联盟只能是辅助的力量（当然也是必要的力量）；如果不去建立在无产阶级领导下的强大的工农联盟，工人阶级和民族资产阶级的联盟是靠不住的。劳动党在统一战线上的错误认识，必然使自己在民族民主革命中处于非常不利的地位。

劳动党对于在民族民主革命中掌握武装力量，并决心以武装斗争来保卫革命成果，防止来自帝国主义的镇压方面，几乎完全是没有准备

---

① 海梅·迪亚斯·罗索托：《危地马拉革命的性质》，俄文译本，第 201 页。
② 同上书，第 341 页。

的。卡斯特罗同志正确地指出："革命的首要问题是必须摧毁旧制度的军事机器并掌握这些武装，这从在整个拉丁美洲发生的事件中我们可以得到证明。"[1] 把武装让给了政府，而软弱的民族资产阶级又把武装交给了资产阶级右翼集团。宪法规定，军队是"非政治的，实际上是职业性的、驯服的"[2]；军队的领导人由军队自己提出三名候选人，由政府挑选其中一人全权掌握军队。总统不能过问军队，军权落在四个出入美国驻危地马拉大使馆的高级军官中。在美国雇佣军入侵时，他们指挥士兵不战而退，并以空军掩护阿马斯的军事行动。为了保卫革命，工人阶级要求政府给予武装。阿本斯虽然出于应急，最后同意武装工人，但未经军队领导人的准许，他的话也不作数。后来，右翼集团在政府的要求下，答应在 6 月 27 日（星期日）把武器发给人民。星期日终于到来了，可是甜蜜的语言为一场精心策划的政变所代替。最后的希望破灭了，民族民主革命的成果也丧失了。危地马拉工人阶级因为没有自己的武装，也就没有了自己的一切。劳动党虽为自己规定了反帝反封建的任务，却不懂得"枪杆子"的道理。殊不知什么是反帝？反帝就是武装；没有武装，就没有反帝。什么是反封建？反封建就是武装；没有武装，就没有反封建。反帝反封建的任务只能用武装去完成；反帝反封建的成果也只能用武装来保卫。这是阶级斗争的普遍规律。危地马拉劳动党如果忘记了这条规律，即使再做更多的工作，也不能使自己立于不败之地。

1944—1954 年的革命虽然失败了，但是这次失败了的革命在当代拉美民族解放运动史上却占着无比光辉的地位。

（1）它有力地打击了美帝国主义和封建势力，壮大了危地马拉人民的力量。

10 年民族民主革命是危地马拉近代以来第一次真正的社会革命，尽管在深度上和广度上，它的作用还十分有限，但这次革命毕竟触及了本国现存的反动制度。革命政府颁布的法令，使外国资本、帝国主义和

---

① 卡斯特罗：《关于社会主义革命统一党的电视演说》，载《卡斯特罗言论集》，第 2 集，第 218 页。

② ［美］斯奈德：《共产主义在危地马拉》，第 43—44 页。

国内封建势力遭到了自危地马拉建国以来从未有的打击；同时，无产阶级、小资产阶级和民族资产阶级的势力却得到了前所未有的大发展。人民力量的壮大为危地马拉革命的进一步发展开拓了宽广的道路。

（2）它和拉美其他国家的民族民主运动汇成了一股反对美帝国主义的汹涌洪流，从而有力地支持了世界各地人民的反帝爱国斗争。1944年以来，拉美的民族民主斗争在萨尔瓦多、厄瓜多尔、哥伦比亚、危地马拉、玻利维亚、巴西等国取得了巨大的进展，其中以危地马拉的斗争规模最大，声势最盛，反美的色彩最浓。危地马拉人民的斗争代表了1944—1954年间拉丁美洲民族民主革命所达到的最大成就。

50年代初危地马拉等国的反美斗争，对于当时正处在美帝国主义侵略战争中的中国、朝鲜、印度支那人民、对于非洲各国人民的解放斗争，都起了重大的支援作用。

（3）它帮助了拉美人民和全世界人民进一步认识美帝国主义的侵略本性。美帝国主义从1894年美西战争至1954年，在拉美共进行了114次侵犯、武装干涉和侵略战争。1945—1954年间，它在13个国家策划了18次军事政变。危地马拉事件无疑是美帝国主义在这个半世纪以来所实现了的最阴险毒辣的诡计。

但是，在一定条件下，坏事会变成好事。美帝国主义对危地马拉的所作所为，恰好是它狰狞面貌的大暴露。革命人民是不难在这次事件中、从这位反面教员身上得到教训的。

（4）更重要的是，危地马拉人民和拉美各国人民能从这次失败中看清自己前进的道路。民族民主革命高潮达10年之久的危地马拉，为什么竟在10天不到的时间里就被搞垮？今后的出路在哪里？这是拉美人民必须思索而且正在不断思索的问题。如果说，他们过去一时尚未找到答案，那么，在1959年古巴革命胜利的今天，不是很清楚了吗?！

革命人民同时有了危地马拉失败的教训和古巴革命成功的经验，这是一份多么宝贵的精神财富啊！

1944—1954年的民族民主革命，对于危地马拉人民来说，是一场革命的大演习。人民所花的代价决不是白费的。危地马拉人民经历了这一次剧烈的颠簸后，正在进一步觉醒起来。今天，危地马拉的革命志士正紧握着枪杆，从高原到沿海，从洼地到丛林，展开了一场新的斗争。

让革命的熊熊烈火在沉睡了的塔胡穆尔科火山的上空重新燃烧起来吧！

（此文系作者在复旦大学历史系的研究生毕业论文；
写于 1964 年 12 月；导师：程博洪教授）

古巴酝酿市场化结构改革

2010 年 9 月 24 日，古巴共产党机关报《格拉玛报》用 3 个版面的篇幅刊登政府发展私营经济的方案。这份定于 10 月开始实施的方案，显示政府将对私营从业者开放 178 项经济活动。而先前，私营从业者在古巴出售食品、训练宠物、修车、修葺房屋、出售酒精饮料、租房给游客等，都是违法行为。报道还说，政府正在研究古巴中央银行向私营业主发放贷款的可能性。联系起古巴工人总工会近日关于国营领域将裁员 50 万人的声明，可见古巴正朝着发展市场经济的方向稳步推进，尽管官方否认这是"拥抱资本主义"。

引起外界联想的是另一则报道：2010 年 9 月 8 日，菲德尔·卡斯特罗在接受《大西洋月刊》独家采访时说："古巴模式甚至对我们都不管用了。"这句话经记者戈德堡报道后，被广泛地理解为"古巴模式失灵"了。9 月 10 日，菲德尔·卡斯特罗在哈瓦那大学称，他的话被误解了，"我所回答的意思与两位记者有关古巴模式的理解是完全相反的"，他的本意是"资本主义制度不但对美国，而且对全世界都失灵了"。接着，戈德堡答复道，他准确引述了菲德尔的话，并没有曲解其意。但按随行的另一名美国古巴问题专家的理解，菲德尔说的不是革命、社会主义思潮或独立精神"失灵"，而是指古巴经济模式不再奏效。

不管菲德尔受访时说的那段话究竟指什么，对于了解当今古巴实情的人们来说，与其关注菲德尔说些什么，不如关注古巴当下的走势与正在悄悄涌动的潜流；与其过度解读菲德尔的胸臆，不如关注他的弟弟劳尔说了些什么和干了些什么。

一　康复后的菲德尔·卡斯特罗避谈内政

菲德尔·卡斯特罗是大无畏的革命领袖，也是 20 世纪六七十年代以来第三世界民族解放运动的第一代领导人和精神导师。他被委内瑞拉总统查韦斯和玻利维亚总统莫拉莱斯称为"拉美所有革命者的父亲和祖父"。试想，在回答独立精神是否"失灵"、革命是否成功或失败、社会主义与资本主义谁优谁劣、谁胜谁负等根本性问题时，这位铁骨铮铮的大英雄岂能在西方记者面前言败？经历过美国 11 任总统连续的打压、中央情报局先后 637 次暗杀都毫无惧色的他，焉能"低头在草莽"？

毫无疑义，一个干革命逾半个世纪的国家，如果依然是经济凋敝、民生困苦，它的经济发展模式肯定出了问题。难怪 9 月 18 日英国《卫报》说："古巴革命一向更多具有民族主义性质而非社会主义。"贫穷不是社会主义，是铁打的真理。英国《卫报》的话，言之成理。但你又很难怀疑古巴没有搞"社会主义"，因为它在 50 年中搞成了两件大事：一是建成了纯而又纯的国营经济（菲德尔·卡斯特罗在 1997 年古共五大上说，"我们不会产生一个实业家、有产者和企业主阶级"）；二是实行了公平分配，人均月收入 20 美元上下，另有免费的教育和医疗以及享有政府补贴的住房、交通和基本口粮。很显然，前者导致了所有制单一症和市场空虚主义；后者导致了贫困状态下的绝对平均主义。这两条是苏俄式社会主义的痼疾，与建立在现代文明基础上的科学社会主义不是一回事。斯大林的社会主义模式搞的是主观社会主义和精神社会主义，其失败是必然的。这是尽人皆知的常识，人们无须不屑于承认它的失败。

菲德尔于 2006 年 7 月因动手术而宣布将职权"暂时移交"给劳尔以来，已养病 4 年。但自 2010 年 7 月起，他在身体康复之后频频亮相，从 7 月 7 日至 8 月 8 日的一个月中曾公开露面达 10 次。巴西总统卢拉称"菲德尔是人类历史上活着的传奇"。卡斯特罗在解释自己为何永不倦怠的原因时说："我不想错过。世界正处在最微妙但也是最危险的时期，我与即将要发生的事情息息相关，我还有很多事情没有做完。"

近些日子，他又关心伊朗核计划问题，担心美国会借口反对伊朗而挑起威胁人类生存的核战争，谴责法国极右势力驱逐吉普赛人，等等。9

月 10 日，他还身着橄榄绿戎装在哈瓦那大会上发表了长达 35 分钟的演讲。然而，菲德尔·卡斯特罗养病与康复以来的言论，主要是分析世界形势与人类发展趋势，谈论反恐、反饥饿和债务危机，谴责新自由主义全球化，提醒第三世界国家不要陷入再殖民化，捍卫不结盟运动，提倡环保、生物燃料和能源革命，同时不乏对时事、人物的评论，但几乎很少涉及古巴政治、经济改革的重大举措及国内政策等方面的话题，因为他把国家发展和人民生活相关的大事，都交付劳尔全权处理。尽管菲德尔仍然是古巴的最高掌权人，但他只关心战略与宏观上的大事。

二　劳尔低调启动市场化变革

劳尔的风格和行事方式与菲德尔有所不同。他公开演说少，电视台露面少，不尚空谈，注重调研，善于解决实际问题，完全是个工作勤勉、作风严谨的务实主义者。兄长抓纲务虚，他克尽厥职，知难而进。每逢记者采访他时，他总以"我要说的话，菲德尔都已经说了"为由予以婉拒。古巴以苏东解体标志着本国进入了和平时代的"特殊时期"。劳尔坚持认为，20 世纪 90 年代开始的"特殊时期"至今仍没有完结。他勇于剖析造成古巴经济困难的主观原因，指出："我们工作中的缺点，既同帝国主义封锁无关，也同特殊时期无关"，"喊口号的时代已经过去了，我们要从积极因素和反面教训中吸取经验"。

他号召进行"结构变革和观念变革"，并在军队中率先实施，使 16 万人的军队不仅做到粮食自给，而且还向百姓提供粮食，军队生产和提供的粮食约占全国供应量的 1/4 至 1/3。他指出，面对严峻的国际国内形势，必须生产更多的产品，减少进口，尤其是粮食的进口，在当前的情况下，"芸豆与大炮同等重要，甚至比大炮还要重要"。他讲话时不太喜欢引用古巴官方的经济增长数字，也很少谈古巴在医疗、公共教育和社会保障方面的突出成就，而是全神贯注地抓紧处理老百姓面临的各项问题：食品短缺、住房紧张、交通困难、贪污腐败和效率低下，等等。

为了加速推行"结构变革和观念变革"，几个月前，劳尔就公开承认古巴国有部门有 100 万冗员需要重新安置。8 月 1 日，在全国人大闭幕会议上，他说："古巴是世界上一个不劳动也可以生活下去的国家"，这一局面必须改变。果然，古巴工人中央工会 9 月 13 日发表声明说，国有部门至 2011 年 3 月底将精简 50 万人，逐渐转到非国有部门从事租赁、承包、合作社或个体劳动，其中转为个体劳动者达 25 万人（目前仅为 14.3 万人）。转制后的个体户将向政府缴纳所得税、销售税和社会保障税。估计 2011 年政府将从个体户手中收取 10 亿比索税金，而 2010 年这一数字仅为 2.5 亿比索。

值得注意的是，古巴对待个体劳动者的政策曾多次变更：1968 年，将所有小商贩统统予以"国有化"，每月由国家发固定工资；1993 年允许个体户从事 135 种行业，但只能单干，不准雇人；1995 年允许个体户从事的行业扩至 157 种，人员达到 21 万，但由于资金和生产资源短缺，又背负着被视为"危险的资产阶级"的恶名；到 2009 年人数又降至 14.3 万人。这一回行业准入由个体户扩大到可雇用外人的私营业主，看来不会再走回头路了。

古巴全国人口为 1120 万，国有部门拥有 500 万人，约占全国劳动力的 85%。按照劳尔的说法，国有部门最终被裁员的职工可能超过 100 万，意味着将有近 1/5 的劳动者失去原来的工作岗位，这必将对古巴的经济制度、政治局势和意识形态产生巨大的影响。

常言道：论事易，做事难。古巴这样硕大无朋的改革之举，最终是否会走上它过去不屑于走上的中国、越南的市场经济改革之路，令世人瞩目。如果"结构变革和观念变革"的结果，在古巴产生出"一个实业家、有产者和企业主阶级"，下一步又会引起什么变化，尤其是菲德尔的态度如何，人们将予以极大关注。

（原载《南风窗》2010 年第 22 期）

书评、序、跋等

《简明拉丁美洲史》(英文第4版)中文版序言
寓论于史　钩深致远

　　E. 布拉德福德·伯恩斯的《简明拉丁美洲史》自 1972 年问世以来，连印四版，在美国学术界和大学校园产生了较大影响。在 1986 年年初的第 4 版中，作者深谙时代的需求，增加了中美洲问题与拉丁美洲不发达问题的篇幅，对尼加拉瓜革命运动、现代化对萨尔瓦多的影响、加勒比地区日益加剧的贫困、美国在中美洲的作用等问题作了较详尽的分析，从而使这部论古及今的拉美史概论著作更贴近现实生活。

　　伯恩斯现任美国洛杉矶加州大学历史系教授，专攻巴西史、中美洲各国史和 19 世纪拉美史。曾著有《巴西历史文选》（1966 年）、《巴西史透视》（1967 年）、《巴西民族主义》（1968 年）、《巴西史》（1970 年和 1980 年）、《在尼加拉瓜的战争》（1987 年）等十多部著作和几十篇论文。他先后在美国 4 所大学讲授拉美史概论课程，历时 30 年之久。由于他的研究成果和教学内容富有当代意识，越来越多的大学生和研究生对他开设的课程产生了浓厚兴趣。近一两年，洛杉矶加州大学听他讲授拉美史概论课程的学生，每期达 350 人之多。伯恩斯在新版前言中特别向他的研究生和大学生表示感谢："因为他们阅读本书时提出批评性意见和密切相关的问题。在寻找答案时，我不得不阐明我的想法，进一步明确我的历史观。本书是为他们而写，也是因为他们才写成。"可以说，《简明拉丁美洲史》既是伯恩斯教授长期研究工作的结晶，又是他和学生教学相长、钩深致远的果实。

　　本书共十章，并附有《重大历史事件年表》《西班牙语和葡萄牙语术语词汇表》《补充读物介绍》和 9 帧地图。全书约合中文 30 多万字。

第一章《多种族社会的起源》，叙述公元 1500 年前后印第安人、欧洲人和非洲人三种文明的发展概况。作者指出，来自三个大陆的人代表着三个种族，他们到达"新大陆"的时间不同，依据的原因也各异，但由于共同努力，最后形成了拉丁美洲独特的文明。第二章叙述了伊比利亚王室在"新大陆"长达 300 年的殖民统治，着重分析了殖民地矿业、农业的发展以及国家机构、教会组织和城市兴起的情况。作者指出，在"新大陆"确未出现过中世纪社会典型的封建制度，因为大庄园一方面是自给自足的，另一方面又以某一项主要经济作物紧密地同资本主义经济联系起来。他认为，马克斯·韦伯所描述的"承袭制"似乎最能说明在殖民地时代拉美的大庄园和大种植园制度。在第三章《独立运动》中，作者断言，除了在海地和在运动初期的墨西哥以外，所有的独立运动均是克里奥尔人和马松博人权贵领导的，他们同宗主国断绝关系后，行使了伊比利亚人可以行使的权力，而人民群众充其量不过是得到了一些含混不清的许诺而已。但巴拉圭是比较独特的，它不仅摆脱了西班牙的统治，挫败了阿根廷的进犯，还在德弗朗西亚的领导下进行了民众主义革命，使普通平民获得好处至少达半个世纪之久。

第四章至第六章着重分析独立后至 19 世纪末 20 世纪初的各国政治、经济、社会和文化发展情况。作者指出，获得独立并没有证明拉美获得了医治其社会弊病的万灵药。由于拉美被纳入国际资本主义网络，其经济的繁荣与衰微日益取决于外部因素。同时，执政的上层人物仍然在精神上与伊比利亚连接在一起，在文化上则依赖于法国，在经济上屈从于英国。他们只占人口的 5% 不到，却往往将自身的利益和愿望与整个国家的利益和愿望混为一谈。而军队作为一种政治体制在拉美发挥了越来越重要的作用，他们是上层人物用以保持社会秩序的唯一保证。进入军界不仅为富家子弟提供了有声望的职业，而且成为有才智和抱负的平民进入较高社会阶层的一种手段。作者在第五章《现代国家的形成》中指出，到 19 世纪中期，在政局稳定和经济发展方面，巴西和智利较为突出。进入 19 世纪后半叶，随着外国投资的扩张和移民的流入，拉美出现了工业化、城市化和现代化的倾向。但拉美这种现代化虚饰的表面，为陈旧的体制增添一些装饰性的点缀，缺少现代化的实质内容。这是因为，新封建主义与拉美充满生气的资本主义结为联盟，实证主义思想则为两者的结合提供了意识形态的保护伞。第六章《旧舞台上的新演员》篇幅虽然不多，但在全书中承上启下。作者指出，随着拉美独立接近 100 周年之际，出现了两种趋势，一是美国对拉美施加最深远的影响，二是拉美内部出现了界线较明确的中等阶层。这两种趋向是相互连接的，从而对 20 世纪的事态发展产生了重大影响。

　　在第七章至第十章中，作者以发生在墨西哥（1910 年）、危地马拉（1944 年）、玻利维亚（1952 年）、古巴（1959 年）和尼加拉瓜（1979 年）的五次社会革命为中心，分析了当代拉美各国的政治、经济、社会和文化状况。伯恩斯指出，进入 20 世纪后，拉美人民对以往通过民主化、民主主义、城市化、工业化和现代化所产生的渐进的变革深感失望，因此迄今有五次选择了革命，作为实行变革的一条更为迅速而可靠的道路。五次革命都要求改变或根除与现代化运动不相符的陈旧体制。所有这些革命都承认土地改革在调整社会结构中的重要性，并着手彻底改变土地所有制模式。所有这些革命都表现了强烈的民族主义情绪。五个国家的革命都有广泛的群众参与，并赞成更大程度的工业化和某种形式的社会主义。五次革命都剥夺了（或至少暂时剥夺了）旧寡头集团的权力。但五国革命的命运各有不同。墨西哥革命看起来是成功的，只是到 1940 年以后变得僵化、保守。危地马拉革命在美国中央情报局的干预下于 1954 年被制止了。玻利维亚革命在最初年代取得重大成果，但在 1956 年后畏缩不前，并随着 1964 年军事政变而终止。古巴革命不同于玻利维亚和危地马拉的情况，因为古巴是个城市化国家，存在着大量中等阶层，居民的识字率高。古巴和尼加拉瓜的革命还在继续。作者在最后一章中指出，尽管有了小部分变革、表面的进步以及明显的现代化形式，大部分拉丁美洲仍保留了过去的气息。其原因是，"经济增长但不发展这一特点仍然支配着拉丁美洲"，经济中最有生命力的部分仍同出口有关，各项经济政策和活动加强了助长依附性的体制。正是这些变动极小的体制结构造成了永存的不解之谜——在具有潜力的富裕地区却普遍存在着贫穷。伯恩斯深情地说，解决拉美贫困问题的方法，绝不是左派、右派以及介于二者间的各政治派别所急于引进并强加于拉丁美洲的那种外国方案，而是"系于拉丁美洲本身内部"。但作为历史学家，作者不能不指出，

"维持现有体制比实行真正变革要容易得多"。过去继承下来的体制，被上层分子和中等阶层奉为神圣，并依靠军人的实力来支撑；结局很可能是：受压迫、渴望变革的人则表现为暴力，享有特权、渴望长久维持其统治的人则强加暴力。

读了伯恩斯这部著作，我感到至少有三点深受启发。

第一，史学家要具有当代意识，要在充分掌握史料的基础上去研究、揭示历史，使自己的成果贴近现实生活。伯恩斯在这方面是做得不错的。他这部书虽然是一部基础读物，时空跨度又大，但由于紧紧抓住主体——"殖民地历史长时期遗留下来并在19世纪得到加强的体制结构，至今还继续存在着"，使读者感到历史就是现实的一部分，一部五彩斑斓、多姿多彩的拉美史对他们来说仿佛就是眼前的事，绝不是恍如隔世。同时，作者彻底摒弃传统叙述史学的做法，没有把笔墨消耗在史实的铺陈、推演上，而是寓论于史，夹叙夹议，给读者以分析、观察、解释历史的能力和相应的知识量。英国著名的历史学家杰弗里·巴勒克拉夫在《当代史学主要趋势》一书中曾说过："拉美新史学的起点则是寻找有关拉美社会相对停滞和阻碍现代化的原因，并对这些问题作出圆满的解释。"伯恩斯正是这样去做的。他在书中尽力回答关于拉美革命与变革、现代化与不发达、依附性与国际贸易、增长与发展等一系列人们迫切关心的问题，从而使读者浮想联翩、开卷有益。某些方面，他甚至说，他对拉美史的看法前后有不少变化，这一变化可能比拉美本身过去20年所发生的变化还要大。他在写本书第1版时，曾认为以往的改革会引起拉美体制结构的逐步变化，从而实现经济的发展和富有意义的政治民主。但是当他写第4版时，他确认，改革的这两个目标均未达到。他相信，积极的变革应当而且必将发生，拉美人将不会带着19世纪陈旧体制的桎梏进入21世纪，但是从昔日体制中获益的少数人和承受重担的多数人之间的冲突，必将产生日益增多的暴力。当然，作者的这些看法并不游离于全书的基本内容。相反，它是同作者论述的细致性和贯通性密切地结合起来的。值得提出的是，本书在章节安排、标题的名称上不落俗套，不像一般史著那样枯燥乏味，从而增加了读者的兴趣。

作为一名美国的历史学家，怎样看待美国政府对待拉丁美洲，这也是美国当代社会关心的问题。伯恩斯同情拉美人民的进步事业，他在书中严厉批评美国对拉美采取的错误政策，特别谴责了中央情报局的罪恶行径。他认为美国没有成为西半球民主的良师益友，而是成为令人生畏的警察、镇压的代理人，去维护拉美落后的体制和独裁统治。他尖锐地指出，美国总是把拉美发生的事情一成不变地纳入美国和苏联两大国之间的冲突以及资本主义和共产主义之间全球性斗争的模子，而不能充分理解拉美人民为争取变革而斗争的意义，因此犯下了一系列令人遗憾的错误。美国自诩为民主政府的典范，但并不支持大多数人所希望的那种变革。他认为，拉丁美洲的激进变革从长远看还会增加美国的贸易，而且将加强本半球的"安全"。对美国来说，鼓励拉丁美洲变革比阻止这种变革更为有利。但是，伯恩斯的这些观点与美国官方的政策相去甚远，因而引起了华盛顿对他的不满。1986 年 3 月 11 日，里根总统甚至亲自出马，在当天的午间新闻发布会上不指名地攻击了伯恩斯，指责他在尼加拉瓜问题上不替美国政府而替桑地诺主义政府说话。伯恩斯不甘示弱，通过新闻媒介迅速作出反应。一时间，报纸、杂志、电台纷纷报道他对里根中美洲政策的批评，电视台对他进行了专访，并在六个电视频道上播放。伯恩斯不畏强权、捍卫自己学术观点的正义立场，受到美国广大进步知识阶层的赞赏。

第二，一部优秀的地区史著作应当在材料的剪裁上多下功夫，力求在宏观与微观、综合与国别、总体与局部等关系问题上克服畸轻畸重的倾向。伯恩斯在这方面也是做得不错的。作者在本书中仅用两章的篇幅交代了主要拉美国家独立前的历史，但对 19 世纪前的拉美，包括欧洲殖民主义者进入前和进入后的拉美社会都作了扼要的介绍，拥有充足的信息量。对于独立后各国纷繁复杂的历史，作者既抓住主线着重叙述它们在经济基础、政治体制、历史文化背景等方面的共同点，又能注意到历史发展的连续性，从而对他们作出整体性的概括和论断。

作者在展现拉美整体性的同时，也指出了各个局部的相对性和特殊性。在叙述历史事件承续的过程中，作者既考虑到时序的先后，又注意到问题的归类、性质的异同，以进行纵横交叉的剖析，把历史运动作为一个有机的整体来看待。如对 1804—1824 年拉美独立运动这一章内容的处理就别出机杼，不蔓不枝，独具匠心。该章共分五节。第一节交代独立运动产生的社会经济背景和心理因素。作者指出，一种效忠于自己所在地的土著主义思想加剧了拉丁美洲人对伊比利亚宗主国的权威和统治的反感，最后，终于在"欧风美雨"的影响下导致了拉美宣告独立。在第二至第四节中，作者分别阐述了海地奴隶起义、巴拉圭自治革命和未获成功的墨西哥民众革命。作者把西班牙美洲其他地区的独立运动和巴西的独立运动归纳在一起，作为本章的最后一节，冠以"上层人物的反抗"的标题。作者认为，海地是"新大陆"奴隶起义中唯一获得彻底成功的地区，使黑人可以自己治理自己的家园。巴拉圭则是一次激进的自治革命，直到1840年德弗朗西亚去世为止，巴拉圭不仅享有政治独立而且还享有经济独立，成为当时整个西半球前所未有的最平等的社会。墨西哥的独立运动则是从一个重要的社会、经济、政治革命开始，却以保守的政变而告终，唯一的直接获胜者是克里奥尔上层人物。拉美其他地区的独立运动与墨西哥上层人物的胜利是类似的。实际上，真正的独立战争主要发生在墨西哥和委内瑞拉，在大部分西班牙美洲地区（如中美洲、巴拉圭和阿根廷等地）和巴西基本上没有发生大规模的战斗。当然，伯恩斯之所以做这样的调理和铺叙，是与他对独立运动性质的看法分不开的。他显然不同意将南美洲的历史"缩减为其代表人物的传记"，并认为，这种观点"限制了对老百姓的行动与思想的研究"。

第三，一部历史教科书不仅需要脉络清楚、层次分明，而且要求作者努力吸收本学科的最新成果，引用新材料，发表新观点。伯恩斯在这方面也是尽心尽力的。现举例说明。

（1）关于马拉尼昂国的问题。作者指出，我们今天所称的巴西在大部分殖民地时代分为两个国家。一个是巴西国，就是我们今天所知道的巴西。另一个是最北部贫穷的马拉尼昂国，建于1621年，对里斯本的依赖程度比南部国家对里斯本的依赖更大。人口稀少，发展缓慢。1751年，其首都从圣路易斯迁到贝伦。1772年，庞巴尔废除了马拉尼昂国，将其合并于巴西国，从而在"新大陆"创建了一个统一的葡萄牙殖民地。

（2）关于考迪罗。作者认为，19世纪的考迪罗应分为两大类。一类是人们通常提到的考迪罗，他们忠实地代表上层的利益，受到农村贵族、罗马天主教会和军人的支持。他们使用武力，玩弄权术，以维护业已建立起来的顽固体制。他们巩固大地产制和债务雇农制，推行出口型经济政策，追求外表的现代化。尽管他们起到"国王"的作用，对其"臣民"

施行的控制比西班牙君主历来敢于施行的控制还要多，但他们对其所管理的国家也带来过一些好处。他们有几次明显地阻止了国家的分裂。他们建公路、铺铁路、架起电报线缆、革新港口，因此自认为他们的国家已完全现代化了。这类考迪罗中，以厄瓜多尔的胡安·何塞·弗洛雷斯、秘鲁的奥古斯廷·加马和玻利维亚的安德烈斯·圣克鲁斯的声名最为狼藉。这一类考迪罗可称为上层考迪罗，是考迪罗中的多数，历史学家对他们谈论得很多。另一类叫"平民考迪罗"或"民众考迪罗"，是考迪罗中的少数。他们既具有前一类考迪罗的特征，又具有自己的习性，即他们偏爱本地的模式、不爱进口的模式，而上层考迪罗倾倒的是欧洲模式；"民众考迪罗"更注重印第安—非洲—伊比利亚美洲的经历；他们愿意为本地的平民而不是为上层效力。他们也从平民中得到支持，以对付欧洲化了的上层分子和外国人的攻击。1870 年以前，这一类考迪罗的代表有：巴拉圭的德弗朗西亚，海地的让－皮埃尔·布瓦耶，阿根廷的罗萨斯，危地马拉的卡雷拉以及玻利维亚的曼努埃尔·贝尔苏。1850 年前后，阿根廷、危地马拉、玻利维亚和巴拉圭 4 国都是由"民众考迪罗"治理的。"民众考迪罗"通常尽力避开与外国资本打交道，并为大多数平民提供土地，强调粮食自给问题。他们在拉美独立后的年代中浮沉 60 年，却很少有人研究。但到 1870 年，"民众考迪罗"的发展道路被堵塞了，当时对拉美各国来说，除了欧洲化已别无选择。

（3）关于中等阶层的问题。作者认为，拉美的中等阶层形成于 19 世纪下半叶，特别是最后的 25 年期间。他们游离于上层和下层贫困者之间，包括自由职业者、教师、教授、官僚、军官和生意人等。他们并没有明确的内聚力，只要有可能就倾向于模仿上层分子，地位不明确，无法构成一个"阶级"，故采用了较模糊的字眼——"中等阶层"。他们最初由克里奥尔人、马松博人后代组成，后来又有越来越多的梅斯蒂索人和穆拉托人加入。到 19 世纪末和 20 世纪初，墨西哥、智利、阿根廷和巴西的中等阶层占总人口的 10%。外国移民的流入使拉美中等阶层的队伍扩大了。中等阶层的政治态度各异，从极左到极右都有。他们通常赞成改革，但不愿意革命。他们寻找各种机会进入国家机构，而不想摧毁这些机构。他们希望改善经济，但不太关心变革政治结构。到 20 世纪中期，中等阶层更接近于他们曾反对过的上层分子。当中等阶层被迫在要么是群众和改革要么是上层分子和现状之间作出选择时，他们倾向于选择后者。伯恩斯认为，拉美有 4 位民众主义总统得到工人的拥戴，他们是巴西的瓦加斯（1930—1945 年，1951—1954 年），墨西哥的卡德纳斯（1934—1940），哥斯达黎加的卡尔德隆（1940—1944 年）和阿根廷的庇隆（1946—1955 年，1973—1974 年）。中等阶层作为一个集团日益被民众主义政府的前景所惊吓，因此倾向于与上层分子结盟。

（4）关于民族主义问题。伯恩斯指出，民族主义作为一支变革力量，是指那种认为"民族—国家"具有伟大价值的群体意识。民族主义并不是 20 世纪才引进的新观念。它是在拉丁美洲数世纪中逐渐演变而成的，在不同时期具有不同特点。在殖民地时期，特别是在 18 世纪，它是以"本土主义思想"的面貌出现的。这种土生土长的自豪感和不断增长的自我意识，激起了伊比利亚美洲的民族主义情感，结果当地的上层分子渐渐地从本土主义者转变为民族主义者。在整个 19 世纪，在战争、边界争端以及外国威胁的环境下，拉美强化了政治民族主义。随着 20 世纪的到来，一批进步知识分子对于长期盲目仿效欧洲文化的做法进行了反思，转而寻找土著民族文化的根源，于是一股文化民族主义浪潮席卷了整个西半球。到 30 年代大萧条到来之后，人们又将注意力转向经济民族主义或发展民族主义。与此同时，民族主义的领导权从知识分子手里转移到政府本身。作者认为，第二次世界大战之后的几十年中，拉美的经济民族主义具有以下四个显著特征。（1）政治上的左翼掌握了领导权，而且严重地依赖马克思主义词汇。有人据此攻击它，把它说成受共产党人控制。这种做法无益于对这一运动的真正了解，而且将复杂的民族主义运动过于简单化了。（2）加强了对外国经济渗透的批评。（3）对美国发动了尖锐的攻击。（4）关注本国的经济发展，要求政府控制本国的天然资源，加速实现工业化和现代化。伯恩斯得出结论说，民族主义是变革的动力，它将以多种形式出现，但其目标只有一个，即实现国家的发展。

值得注意的是，伯恩斯教授没有按预先设计好的理论框架去编写这部拉美史概论。他深知现有的历史模式，包括欧洲、美国乃至亚洲的历史模式，同拉美本身的历史发展并不是一回事。他尽力搜集社会经济方面的资料，把研究的重点从原来的研究外部因素（尤其是殖民主义和外国列强）以及当地殖民主义与外国列强之间的关系转向研究社会发展的阻力与动力之间的关系，力图从拉美各国社会内部的演变来探索各种历史现象之间的内在联系。

　　通过缜密的研究，伯恩斯对拉美的历史模式有着他自己的见解，这就是"经济增长但不发展"。他指出，增长仅仅说明数量上的积累，而丝毫未说明对谁有利；发展需要进行结构性和体制性的变革。前者可使上层人物和中等阶层从中获益；后者却使最大多数居民受益最大，并最大限度地利用国家潜力。因此他认为，为发展而斗争是当代拉丁美洲的主旋律，不了解这一点，就不可能期望理解拉丁美洲。

　　不言而喻，伯恩斯这部书是一部有助于激励当代人去思考当代面临的现实问题的历史著作。

（见王宁坤译、涂光楠校《简明拉丁美洲史》，
湖南教育出版社 1989 年版）

《简明拉丁美洲史》第8版译序
从"进步的贫困"到"发展的劫掠"

本书译自 2007 年英文第 8 版。自 1972 年本书问世以来，一直是美国各大学拉丁美洲历史概论的基础课本和拉美研究的入门读物。它在 1972—2002 年的 30 年间，共出了 12 种不同的英文和西班牙文版本，入藏世界各国 1462 家图书馆。一位美国教授在 20 世纪 70 年代初专为本国学生了解拉丁美洲而编写的历史课本，竟从英语世界进入了西班牙语世界，影响之大，流传之广，不由得令人感慨。

1989 年，我们将该书第 4 版译成中文在我国出版，被一些开设拉丁美洲历史课程的高等学校列为参考读本，同时也受到了学界、经贸界和党政机构的一致好评。伯恩斯教授曾为该书中文版撰写了前言。他深情地写道："中国人毕竟同拉美人有着一些共同的相似的历史经验……中国读者由于有 20 世纪的亲身经验，对于充分了解当代拉丁美洲的活力，他们是十分敏感的。"

正如伯恩斯所估计的，中国渴望了解拉丁美洲并真诚地盼望分享他们的历史经验，以便与他们一起在现代化的道路上民富国强，欣欣向荣。从本书中文第 4 版到中文第 8 版的 20 年里，中国对拉美的认知程度以及中国和拉美之间政治、经济、文化等方面的交往已有了日新月异的变化。众所周知，在对外情外域的认知方面，对历史和现状的了解是相辅相成的，二者互为犄角，衔尾相随。随着彼此间交往的不断深入，我们就会从粗浅了解拉美今天的政治和经济深入到它们的历史和文化背景，进而又能更深入领悟它们当下的政治背景和经济情势。

为了使我们更系统更理性地了解拉美，也为了使中国人能有效地向拉美介绍中国，以使拉美也同等地了解中国——这是我向读者再次推荐本书的唯一心愿。

伯恩斯教授的《简明拉丁美洲史》自首版至今已有 37 年了。1995 年12 月他病故后，由美国惠特曼学院拉美史教授朱莉·阿·查利普教授在前 6 个版本的基础之上完成了第 7 版、第 8 版。查利普教授说，她"力图延续本书的特点，追随伯恩斯教授难以追随的足迹"，并对原书的结构和内容进行了不同程度的调整、修订和增补。因手头没有该书的第 6 版（1994 年）、第 7 版（2001 年）可供参照，这里难以对普利查教授的后续工作做出恰如其分的评论。但仅就第 8 版而言，她至少做到了以下三点。

（1）重申并进一步阐述了伯恩斯在本书首版以来一以贯之的基本观点，即本书的宗旨仍然是"殖民地历史长时期遗留下来并在 19 世纪得到加强的结构体制，至今还继续存在着"，因为，这里的上层人士仍然"趋于将自己的利益和愿望与整个国家的利益和愿望混为一谈"。而"维持现有体制比实行真正变革要容易得多"，这就造成了拉美永久的不解之谜——在具有巨大潜力的富裕地区却普遍存在着贫困。结论是，为发展而斗争是当代拉美的主旋律。作者的话语超越了时空与国界，已成为至理名言。

（2）扩充了内容，使本书叙述的时间下限延续至 2005 年前后。本版第 11 章的大部分内容，如关于新自由主义、北美洲自由贸易协定（NAFTA）和墨西哥萨帕塔运动、拉美左派政治领袖的纷纷上台——委内瑞拉的乌戈·查韦斯（1999 年），智利的里卡多·拉戈斯（2000 年），巴西的路易斯·伊纳西奥·卢拉·达席尔瓦（2003 年），阿根廷的内斯托尔·基什内尔（2003 年），乌拉圭的塔瓦雷·巴斯科斯（2005 年）和 2005 年 12月在玻利维亚的选举中当选总统的埃沃·莫拉雷斯，后续者都给予了足够的关注。连查韦斯热衷的南方石油公司和南方电视公司、哥伦比亚的两支游击队（FARC 和 ELN）以及与达沃斯的世界经济论坛相抗衡的世界社会论坛，也都在她的视野之内，足见查利普教授和伯恩斯教授一样，都具有强烈的当代意识，使教学与写作贴近现代生活。

（3）增添了大量补充资料，拓展了历史工具，使本版更臻精美可读。本版不仅有精选的统计资料，概括性、典型性较突出的图表以及与正文叙述相配衬的插图，而且还专门列有《从艺术看拉丁美洲》和《从小说看历史》两篇附文。本版的附录与正文相得益彰，使读者耳目为之一新。作者苦心孤诣地指出：历史学作品与艺术作品之间有共同之处，二者的界线并不是十分清楚的，历史学家用他们的想象力，又根据自己对资料的潜心研读，将过去展现并叙述出来。小说家用他们的想象力、感情、激情和抒情来表现，这一点很少有历史学家或社会学家能够与之匹配。譬如，如果有人想了解资本主义在工业革命时期的英国是如何运转的，他可以读许多优秀历史学家的作品，可以读卡尔·马克思的分析，也可以读查尔斯·狄更斯的小说。本版对口述史资料的引用也有独到之处。

　　由是观之，查利普教授作为伯恩斯这部权威著作的合署者应是不负盛名的。

　　需要指出的是，不论是本书中文第 4 版还是第 8 版，伯恩斯教授这部著作的精华所在是他对拉美现代化历史进程的诠释。他从经济、政治、社会和文化等视角，对拉美各国现代化道路的抉择做出了深刻分析。

　　他认为，起步于 19 世纪下半期的拉美各国的现代化，只是一种"表面性的现代化"，单纯地仿效 19 世纪欧洲和 20 世纪美国的现代化，不论在理念上或形式上都存在着这种毛病，无创造性可言。他指出："这种现代化只是一层虚饰，为顽固的机制加上装饰性的点缀，同时却不去实现这一概念所涵盖的改革。拉丁美洲的现代化缺乏真正的实质。"由于现代化的表面性保证了过去的继续统治，现实的变动性与传统的延续性、变化与无变化，在拉美各国同时并存。

　　由于在 20 世纪初或 21 世纪初，大多数拉丁美洲人的生活并不比一个世纪前更好，在伯恩斯看来，"发展""进步"和"现代化"等字眼，在拉美都走了样。在"发展"的名义下，甚至连"能够满足人民需要并为他们提供文化福利的传统生存文化"，也往往遭到了破坏。故而他把 19 世纪和 20 世纪拉丁美洲的现代化分别贬称为"进步的贫困"和"发展的劫掠"。通过对这一地区 100 多年现代化进程的剖析，伯恩斯得出的结论是："发展（应该）是为大多数人民提供最多的好处。"如果从这个角度来分析，拉美的"发展""进步"和"现代化"显然是不着边际的。他的结论是：拉美的现代化道路不足为训。

　　伯恩斯在 20 世纪 70 年代初的基本观点与大约 20 年之后英国著名拉美学者维克托·布尔默—托马斯教授的结论几乎一模一样。后者在 1994

年出版的《独立以来拉丁美洲的经济发展》中指出："拉丁美洲可以从自身经济史中学到很多东西。两个世纪以来，许多事情发生了变化，许多事情没有发生变化……无论农村还是城市地区的经济权力结构却没有发生大的变化……社会权贵仍保持着自身利益的机能。"他得出的结论是，两个世纪的拉美经济史，是"一部失败的历史，而不是成功的历史"。①他们二位目光如炬，循名责实，洞见了拉美现代化历史的真谛。

伯恩斯关于发展是为大多数人民提供最多好处的鲜明观点，不仅有助于我们深刻领悟和把握拉美现代历史的脉络，而且对于正在现代化道路上大胆探索、奋勇前进的其他发展中国家也具有十分重要的借鉴意义。拉美的经验告诉我们，表面的现代化，特别是只求 GDP 增长的经济层面的现代化，并不能从根本上解决任何国家的发展问题。如果只考虑单纯的 GDP 年均增长率或人均 GDP 增长率，自 1870 年至 1950 年间，拉美的综合数字都高于西欧国家的综合数字或单个国家（如英、德、法）的统计数字。②80 年间表面上光鲜的数字并不能改变拉美在世界经济结构中所处的边缘地位。究竟如何看拉美发展的问题，还可以从他们与美国相比较的研究中得到启发。经济史学者指出，1995 年拉美人均 GDP 相当于美国人均 GDP 的 12.8%，这一百分比数字与 1900 年的百分比数字几乎完全相同。

毫无疑义，如果大多数人民没有获得最多的好处，经济权力的运作又始终由一小撮人操盘，公正、公平的收入分配问题长期解决不了，甚至以恶劣破坏生态环境、无知无情又大量地消耗各类资源为代价，这样的国家能称得上真正实现了现代化吗？无怪乎国际学术界近几年提出了"绿色 GDP"指标和幸福指数等新的发展概念问题。由此出发，本书还提到了 20 世纪末 21 世纪初拉美社会存在着传统（前现代性）、现代性和"后发展"、后现代性等多元并存的"混杂现象"（Hybridity），认为争取基本需求和生存能力的斗争必须成为拉丁美洲未来的焦点。本书作者对

---

①　见该书中文版《独立以来拉丁美洲的经济发展》，"作者序"，中国经济出版社 2000 年版。

②　参见［英］安格斯《世界经济千年史》，第 180、181、190、191 页，北京大学出版社，2003 年版。

学者们提出拉美算不算真正的发展中国家、能不能成为新兴工业化国家以及通过自治制度与社团主义能否取代资本主义与民族—国家机构等一系列需要质疑问难的理论性问题，一概采取了述而不作的立场，以让读者盘根究底，反求诸己。这是一种非常可取而又严谨的学术态度。

近几年，国内学术界对所谓的"拉美化"问题进行了热烈讨论。有人说，这是个"伪问题"。又有人说，"拉美化"就是"拉美病"。也有人说，这是"现代化的陷阱"或"发展的陷阱"。更多的人认为，这是拉美发展模式产生的问题。愚见以为，许多论者都是心中装着为我国改革开放借鉴拉美的经验教训这一良好意愿而加入到这场讨论的，因此见仁见智，纷纷扬扬，也是势所必然。但就拉美本身而言，就无所谓中国人笔下的"拉美化"问题。如果读者弄通弄懂并领悟了伯恩斯在本书中的基本观点（包括通读英国学者维克托·布尔默—托马斯教授的《独立以来拉丁美洲的经济发展》在内），所谓的"拉美化"问题也就迎刃而解了。伯恩斯概括的"进步的贫困"和"发展的劫掠"10个字，就是最简明扼要的回答。质言之，任何国家的现代化、与"发展"和"进步"伴生的长期结果，如果不能为大多数人民提供最多好处的话，都会出现这类问题。人们可以对本国人说，要防止"四小龙化"，也可以说，要避免"印度化""俄罗斯化"乃至"中国化"等，不一而足。

这里请允许我回忆一下对伯恩斯教授的印象以及我们之间交往的一些情况。

我是在1985年秋季认识伯恩斯的。当时我接受了美国福特基金会提供的机会，在洛杉矶加州大学以该校拉美研究中心客座研究员的身份与他邂逅。伯恩斯是那里大名鼎鼎的教授，曾任该校人文学院首任院长，桃李盈门，弟子如云。他的道德文章、言行逸事，时常有人向我提起。我十分喜欢旁听他的讲课。文科各系的学生都愿意选修他的"拉丁美洲史概论"讲座，学生每次多达350人。学生们知道，伯恩斯虽说是历史学教授，却具有强烈的时代意识。通过对拉美革命与变革、现代化与不发达、增长与发展、依附性与国际贸易等一系列迫切问题的了解，学生们就能获得分析、观察、解释历史的能力和相应的知识量，因此学得十分充实。

在课堂上，他习惯沿着教室四周来回踱步，嗓门洪亮，吞吐抑扬而不失幽默。伯恩斯身躯颀长而健壮,穿着六七十年代的装束,一双碧蓝的眼睛不时闪烁着智慧的火花。讲课时,每当学生突然举手提问时,他总是耐心地予以解答。他以老师和朋友的身份对待学生,态度和蔼亲切。他常说,学生们提出的问题及其探讨问题的热情,对他帮助甚多。他多次郑重其事地对我说,他的《简明拉丁美洲史》是为他们而写的,学生们不断地提问,逼着他不断地思考、解答,不断地修订、增补,因而也是因为他们才能写成的。

伯恩斯曾任美国拉美史学会主席。他以观点鲜明、视角新颖和分析精辟而受到同行们的称赞。他在另一部力作《19 世纪拉丁美洲进步的贫困》[①] 一书中,对民众表现出深切的同情和关注,努力反映民众在现代化冲击下的真实遭遇。他认为,19 世纪拉美的现代化只是盲目模仿和采纳欧美的思想、价值观、生活格调和工艺发明,是一种表面形式的现代化;铁路、轮船、电力、机械、巴黎的时装、英国的纺织品等"进步"的装饰物,虽然改善了上层人物和中等阶层的命运,却没有改变传统的体制结构,结果导致文化冲突、依附和贫困;它留给 20 世纪的遗产是"大众的贫困和持续的冲突"。拉美的出路在于以崭新的体制取代殖民地时期遗留下来并在 19 世纪得到加强的传统体制;拉美不能带着旧体制的桎梏进入 21 世纪。

对 20 世纪拉美发生的 5 次社会革命(墨西哥 1910 年革命、危地马拉 1944 年革命、玻利维亚 1952 年革命、古巴 1959 年革命和尼加拉瓜 1979 年革命),伯恩斯给予了充分的同情、理解和支持。他严厉批评美国政府对这些国家采取的错误政策,特别是谴责了中央情报局的罪恶行径。他认为:美国总是把拉美发生的事情一成不变地套入到美国和苏联的冲突以及资本主义和共产主义斗争的模子,而不能理解拉美人民为争取变革而斗争的意义;美国政府自诩为民主政府的典范,却去维护拉美落后的体制和独裁统治。

进入 80 年代,伯恩斯还在报刊上不断撰文,抨击里根总统以"国家安全"为名卷入反对尼加拉瓜的战争。1981 年后,他前后 6 次访问尼加拉瓜。他在洛杉矶加州大学专门开设了有关尼加拉瓜当代问题的讲座。

---

① 1980 年美国加州大学出版社出版,至 1983 年连印了 4 版。

他认为，美国与尼加拉瓜的冲突，是美国历史上卷入时间第二长的战争，仅次于侵越战争。他在《尼加拉瓜展望》杂志上写道，尼加拉瓜反政府武装（"孔特拉"）完全是一支由美国提供经费和装备并由其控制和指挥的雇佣军，它的48名高级军官中，有46名是索摩查独裁政权旗下的国民警卫队成员。

伯恩斯的无情揭露，使里根总统十分恼火。里根竟亲自出马，在1986年3月11日的午间新闻发布会上不指名地攻击了伯恩斯，指责他在尼加拉瓜问题上替桑地诺民族解放阵线说话。里根一面称他是洛杉矶加州大学的"知名教授"，一面又说他犯下了"宣传和散布'破坏性情报'的过失"，并请求"上帝救救他的学生"。

伯恩斯不甘示弱，随即通过新闻媒体予以反击。一时间，报刊和电台纷纷报道他对里根中美洲政策的批评。他坐落在好莱坞山丘上的住宅，顿时成了电视台6个频道的"播映室"。他又以《我和总统》为题在《洛杉矶周刊》撰文驳斥里根。他称里根为"自负的老艺人"，他本人才是"宣传和散布'破坏性情报'"的行家里手。他写道，里根总统"在1984年11月，用了整整一周的时间向我们保证，苏联的米格飞机正在飞往尼加拉瓜"，并无中生有地说，尼加拉瓜把"整飞机、整火车和整船的枪支送到萨尔瓦多"。里根甚至要让美国纳税人相信，"尼加拉瓜的士兵们装成孔特拉分子，'谋杀并残害'尼加拉瓜人"。里根的话毫无事实根据。伯恩斯认为，这位总统的花招显然是明目张胆地替孔特拉分子长期以来对老百姓实施的残暴行径开脱罪责。

在伯恩斯的抨击下，在里根讲话的第二天（3月12日），美国官方不得不假惺惺地宣布，"孔特拉"分子已经与索摩查脱离关系，并要求"孔特拉"分子公布一项"对未来有意义的民主计划"。

伯恩斯后来风趣地说，这位"世界上权力最大的人"，还"不算是个太坏的家伙"，因为为了他一篇仅500字左右的短文，总统竟慷慨地提供了让他在电视台新闻节目上露面的机会，让他痛痛快快地面对全国观众讲述了整整15分钟，从而赢得了数以百万计的普通民众对他的青睐。他写道："我的评论为历史的改变——虽然是小小的改变——作出了贡献。"伯恩斯在次年出版的《尼加拉瓜的战争：里根主义和怀旧病的政治关系》一书中，对里根政府丑恶的中美洲政策再一次进行了正义的审判。

伯恩斯勇敢地捍卫自己学术观点和人格的大无畏精神，受到美国知识界和广大进步人士的敬佩。那几天，邻居、同事、朋友、学生以及一大批他不认识的人通过电话和便条纷纷向他祝福，甚至把大束鲜花送到他家门前。一位南加州全基督教理事会主席对他说："我想让你知道，我也为你的学生祷告。我祈祷他们将继续学习真理。"

3 月 13 日，星期四，即里根讲话后的第二天。当他走进课堂时，学生们以最热烈的掌声欢迎了他。我恰巧也在现场，作为旁听者参加他的现代巴西史讲座。开讲前他看到我坐在梯形教室的上端，就款步由讲台往上向我走来，把我上周要向他借阅的英文本《剑桥拉丁美洲史》第二、第三卷直接送到我的座位前。我握着他的手，对他说："你大获成功！"他露出了喜悦而自信的神情，并会心地向我一笑。随着伯恩斯徐徐而上的步伐，我纵目四望，瞅见学生们的眼里充满着对伯恩斯的无限爱戴和信任。我有生以来第一次亲身感受到，一位历史学教授竟能在数百位学生面前具有如此巨大的影响力和亲和力。伯恩斯超群的才识与崇高的人格使他富有无穷的魅力，因此无论美国总统掌有多大的权力，都无法在他面前掩盖真理、真实和真相的存在和传播。

伯恩斯不仅以犀利的学术见解和尊崇气节的人格魅力吸引人，而且对中国和中国的拉美研究事业怀有美好的情感。他多次对笔者说："凭你们中国人的亲身经历，你们最能了解拉美"；"张，什么时候，你们应当就现代化、工业化和城市化的问题比较一下中国和巴西的经验"。对于拉美研究所和中国社会科学院其他单位到他那里去的访问学者，他总是抽出时间给予热情友好的接待。为了使我们尽早与国际学术界接轨，他把《简明拉丁美洲史》英文第 4 版的版权无偿地赠送给我们。他还不厌其烦地向我邮寄该书的插图和照片。伯恩斯还帮助中国学者与美国和其他国家的拉美学者结识。1986 年年初，笔者与英国伦敦大学莱斯利·贝瑟尔教授的一面之缘，就是经他介绍才结下的。后来，这位英国教授同笔者保持通信联系，渐渐地我们二人就翻译出版 11 卷本《剑桥拉丁美洲史》一事达成了共识。中文版《剑桥拉丁美洲史》现在除第 9 卷以外统统出版了，比同书的西班牙文版和葡萄牙文版提前了好多年。该书的出版大大拉近了中国学者与国际拉美学者之间的距离，使中国人对拉美的认知上升到了一个新的台阶。

　　1988 年 9 月伯恩斯还应邀访问过中国。在短短 10 多天的访问中，他不顾舟车劳顿，在北京、上海和武汉作了许多次学术报告。他的精彩讲演受到拉美研究所、世界历史研究所、中国人民大学、复旦大学、湖北大学和中国国际交流协会同行们的好评。在京逗留期间，他还慨然接受中国国际广播电台西班牙语节目组的采访。伯恩斯心中总是燃烧着一团助人为乐的火苗。与笔者同时在洛杉矶加州大学访问的一位巴西女教授孔苏埃洛·诺瓦伊斯·桑帕约，也受到了他无私的帮助。伯恩斯不仅让她与他共用一间办公室，而且专门请她以"巴西的政治进程"和"巴西的城市劳工运动"为题组织讲座，让她在异国异地一展才学。孔苏埃洛说，伯恩斯的"每一个行动，每一句话都充满了激情"。

　　伯恩斯教授 1932 年生于美国艾奥瓦州，比我才大 5 岁，却于 1995 年 12 月 19 日因肝癌驾鹤西行了。按孔子 73 岁、孟子 84 岁中国古代男子的寿数来说，他实在弃世过早。若据国际上以 65 岁为老年人的标准看，他实际上是英年早逝。这位拉美问题专家，一生写了有关拉美的著作 12 本，论文 150 多篇。1991 年他出版了生前最后一本书：《族长和家族：1798—1858 年尼加拉瓜的显现》。去世后，他写的有关艾奥瓦州地方史的著作也付梓出版。他以专治巴西史而享有盛名，为此，巴西曾授予他里约·布朗库勋章。在 19 世纪拉美史和中美洲各国史的专业领域里，他也留下了传世之作。

　　1994 年 8 月 17 日，他在致笔者的信函中说，他将于 1995 年年初以终身荣誉教授名义退休，退休之后他将继续从事研究和写作，并打算乘火车去观赏沙漠、落基山和大草原，领略大自然无限的美景。然而，他的退休生涯太短促了，才享受了约莫一年多时间。今天，当我再次抚摸并阅读这封手写的信函时，人天相隔，不觉心生一股无以名状的悲哀和无奈，为之泫然。

　　值此中文第二版付梓之际，我要特别向本书译者王宁坤女士表示由衷的感谢。她不计辛劳和回报的工作精神以及娴熟的英译汉本领，深深地打动了我。在她的帮助下，我终于可以再次以传播学术成果的方式来寄托我对伯恩斯的敬佩、仰慕、感恩、缅怀之情。

（原载《简明拉丁美洲史》中译本，世图公司 2009 年版）

博采众议 言近旨远

——读《现代拉丁美洲》(第 3 版)

《现代拉丁关洲》是牛津大学出版社在 1984 年出版的一部有关当代拉丁美洲的基础读物。该书言简意赅，既有知识性又有学术价值，内容全面完整而又重点突出，通俗易懂而又不乏深刻分析，因而在美国大学独步一时，被广泛采用为教科书，并连印 3 版。

为了增进对拉美的了解和适应我国同拉美国家的交往日益发展的形势，在世界知识出版社的支持下，我们将它译成中文推荐给我国广大读者。

本书两作者之一，托马斯·E. 斯基德莫是美国布朗大学拉美现代史教授和该校拉美研究中心主任。另一作者，彼得·H. 史密斯则是美国圣迭戈加州大学政治学教授和该校伊比利亚和拉美研究中心主任。两人还都曾担任美国拉丁美洲学会主席。史密斯教授曾两度来中国访问，与我国同行进行学术交流。

本书除序和跋以外，原来有 10 章，再版时增添了有关加勒比地区的内容，改为 11 章。第 1 章和第 2 章从地区发展的角度阐述 1492 年以来拉美的历史进程，一直交代到 20 世纪 80 年代末和 90 年代初。第 11 章《拉丁美洲、美国和世界》集中分析当代拉美国家所面临的外部环境。从第 3 章到第 10 章则分别叙述 6 个拉美国家（阿根廷、智利、巴西、秘鲁、墨西哥和古巴）和两个小地区（加勒比和中美洲）的发展概貌。第 1 章和第 2 章，特别是第 2 章，是本书的重点部分。作者把现代拉美分为 5 个不同的发展阶段，令读者领悟全书昭如日星。有兴趣的读者不妨先弄通这两章，以获得了解拉美最基本的知识。再者，本书的序和跋耐人寻味，不仅交代了作者编写本书的理论框架和立论依据，而且使全书在古与今、资料与观点、综合与国别、总体与局部等关系上浑然一体。以上4个部分及第11章是全书的精华所在，若能融会贯通，对于我们了解拉美定能起到举一反三的作用。

本书颇有特色，值得我们细读。下面，我们可以举例来加以说明。

第一，作者对50年代末60年代初美国学者提出的"现代化理论"和60年代拉美学者提出的"依附论"以及在西方流行的马克思主义理论采取了兼收并蓄的方针，并在此基础上形成了自己独特的体系。作者认为，历史性变革是复杂的过程，必须采用一种多重因果关系的方法，包括国际政治经济学和其他非经济因素联系在一起来加以考虑。拉美各国在世界经济中的地位决定了各国的社会阶级结构，而拉美政治斗争的结果又主要来自社会阶级结构的变化。中心国家的需求直接影响到拉美国家内部不同集团之间的权力斗争。因此，"拉美未来的命运，如同在过去几个世纪中那样，在很大程度上将取决于它与国际权力中心之间的相互关系"。同时，作者并不完全接受"依附论"者的理论观点，更不同意只有社会主义才能打破"依附论"的循环的观点。

第二，作者依据自己的体系，把拉美社会所有的阶级和阶层划分为六大集团，即城市上层阶级、农村上层阶级、城市中产阶级、农村中产阶级、城市底层阶级和农村底层阶级；同时，还提出了可在国与国之间进行比较的框架结构。作者为此绘制了8张图表，并认为通过对六大集团盛衰荣枯的分析以及对他们与国外（外国投资者、外国政府和外国军队）和拉美国家各种设置（军队、政党、政府官僚和教会等）的联系的观察，不仅可以说明拉美社会和政治中的变化及其规律性，而且对拉美今后的发展趋势也有所裨益。

第三，作者对拉美中产阶级的分析有板有眼，颇有说服力。两位教授认为，"中产阶级总是对政治机会作出反应，而不是进行结构性变革"，这种状况不会发生变化。中产阶级中的个别人可以领导民众运动和革命运动，但作为整体的中产阶级则一直是"小心谨慎的"。中产阶级在危机时刻总是与上层阶级站在一起，如在智利（1973年）、巴西（1964年）

和阿根廷（1976年）发生的例子，然而，在局势平稳后，它又赞同选举。中产阶级害怕失去收入、地位和财产，因此赞同军事政变。作者还认为，拉美的实业家胆小怕事，很少能起到"进步民族资产阶级"的改良主义作用。在多数情况下，他们宁愿与外国公司联系在一起，以获得资本和技术。

第四，对美国肯尼迪政府的拉美政策，作者的见解入木三分，回味不尽。作者认为，肯尼迪的政策包含两个方面：一是建立"争取进步联盟"，即所谓的由美国"领导拉美进行一场和平的社会革命"；二是美国政府将帮助拉美各国政府打垮游击运动，即创建一支由反暴专家组成的精良部队。作者指出，肯尼迪采取了"双刃政策"：一面提供经援，一面向拉美各国当权派提供镇压本国"武装反对派"所需要的手段。肯尼迪政府的决策人员并非仅仅在经济发展和社会变革上下赌注，"美国的赌注押到那些反共的改良主义者手上"。作者还尖锐地指出，"争取进步联盟"的许多基础工作，实际上已由艾森豪威尔政府完成，只是因为美国共和党政府不能接受社会改良的目标和得不到公共资金的支持。肯尼迪所做的，只是采取了联合国拉美经委会以及菲格雷斯、贝当古等拉美稳健派的主张罢了。

第五，作者对当代古巴的分析比较客观，持论公允。作者在书中列举了古巴在扫盲、公共卫生、食品和住房分配、妇女地位提高等方面的成就，并赞许地指出，"对于那些生活在资本主义古巴中毫无希望的人来说，革命已很好地改善了生活标准，社会主义古巴的最大成就在于它满足了人的基本要求"。与此同时，作者认为，革命后的古巴用一种形式的依附交换另一种形式的依附是不足为训的。虽然"古巴在经济上陷入了对苏联的极度依赖，这种依赖很像过去古巴对美国的依赖"，但是古巴与苏联的关系不同于过去古巴与美国的关系。作者指出，苏联人在古巴没有获得直接所有权，而美国人过去在古巴拥有直接所有权，因此引起古巴民族主义者对美国经济渗透的怨恨。

此外，本书在编写方法上也有不少地方值得称许。一部基础读物，时空跨度大，一方面要向读者提供必要的知识和大量的信息；另一方面又要进行深入的分析与比较研究，不能把笔墨消耗在材料的铺陈、推衍上。本书作者在处理这两个基本要求方面做得不错，使两者保持了较好的平衡。再者，一部基础读物如果缺乏作者自己的体系和理论观点，就往往会给人以"炒冷饭"的感觉。但是，本书作者一方面博采众议，吸收他人的学术成果，另一方面又保持自己独特的立场与观点，因此读后丝毫没有千篇一律的味道。

尽管这是美国学者为美国人了解拉美而写的一部入门著作，对于正在步入世界之林的我国广大人民群众和专业工作者来说，本书仍不失为一部较为理想的读本。

中国"四化"建设的宏伟大业迫切需要我们大力加强对包括拉美在内的外情外域的了解。生产社会化、经济国际化和信息全球化的大潮正在促使人类社会从封闭走向开放、从相互排斥走向相互依存，从国别发展走向区域发展和世界范围内的协调发展。"让中国了解世界，让世界了解中国"正在成为每一个中国人自觉的追求。国与国的交往，包括外交、外贸的发展，都离不开相互之间的了解。任何国家、任何地区都需要不断加强对其他国家、其他地区的了解，而且要把对象国、对象地区作为一个整体来加以研究。外交、外贸在国际交往的初始阶段是一股强劲的推力。随着彼此间交往的不断深入，人们就会从了解对象国和对象地区今天的政治和经济深入到去了解它们的历史和文化背景。如果昧于外情，就无法进行有效的交流，也谈不上树立正确的对外意识。因此，了解外情外域是走向世界的必备条件之一。

迄今为止，我们对外情外域的了解仍然是很不充分的。以拉美为例，我们对这个集印第安文明、非洲文明和欧洲文明之大成的地区的了解，还十分浅薄。一部五彩斑斓、多姿多彩的拉美史，上下千年，纵横万里，许多领域对我们来说都是陌生的。对现代拉美的了解，也往往是"抽象的概念多于具体的知识，模糊的印象多于确切的体验"。对于拉美这个在前进道路上充满了复杂性和多样性（它既年轻又古老，其整个历史既动荡又稳定，既具有独立性又有依附性，既富有又贫穷）的地区，我们应当下功夫去了解它。

为了使中国了解拉美，也为了使中国人能有效地向拉美介绍中国，以使拉美也了解中国——这是我向读者推荐本书的主要目的。

　　最后，请允许我代表广大中国读者向两位美国作者和牛津大学出版社的有关人士致以谢忱，感谢他们将本书中文版权慷慨地赐予我们。同时，我们也向资助本书中文版出版的美国孔斯塔德尔（Kunstadter）基金会表示由衷的感谢。

（原载《拉丁美洲研究》1994 年第 3 期）

阅读多元化视角下的拉丁美洲

——中文版《现代拉丁美洲》(英文第7版)评介

美国学者托马斯·E. 斯基德莫尔、彼得·H. 史密斯等人撰写的专著《现代拉丁美洲》(*Modern Latin America*)第7版(张森根、岳云霞译,第二个中文版)于2014年6月由当代中国出版社出版。该专著第一个中文版(英文第3版,江时学译,张森根校)自1996年由世界知识出版社推出之后,受到学界一致好评,被一些开设拉丁美洲课程的高校列为基础读物。当时只印了3000册,早已售罄。

进入21世纪以来,中国和拉丁美洲各国双边或多边之间的关系高歌猛进,举世瞩目。越来越多的中国人渴望阅读并开始走进拉丁美洲。中国从事拉丁美洲研究的专业人才也在茁壮成长。然而,迄今为止我们对拉丁美洲的了解依然是很不充分的。对这个集印第安文明、非洲文明和欧洲文明之大成的地区的了解,还十分浅薄。从学术研究的角度上说,对这个五彩斑斓、多姿多彩的拉丁美洲的许多领域,我们看来仍然相当陌生。对现代拉丁美洲的领悟,也往往是"抽象的概念多于具体的知识,模糊的印象多于确切的体验"(李慎之语)。我们迫切需要向读者提供一批了解拉美的常识课本和入门教材。通读《现代拉丁美洲》新版之后,我认为,本书仍不失为一部我们了解拉美的基础读本,似有重新推出之必要。

本书新版与旧版相比,有以下三个方面值得注意。

第一,内容上有扩展,不仅新写或改写了6章,而且对保留下来的原有章节均有修订或增删,大有令人耳目一新之感。从形式上看,新版共14章,比旧版仅增加2章,但新版对哥伦比亚、委内瑞拉、厄瓜多尔、玻利维亚4国有专门的叙述,在案例研究上更有分量。旧版第2章关于19世纪80年代至20世纪90年代拉美变革的内容调整到新版的第3篇《主题与反思》(即第12—14章)中,从置于书的前端变为全书的结尾部分,从原来只探讨进出口增长、进口替代工业化,扩大到论述拉美的"落后性"、传统的自由主义、进口替代工业化、社会主义替代方案和新自由主义,不仅丰富了基本素材与解读范围,增加了有效信息量和知识厚度,而且更符合内在逻辑与层次的剖析,取舍更审慎,前后贯通,论述彰明较著,一目了然。作者还谈到了玻利维亚的"军事社会主义"(第6章),智利13天的"社会主义共和国"(第10章),以及20世纪60年代初哥伦比亚"全国人民行动党"信奉的以基督教为基础的"哥伦比亚式社会主义"(第7章)。了解这些历史事件的变迁,对于读者领悟委内瑞拉的"21世纪社会主义"(第8章)和"粉色浪潮"(第12章)不无小补。此外,新版附有术语表,还专门为使用本书的师生开设了"网站导航",可查阅原始文选、统计数字、大事年表、教学录像、电影导引和复习思考题等;网站内容经常更新。

第二,加大了综合阐述与比较研究的分量。一部优秀的地区史著作应当在宏观与微观、综合与国别、总体与局部等关系问题上克服畸轻畸重的倾向。拉美地区史的著作通常的写法是19世纪80年代之前采取综合阐述,这之后是按国别、按时序逐章铺开,侧重于各国的相对性和特殊性,而对拉美整体性的分析与比较往往不够。新版在这方面比旧版有明显的改进。全文14章中有5章涉及综合阐述与比较研究,尤其是最后3章,对读者大有裨益。这3章分别从经济发展战略、政治变革,以及文化与社会三大方面对拉美从19世纪80年代至2000年前后的演变历程,进行分析、比较和归纳,大处落墨,自成一家之言,读来饶有兴味。20世纪30年代后的经济史,通常以发展主义(进口替代工业化)和新自由主义两种不同的发展路径作为主要的阐述内容,但新版作者却同时以社会主义替代方案(20世纪50年代至80年代)为题,进行了新的概括。在政治变革一章中,新版对各国的法团主义、民粹主义和官僚—威权主义体制也进行了分析、比较和归纳,指出它们之间的共性与个性。作者认为,20世纪六七十年代的巴西(1964年)、阿根廷(1966年)、智利和乌拉圭(1973年)是通过军事政变建立的官僚—威权主义体制,是高度专制的政权，具有 5 个鲜明的特点（详见原书第 385 页），而墨西哥有所不同，它则是由 20 世纪三四十年代建立的半法团主义的"民粹"威权主义政权，在从没有经过残暴军事政变情况下过渡到经过修改的"官僚"威权主义体制。作者还指出，南美国家早就实行过"笼络式民主"（Co-optative Democracy），后来又产生了秘鲁藤森的"可操控的民主"（Practisable Democracy）和委内瑞拉查韦斯的"参与式民主"（Participatory Democracy），而中美洲和加勒比国家没有进口替代工业化的选择，经济结构以土地拥有权的不平等和对劳工的剥削为基础，权力在上层分子中传来传去，是实行"寡头民主"（Oligarchic Democracy）的独裁政权，称不上官僚—威权主义体制。据称，全球有超过 550 个形容词被用来修饰"民主"这一术语，拉美是"民主"这一术语被频繁滥用的地区之一。顺便说一句，本书作者之一史密斯教授在《论拉美民主》（已出中译本，谭道明译，南京译林出版社 2013 年 8 月出版）一书中，对拉美僭取的"民主"有深刻的剖析，本书读者不妨找来一读，对于了解现代拉美的政治变迁大有裨益。当然，作者在运用独裁—专制体制、官僚—威权主义体制、民粹主义政权和法团主义政权等术语来分析问题时，不可能天衣无缝，显然会有不严谨和相互矛盾的地方，读者阅读时要有独立思考的精神和价值判断才行。

第三，旧版没有专门的章节阐述文化与社会方面的内容，新版则单独以此为主题进行总结与反思，作为结尾放在最后一章，篇幅虽不多，要言不烦，说得倒也顺理成章。作者对拉美文化的总体特点——多样性、丰富性、质感性和复杂性均有所叙述，交代了各种思潮并存与相互碰撞的状况。对拉美各国经历的浪漫主义、实证主义、自然主义、现代主义、印第安主义、超现实主义、先锋主义和魔幻现实主义等思潮或流派均有简约精要的交代，其中对实证主义的分析较为深刻。作者以墨西哥伟大的教育家、思想家何塞·巴斯孔塞略斯的"宇宙人种"说（拉美产生了新的"第五种人"，即印第安人、欧洲人、非洲人和亚洲人的融合）为例，肯定了混血种人（梅斯蒂索人）对文化发展的贡献。这一章对古巴非洲风格的伦巴、阿根廷的探戈和巴西的桑巴如何从"低下文化"发展到为上层、全社会所接受，最后由本国传遍美洲而走向世界，作了较充分的分析。作者认为拉美文化进入市场有 4 个原因：受教育面的扩大，城市化和中等阶层的增长，妇女地位的提高，各国推行开放政策。拉美的诗歌、小说、纪实文学、戏剧、建筑、体育运动在世界上居于领先地位。20世纪六七十年代，世界出现了拉美文学热潮，使拉美在世界文化市场赢得了骄傲。在从1930年开始进行的世界杯足球赛的冠军中，拉美国家的球队占据了一半。加勒比岛上的"雷鬼"（reggae）风靡欧美大陆。甚至拉美"萨尔萨"（salsa）的销量1992年在美国超过了番茄酱。拉美的饮食文化也不可小觑。

此外，新版继续保持了旧版视野广博的特点，将拉美放在世界变迁的时空中加以观察研究，不预设立场，不把某一种或几种理论当作党同伐异的教条，没有留下经不起时间考验的政治说教，而是采用中性的叙述与评论向读者展示精彩纷呈的历史。不论是依附论、世界体系论、现代化理论和马克思主义理论，作者持兼收并蓄的立场，并认为："为了理解复杂的历史演变进程，有必要采取多因素分析方法，"还要考虑文化和其他非经济力量，综合融入"国际政治经济学"的方法。作者力图发掘在国际背景下社会、文化、经济和政治之间的关系，努力引导读者走进多元化视角下的拉丁美洲，让他们依据当时当地的实际背景，不断调整好聚焦点，穿越时空，以理解拉美发展道路中所存在的复杂性和多样性。这是作者写作此书的基点所在，也是笔者向中国读者介绍此书的志趣所在。

从1994年笔者为本书撰写第一个中文版前言以来，我欣喜地看到，20年间中国和拉美之间的关系得到了前所未有的蓬勃发展。在政治层面上，中国与巴西、阿根廷、智利、秘鲁、委内瑞拉和墨西哥6国建立了全面战略伙伴关系或战略伙伴关系。近些年来，双方的领导人频繁来往，彼此之间的政治关系迈入了崭新的阶段。2014年1月，包括所有拉美和加勒比国家在内的拉共体（CELAC）第二届首脑会议通过了"关于支持建立中国—拉共体论坛的特别声明"。中拉双方为启动这一论坛决定在近期召开首届部长级会议。这将是中拉关系史上的一次重大突破。老话说"远亲不如近邻"，但就当下的中拉关系而言，这句话也可这样说："远亲一如近邻。"从经贸层面上来说，此话并非无根无蒂。中拉贸易总额2001年接近150亿美元，2007年突破1000亿美元，2012年跨越2500亿美元，达到2612亿美元。2010年起，中国成为巴西和智利的第一大贸易伙伴，

成为阿根廷、秘鲁、哥伦比亚、委内瑞拉、哥斯达黎加、古巴等国的第
二大贸易伙伴，还成为仅次于美国和欧盟的拉美第三大出口市场和贸易
伙伴。2012 年 4 月，联合国拉美经委会预测，中国将从 2015 年起超越欧
盟，成为继美国之后的拉美第二大出口国。2012 年 6 月，美洲开发银行
行长路易斯·莫雷诺更是乐观地预计，中国将在 5 年内超过美国成为拉
美地区的第一大贸易伙伴。还有人推算，未来 5 年内中拉贸易总额将突
破 4000 亿美元。与此同时，双方之间的经贸合作大幅度地由贸易主导转
向贸易和投资并重。

中国需要拉美，拉美也需要中国。中拉关系热火朝天般的发展，令
我百感交集。虽然我为此感到骄傲，同时我更觉得双方之间的互相了解
与交流交融尚待进一步探索和深入。如何开创一种互利双赢、良性而又
可持续发展的新局面，双方需要面对许多难以估摸的不确定因素，包括
国际大环境的变迁和彼此内部各项政策的调整及变化。除了官方外交政
治、经贸方面的交往，拉美地区的普通民众对中国的认知和态度究竟如
何呢？这里不妨看一下 2012 年国外研究人员运用"美洲晴雨表"民意测
验所列举的数据（0 分为"没有"，33 分为"很少"，66 分为"一些"，
100 分为"很大"）：

首先，问卷向拉美地区普通民众提出了"中国对你的国家有多大影
响"这一问题，中国的总平均得分为 66 分，这意味着中国对拉美地区有
"一定程度"的影响力。不过，在拉美不同国家，其民众对中国影响力的
认知存在很大差异，但 2012 年习近平主席此次走访的哥斯达黎加（81.8
分）、墨西哥（69.2 分）、特多（67 分）3 国民众对中国影响力都给出了
高于平均值的分数。在 22 个参与测验的拉美国家中，委内瑞拉的分值最
高（82.5 分），其次为哥斯达黎加（81.8 分）、牙买加（75.6 分）、巴拿
马（74.5 分）、圭亚那（70.2 分）；而认识度最低的 5 个国家分别为：巴
西（57.8 分）、哥伦比亚（57.3 分）、危地马拉（55.9 分）、玻利维亚
（53.7）和海地（52.9 分）。

其次，在关于"中国对你的国家影响是正面还是负面的"这一问题
上，拉美民众给出"正面"评价的受访人数占总比重的 63%，而在不同
国家其好评的比率同样存在很大差异，对中国影响力评价最为积极的是
多米尼加（80 分），而牙买加（80 分）、巴拉圭（77 分），哥斯达黎加

（73 分）和特多（65 分）也在高评价之列。危地马拉、阿根廷和智利 3
国的好评率为 50%。值得注意的是，虽然墨西哥民众认为中国对该国的
影响力相当大，但只有 47% 的该国受访者认为中国的影响是正面的，而
好评率最低的国家为玻利维亚（41 分）。需要强调的是，在收回的问卷
中，有 16% 的参与者没有就上述中国影响力问题作答。（资料来源：Brian
M. Faughnan and Elizabeth J. Zechmeister, *What Do Citizens of the Americas
Think of China*? Vanderbilt University Press, June 2013）

　　"美洲晴雨表"民意测验的问卷数据是拉美研究中经常被引用的佐证
资料之一，其可靠性未必无可非议，但也绝非是荒诞无稽的不经之谈。
从某个侧面来说，这份"民意测验"确实反映了在相当部分的拉美民众
中，对中国的印象与认知存在着一定的模糊、生疏甚至误解。反过来说，
中国对拉美的印象与认知也可能存在着同样的问题。必须指出的是，与
双方热络的政商关系相比，彼此之间的认知度极大地不对称。拉美国家
对欧美的认知度明显高于对中国的认知度；与美国和欧盟国家相比，中
国目前在拉美只能算得上是一个初来乍到的新手。中拉关系的进一步发
展，有赖于双方加深对彼此之间的认知。发展中拉关系，与其说既是机
遇又是挑战，毋宁说，对双方的挑战甚于机遇。因此，我们应当下功夫
去了解拉美，只有真正了解它，才能把当下迅猛发展的关系持续而稳妥
地保持下去。

　　借此机会，请允许我重提一下 20 年前说过的一句老话：为了使中国
了解拉美，也为了使中国人能有效地向拉美介绍中国，以使拉美人也了
解中国——这是我向读者重新推荐本书的唯一愿望。

（原载《拉丁美洲研究》2014 年第 3 期）

200 年拉丁美洲经济盛衰的箴言

——读《独立以来的拉美经济史》

在世纪之交，回溯并总结以往世界其他地区现代化的历史进程、经验和教训，是十分有意义的。英国维克托·布尔默—托马斯教授的《独立以来的拉美经济史》一书，为我们展现了一面可资鉴戒的镜子。凡是关心世界发展问题和中国现代化事业的人，认真读一读这部著作，都会受到许多启迪。

作者以交叉学科的视角，运用经济学和历史学的理论范畴对拉美独立以来的发展进程进行综合分析，全面总结了这个地区将近 200 年经济增长的成就和不足，在增长模式、经济结构、殖民地遗产、外部冲击、制度变迁和公共政策以及经济史分期等一系列焦点和难点问题上，都不乏独到新颖而令人折服的见解。全书正文 12 章，并配有 80 帧地图、图表和统计表格。附录部分还收录了 1914 年以前拉美的人口和出口统计资料，1850 年前后和 1912 年前后出口占国内生产总值的比率、出口购买力和出口量的资料，以及 1913 年、1928 年和 1980 年拉美各国人均国内生产总值的比较数字，弥足珍贵。

本书作者维克托·布尔默—托马斯教授是英国资深的拉美学学者，历任《拉丁美洲研究杂志》主编（1986—1997）和伦敦大学拉丁美洲研究所所长（1992—1998），以及拉美经济研究和中美洲地区研究蜚声国际同行。1998 年 9 月曾应邀来中国进行学术交流。本书是作者继《1920 年以来的中美洲政治经济学》之后的又一部力作，也是剑桥大学拉丁美洲研究系列丛书之一（第 77 号）。

英国的拉美研究起步较早，功底深厚，全国共有 5 个拉美研究中心，分设在剑桥、牛津、利物浦和格拉斯哥等 5 所著名大学。研究的触角遍及政治、经济、社会、文化、人类学、考古学和地理学等领域，提交的博士论文 1966 年 94 篇，1996 年增至 339 篇。《剑桥大学拉美研究系列丛书》（已出 80 多种）、《拉丁美洲研究杂志》和《拉丁美洲研究简报》是英国拉美研究的三大阵地。英国的拉美研究，荦荦大端，蔚然一体，已成气候。正是凭借了这一学术劲量，英国于 80 年代中期推出了享誉士林的 11 卷本《剑桥拉丁美洲史》（其中 1、2、3、4、5、7、8 卷和第 6 卷上册，已有中译本），在《剑桥拉丁美洲史》143 章中，有 53 章是包括《独立以来的拉美经济史》的作者在内的英国学者撰写的。从《独立以来的拉美经济史》一书中，我们不难发现作者本人学问的渊博和功力的厚实，同时也能观察到一代英国拉美学学者所具备的理论水准和研究经验。

本书以一个异域人的眼光来打量拉丁美洲，具有拉丁美洲当地人和中国人习焉不察的独到之处。读了这部书，笔者对下列几点印象深刻。

第一，作者具有史学的实证精神，对 200 年拉美经济发展的总体评价饱含科学和理性的智慧，经受得住历史的考验和时间的淘洗。作者认为，近两个世纪以来，"虽然拉美发生了巨大的变化，但这是一部失败的历史，而不是成功的历史"，是一部"如愿未偿的历史"。在这 200 年中，拉美以农村为主的经济已为城市为主的经济所取代，初级产品已让位于制造业产品和服务业，教育和选举也有所变革，但拉美经济的脆弱性一如过去，经济权力机构并没有发生大的变化，社会权贵仍保持着维护自身利益的机能。人们既要看到许多事情发生了变化，也要看到许多事情没有发生变化。拉美从殖民统治下争得自由后近 200 年的时间里，至今还没有一个国家取得发达国家的地位。1995 年拉美的人均国内生产总值只相当于美国人均国内生产总值的 12.8%，几乎与 1900 年时的百分比完全相同。拉美国家与发达国家生活水平的差距在不断地扩大。拉美应了解自己落后的原因。为了未来的发展，"理解这一失败的原因是很重要的"。

然而，关于拉美落后的原因，作者强调"应该在该地区内部寻找"。布尔默—托马斯教授并不否认外部约束的重要性，但他无法接受外部影响对拉美总是不利的论点。他还认为，各种传统的经济理论和依附论以及新自由主义都无法解释拉美落后的原因。从经济开放的角度看，洪都拉斯经济是拉美最开放的经济，但这个国家却又是这个地区最贫穷落后的国家；巴西在 20 世纪 20 年代至 70 年代期间经济最不开放，但 50 年期间经济迅猛发展。从中心—外围的角度看，19 世纪早期的拉美国家和美国同系外围国家，但美国在 1860 年已与英国平起平坐，1913 年的人均国内生产总值比英国高出 30%，拉美的遭际却截然不同。从出口经济的角度分析，拉美和斯堪的纳维亚国家历史上同样是初级产品出口国，后者早在 20 世纪就改变了自己的面貌，而拉美的命运多舛。在新自由主义者看来，国家干预是万恶之源，但拉美在 1930 年以前的 50 年中经济上推行自由主义，却没有导致对资源的有效配置，正是由于市场的缺失和衰退才出现 1930 年后的国家干预。作者认为，单纯进行经济学上的分析往往会得出狭隘性和局限性的结论。上述看法，道理并不"深奥"，却说明作者的目光是犀利的，很有见识。

第二，作者以 3 种不同增长模式的变化为切入点梳理拉美近两个世纪的经济发展进程，条理清晰，层次分明，同时对这几种增长模式进行透辟分析。作者的评说不仅符合拉美的历史和现实状况，而且对广大发展中国家也具有警示作用。

布尔默—托马斯教授指出，单纯的出口扩张并不能自动带来非出口部门（对许多国家而言，这是主要的经济部门）的增长，不能为非出口部门带来有效需要。拉美早在 19 世纪中叶就开始实行以初级产品为基础的出口导向模式，在 20 世纪最初 10 年达到高峰，经过几十年的努力，出口了许多初级产品（包括热带和温带农产品、畜产品和矿产品），但到 20 年代末大多数国家的经济增长仍是微不足道的，有几个国家的生活水平甚至不如过去。因此，初级产品出口导向模式"基本上是一种失败的尝试"。这是因为除了阿根廷和智利，大多数拉美国家的出口扩张并没有产生多少前向联动和（或）后向联动作用，加之劳动力市场扭曲和基础设施落后，形不成有效的国内市场。这一传统的出口导向模式最终到 20 世纪 30 年代大萧条和第二次世界大战时陷入瘫痪。

第二次世界大战结束后，许多拉美国家转而实行内向发展模式，而到 80 年代又实行一种以非传统产品（包括工业品）为基础的出口导向模式。到 90 年代初整个拉美进入了一个出口导向发展的新时代。但作者意味深长地警告说，过去的教训不应当忘记，对这一新模式的期望值不要太高，"如今获得的成功的法术并不比独立那时候简单。没有魔杖好挥舞，国际竞争比以往更加激烈"，出口导向模式诸机制的运行更加复杂，将生产力增益从出口部门转移至非出口经济部门这一基本问题依然存在。作者断言，拉美"是在以全球化为主要标志的新的世界秩序中从事新的冒险事业"。毫无疑义，布尔默—托马斯教授对拉美两种不同表现形式的出口导向模式的分析思深忧远，发人省悟。在 1997 年东亚经济危机爆发之前，学界中有的人对出口导向模式推崇备至，有些议论不着边际，言不及义，实际上对这一增长模式的内涵和机制只有浮光掠影的了解。即使没有 1997 年东亚的教训，认真分析一下拉美的实例，也许对出口导向模式就会得出较全面的认识。在经济全球化的条件下，这一增长模式面临更严峻的考验。跨国公司和国际金融市场在作出投资、生产和营销时，越来越超越单个国家的利益，经济变动的周期性更加剧烈，成功的机会要看各国国内的生产要素能否随之升降起伏以适应这一巨大的变动趋势。面对拉美的出口导向模式，不论是传统型还是新型，其他发展中国家均应引为鉴戒。

第三，本书对 200 年拉美经济发展的立论和叙述，不仅能作出整体性的概括和论断，而且又充分注意到各国的差异性和多样性。布尔默—托马斯教授能做到这一点是很可贵的。

在拉美研究工作中，在宏观与微观、综合与国别、总体与局部等关系问题的把握上通常都会出现畸轻畸重的倾向。一些拉美学著作在展现拉美整体性的同时往往忽视各个局部的相对性和特殊性，从而使书中的一些结论显得浮而不实，大而无当，经不起推敲，成了轻妄的臆断。但布尔默—托马斯教授在阐述拉美经济发展前景的基本趋势时对各国的不同情况都作了较精细的分析，从共同性中寻找差异性和特殊性，从而避免了以偏概全的毛病。如作者在书中把传统的出口导向模式分为 3 种不同的类型，即依加性的——以出口香蕉的洪都拉斯为例，破坏性的——以出口锡矿石的玻利维亚为例和传导性的——以出口肉类和谷物的阿根廷为例，使我们对这一增长模式有较确切的体验。在谈到第二次世界大战后各国向内向发展模式的转变时，作者区分了 4 种不同情况。一是阿根廷、巴西、智利和乌拉圭，这 4 国是大步地迈入新的模式；二是盛产石油的委内瑞拉和中美洲各国，仍没有摆脱初级产品出口导向模式；三是墨西哥和哥伦比亚，这两个国家试图将内向发展模式与促进出口政策结合起来；四是玻利维亚、巴拉圭和秘鲁等国，则采取了基于出口多样化的外向型政策。作者力戒泛泛而谈，一笔带过。布尔默—托马斯教授把独立后的拉美经济划分为三大阶段，即传统的出口导向时期、内向发展时期和新的出口导向时期。他只是描述了各个阶段发展的总趋势及其特征，并没有在书中具体交代各个阶段的起讫年代。他认为，第一阶段开始于 1850 年前后，1929 年后逐渐消没。19 世纪末一些拉美大国已开始了进口替代，而内向发展的高峰期是"二战"后的 25 年。促进非传统产品的出口则始于 20 世纪 60 年代，80 年代债务危机后新的出口导向模式才居主导地位。他之所以"画龙不点睛"，恐怕就是因为考虑到各国情况的复杂性。他这一手，显然出于深层的思考，也可见他的高明。

第四，这部拉美经济史著作不仅理论鲜明有力，结构严谨，不同凡响，而且不时运用新材料，发表新见解，对常见的学术观点发起挑战，读来为之欣喜。

比如，许多学者都高度评价拉美 30 年代的工业发展，并把它同进口替代政策联系起来，进而把 30 年代作为拉美发展进程的转折点。不论主张内向发展的依附论学者，还是反对内向发展的新保守主义学者都是这么看的。作者认为，30 年代工业发展虽然充满活力，给拉美经济带来了显著变化，但不应太夸张。在他看来，尽管 30 年代大多数国家的工业增长快于国内生产总值的增长，但在 20 年代也达到了如此水准。30 年代的制造业在各国国内生产总值中占的比重不大，1939 年前后巴西占 14.5%、墨西哥占 16%、智利占 18%、秘鲁占 10%、哥伦比亚占 9.1%，比重较高的阿根廷也只占 22%。同时，人均制造业产值也很低，巴西和墨西哥这一数字分别为 24 美元和 39 美元。国内市场被高度保护，缺乏与出口市场竞争的动力，效率低下。他认为，30 年代拉美"没有一个国家的恢复是绝对依赖于进口替代工业化的"。从增长源来分析，各国国内最终需求的扩大比进口替代更重要，仅阿根廷除外。因此，30 年代的经济增长并不意味着重大的结构变化，而大多数国家到这 10 年末还未完成从出口导向增长向内向发展模式的过渡。到四五十年代才摆脱初级产品出口的自我发展。其中，危地马拉和中美洲国家在 30 年代主要依靠农业进口替代，发展国内消费农业；厄瓜多尔和玻利维亚等国则是通过促进出口来摆脱大萧条的约束。布尔默—托马斯教授还对 30 年代的财政和货币政策作了精彩的分析。

在运用经济统计资料上，作者下了真功夫。众所周知，拉美在 20 世纪初以前可供引用的统计资料十分稀少，有些小国甚至在 30 年代以后也只有零星的数据可供核查。"二战"后，特别是六七十年代以后，虽然有关各国的国内生产总值的资料信手可拈，但联合国拉美经委会、世界银行、国际货币基金组织和 SALA（美国洛杉矶加州大学《拉美统计辑要》）等机构发布的数字并不一致。为了简便起见，大多数学者只是引证某一本著作或某一家机构的材料。但布尔默—托马斯教授却不愿意"偷懒"，在挑选、核查、排比和换算上耗费大量精力和时间。从书中附录的 3 张统计表格中，不难看出作者付出的艰辛劳动。即使在散见正文各章的统计表格中，作者也毫不马虎。比如，关于 30 年代拉美工业状况的表格，作者利用了 7 本专著和两份联合国拉美经委会报告，统一按官方汇率换算，折成 1970 年美元价格，以反映一些国家可资比较的工业水平。一份看似简单枯燥的统计表格，表现了作者在数量经济学和统计学上的本领。

虽然这是一本专业领域较狭窄的著作，但本书有许多值得称道的地方，可令人回味，引发遐想，对经济学、历史学和国际问题研究感兴趣的中国广大读者不妨也来读读。

自 70 年代末以来，中国融入世界的步伐开始加快。中国走向世界，同时也意味着世界走向中国。这是一个全方位的双向交流进程。中华民族在当今世界跻身强族之林，首先需要了解他人和为他人所了解。只有了解了他人，才能主动有效地让他人了解自己。了解他人和被他人了解并不是一件轻而易举的事，往往受到历史和现实诸因素的制约。对外情外域的确切了解是我们走向世界的必备条件之一。

拉丁美洲离中国遥远，属于开发较早的发展中地区。就中国对美、日、欧以及周边国家的关系相比较，拉美在中国对外关系中并不占重要地位，但加深对拉美的了解却具有特殊的意义。其一，拉美目前共有 33 个国家，中国迄今为止仅同其中 17 个国家建交，另外 16 个国家却同台湾当局订立"邦交"，这些国家多半又在联合国兜售"一中一台"方案中充当马前卒①；其二，在国际人权斗争领域中，不少拉美国家由于对中国不了解，也由于在国际行为规范、价值观和政治文化上的差异，对西方大国的强权政治时常表现出怯懦，甚至屈从其恶劣性行径；其三，不论是美国确认的 10 个"新兴大市场"，还是世界银行圈顶的"十大新兴国家"，拉美就占了 3 个——巴西、墨西哥和阿根廷。在 21 世纪的相当长时间中，拉美仍将是世界上经济较活跃的地区之一，仅次于东亚；其四，90 年代初在美国的拉美裔人口将近 2300 万，仅次于黑人。到 2005 年后，拉美裔人口可能超过黑人，成为美国最大的有色人种族群。进入 21 世纪中期，它将占总人口的 1/3，届时拉美裔、非洲裔和亚裔人口加在一起，将使美国成为白人占少数的国家。出于以上四种考虑，我们似应从特殊的意义出发去加强对拉美的了解。

中国从 60 年代开始重视对拉美的了解，迄今为止，虽然在客观上对这些国家的政治与经济有所了解，但往往是"抽象的概念多于具体的知识，模糊的印象多于确切的体验"。我们不仅要了解这一地区的政治和经济，而且要了解它们的历史和文化，了解拉美国家之间的差异性和多样性，进而对隐藏在这些国家深层次的政治和社会问题，尤其是与中国在社会—政治—文化上的差异也有充分的了解。在有关方面反复强调要不断加强双方之间高层往来的同时，似应重视学术与文化领域里的交流。文化学术乃天下之共器，赋有超越时间与空间的功能，愿吾辈齐努力。

大约 10 年前，中国著名学者贺麟先生曾指出："中国要想走向世界，首先就要让世界进入中国。"（见《中国社会科学院研究生院学报》1990 年第 3 期）贺先生这里讲的"让世界进入中国"，指的是为中华文化灌输新的精华，即通过高质量的译品和繁荣的译业使西方优秀文化中国化，他归为"华化西学""内化外来文化"。他还进一步指出："翻译为创造之始，创造为翻译之成，外来思想的翻译对于激发中华文化的创新能力也是有价值的。"老前辈的这番话对我们从事地区研究以及开展中外学术文化交流和树立积极的对外意识，是十分有价值的。

---

① 在本文集出版时，与台湾有所谓"邦交关系"的拉美国家有 12 个，它们分别是：巴拿马、尼加拉瓜、洪都拉斯、萨尔瓦多、危地马拉、伯利兹、海地、多米尼加、圣基茨和尼维斯、圣卢西亚、圣文森特和格林纳丁斯及巴拉圭。——编者

　　为了使中国了解拉美，也为了使中国人能有效地向拉美介绍中国，以使中国也被拉美人了解——这是我向读者推荐本书的唯一心愿。

　　最后，请允许我代表广大中国读者向剑桥大学出版社和布尔默—托马斯教授致谢忱，感谢他们将本书中文版版权慷慨地赐予我们。同时，也向斥资出版本书中文版的中国经济出版社表示由衷的感谢。它在喧嚣的商业大潮中不计利润地甘愿推出学术译著，令我铭感五中。

（原载《拉丁美洲研究》2000 年第 3 期）

《剑桥拉丁美洲史》全卷中文版后记及补记

后　记

由英国著名学者莱斯利·贝瑟尔教授独立编纂的《剑桥拉丁美洲史》（*CHLA*），原计划出 8 卷，后增至 9 卷，最后决定出 11 卷（其中第 6 卷分上下两册）。1984—1995 年该书已陆续上市，除第 9 卷（《1930—1990 年的巴西以及这一时期拉美地区的国际关系》）外，现已出齐。

自 1902 年 11 月《剑桥近代史》第 1 卷问世以来，剑桥系列的世界史著作在国际学术界就产生了巨大影响，被视为是西方史学中的权威作品。20 世纪 50—80 年代，剑桥系列的中国史、日本史、非洲史、伊斯兰史、伊朗史和拉丁美洲史相继出版。《剑桥拉丁美洲史》（CHLA）既是一部编年通史，也是独立成卷的国别史、地区史和专题史。在结构和体制上，它突破了传统历史学的界限，涉及政治、经济、军事、外交与国际关系、民族、人口、宗教、思想意识以及建筑、雕塑、绘画、诗歌、音乐、艺术、文学、教育等方面的内容。它十分重视拉美地区社会生产力发展史的研究，提出了一些新的在此前没有涉及或很少涉及的研究课题，展示了这部巨著跨学科研究的魅力。

经与英方商定，中文版 *CHLA* 出 10 卷。按出版时序，已出了第 4 卷（1991 年 5 月）、第 5 卷（1992 年 5 月）、第 3 卷（1994 年 4 月）、第 1 卷（1995 年 3 月）、第 7 卷（1996 年 12 月）、第 2 卷（1997 年 12 月）、第 8 卷（1998 年 12 月）、第 6 卷上册（2000 年 1 月）、第 6 卷下册（2001 年 10 月）和第 10 卷（2003 年 11 月）。除了第 9 卷外，中文版算大体出齐。

CHLA 英文版第 11 卷是全书的书目评论。它把该书第 1 卷—10 卷正文之后的书目评论归总在一起，重新组合成 10 个部分，共收录了来自 24 个国家的 119 位学者撰写的 141 篇书目评论。评论的作者，除了个别例外，均是该书正文的原作者。由于英文版第 1—5 卷出版于 1984—1986 年，第 6—8 卷出版于 1990—1994 年，出版于 1995 年的第 11 卷所收录的书目评论，已在原有各分卷的基础上有所修订、补充和更新。考虑到印刷成本和读者范围有限，我们商定，第 11 卷就不出中文版了。有志于拉美研究的读者除了浏览附于各卷书后的书目评论之外，还需要查阅本书英文版第 11 卷。这一卷不仅搜罗了最近 25—30 年以来有关拉丁美洲或与拉丁美洲史研究方面最重要的著作和论文，而且对迄今为止的学术成果进行了中肯而贴切的分析与比较，为研究工作的深化提供了方便。

20 世纪 60 年代中期以来，美欧各国对拉丁美洲和拉美史的研究投袂而起，苦心经营，积累了丰硕果实。这些成果先后收录在以下 5 部目录学著作中，它们是：

1. Howard F. Cline（ed.），*Latin American History：Essays on Its Study and Teaching*，*1898 – 1965*，2 Vols.，Austin，1967.

2. Charles C. Griffin（ed.），*Latin America：A guide to the Historical Literature*，Austin，1971.

3. Robert A. McNeil（ed.），*Latin American Studies：A Basic Guide to Sources*，2nd ed.，Revised and Enlarged（Metuchen，N. J，and London，1990）.

4. Paula H. Covington（ed.），*Latin America and the Caribbean：A Critical Guide to Research Sources*（Westport，Conn.，1992）.

5. *Hispanic Division of the Library of Congress：Handbook of Latin American Studies*（1936 –　）.

与上述 5 部目录学著作相比，CHLA 第 11 卷自有其鲜明的特色，虽然不出中文版了，但我们仍应予以足够的重视。

我国拉美学者对 CHLA 的学术价值给予了充分评价，并大力支持该书中文版的出版。北京大学历史系教授、北大图书馆原馆长林被甸和中国社会科学院拉丁美洲研究所研究员曾昭耀为出版 CHLA 中文版向有关部门撰写了推荐书（见《拉丁美洲研究》1998 年第 3 期）。《拉丁美洲研究》

杂志编辑部还专门组织学者为每一卷中文版 *CHLA* 撰写简介性的书评。这些文章的作者分别是陆国俊（第 1 卷，载《拉丁美洲研究》1996 年第 4 期），金计初（第 2 卷，载《拉丁美洲研究》1999 年第 1 期），张森根（第 3、4、5 卷，载《拉丁美洲研究》1993 年第 4 期、1991 第 1 期和 1992 年第 5 期），林南（第 6 卷上册，载《拉丁美洲研究》2002 年第 5 期），王文仙（第 6 卷下册，载《拉丁美洲研究》2002 年第 6 期），陈芝芸（第 7 卷，载《拉丁美洲研究》1998 年第 3 期）和夏立安（第 8 卷，载《拉丁美洲研究》2000 年第 5 期）。这些文章也许算不上是有分量的学术评论，但对初涉拉美研究的读者了解 *CHLA* 各卷的主要内容和重要观点还是有所裨益的。有兴趣的读者不妨查阅一下。

中文版 *CHLA* 的出版经过、译者的状况和译校过程中的相关问题，请允许我到中文版 *CHLA* 第 9 卷问世时再一一择要交代。

补 记

中文版《剑桥拉丁美洲史》最后推出的一卷——第 9 卷，即将与读者见面了。至此，该书的中文版（共 10 卷 11 册）总算真正出齐了。由于英文母版第 9 卷的延误，出版于 2003 年的中文版第 10 卷，与中文版第 9 卷的推出几乎相隔了 10 年多。从 1991 年中文版最早推出的第 4 卷算起，我们用了将近 22 年的时间终于把它们译成中文并一一出版了。值得一提的是，中文版《剑桥拉丁美洲史》全书比它的西班牙语版（计划出 20 卷，已出 16 卷）和葡萄牙语版（计划出 10 卷，已出一半）提前问世。

这部将近 800 万字、间隔 20 余年的译著之所以能最终完成，要归功于多方面的努力。确凿不疑的是，没有中国社会科学院及拉丁美洲研究所自始至终的鼓励、支持和资助，要完成这部译著是根本不可能的。

关键的一步是，它于 1988 年被确立为院重点项目。此事要从一段往事说起。1985—1986 年访美期间，通过洛杉矶加州大学教授伯恩斯的引荐，我结识了《剑桥拉丁美洲史》的主编、英国伦敦大学教授贝瑟尔。在伯恩斯的宴席上，贝瑟尔告诉我，《剑桥拉丁美洲史》的西班牙文版和葡萄牙文版正在筹划中。他向我试探，能不能把他的这套《剑桥拉丁美洲史》译成中文推向华语世界。我坦诚地对他说，如能出《剑桥拉丁美洲史》中文版当然对中国人了解拉美有巨大的推动作用，因为它不只是一部历史学著作，而且也是一部拉美的百科全书，但中国国内出版文史类著作首先需要一笔出版补贴资金。贝瑟尔答道，他会帮我同剑桥大学出版社联系，看看有没有解决办法。1986 年秋回国后，我马上将这一情况向中国社会科学院拉丁美洲研究所苏振兴所长和徐世澄副所长作了汇报，他们鼓励我积极落实，争取办成此事。不久，英方向我推荐新加坡和台湾的出版社，我们开始直接商洽，包括对方到北京面谈。但直到1988 年秋，双方也未达成共识。我原来设想由拉美所译成中文、用新加坡和台湾出繁体字版来养活中国国内简体字版的计划，但在商业上无法操作。眼看这项计划就要落空时，1988 年 10 月苏振兴所长提出，不妨向主管拉美所业务的李慎之副院长写个书面报告，直接要求院部斥资出《剑桥拉丁美洲史》。我想，这是最后一招，别无选择，只能一试。

但事情竟出乎我的意料，院领导和科研局很快就批复了我们的报告，答应给予《剑桥拉丁美洲史》中文版出版补贴。慎之先生在批文中指出："此事原则上完全可办、应办。书的内容不会有政治上的问题，译的质量肯定比台湾强，都不必顾虑。"消息传来，我们喜笑颜开。说实在的，我的这项"如意"计划，谈谈停停历时 2 年，几乎到了打算放弃的地步。试想一下，全书十来本，约 800 万字，出版跨度至少要拖十来年，为了不显眼的拉美研究，谁愿意长计远虑斥资出书从而为此承担责任呢？正当我望而却步时，不料慎之先生慧眼独具，知其不可为而为之，在《剑桥拉丁美洲史》中文版的催生报告上添上了他千钧重负的一笔。

事后慎之先生对我说："院里的出版基金只能用于补贴本院科研人员撰写研究项目，不资助翻译著作，但考虑到拉美的特殊性，我支持出《剑桥拉丁美洲史》的中文版，算是个例外。我也就只批这一部书，下不为例。"据我所知，后来有人请他批准资助出版联合国教科文组织撰写的《非洲通史》中文版，他就没有表示支持。慎之先生几年后还通过私人渠道为《剑桥拉丁美洲史》中文版在海外出繁体字版，帮我们寻找合作者。1992 年 6 月 18 日他打电话给我，说他已请著名出版家沈昌文先生（香港三联书店原总经理）帮忙，让我直接找沈先生。8 月 6 日在沈先生的引荐下，我同台湾时报出版公司总经理郝名义先生在燕莎中心商洽出《剑桥拉丁美洲史》繁体字版问题。尽管此事终未办成，但慎之先生对中国拉美研究事业的关切，众目昭彰。更难以忘却的是，在中文版《剑桥拉丁美洲史》第一个分卷（即第4卷）即将付梓时，他还欣然为我们撰写了出版前言。在这篇只有2400字的前言中，他对地区研究的任务、意义、地位和作用，以及研究的方法、现状和今后的方向，都一一作了精辟的论述；同时，还对从事地区研究的学者提出了殷切的期望。这篇前言，立论精粹而高远，气势奔放而大气，朴素中饱含着深刻，是一篇十分耐读的范文。

我匡算一下，中国社科院历任主管副院长李慎之、郑必坚、滕藤和武寅四位领导同志通过院科研局或院长专项经费为资助这套书的出版前后批拨的款项近人民币50万元之多。进入21世纪后，拉美所自身也从它有限的经费中以劳务费的名义对低廉的稿酬予以了一定补偿。

由于英文母版主编莱斯利教授1997—2007年期间出任牛津大学新成立的巴西研究中心主任，第9卷一再误期直至他卸任后的隔年才被推出。这一卷的中文版要不要出我一直犹豫不决，一则担心经费申请之繁杂；二则我退休多年，已届驼背之年，精力和视力大不如以往。正在我欲打退堂鼓时，拉丁美洲研究所现任所长郑秉文先生鼓励我继续把这最后一卷译稿做完，使全书保持完整。他诚恳地告诉我，他会向主管副院长反映出书的紧迫性与困难，并答应从经费和人员上大力支持我。在武寅副院长和郑秉文所长的关怀和支持下，我继续承担了中文版最后一卷的有关工作，这套书才总算出齐了，没有半途而废。慎之先生和老苏、武寅副院长和老郑，在全书的启动和结项过程中起到了决定性的作用。

诚然，本书的最终完成有赖于院、所内外国际问题研究人员和拉美学者的通力合作、共同奋斗。没有他们不计报酬的奉献精神和艰苦卓绝的工作，本书依然是空中楼阁。参加本书翻译、校阅工作的有近50位学者，其中起骨干作用的20多位当时多半还是离退休人员，他们是：林无畏、林应乾、蔡明忠和丁兆敏（第1卷）、李道揆、邹正、郝明玮和李安山（第2卷）、徐守源、段昭麟、戴声浦和毛相麟（第3卷）、江时学、刘宪生、涂光楠和陈绽（第4卷）、胡毓鼎、陈绽、戴声浦和高晋元（第5卷）、高晋元（第6卷上册）、林无畏、张家哲、慈文华和丁兆敏（第6卷下册）、高铦、江时学、涂光楠、劳远回、朱云瑞和袁东振（第7卷）、涂光楠、徐壮飞、朱忠和郝名玮（第8卷）、吴洪英、王宁坤和张凡（第

9卷）以及徐壮飞、童一秀和杨建民（第10卷）。我要向他们表达深深的谢意和诚挚的敬意。可叹的是，陈绂、朱云瑞、徐壮飞、李道揆、高晋元和胡毓鼎六位前辈在本书全卷出齐之前就告别了人间，令我无限悲哀。其中，徐壮飞先生的事迹更是让我难以忘怀。老徐对全书的贡献是最大的。他不仅自始至终都承担着繁重的译、校工作，而且对整个项目的实施起到了顶梁柱的作用。没有他对我的鼎力相助，我是无法坚持到底的。老徐不但英语功底好、知识涵养高超，而且作风踏实细腻，经他手的稿子几乎做到难移一字。全书较难处理的部分，大多由他亲自翻译或校阅。他最初的译校工作常常是在看护老妻朱云瑞的床边进行的，有时甚至在医院陪夜时也不忘译事。老妻去世几年后，老徐在翻译第10卷时于2002年10月19日因脑血管病而猝然辞世。第10卷他承担了20万字译稿，到去世前一天还在伏案工作，只留下了5万字未完成。他干得十分认真又十分辛苦，真可谓一寸丹心、鞠躬尽瘁，令我十分敬重。

此外，我还要衷心感谢陈用仪、邓兰珍和徐世澄等同志，他们在本书译校过程中对许多西班牙语、葡萄牙语疑难词汇与术语的理解和界定，起到了重要的指导作用。

中文版全卷总算出齐了，但洋洋800万字，白纸黑字，也留下了不少缺陷、无奈和遗憾。作为项目主持人，我有不胜负荷之感。这包括如下两方面的问题。

一是学术翻译著作本身要求的严谨、准确和规范化与出版单位的市场运营、成本和赶工期的矛盾。一部完整的史书竟分在4家出版社推出，这本身就是最大的无奈，也是我无法掌控的。就出书而言，虽然间隔了20余年，时间拖得很长久，但每卷的出书时间都很匆忙。出版社三校之后就付排，译者、校订者几乎没有机会与时间审读清样，以进一步保证译文的质量。有一回，出版社的编辑把他看不懂的专业名词开列了一张清单（其中有"飞地"一词）让我修改或删除，我一看这些世界经济史或拉美特有的术语译得都合乎规范，建议他不要随便更动，这才避免了三校过程中信笔涂鸦的错误。从交出稿子之后到稿子付排之前译者校者基本上处于不知情状态，因此我料想，误删、误改、误植的错误决非少数。又如，原本商定，中文版每卷之后要附上英文索引，但为了赶工期和降低成本，第10卷的索引就硬是被出版方删除了。中文版规定每页要括注原文相应的页码，以方便中、英文版互阅互查，但第2、6、8、10卷上的边码均被付诸东流。更遗憾的是，第6卷下册第59页之后的内容被误植到第129—172页上去了，令读者不明不白，如堕烟海。这方面的问题难以挑毛拣刺，只能粗粗一说，事后也不能求全责备。

二是主观方面的问题。主要是术语的翻译上存在着不少问题。原本设立了"总校订"的岗位，打算对全书疑难的专业名词与术语搞出一个大体上统一的方案，但实际上难以落实，最后仍然是各人翻译各人的，各人校订各人的，以致全书的术语极不统一，甚至同一名词在同一卷中还出现了不一致的译法。再则，许多术语带有伊比利亚特征（hispanicism），有的甚至源于各种印第安语，具有深奥与久远的历史文化背景，我们一时难以弄通弄懂，加之这些专业名词经英译后再译成中文，不仅生涩、冗赘，而且未必确切。尤其是第1、2、3卷和第10卷中，出现了大量难译的专业名词与术语，涉及印第安人传统与习俗，西、葡殖民者的典章制度、经书文典、职官、宗教、思想意识以及建筑、雕塑、绘画、诗歌、音乐、艺术、文学、教育等方方面面的内容。这些名词关联着史事史笔，每每让译校者临深履薄、战战兢兢，难以落笔，生怕译文与原意走曲，但你又躲不过去，最终还得译成中文向读者交卷。我希望，因译校者学力不逮而招致的瑕疵最终能获得读者的谅解。我们对拉美历史知识的了解与领会毕竟有限，假以时日，后来者一定会比我们译得更妥切、更精确。

但是，有的专业名词与术语通过相互切磋是可以求得较妥切的译法，至少做到力求前后大体一致，在这方面我们做得很不够。比如，corporatism（corporate，corporative，corporation）本书译成多阶级合作主义或法团主义，在殖民地时期，所谓"法团"（corporate）原指军队与教会两家而已，独立后则扩大到工会、商会、农会等，形成了多元主义的利益集团或权力中心。在第3卷中，corporate groups还译为社会集团，后面又出现 semi-corporatist parliament，却译成"半咨政性议会"。其背景是，1816年阿根廷图库曼议会是在中央集权主义政府操纵下建立起来的，表面上是共和制，各省省长由中央直接任命，以有限的选举权和"半谘政性议会"为特征，1820年初就瓦解了。这些词究竟怎样译，还有待进一步商议。再如，a system of patronato（古巴，1880—1888年古巴废除奴隶制之后推行的一种变相的劳役制）译成监护制，而书中出现的 patronage，又译成恩赐制、庇护关系或圣职推荐权。其他如 authoritarian（威权主义的），有时译成专制主义的、专权主义的和独裁主义的；personalism（个人效忠主义），有时译为人格主义、个人专制主义；clientelism（政治扈从主义），有时译成庇护主义；诸如此类，不胜枚举。误译、漏译之处以及译文尚欠简练流畅的毛病，希望同行和广大读者不吝随时指正。同时也希望诸位在引文本书时参照原文再核对一遍，以确保原著的精粹免受丝毫玷损。

尽管这套书在翻译上还存在着不少专业问题，但这套书毕竟为中国深化拉美研究提供了一个坚实的基础。我为本书的最终完成感到欣慰。正如北京大学历史系教授、原北大图书馆馆长林被甸指出："这本巨著的翻译出版是一件大大的好事，你们的眼光、勇气以及为此所付出的辛勤劳动更令人敬重。"据知北京大学、南开大学等已把该书列为博士生和硕士生的指定读本。但此时此刻，想到本书已发现和将发现的错误和欠缺，我的歉疚之感更加浓烈。十分感谢领导与同行对我的信任和厚爱，把如此重任委派于我，但无论从学术涵养、语言功底或组织协调能力来考虑，我都是不够格的，也只能勉力而为。但愿若干年后，有一两部更好的拉美历史译著来替代本书，使中国人对拉美的了解与领悟更上一层高台。

（原载《拉丁美洲研究》2012 年第 6 期）

思深虑远　顺理成章

——读《剑桥拉丁美洲史》第 3 卷

由中国社会科学院拉丁美洲研究所组译的 9 卷本《剑桥拉丁美洲史》第 3 卷，将由社会科学文献出版社出版。本书中译文约 70 万字。

《剑桥拉丁美洲史》第 3 卷概述了 19 世纪初西班牙和葡萄牙在拉美殖民统治的瓦解及拉美各国从独立至 1970 年前后大约 50 年的历史。本卷分为 5 大编 18 章，由来自世界各地的 17 位著名学者，其中包括 5 位拉美学者撰写。英国拉美史学家约翰·林奇为本书撰写了第 1 章和第 15 章，这两章是他对拉美独立运动史和阿根廷史多年研究的结晶。

本卷的最大特点是作者从内部结构的变化与发展方面认真探讨了这段历史发展进程中所面临的重大问题，从而为 1870 年后拉美各国的发展轨迹作了合情合理的铺垫。正如主编莱斯利·贝瑟尔在本书总序言中所指出的，"尽管承认拉美在当今被称之为资本主义世界体系内发展时受到外部力量的决定性影响……但这部历史书将侧重阐述内部结构的发展方面。"同时，本卷对拉美通史中被忽略的巴西予以了特别关注，其内容约占全书的 1/4。

这一卷中有不少新鲜的见解值得我们关注，其中有些显然是针对当前学术界争论不休的焦点问题有感而发的，读来令人耳目一新。

关于独立战争的历史背景和性质。

作者指出，西属美洲依附于一个不发达的殖民帝国——西班牙。两者的依附关系不是建立在劳动分工的基础之上的，宗主国与殖民地都依赖外国海运商船队向海外出口初级产品，都无意于积累财富用于投资，只是宗主国可以任意攫取殖民地出产的贵金属。西班牙的经济发展水平和其殖民地相差无几，两者缺乏互补性，甚至彼此竞争。18 世纪后半叶，西班牙波旁王朝开始改革，但这只是一种折中主义的改革，其基本目标是改进农业，而不是振兴工业，原有的经济结构原封不动，到查理四世（1788—1808 年）时，改革就中止了。

作者认为，独立战争主要是西班牙统治的维护者和反对者之间的内战，哪一边都有克里奥尔人。克里奥尔人的不满，同印第安人和穆拉托人的不满不是一回事。克里奥尔人宁愿要西班牙，也不要无政府状态。因此，西属美洲的革命者迫不及待地要同海地革命划清界限。实际上，同新西班牙历次起义相对垒的是当地总督，西班牙驻军很少参加作战，也就是说，在多数情况下，是墨西哥人打墨西哥人。因为保皇派军队的主力也都是克里奥尔人和梅斯蒂索人，"独立战争不是大局已定、一边倒的比赛，毋宁说，它是一场在效忠问题上酿成民族分裂、结局未定的斗争，它是一场革命内战"（原书第 68—69 页，下同）。独立后的墨西哥继续执行过时的西班牙法律和一成不变的、以不同民族画线和新封建主义为基础的劳动制度，这就使其经济长期处于落后状态。"有一种情况，即没收并重新分配敌人的财产，本来可以造成最大的结构变化，但结果没有做到"，"良田和肥沃牧场的所有权日益集中的情况，并无重大改变。"（第 166 页）由于独立战争没有导致一次根本性的经济权力再分配，主要生产资料依然掌握在克里奥尔上层手中，即没有实现政治权力的转移。

作者不同意一些史学家把墨西哥、中美洲和尤卡坦选择的独立道路简单地说成是当地上层人物玩弄的"反革命保守主义"的结论。他指出，墨西哥人拥护宪法超过拥护议会，因为西班牙恢复的议会拒不承认美洲人的自治和自由贸易，不允许美洲拥有平等的代表权，而加的斯宪法却保证了他们的上述权力。墨西哥的独立方案，同伊达尔戈和莫雷洛斯革命的激进目标相比确实是保守的，但"未必是反动的"，因此作者认为伊图尔维德和"伊瓜拉计划"的成就是巨大的。（第 94 页）

作者在阐释巴西同西属美洲独立运动的不同特点方面也下了不少功夫。西属美洲是从殖民地走向独立共和国；巴西则是从殖民地走向独立帝国。作者认为，不应夸大巴西对里斯本的不满以及本地出生的巴西人和巴西的葡萄牙人之间的矛盾，因为同西属美洲克里奥尔人相比，巴西人和宗主国之间的关系要紧密一些，产生不满的因素要少一些。葡萄牙人是通过当地占支配地位的阶级来管理殖民地的。许多著名的巴西地主是第一代巴西人，有的人虽然出生在葡萄牙，但已与巴西融为一体。在西属美洲，印第安人是劳动力的主体，而巴西是奴隶制社会，白人担心会发生社会和种族骚乱，只好同宗主国妥协以求得社会安宁。

关于欧洲启蒙运动对拉美独立战争的影响，作者认为它给美洲克里奥尔人灌输的"主要不是解放哲学，而是让他们对已经接受的观念和制度采取独立自主的态度，要理性强于权威、实证强于传统、科学强于空谈"。（第44—46页）米兰达曾指出："在我们面前有两个伟大的榜样：美国的革命和法国的革命。让我们慎重地仿效前者，小心地避开后者。"但少数拉美独立运动的真正先驱者往往走到了舆论的前头。他们证明了，先前起义者的口号"国王万岁，腐败政府下台"是自相矛盾的。这种自相矛盾只能解释为，要么是西班牙国王知道殖民地政府已在做什么因而批准它的所做所为，要么是国王不了解殖民地的实情而失职失察。

第二，关于1810—1870年期间的社会经济以及早期的工业化和资本主义发展问题。

作者认为，以大城市为权力基础、以城市为政治和行政中心行使权力的结构，被以地方为基础、更具农村性质、由大地主和考迪罗行使权力的结构所替代。原有的城市上层失去了过去的显赫地位。到19世纪中叶，西属美洲经济开始充分地与日益扩大的国际经济结合起来；从19世纪70年代起，两者的结合更加明显。但拉美只是鼓励增加出口量，而不是提高技术以降低成本。19世纪拉美最大的经济成就是以奴隶制为基础的古巴蔗糖生产的扩大，在1860年后的20年中，古巴的出口经济最为成功。出口成功的例子还有拉普拉塔的皮张、委内瑞拉的咖啡、秘鲁南部的羊毛及智利的矿产品。但这一阶段因出口增大而诱发社会结构变化的例子很少。村社为出口经济的扩大补充了劳动力，但各国并没有出现从村社土地所有制到个人土地所有制的直线式发展。这一时期农村阶级关系"非常复杂多样，决不能用像劳役偿债制这样一个简单的字眼加以概括"。（第515页）农村社会除了受奴役的农村劳动者之外，还有大量的印第安人村社，独立的小拓居区；农村并不受庄园主和神父控制。委内瑞拉的咖啡种植业以分成制和自由劳工为主。在阿根廷的养牛业中，工人得到的是货币工资。

作者指出，在奴隶制的巴西，奴隶和自由劳工之间的界线"也不总是明确的"，"某些历史学家甚至在奴隶们的种植园地中看到一种农民经济的因素"。如奴隶们有时向主人或乡村商店出售他们的剩余产品。他们拥有一些自己的财产并拿它来换取现金。有些庄园主对超额完成收获咖啡任务的奴隶支付一些现金以作为刺激。这样，"奴隶劳动者与工资劳动者之间的界限就变得模糊不清了"，奴隶们，作为个体实际上是可以由"奴隶身份转向自由人的"。（第757—758页）作者的这些分析对于我们理解马克思关于巴西奴隶制的经典论述有着重要参考价值。众所周知，巴西早期的资产阶级是在奴隶制种植园主内部形成的，而雇佣劳动制则是在直接奴隶制的基础上出现的。巴西的奴隶制种植园"一开始就是为了做买卖，为了世界市场而生产，这里存在着资本主义生产"，它"不是从奴隶制产生的，而是接种在奴隶制上面的"[①]。本书第17章有关巴西奴隶制的分析有助于我们认识巴西从殖民地奴隶制直接向现代资本主义转变的历史趋势。

关于这一阶段的资本主义发展进程，以作者对智利的分析最为详尽，似有典型意义。作者认为，智利在独立后的二三十年中，城市小作坊形成了早期的制造业。1844年9月18日智利《信使报》社论说："欧洲的今天就是我们的明天。"60年代，智利的一些大矿区已广泛实施机械化。作者不同意将智利工业化进程的起点界定在太平洋战争（1879—1883年）开始之时，而应该往前推10年。通过战争，智利领土扩大了1/3，财产大大增加，硝石取代了铜和银的地位。

作者把推动巴西现代化的因素归纳为三点：（一）结束奴隶贸易（1865—1866年）；（二）通过土地和移民法（1850年）；（三）颁布《商法典》（1850年）。这些因素都是"试图为动员劳动力、土地和资本引进并组织市场"。（第745页）作者对巴西在19世纪三四十年代制造业不发展及工业化迟晚的原因作了充分的分析。这些原因包括：英国进口商品的冲击；巴西缺乏煤炭；运输条件差；国内外资本投入有限；商业立法陈旧；劳动市场受奴隶制的支配；教育水平低；国内市场狭小，建立不了全国性的大市场；政府不鼓励工业发展。

[①]　《马克思恩格斯全集》第26卷，人民出版社1959年版，第339—340页。

第三，作者对考迪罗的论述颇有新意。作者从各国独立后出现政治权力"军事化"，又出现政治权力"农村化"的现象入手，阐释了考迪罗产生的历史根源。他认为，拉美各国独立后，教会、上层文职人士和穆拉托商人都相应地失去了原来的地位，只有地主获得了权力。政治权力"军事化"出现了两种基本形式：（一）以军队（正规军）为基础的考迪罗，如在墨西哥和秘鲁，他们试图攫取对国家政府的控制，他们得到上层文职人士的支持；（二）以地区势力为基础的考迪罗，如在拉普拉塔地区，他们得到民兵、地主和商人的支持，努力维持着本地区秩序和避免外省势力的介入。这个地区也是地区考迪罗试图攫取国家权力的基地。同时，由于中央政权软弱无力，中央的政令在地方往往受到阻挠，许多地方问题是各省地方上层人士自行解决的，这样就出现了政治权力"农村化"。

作者还从"庇护人—依附者"的网络关系分析了考迪罗的特征和权力结构。作者指出，考迪罗是在独立战争期间成长起来的军事领导人，但当时也指其他一些领导人。19世纪40年代以后，独立时期的将军们逐渐从舞台上消失，律师、新闻记者、商人和地主被推上了军事领导者的地位。考迪罗一般是指使用暴力或暴力威胁来达到政治目的的人，或是职业军官，或是领导非正规部队的民兵军官，或是骑马的文职人员，或是参与暴力镇压的文官。考迪罗倾向于站在法律和宪法之上。他们的性格力量使他们能够掌握一大批追随者和博得追随者们的个人效忠。他们发动其追随者向法定的权威挑战。他们不仅独断专行、残酷无情，而且土生土长，又土里土气，以很大的吸引力和意志力来控制其追随者。他们与其追随者之间形成了一种"庇护人—依附者"的网络关系，但他们本人又是更富有、更强大的庇护人的依附者，因为后者把造就和控制其追随者视为"自己政治和（或）经济计划中的一笔投资"（第372页）这样，从追随者、当地权贵、地区头目、考迪罗，一直到中央的政治领导人，就形成了一个复杂的金字塔形的权力结构。考迪罗不考虑意识形态，只要求个人忠诚，他们可以支持各式各样和彼此矛盾的事业，以个人关系结成出人意料的政治联盟。以秘鲁为例，独立后形成的不是一个全国性的社会，而是一个以庄园为中心的地区性社会，地主们同考迪罗建立联系。1836年以前，尽管秘鲁产生了6部宪法，1836年前的10年中有 8 位总统，但只有考迪罗才是政治权力结构中的关键角色。在阿根廷，在 1810—1870 年间各省的 18 个考迪罗中，13 个是大地主，他们都是一个扩大了的家族的代言人，实际上构成了一个统治王朝。他们也是一个地区经济利益的总代表，以对付其他一些地区或中心地区，甚至征服这个国家。他们通过赠予官职和土地使其追随者充当政治工具。在阿根廷，既没有一个商业上或工业上的中间阶层，也没有大量集中的农民，庄园主控制了经济和社会生活，通过"庇护人—依附者"网络形成统治体系，这成为了一种政府模式。因此，"考迪罗制度是社会的形象，而考迪罗则是它的产物"。(第 631 页)

第四，作者透彻地分析了中央集权制与联邦制以及保守派与自由派的关系。以往有的著作对这两个拉美独立建国进程中的重要问题着墨不少，但洞见不多。本卷作者对此开宗明义地指出："人们关于中央集权制和联邦制问题的态度主要是口头上和策略上的。"(第 384 页) 在拉普拉塔地区，联邦制问题涉及地区利害关系，但在墨西哥和智利，地区利益同联邦制问题无关，它只反映地区谋求政治自治的愿望，也是保护个人自由的一种信念。在 19 世纪 30 年代的新格拉纳达，在野党把联邦制作为它企图用武力重新控制国家的旗帜。到 50 年代，不仅自由派支持联邦制，连倾向中央集权制的保守派也拥护联邦制了，原因是联邦制也可维护保守派的政治利益。在秘鲁和玻利维亚，联邦制问题也涉及由谁占有国家权力的问题，而不涉及地区经济利害关系。在阿根廷，尽管罗萨斯打出了拉普拉塔联合省的大旗，但他从来不是一个真正的联邦主义者。他实际上是像一个中央集权派那样来思考问题和进行统治的，并且主张推行布宜诺斯艾利斯的霸权。作者认为，罗萨斯"破坏了联邦派和中央集权派之间的传统区分，并且使这种分类实际上失去意义"。(第 635 页) 作者指出，1845—1870 年在墨西哥、委内瑞拉、秘鲁和新格拉纳达出现过 9 次联邦制高潮，但这时联邦制问题与教会问题相比已退居次要地位。

在拉美史著中，通常将 1820—1850 年墨西哥的政治斗争归结为保守派联盟和自由派联盟之间的斗争。前者指大地主、教会领导人和高级职业军官；后者指没有地位的专业人员和商人。但作者认为，这种"从阶级和经济功能的角度"出发的分类法肯定是错误的，因为它"把欧洲关于资产阶级和贵族的分类办法应用到西班牙美洲"。(第 404 页) 实际上，

19 世纪西属美洲的地主、商人和专业人员并没有明确的区分。一个人可能是地主、商人或军人，又受过高等教育。作者进而指出，这个时期成立派别或政党主要是为了控制政府和谋取政府职位，政治联盟的核心问题是个人关系而不是什么坚定不移的意识形态。

作者认为，不能按照 19 世纪英国两党制的模式来看待拉美的保守党和自由党。在墨西哥，哈拉帕人和韦拉克鲁斯人总是追随着圣安纳；新格拉纳达的考卡人总是围着莫斯克拉将军转；而东部的大学生则组成当地的自由派。在巴西，有好几个知名政治领袖从自由党转向保守党，也有的从保守党加入自由党。双方的代表一旦被选入议会，就结成联盟，尽管这种联盟是不稳定的。有人认为，自由党人一旦当政就比任何人都更像保守党人。这两个党都是从有同样的社会与经济背景的选民中获得支持的，在某些情况下同一批选民会在两党之间变换支持对象。（第 773 页）因此，作者认为，在大力推行农产品出口的历史条件下，地主—商人—专业人员（如律师）之间存在着天然的利益一致性。"不可能指望找到确切的适用于所有西班牙美洲国家的一个或一套区分原则，这些国家在地理、种族构成、经济特点和殖民地传统方面都不一样。"（第 405 页）当时的政治分类是超越职业界线的，但却与权力和地位的分配有着重要联系。处于社会中心的人倾向于成为保守派，他们来自有经济实力的家庭；自由派则处在社会外围，往往来自外省城市，他们靠才干、勇气而不是靠出身跻身于政治上层，其中包括处于外围的商人和地主。不能说商人就是自由派，地主就是保守派。确定一个人、一个家族或一个地区是支持或反对某种潮流、派别，并不是一件轻而易举的事。总的说来，保守派统治的文化和政治基调反映了传统的西班牙教会的行为方式，主张回到自给自足的农业社会以及地区之间的相互割裂。自由派则强调扩大农牧产品的出口和国家沿着资本主义道路发展。作者一方面描绘了保守党与自由党的主要特征，一方面又对它们的特殊性和差异性作了充分阐述。这是本卷作者的功力之所在。

本卷的不足之处似有以下三点，在这里不妨提出，供同行们进一步研讨。

（一）对墨西哥"独立之父"伊达尔戈的评价过于苛刻。作者认为，伊达尔戈持续了 3 个月的起义，因缺乏明确的目标，使墨西哥中部遭受了流血和破坏，在克里奥尔人中引起恐惧并把他们赶到了保皇派一边，因此，对"争取独立斗争所起的主要是反作用"。（第64—65页）作者肯定莫雷洛斯起义在政治和社会目标方面比伊达尔戈进步是正确的，但对伊达尔戈在推动墨西哥独立斗争方面的积极作用却不屑一顾，这显然是难以令人信服的。

（二）作者对19世纪下半叶拉美国家之间两场大规模的国际战争——巴拉圭战争（1865—1870年）和太平洋战争（1879—1883年）的叙述是充分的，但对这两场战争给交战各方带来的社会经济后果，特别是结合战胜国战后的发展，分析得不够透彻，较为平淡，缺乏应有的深度。

（三）作者在有关章节中对拉美引入欧洲移民的情况作了详尽的交代，列举了权威性的资料，但对欧洲移民在推动拉美现代化进程和资本主义发展方面缺乏提纲挈领的分析，使读者产生只见树木不见森林之感。

（原载《拉丁美洲研究》1993年第4期）

拉丁美洲史研究中的传世之作

——读《剑桥拉丁美洲史》第 4 卷

《剑桥拉丁美洲史》是 70 年代初由英国伦敦大学拉美研究所所长莱斯利·贝瑟尔教授主编的九卷本史学巨著。参加这项工作的学者来自美国、加拿大、英国和欧洲以及拉美各国。1984 年以来，该书中的六卷已陆续问世。世界各报刊及各国研究拉美的学术刊物纷纷载文称道该书的科学性、完整性和权威性。

为了推动我国的拉美研究和繁荣学术文化，在中国社会科学院领导、院科研局和中国社会科学文献出版社的支持和资助下，中国社科院拉美所自 1988 年起就组织院内外的几十位学者着手将《剑桥拉丁美洲史》陆续译成中文出版。该书第四卷中文版即将与广大读者见面，第五卷中文版也将于 1991 年推出。全书将在七八年内出齐，估计中文总字数可达六七百万字。

该书第一、二卷在交代殖民地时期的拉美之后，编者以主要笔触描绘了拉美一个多世纪的历史画卷。第三卷叙述独立战争至 1870 年的历史。第四卷和第五卷分别从综合和国别的角度分析和评述了 1870 年前后到 1930 年前后拉美经济、政治和社会的发展。第六卷介绍 1930 年以后拉美地区的经济与政治发展，直至 80 年代的债务危机和经济调整。第七卷和第八卷则分别介绍了墨西哥、中美洲和加勒比地区以及西班牙语南美洲各国的半个多世纪的历史概貌。第九卷交代 20 世纪 30 年代至 80 年代的巴西以及整个地区的思潮、文化和国际关系。可见，编者立意博大精深，总体布局较为恰当合理。这种布局不仅融地区、国别史和专门史于一炉，而且克服了以往通史著作中在古与今、综合与国别、总体与局部等关系问题上通常存在的畸轻畸重的毛病。

在整部《剑桥拉丁美洲史》中第四卷起着承上启下的作用。正如编者所指出的，同殖民地时期和独立运动时期相比，各国史学家们对 19 世纪独立、建国以来的拉美史相对有所忽视。因此，编者以 2/3 以上的篇幅来阐述这一段历史，克服了拉美史研究中"厚古薄今"的倾向。第四卷分 12 章，每一章都附有极为重要的书目评论。全书中文约 50 万字。

第 1—3 章从国际的角度分析了拉美与国际经济、美国及欧洲列强的关系。第 1 章着重分析拉美汇入世界经济时所面临的有利方面和不利方面。通过对这一时期出口市场、内部市场和要素（土地、资本和劳动力）市场三大方面的剖析，作者指出，尽管西班牙统治者在殖民时期最后几十年已经试图促进美洲殖民地的近代化，但是，与世界经济的结合和"成本—利益"关系，使拉美获得欧洲新的、现成的生产成果较之造就能鼓励本国创造新的同等环境要容易得多，也更为合理。作者的结论是，"前资本主义形式的经济组织和社会组织在拉美许多地区仍然处于显著地位，在有些地方甚至被强化了；但是具有现代资本主义特点的生产方式与生产关系按它自己的逻辑在所有其他经济成分上覆盖了一层镀金，甚至在为了有利于当时正在形成的制度而保持旧生产方式组织的情况下，仍然控制并组织了本国大部分经济的进程。1870 年，这些制度尚处于一种形成状态。至 1914 年，这一制度已经完全巩固，而且已在创造那些将来迟早会进一步使自身更新的条件"。

第 2 章分析了第一次世界大战至大萧条时期拉美与国际经济的关系。作者指出，1870 年前后开始的拉美出口导向型经济增长的"黄金时期"到此时结束了。出口增长下降的原因，一是外部需求减少；二是资源短缺；三是出口值中外商厂家的产品增多，本国产品的比重相对减少。作者认为，不能把 1929 年视作一个转折点，因为这次灾难的出现并不是偶然的。其论据是，拉美出口部门早在 1929 年以前就趋于衰落，如阿根廷小麦市场的萎缩和中美洲各国经济 1926 年后的衰退；墨西哥采取紧缩性的国内政策；秘鲁出口回收价值不景气；智利工业增长率下降；从 1928 年起外国资本停止流入拉美，甚至开始反向流出。

第 3 章分析了美国和欧洲列强对拉美的经济渗透和政治、军事干预。作者认为，19 世纪外国在拉美掀起了两次投资浪潮：20 年代掀起的投资繁荣时期是短暂的，繁荣过后，大多数外资企业不是破产倒闭就是被清理停业，60 年代开始的第二次投资浪潮则规模大而持久。尽管到 1929 年英国在拉美的投资仍超过美国，但是，美国显然已成为西半球占支配地位的力量，与此同时，拉美各国也在争取更多的独立性。

第 4—9 章，从人口、农村状况与土地关系、城市发展、工业生产、城市工人阶级与早期工人运动等方面阐述了拉美各国的内部发展情况。作者指出，拉美人口从 1850 年的 3053 万，1900 年的 6187 万增至 1930 年的 1.414 亿，对本地区的经济发展起了推动作用。人口的增长同出口农业的迅猛发展和大批移民的流入也有密切关系。至 19 世纪末，巴西取代墨西哥成为拉美人口最多的国家。同时，大批欧洲移民涌入拉美，对阿根廷、巴西、古巴、乌拉圭和智利 5 国的经济发展产生了重要影响。欧洲移民大批流入拉美，尽管有政治上的原因（如巴黎公社遭镇压、乌克兰的宗教事件等），但经济上的原因是主要的。因为南欧和东欧的农业面临新大陆廉价农牧业产品的竞争，导致劳动力剩余。不同国籍的欧洲移民在拉美的定居率不一样。通常情况下，旅程的远近和旅费的贵贱对定居率的高低起很大作用。拉美国家几乎都通过了移民法或资助移民计划。但欧洲移民在墨西哥、中美洲和安第斯各国定居的很少。

本卷对 1870—1930 年期间拉美农村状况的阐述颇有新意。作者指出，这一时期拉美农村社会的根本特征，一是与其他地区或市场的相互依赖；二是农业社会的各种生产方式密切结合；三是一个国家内的不同部门不仅已联结为一个体系，而且也常常受到外部需求的影响，甚至其自身也是因外部需求而产生的。在农村中广泛存在着三种不同的生产方式，即大庄园、小农和村社及独立的和中小规模的家庭农户，它们相互联结在一起。典型的大庄园是一片极其粗放的、界限不清的广阔地域，是一种"双向性"的农业组织。一方面，它面向本地乡镇城市的市场经济；另一方面，又雇佣前资本主义关系制约下的劳动力。但是，即使在一些偏僻落后的地区，它也是以利润为目的，积极地参与市场经济的，尽管不那么有效和成功，但是不能简单地认为它就是"自给自足"的封建经济。19 世纪 70 年代以后，大庄园上的常住人口减少，季节工也多以现金作交易。同时，村社社员为了生存必须到大庄园去做劳力。在寻找工作时，他们比以前要自由。债务关系并不一定说明劳动者会被长期约束在庄园上；债务的强迫性并不一定十分普遍。但是，拉美在 1870—1930 年间并没有出现向雇佣劳动的直接过渡，也没有取得一种完全的资本主义生产方式的胜利。

众所周知，在拉美史研究中，1870—1930 年期间的疑点很多，学者们见仁见智，莫衷一是，对此，作者直率地表明了自己的见解。他认为，1930 年以前的拉美工业应分为三个不同时期。（一）独立战争后的调整时期，有的原殖民地在这一阶段试图建立近代工业。（二）1870 年前后进入出口导向型扩张时期。由于需求增长导致消费品和资本货物市场的建立，基础设施的广泛发展以及体制上的近代化，一些较为先进的拉美国家出现了近代工业。（三）从第一次世界大战到 30 年代大危机时期，拉美的制造业规模发生了明显变化，有的国家是从"工业增长"走向"工业化"，有的国家则是上一时期的继续。在阿根廷、巴西、智利、墨西哥和哥伦比亚，工厂生产最终替代了手工业。作者认为，不论是依附论者还是结构主义学派都忽视或低估了1930 年以前拉美制造业的实际增长水平。他的判断是，"为国内市场生产的制造业在 1914 年前已经出现综合性大企业，在第一次世界大战后的 10 年里，它们的规模和经营范围都得到扩大"，"第一次世界大战对制造业构成的刺激作用，也许要比过去认识的意义更为深远"。因此，他认为，拉美的近代制造业应从出口导向经济扩张时期算起，不能再把 1930 年说成是拉美近代制造业的起点。但作者同时认为，在 20 世纪 30 年代之前，对大多数拉美国家来说，这段时期工业活动的深化和多样化是通向工业化进程中的重要阶段。除了巴西和智利之外，其他拉美国家似乎都谈不上"工业化"。同样道理，工业资产阶级在拉美各国不占主导地位。在第 10—12 章的最后 3 章中，作者详细地介绍了这一时期拉美的政治思想和社会思想、文学、音乐和艺术以及拉美的天主教会。尽管这 3 章涉及上层建筑和意识形态方面的内容，难度较大，不易博得读者的青睐，但作者的论述还是比较公允的，没有把笔墨消耗在不同观点的争论上，而是夹叙夹议、寓论于史。作者指出，19 世纪的拉美可称为"新殖民地"——指各国政治上独立而经济和文化上却处于依附地位。独立是形式的、表面的，依附是更为深刻和更为重要的经历。1870 年后国际劳动分工开始深化，拉美经济全面纳入国际经济体系，拉美的统治阶层和知识界的精英由于经济利益的一致性与国际资本主义体系结成了纽带关系，在文化上倾向全盘西化，但他们的思想意识、政治纲领和社会理论又有其特色，都是地道的拉美货色。作者认为，自由主义是拉美独立、建国的纲领和一切理论的基础，其对立面是保守主义。一方是自由主义、实证主义、理性主义、科学与进步；另一方是天主教保守主义、传统主义。1870 年以前，欢方激烈争斗，是思想冲突和政治混乱的时代；1870 年以后，是自由主义政治上趋同时代，但存在着古典、教条的自由主义与实证主义的不一致。作者的这些看法对于读者思考 1830—1930 年期间拉美史中的一些问题颇有启迪作用。

这一卷至少有下列 4 点值得我们注意。

第一，作者把拉美看作一个完整的地区（尽管这种说法在任何时候都有其不足之处），以资本主义在拉美的演进作为这一历史时期的中心线索，并分析了它们的主要发展趋势。作者认为，阿根廷、巴西、墨西哥、智利和乌拉圭 5 国这一时期在"体制构成上"发生了质的变化。同时，作者又指出，尽管拉美地区之间的差别在增长，各国的生产要素和需求引导也有区别，旧的生产组织体系依然存在，甚至在一部分地区出现"第二次封建化"，但在几种共处的生产方式中，资本主义最终成为居统治地位的方式，控制并组织了本国经济发展的进程。诚然，作者的这一结论尚待研证，但这一构架的提出，具有一定的理论高度，势必会引起进一步的探讨，不能不引起我们的重视。

第二，本书着重阐述了拉美内部结构的发展。自 1492 年以来，拉美长期受欧洲和北美的深刻影响，外部环境变化和欧美资本主义发展对拉美 1870—1930 年期间的历史进程所带来的影响，史学家是不会轻视的。但是，"外因是变化的条件，内因是变化的根据"，史学家要具体描述这一外因通过内因而起作用的历史演变过程却不是一件易事。本书在这方面确有不少建树。如作者既肯定出口市场的巨大变化，也重视对各国国内市场的分析。对出口业的分析，不仅仅把它看作为一种支持特殊消费品进口的手段，还注意到它发挥供应资本货部门的作用。在人口问题上，作者既注意到欧洲移民的流入及其产生的巨大影响，又强调了内部移民带来的深刻变化以及由此产生的生产力地域分布的多样性和差异性。再如商社，原本是早期欧美资本主义渗入拉美的代理机构，经营各种质量不一的商品，通过浮动的外汇市场成交，也办理最简单的银行业务和开办铁路工程项目。它熟悉出口部门利润的高低和市场的变化，并迅速作出反应。但商行最后从商业资本转而经营炼糖业、棉织业、面粉制造业，变成了工业资本。作者在这方面的分析入木三分，颇具说服力。

第三，对"脱钩论"的批评。20 世纪六七十年代，一些依附论学者坚持"脱钩论"观点。他们认为，原殖民地或外围国家在经历了外部震动而与原宗主国（即中心国家）脱钩之后，经济上就能取得重大发展。有的甚至认为，同欧美资本主义联系越是微弱，结合越是不紧密的外围地区，经济发展越有希望。本书作者认为，这种观点似乎是不全面的。作者指出，从 18 世纪 70 年代—19 世纪 50 年代，墨西哥由于面临欧洲局势震动、大西洋贸易中断而经历了几次"脱钩"，但这一切并未使墨西哥自给自足的工业得到发展，反而因交通不便而加强了地方主义倾向。商人们虽向纺织业投资，但他们只对固定的工厂设备进行有限的投资，倾全力从原料供应到最终产品的业务活动中获得最大的商业利润。他们的所谓工业活动带有重商主义的特征。作者也不赞同认为 1929 年大萧条一举促成了拉美工业大发展的观点。作者认为，外部震动时期形成的"脱钩"只能在一定程度上推动外围地区的工业增长，而且这种增长具有很大的局限性。"脱钩"本身并不能说明问题。外部危机不可能在一种没有工业能力或不能维持工厂基本生产结构的经济中促进制造业的发展。重要的是政策反应，即是否想到以恰当的方式去保护在出口发展周期中刚刚建立起来的工业。

第四，本书每一章都配有一篇穷原究委的书目评论，与正文珠联璧合，为有兴趣的读者和专业研究人员进行进一步探索提供了良好条件。书目评论的范围包括官方报告、统计资料、方志与游记、私人笔记、学术著作、博士论文、报纸杂志，几乎应有尽有。这是继美国查尔斯·C.格里芬教授主编《拉丁美洲历史文献指南》（美国奥斯汀得克萨斯大学出版社 1971 年版）以来最有分量的目录学研究成果。作者在历史文献的汪洋中左右采获、细针密缕，为后来者开辟了一条求知的捷径。如在叙述关于拉美工业发展的书目时，作者不仅列举、评论了联合国拉美经委会代表人物的基本著作，而且对依附论学者就拉美经委会结构主义观点提出挑战的著作也进行了中肯的分析。作者还评论了沃伦·迪安《1880—1945 年圣保罗的工业化》及其所引起的争论。关于拉美早期工业化问题的争论，作者列举、评论了有关巴西和智利的许多文章。作者向我们提示，许多文章认为第一次世界大战是智利经济发展重要的分水岭，阿根廷工业化的前提在 1914 年早已具备，但在 1930 年以前阿根廷一直没有实现自动的持续发展。作者指出，拉美人在 20 世纪初写的有关早期制造业与工业发展的文章与书籍，已重新得到了当代学者的重视。因此，如果我们进一步参考上述文献，那么，我们对拉美工业发展史就可以做到心中有数了。

当然，本书作者对某些历史事件和历史人物的评价存在着不足。如作者认为墨西哥农民领袖萨帕塔的"阿亚拉计划"是"无政府主义的"，忽略了该计划的革命意义。又如作者在强调秘鲁马克思主义理论家马里亚特吉从先锋派文学艺术转向社会主义时，只着重指出马里亚特吉受法国小说家亨利·巴比斯和法国工团主义理论家乔治·索雷尔的影响，但对他受俄国十月革命影响的一面却只字不提。

（原载《拉丁美洲研究》1991 年第 1 期）

大处落墨　穷源究委

——读《剑桥拉丁美洲史》第 5 卷

继中文版《剑桥拉丁美洲史》第 4 卷之后，该书中文版第 5 卷即将由中国社会科学文献出版社出版。

为了满足我国读者的急需，本书组译者对 9 卷本《剑桥拉丁美洲史》采取了"中腰开花"的办法，先出第 4 卷和第 5 卷。这两卷分别从综合和国别的角度分析和评述了 1870 年前后到 1930 年前后拉美经济、政治和社会的发展。这段历史对于我们了解从殖民地时期到 20 世纪 80 年代经济危机与调整时期的拉美历史有着承前启后的作用。从研究的角度看，这段历史的难点和疑点很多，值得予以特别重视。笔者完全赞同我国著名学者李慎之先生在本书中文版序言中提出的看法，即我们现在对拉丁美洲还是"抽象的概念多于具体的知识，模糊的印象多于确切的体验"。因此，为了了解拉美地区今天的政治和经济，不能不深入了解它的文化和历史根源。有志者不妨从阅读第 4 卷和第 5 卷入手，以获得更多的有关拉丁美洲的知识。

本书第 5 卷分为 5 部分 21 章，约合中文 75 万字，由来自世界各地的 20 位拉美学者执笔，现任英国伦敦大学拉丁美洲研究所所长莱斯利·贝瑟尔教授总纂。

综览全书，笔者感到本卷在分析拉美各国的主要发展趋势上是下了功夫的，尤其是对墨西哥、阿根廷、乌拉圭、智利、秘鲁和巴西历史的评述，大处落墨，穷源究委，为读者观察、分析、理解拉美历史提供了充足的信息。这是本卷的主要特色。本书作者在第 4 卷中曾以资本主义在拉美的演进作为这一时期的中心线索，并指出在几种共处的生产方式中资本主义最终会成为居统治地位的方式。作者提出的这一理论构架在第 5 卷的有关章节中得到了印证。

1867—1930 年的墨西哥历史约占本卷 1/4 的篇幅，是本卷的重头戏。作者指出，墨西哥在奥夫雷贡手中建立了"革命民族主义"。他和卡列斯首先考虑的是建立全国性的现代经济，"按资本主义和民族主义路线制定经济发展计划。国家要起重大作用，而且根本不反对地主制和国内外资本，只要它们是为本国的利益服务"。（原书，第 165 页）卡列斯经济政策的首要目标"是使这个国家从外国经济统治中摆脱出来。这项计划是辉煌的民族主义现代化计划的一部分，目的在于系统地发展这个国家的生产力"。（第 172 页）卡列斯开始使革命"制度化"，而完成制度化进程的则是卡德纳斯。但作者认为，墨西哥通过革命方式进行的经济和社会改革，"同秘鲁、智利和阿根廷在没有内战的情况下完成的改革没有多大差别"。（第 82 页）

关于 1880—1914 年期间的阿根廷，作者指出，阿根廷这 35 年不仅年平均经济增长率达到了 5% 左右，"也改变了它的经济性质"。（第 355 页）到第一次世界大战前夕，阿根廷已成为现代化国家和世界主要的谷物、肉类出口国；人均收入与德国和低地国家不相上下，超过西班牙、意大利、瑞典和瑞士。1914 年的阿根廷"在某些方面倒跟澳大利亚和北美平原上出现的新社会有些类似"，（第 377 页）但阿根廷发展的主要推动力来自外部。1914 年，全国人口中有 1/3 是外国生的，另有至少 1/4 是外国移民的第二、三代后裔；外国公司投资占阿根廷全国股本的 1/2，相当于它两年半的国内生产总值。

作者把 19 世纪 60 年代开始繁荣的乌拉圭养羊业与其现代化进程结合起来分析。1876 年军人掌权后，建立了代表商人、农村生产者和外国投资者利益的中央集权体制，把资本主义秩序扩大到了农村地区。同时，资本主义地主取代了考迪罗地主，促进了庄园的现代化。到 19 世纪末，乌拉圭在出口农牧产品的基础上加入了世界经济，其代价是经济不稳定、脆弱性增大。1903 年开始执政的巴特列代表新兴社会力量的愿望，加速了乌拉圭的现代化进程。国家本身成了经济发展的有效工具之一。巴特列的两次执政（1903—1907 年和 1911—1915 年）奠定了乌拉圭两大传统政党和解、政治休战和社会改良的基础。

智利的发展轨迹与拉美其他国家稍有不同。到 19 世纪 70 年代，智利已经历了约 40 年稳定的宪政时期，较早形成了以农矿产品为主的出口经济。1830—1870 年，铜的出口为历届政府提供了充足的收入，这笔巨大收入主要用于发展铁路和振兴教育。统一的全国市场开始形成。所以，到 1870 年就形成了"一种显然正在运转的、用欧洲或北美标准衡量也是有生命力的政治和宪法制度，这使智利获得了'南美的英格兰'的赞誉"。（第 500 页）但是，作者认为，智利的工业化高潮是通过太平洋战争（1879—1883 年）刺激起来的。智利一举获胜，攫取了阿塔卡马（即秘鲁的塔拉帕卡和玻利维亚的安托法加斯塔），使智利领土扩大了至少 1/3；硝石财富在后来的 40 年中约占智利政府通常收入的 1/2。这场战争还大大推动了智利农业和运输业的发展，促进了它在物资供应方面的工业化。（第 501 页）

太平洋战争的创伤使秘鲁蒙受了巨大损失，但战争造成的广泛破坏又为它的经济现代化扫清了道路。战后的 50 年，是现代秘鲁的黎明时期，"不仅是一个经济迅速现代化的时期，而且也是社会政治变革的时期"，"秘鲁这个拉美典范的'封建'社会将被拖入发展中的世界经济，其生产方式将被帝国扩张时代的西方工业资本主义的特殊需要所改造"。（第 587 页）作者确认，"贵族共和国"（1895—1919 年）时期的彼罗拉政府发展的出口导向经济，属于秘鲁近代史上"无与伦比的政治稳定和经济发展时期"，是"资产阶级新时代的曙光"，他的所作所为，是"第二次工业革命时期外围地区对中心国资本主义扩张的反应"。（第 602 页）

作者对巴西现代化进程的阐述也较充分。巴西学者富尔塔多把 1930 年前的 50 年作为巴西向现代化的过渡时期。他认为，1930 年是它从外部刺激的增长转变为内部增长的"分水岭"。1929 年的大危机使巴西从事出口业的利益集团陷于瓦解，从而推进了自给自足的进口替代工业化。（第 722 页）但有的经济史家则认为，巴西经济的迅速增长和多样化是巴西经济结合进国际经济的直接结果，全球的经济状况——尽管增长和危机交替发生——对巴西是有利的。巴西政府精明行事，以国家利益为重，这是由于形成出口导向政策的政治权贵们并不打算将本国经济拱手交给外国利益集团。出口导向有利于政府稳定和经济增长。作者对上述两种基本观点剖析后认为，巴西的工业发展进程应分为手工业生产替代和进口替代；在早期阶段，前一种替代更为广泛普遍。从手工业生产向工厂化生产过渡是逐步进行的，而不是突变或不连贯的。

通过对上述各国的分析，作者的结论是，19世纪70年代和80年代是拉美许多国家进行变革的时期，从此，拉美进入了一个新的历史阶段。由于各国经济结合进世界经济的内外条件存在着差异，拉美国家在不同的起点上向资本主义演进。这是1870—1930年拉美历史发展的主线，也是本卷的精华所在。

本卷第二个特色是，作者对拉美历史的特殊性给予了足够的重视。

英国著名的历史学家杰弗里·巴勒克拉夫在《当代史学主要趋势》一书中指出：拉美问题的特殊性使它不同于其他的前殖民地区，如把拉美和其他"不发达世界"进行比较，"就可以看到它们之间的差别大于它们之间的共同性"。他还告诫说，在目前阶段，最必要的工作还是利用档案材料对某个领域、某个地区、某个城市或某个工业部门进行详细的研究，否则进行概括的基础十分薄弱，因此，"一切结论必须说明拉美历史上20多个共和国之间的极大差异，阐明它们的种族成分、社会结构和经济发展"[1]。

本卷作者在剖析拉美和其他发展中地区以及拉美各国之间的特殊性和差异性方面，是值得称道的。作者一方面描绘本地区历史发展的主要趋势；另一方面又充分阐述各国的不同发展轨迹。以资本主义演变和现代化进程为例，墨西哥1910年革命后的民族主义现代化，同主要推动力来自外部的阿根廷的现代化，具有不同的特点。在太平洋战争中获胜的智利的现代化，同战败国秘鲁的现代化以及乌拉圭在国家资本主义影响下的现代化又各有不同。作者对此都作了详尽分析。又如在分析巴西向资本主义演进的过程中，作者勾勒了巴西工业发展的许多特点。给读者留下了深刻印象。他指出，1870—1930年期间的巴西，生产要素只在很小程度上取决于市场的运转。政治因素和社会因素基本上决定能否获得信贷优惠、土地所有权和就业机会。对政治目标的追逐比依靠企业家精神更为重要。实业家的成功离不开政府的津贴、贷款、政府合同、关税以及政府的对外活动。在巴西的企业中，几乎没有超越家族界限的股份

---

[1] 见该书中文译本第183—186页，上海译文出版社1987年版。

所有制。偶尔是两个或两个以上家族组成财团，有时互相通婚。资本很少来自工业债券和工业股票，很少利用新技术，并未形成一个全国性的市场。行业中存在着控制贸易的联合体；通过同业协议作价和垄断性经营导致市场卡特尔化。此外，作者还分析了巴西联邦与州之间以及一些重要州之间在分享权益方面的深刻分歧。巴西是个幅员辽阔的大陆国家，其中圣保罗是以高强度移民为特征的资本主义关系迅猛发展的地区；而在东北部和北部地区，前资本主义关系占统治地位。1891 年宪法虽然使联邦制定形，但各州从中央夺走了某些税项（如出口税）的征收权，因而圣保罗在财政上超过了中央。尽管圣保罗州和米纳斯吉拉斯州，即"咖啡加牛奶"的联盟控制了第一共和国，但在 1910 年后，南里奥格朗德州登上了政治舞台，并和东北部的一些州建立政治联盟，从而导致了"1930 年革命"和瓦加斯上台。1930 年革命"结束了曾保证圣保罗咖啡业资产阶级霸权地位的寡头统治制度"；（第 828 页）新的校官取代了旧的校官。但是，随着工业资产阶级的形成，巴西的工业化进程取得了新的推动力。

作者在阐述 1870—1930 年自由主义时代的中美洲历史时，对各国的共同性和不同特点都予以了同样的重视。中美洲各国经济上以出口咖啡和香蕉为主，政治上经历了自由主义改革到自由主义专政，对外关系上又严重依赖美国，这是它们的共同性；但在发展水平上，哥斯达黎加、危地马拉和萨尔瓦多明显地超过了洪都拉斯和尼加拉瓜，尽管它们出口同样的产品，却没有产生同样的经济结构。

第三，作者善于运用比较的方法来分析历史事件和历史人物。如在第 1 章中对华雷斯和莱多的叙述，自始至终贯穿了比较研究的观点。作者指出，1872 年华雷斯去世后，继任总统的莱多对社会问题十分保守。华雷斯有时迸发出对社会最贫困阶层的同情心。他对建立农民共和国的领袖人物如被人称为"阿里卡之虎"的曼努埃尔·洛萨达，采取了妥协的立场，允许他扩大地盘，以换取他对政府在名义上的从属关系。莱多却派军队征剿，俘获并杀害了洛萨达，印第安人的许多土地也被庄园主收回。因此，在自由党的庄园主看来，"莱多似乎具有华雷斯的长处而没有华雷斯的短处"。（第 17 页）但是，莱多对教会的政策要比华雷斯坚决。华雷斯在战胜教会势力、没收其财产并实行改革之后，就设法避免与教会发生任何对抗，同时又对教士违反某些改革法的行为（如积累新的财产）听之任之。莱多则比他强硬，把外国出生的耶稣会教士一举赶出墨西哥，并把改革法列入宪法。教士对莱多似乎更加不满。

作者对秘鲁历史上"1919 年一代"的两位人物——阿亚·德拉托雷和马里亚特吉——也作了独具匠心的比较。他认为，这两位历史人物是秘鲁社会变革的产物。他们认为秘鲁所面临的根本问题是摆脱半殖民地性和半封建性。虽然他们产生于同一社会母体，但阿亚实施改良，马里亚特吉却主张革命。阿亚认为外国投资有某些积极因素，但政府应加以一定的限制；马里亚特吉则认为资本主义和帝国主义在拉美是彻头彻尾的破坏力量。阿亚认为中等阶级在政治同盟中占主导地位，农民在政治斗争中仅处于次要地位；马里亚特吉则认为，即便是激进化的中等阶级也将危害革命并走向法西斯，农民却具有伟大的潜力。阿亚主张建立一个激进的民族主义的反帝社会，并认为马克思主义可以结合于安第斯山区的革命传统，如土著主义、印加式的社会主义等。马里亚特吉亲手创建了秘鲁共产党，但在拉美共产党第一次代表大会上因背离了莫斯科的共产国际路线而遭到指责。作者认为，阿亚是拉美最早将马克思主义思想应用于在具体条件大大不同于宗主国的非欧洲的新殖民地社会的一位历史人物。（第 637 页）

第四，本卷将各国政治史与经济史结合在一起阐述，脉络清楚，分析得较透彻，提高了读者的兴味。如关于自由党与保守党，一般的拉美史著作着墨不少，但分析性的看法不多，读起来味同嚼蜡。本卷第 20 章在谈到巴西这两个传统政党时指出，它们的分歧主要是在言辞方面。两党都有类似的家族背景，农业寡头在两党中均占一半左右。自由党的另一半是自由职业者；保守党的另一半是高级官员。自由党的实力集中在城市，但在圣保罗州的核心力量是咖啡种植园主，保守党的实力在农村，但其代言人——官员、律师和医生却扎根于城市。意识形态对两党来说是次要的，甚至涉及不到。两党内均有温和派和激进派。温和派往往代表传统的土地贵族的利益，激进派则代表新兴的利益集团。自由党一旦执政就不愿比保守党走得更远；保守党一旦执政也可以履行自由党人提出的许多政策主张。

第五，本卷的书目评论，内容丰富，概括性强，不仅对专业研究人员，就是对普通读者也有较大的可读性。关于墨西哥 1873—1910 年迪亚斯时期的史学著作，截至 1958 年已出了将近 2000 本。作者指出，这方面的著作有 4 本是代表性的，即胡斯托·谢拉的《墨西哥及其演变》（1901年墨西哥版），这是一本为迪亚斯辩解的书；弗朗西斯科·布尔内斯的《忠诚的迪亚斯及其革命》（1920 年墨西哥版），这是一本带有批判性的、迪亚斯政权聪明的捍卫者的作品；约翰·肯尼思·特纳的《野蛮的墨西哥》（1910 年和 1960 年美国版）；卡尔顿·比尔斯的《墨西哥的独裁者波菲里奥·迪亚斯》（1932 年美国版）。后两本书是美国人写的，对迪亚斯进行了最强烈的谴责。作者的评论会对读者起到导读作用。

关于巴西近现代史，作者列举了 3 位建树最多的学者。他们是：罗伯托·西蒙森，代表作是《巴西工业演变及其他试验》（1973 年圣保罗版）；小卡约·普拉多，代表作是《巴西经济史》（1949 年圣保罗版）和《历史与发展》（1972 年圣保罗版）；塞尔索·富尔塔多，代表作是《巴西经济》（1954 年里约版）和《巴西经济的构成》（1959 年里约版）。

关于秘鲁研究，作者特别提到了 20 世纪 60 年代新一代秘鲁学者的工作，包括秘鲁人类学家何塞·马托斯·马尔在利马成立的"秘鲁研究所"。新一代的秘鲁学者常常修正历史编纂学的传统观点。作者还肯定了法国年鉴学派研究人员对安第斯农村社会所做的大量研究工作。

然而，笔者在以下几个方面对本卷仍感不甚满足。

（一）本卷对各国文化史的阐述不够。也许在第 4 卷第 10—12 章中，本书编纂者已从综合的角度作了交代，但作为分国叙述的一卷，单纯的政治史加经济史毕竟是不够分量的。人类进程的历史在很大程度上是文化历史——物质文化、制度文化和观念文化的有机结合——的进程。如果缺少对文化财富的剖析和对文化理性的审视以及对它们传播过程和规律的描绘，很难称得上是一部完整的历史。

（二）对墨西哥 1910 年革命的具体过程叙述得十分琐细，但一些结论性的看法因论证不够充分而过于浮泛。如作者认为，1910 年革命与其是经济与社会的原因，"倒不如说是资产阶级的内战"，"对这场革命的主要经济和社会成果，历史上没有确切的定论"。（第 153 页）作者如此确凿不疑的看法，理应有详尽的论证才能为读者所接受。

（三）关于 1889—1930 年巴西下层群众的斗争，作者在第 21 章中列举了卡努多斯运动、由塞罗教士领导的若阿泽罗城运动以及19世纪后半叶东北部的"渣滓运动"和1897—1914年安东尼奥·西尔维诺的武装活动；等等。作者提到了他们漠视现存的社会秩序——警察和司法制度，夺取地产，攻打城镇，也笼统地肯定了他们的斗争获得了穷人的支持，但缺少从社会历史背景上加以分析，以致读者难以从中获得清楚的答案。

（四）对1914年后阿根廷经济停滞的分析显得较单薄。阿根廷经济上的大起大落在拉美史乃至世界史的舞台上落下了壮烈的一幕，作者本来可以悬河泻水，大书特书，但读了本卷第12章后，感觉比较平淡，没有留下醒世的宏论。

最后，笔者顺告读者，本书中文版第1、2和第7卷已在校对，第3卷即将发排，第8卷的翻译工作也在进行。全书出齐后，可为我国学术界增添一部较为翔实而完整的拉美史资料。

（原载《拉丁美洲研究》1992年第5期）

《关于秘鲁国情的七篇论文》评介

　　秘鲁早期杰出的马克思主义思想家和工人运动领袖何塞·卡洛斯·马里亚特吉《关于秘鲁国情的七篇论文》（下称《七篇论文》）的中文译本（白凤森译，汤柏生校，商务印书馆 1987 年 7 月第一版），最近已跟广大读者见面。这是一件令人高兴和值得庆贺的事。

　　《七篇论文》是马里亚特吉（1895—1930 年）35 年战斗生涯中最重要的一部著作，也是一部认识和研究秘鲁及拉丁美洲问题的经典作品。自问世以来已多次再版，并被译成世界各种主要文字流传于世，为各国史学家、社会学家和研究国际共产主义运动的学者所广泛重视。《七篇论文》成书于 1928 年，这一年作者参与创建了秘鲁社会党（1930 年改名为秘鲁共产党）并参与创办了秘鲁工人总联合会的机关刊物《劳动》杂志。这时马里亚特吉才 33 岁。他在《七篇论文》一书的前言中，满怀激情地告诉读者，书中的每篇论文都尚未最后完成，只要他还活着，"这些文章就是永远没有最后写完的"。他之所以让这几篇文章先问世，是为了让读者可以及时地了解他对秘鲁"政治和意识形态方面进行推究的材料和思想"（见中文译本第 1 页）。但不幸的是，《七篇论文》成书 2 年后，他还来不及补充，病魔就夺去了他的生命。

　　这位出身贫寒的思想家，14 岁步入社会，在实践中积累知识，增长才干，认识真理。17 岁当记者。22 岁起在秘鲁传播社会主义思想。24—28 岁的 4 年间，他先后旅居意大利、法国、德国和比利时。29 岁起因截肢不得不在自己的轮椅里顽强地生活和战斗。尽管他一生都在同疾病搏斗，但"他那意志的战线从没有被冲破，他心中的火焰从没有熄灭，而是旺盛、猛烈地燃烧着"①。是什么力量促使他不倦地思考，忘我地奋斗？马里亚特吉答道："我在欧洲进行了最认真的学习。我认为，除了欧洲或西方的科学和思想，没有别的办法能拯救印第安美洲。"（第2页）原来，欧洲之行使他亲眼看到无产阶级革命事业的壮大，从此他树立了社会主义必然胜利的信念。他把内心世界受到的震撼化作哲理的思考。他思考着秘鲁的前天、昨天和今天，憧憬着它美好的明天。马里亚特吉说，通过《七篇论文》，他要对"秘鲁的问题和历史进行社会主义评论"，"我不是公允客观的评论者。我的见解是由我的理想、我的感受和我的激情孕育而成。我有一个公开宣告的强烈愿望：参与创立秘鲁的社会主义"，（第2页）用"公开的革命的或社会主义的偏颇"，与传统的观念抗衡（第180页）。马里亚特吉在《七篇论文》中呼唤着时代的最强音，表现了其英勇战斗的顽强精神。

《七篇论文》不仅观点鲜明，独具见地，而且取材广博，内容丰富，为全面了解秘鲁作出了独特的贡献。该书涉及经济、政治、民族、宗教、哲学、文学，几乎包含了秘鲁社会从古到今，从生产力到生产关系，从经济基础到上层建筑的各个方面；既有纵向的剖析研究，又有横向的比较归纳。现在，这部作品通过译者的辛勤劳动，终于同广大中国读者见面了，这不能不在我国拉丁美洲研究学者中引起反响。众所周知，一部名著的翻译出版，其学术价值并不亚于一部佳作的问世。尤其是在学术著作的翻译过程中，译者不仅要付出再创造的艰巨劳动，而且必须在尊重原著的逻辑结构和作者的思维方式的前提下进行，其难度是可想而知的。由此可见，《七篇论文》中文译本的问世，在一定程度上反映了我国拉丁美洲学术研究水准的提高和研究视野的拓宽。

《七篇论文》由七篇自成一体的文章组成。开篇《经济演变概况》是全书的总纲。马里亚特吉把西班牙入侵秘鲁后的经济发展史划分为四个阶段，即殖民地时期、共和国时期、鸟粪与硝石时期和第一次世界大战时期。作者指出，秘鲁同时并存着三种不同经济成分，"在由征服而产生的封建经济制度下，在山区依然明显地存在着某些土著共产主义经济的

---

① ［秘］玛丽亚·维塞：《何塞·卡洛斯·马里亚特吉一生的各个阶段》，见《七篇论文》中译本附录，第353页。

残余，沿海的封建土地上兴起了一种资产阶级经济"。但是，在秘鲁，大庄园主只满足于在棉花和蔗糖生产中充当外国资本的中间人，地主阶级并没有变成掌握本国经济的资本家阶级；农业中保持了半封建的组织形式，而矿业、商业、运输业都掌握在外国资本手中。（第 16 页）

第二篇《印第安人问题》和第三篇《土地问题》是全书的精髓。作者认为，印第安人问题与土地问题是同一个问题，印第安人问题的"根源就在于土地所有制"。（第 21 页）秘鲁人口的 4/5 是印第安人，"我们首先斩钉截铁地要求恢复他们得到土地的权利"，（第 34 页）而土地问题的实质是在秘鲁消灭封建制的问题。

在第四篇《公共教育进程》中，马里亚特吉指出，秘鲁的公共教育进程，先后受到三种外来影响：西班牙的影响、法国的影响和美国的影响。"秘鲁公共教育的历史，就这样分为以三种影响为标志的三个时期。"（第 78 页）作者认为，西班牙给秘鲁留下的遗产，是教育上的贵族思想及教会和文学派的观点；而法国的影响则使"共和国教育上的文学派和夸夸其谈""更加严重、更加复杂"。（第 84 页）随着 1920 年教育改革的推进，美国的影响逐渐扩大，但资产阶级教育观点取得的成果微不足道，印第安居民的文盲问题几乎依然如故。马里亚特吉的结论是："一个国家如果不实行经济民主化，不实行政治上层建筑的民主化，就不可能实行教育民主化。"（第 88 页）

在第五篇《宗教因素》中，马里亚特吉指出，西班牙入侵秘鲁后，在"政教合一的印加帝国的废墟上，建立了一种新的神权政治国家"。在这种神权政治国家中，大地产"必然成为行使行政、精神和宗教权利的'委托监护制'"。（第 129 页）因此，世俗权力与教会权力之间的争斗，充其量"表现为一场家庭内部的争吵"。"秘鲁国家是西班牙的天主教哺养的，所以它只能成为半封建的、天主教的国家。"（第 144 页）共和国在宗教方面继续实行西班牙殖民主义者的政策。秘鲁文官主义党内部的自由派在宗教领域的表现是软弱和徒有其表的。

在第六篇《地方主义与中央集权主义》中，马里亚特吉认为，联邦派与中央集权派之争，如同保守派与自由派之争一样，是"一场过时的、不合时代潮流的论战"，"从来没有达到怎么了不起的程度"，也没有涉及"实质的东西，即经济结构"。（第 150 页）秘鲁的中央集权制依靠的是地方权贵统治和酋长统治，酋长是中央集权制最好的工具和最有效的代理人，而联邦主义只不过是从在中央政权面前失宠的那些权贵或酋长中收罗信徒。地方分权本身并不意味着解决印第安人问题。在存在着酋长制、封建制和权贵统治的地方，印第安人的利益不可能得到保障。所以，"秘鲁必须在酋长和印第安人之间作出抉择，非此即彼，没有第三条道路"。（第166页）

在第七篇《对文学的审理》中，马里亚特吉通过对里卡多·帕尔马、冈萨雷斯·普拉达、梅尔加、巴尔德洛马尔、埃古林、巴列霍等10多位著名作家、诗人及其作品的评介，系统地论述了秘鲁文学及各种文学流派的发展过程，阐明了他们在秘鲁文学史上的地位和作用。他认为，像秘鲁这样一个国家的文学正常发展进程，可分为三个时期，即殖民地时期、世界主义时期和民族时期。在秘鲁，文学不是产生于土著人的传说、土著人的历史和土著人民，而是诞生于输入的西班牙文学。一条病态的脐带把它和宗主国连接在一起。现在秘鲁文学已经进入世界主义时期。冈萨雷斯·普拉达是秘鲁文学从殖民地时期向世界主义时期过渡的先驱。马里亚特吉指出，艺术家所以能够在一种文学的时代精神中名垂千古，或者是由于他的作品本身，或者是由于他后继有人。否则，他只能在文学图书馆或文学编年史中留名。这样，他对学者和图书馆编目家们的研究工作可能有很大意义。（第296页）这也是他在本书中评论秘鲁文学的准绳。

从总体结构来看，这部探索秘鲁历史和现实问题的论文集，给我留下了三点深刻的印象。

第一，马里亚特吉依据辩证唯物主义和历史唯物主义精神对秘鲁的社会性质进行了透辟的分析。作者指出，西班牙征服者中断了印加帝国历史发展的"连续性"，在殖民地建立了封建的政治和经济组织，但它并不是一种"纯粹封建型的经济"，（第39页）因为"由于输入黑奴从事沿海庄园的劳动，在封建社会的因素和特点中，又掺入了奴隶社会的因素和特点"。（第4页）19世纪初独立革命之后，"秘鲁的所有制一直保持着贵族和封建的性质"。（第10页）在这一时期，鸟粪和硝石起到了与西方世界建立积极通商的作用，使秘鲁经济置于英国的控制之下；通过铜和石油的开采，美国的势力又逐步超过英国的势力。同时，在那些直接或间接靠沿海财富起家的暴发户中产生了最初的商业资本和银行资本，"开始形成一个资本家阶级"，"它主要是由殖民地的委托监护主和地主的后裔组成"，"同贵族有着千丝万缕的联系"，他们"采取自由经济和自由政治的基本原则"。（第10页）接着，马里亚特吉着重分析了第一次世界大战后秘鲁经济正在形成和发展的特点。他认为，在秘鲁同时存在着三种不同的经济成分，但"秘鲁缺少一个能够组织坚强而干练的国家政权的资产阶级"，（第52页）"我们秘鲁不曾有过真正的资产阶级，不曾有过真正的资本家阶级。原来的封建阶级乔装打扮成了共和派资产阶级，保持了它们的地位"，（第35页）"封建的根基仍然原封未动……封建制的依然存在推迟了我国资本主义的发展"。（第37页）马里亚特吉对于秘鲁封建制和资本主义发展特点的剖析是合乎秘鲁国情的。任何社会都是一个由经济、政治和文化诸结构共同组成的有机体。认清社会性质，即基本国情，是认清一切革命问题的基本依据和出发点。一个革命者只有在对社会性质正确判断的基础上，才能进一步认清革命的对象、动力、任务和前途。马里亚特吉的一系列看法，不论对于我们研究拉丁美洲问题，还是对于秘鲁人民了解他们所面临的社会性质和革命性质，都是具有启迪作用的。

第二，马里亚特吉在《七篇论文》中善于抓住问题的本质进行剖析，尤其是在土地问题和印第安人问题上追本溯源、分析透辟。作者开宗明义地指出，用人道和慈善的观点来看待印第安人问题已经完全过时，我们应首先"确定它根本上是经济问题的性质"，"其根源就在于土地所有制"，用教育的方法或兴办交通工程来解决问题的企图，都是只治其表或修饰性的工作。（第21页）不论是在西班牙殖民地时期还是在独立建国时期，表面上保护印第安人的法律条文多如牛毛，但它们并"没有触动迄今仍然存在的封建制度"。对于印第安人来说，共和国只是"意味着一个逐步占有了他们土地的新的统治阶级上台执政"。马里亚特吉一针见血地指出，"在强占土地这件事情上，土生白人的封建制度比西班牙的封建制度更加贪婪、更加残酷"。而土地一向是印第安人生命攸关的问题。印第安人可以对一切漠然置之，唯独不能对占有他们的土地漠然置之。因此，"我们共和国至今尚未解决的土地问题，制约着我国的一切问题。在半封建经济的基础上，不可能产生和实行任何一种民主和自由制度"。

（第 37 页）在谈到沿海地区采用资本主义先进生产技术的大庄园时，作者一方面指出，沿海大地主被迫承认"自由工资"和"自由劳动制"；（第 64 页）另一方面，又分析了它们的殖民主义性质。沿海最好的谷地都用于种植棉花和甘蔗，甚至供应本地农业人口所必需的粮食作物也很少种植。秘鲁经济的活动不是以发展国民经济为前提的，而是完全服从于伦敦或纽约市场的利益和需要。"外国金融界今天对橡胶感兴趣，明天对棉花感兴趣，后天对蔗糖感兴趣。一旦伦敦可以用更好的价钱从印度或埃及得到了充足的产品"，"秘鲁供应者就失去了市场"。我国的大庄园主，我国的地主，不管他们对自己的独立抱有什么幻想，实际上都不过是充当外国资本主义的中间商或代理商而已。（第 70 页）作者的结论是，秘鲁土地所有制的封建性质是民族资本主义发展的最大障碍之一。由于秘鲁存在着一个靠地租为生的地主阶级，资本主义经营方式不可能得到自由和充分的发展。马里亚特吉通过对土地问题和印第安人问题的分析，为我们提供了一个运用马克思主义基本原理来分析本国历史和现实问题的范例。

　　第三，马里亚特吉在研究秘鲁历史和现实中，重点研究的不是事物"如何发生"而是"为什么发生"的问题。他成功地运用比较研究的方法，通过对西班牙美洲殖民地与北美洲英国殖民地的对照，交给读者一把认识秘鲁历史和现实的钥匙。作者指出，西班牙人只是征服者，而不是开拓者，他们带给美洲的是"没落的胚芽和糟粕"。而新英格兰的殖民者却是开拓者，他们带给殖民地的是"上升的酵母素和精神与物质的动力"。西班牙派往殖民地的是总督、朝臣、神学家、冒险家、恶棍、教士和士兵，其冒险事业的性质和结构大多是军事和宗教的，经济的较少。西班牙贵族鄙视劳动和商业，他们"缺少经济才干，特别缺少实干的韧性和节约的精神。他们贵族世家的偏见和官僚的癖好，使他们远离农村和工厂"。（第 83 页）北美殖民地则是由开拓者、清教徒和犹太人建立的，他们具有"强国富民的坚强意志，追求功利和实效的目的"，这些人崇尚新教思想，代表着一种正在兴起的新教革新运动，因此适应资本主义发展的需要。他们无须战胜一种文化和一个民族，没有使用传教士和修道院，而只需征服一片领土。在西班牙美洲，殖民主义者花费巨大力量进行的一场确立正统教派的反改革运动，体现着一种衰亡的时代，即天主教的中世纪。由于西班牙没有进行过彻底的资产阶级自由革命，"西班牙在美洲建立的殖民地必然由于西班牙本身的软弱无能而贫弱"。（第81页）作者还援引著名资产阶级民主派人士曼努埃尔·维森特在一次讲演中的话，分析了秘鲁社会的弊病。他指出，秘鲁没能成为一个农民、垦殖农、矿工、商人和劳动者的国家；对于要求具有坚强意志和斗争精神才能从事的有活力的事业，几乎人人望而生畏，因为人们不愿战斗、受苦、冒险，不愿自己开辟通往幸福和独立的道路；甚至连制造业和商业，因为要担风险、费心思，人们也为之却步。反之，陈腐和衰落民族的癖好，"摇唇鼓舌而不是动手干事"的病症已经侵入了秘鲁国家的机体。马里亚特吉援引这段话从历史角度对秘鲁进行深入剖析，是令人信服的。

毋庸讳言，《七篇论文》一书也存在不足之处。作者的一些不正确的思想和论点在书中时有反映。如作者说："在我的心目中，政治就是哲学和宗教"，（第179页）"我们知道，革命总是宗教的……共产主义实质上是宗教的"。（第208页）这些说法显然是错误的。此外，作者对古代印加帝国历史的阐述似有理想化、简单化的毛病，"印加共产主义""土著共产主义"和"农业共产主义"等概念，表述得不够明确。还有人认为，《对文学的审理》一篇中存在某些不足之处，"由于过分宽容，反而削弱了他这些见解的力量"。①马里亚特吉公开承认自己曾从颓废主义、现代主义、唯美主义、个人主义和怀疑论中吸取过营养，后来又"为克服这些东西和摆脱它们的有害影响而作出了痛苦艰巨的努力"。（第293页）

欧洲之行促使他从资产阶级民主主义向社会主义转变。临终前几年他说："我是个供认不讳的马克思主义者"，在为巴尔卡塞卡所著的《安第斯山的风暴》一书所写的序言中，他说："要真正做一个民族主义者和革命者而又不是社会主义者，这是不可能的。"（第32页）在同阿普拉党领袖阿亚论战时，他还说："我们确实不想让社会主义在美洲生搬硬套。社会主义应该是一种英雄的创举。我们应该用我们自己的现实，用我们

---

① ［秘］玛丽亚·维塞：《何塞·卡洛斯·马里亚特吉一生的各个阶段》，见《七篇论文》中译本附录，第345页。

自己的语言创造出印第安美洲的社会主义,这就是新一代人的庄严使命。"① 马里亚特吉把自己短暂的一生无私地奉献给了这一庄严的事业。从创造印第安美洲的社会主义事业来说,需要一代又一代的仁人志士去奉献;也正是在这个意义上,他的《七篇论文》确实没有写完,需要秘鲁的新一代人去探索、去补充,并在实践中加以检验。

(原载《拉丁美洲研究》1987 年第 5 期)

---

① [秘] 玛丽亚·维塞:《何塞·卡洛斯·马里亚特吉一生的各个阶段》,见《七篇论文》中译本附录,第 352 页。

忆美国同行伯恩斯教授

E. B. 伯恩斯教授（1932—1996）比我才大 5 岁，却于 1996 年春季因肝癌驾鹤西行了。按孔子七十三、孟子八十四中国古代男子的寿数来说，他实在去世得过早。这位生于美国爱荷华州的拉美问题专家，一生写了有关拉美的著作 12 本，论文 150 多篇。他专攻巴西史。为此，巴西曾授予了他里约·布朗库勋章。在 19 世纪拉美史和中美洲各国史领域里，他也留下了传世之作。

1994 年 8 月 17 日他在致笔者的信函中说，他将于 1995 年年初以荣誉教授身份退休，退休之后他将继续从事研究和写作，并打算乘火车去观赏沙漠、落基山和大草原，领略大自然无限的美景。然而，他的退休生涯太短促了，才享受了约莫一年多时间。今天，当我再次抚摸并阅读这封手写的信函时，人天相隔，不觉为之泫然。

伯恩斯于 1954 年毕业于爱荷华大学，翌年在杜兰大学获硕士学位，1964 年获哥伦比亚大学历史学博士学位。他先后在美国 4 所大学讲授拉美史概论课程。他的《简明拉丁美洲史》一连出了 4 版，享誉美国大学校园，成为美国拉美学的基础读物。1989 年它被译成中文在我国出版。这本书的主旨："殖民地历史长时期遗留下来、并在 19 世纪得到加强的体制结构，还继续存在着。一个结果是，富饶的土地上居住着穷苦的人民，这个难解之谜仍然是拉丁美洲的一个主要特征。""为发展而斗争是当代拉丁美洲的主旋律"，超越了时空与国界，已成为至理名言。

我是在 1985 年秋季认识伯恩斯的。当时我接受了美国福特基金会提供的机会，在洛杉矶加州大学以该校拉美研究中心客座研究员的身份与他邂逅。伯恩斯是那里大名鼎鼎的教授，桃李盈门，弟子如云。他的道德文章、言行逸事，时常有人向我提起。我十分喜欢旁听他的讲课。文科各系的学生都愿意选修他的"拉丁美洲史概论"讲座，学生每次多达350人。学生们知道，伯恩斯虽说是历史学教授，但其却具有强烈的时代意识。通过对拉美革命与变革、现代化与不发达、增长与发展、依附性与国际贸易等一系列迫切问题的了解，他们就能获得分析、观察、解释历史的能力和相应的知识量，因此学得十分充实。伯恩斯身躯颀长而健壮，一双碧蓝的眼睛不时闪烁着智慧的火花。讲课时，他习惯地沿着教室四周踱来踱去，嗓门洪亮，吞吐抑扬而不失幽默。每当学生突然举手提问时，他总是耐心地予以解答。他以老师和朋友的身份对待学生，态度和蔼真切。他常说，学生们提出的问题及其探讨问题的热情，对他帮助甚多。他指出，他的《简明拉丁美洲史》是为他们而写，也是因为他们才写成的。

伯恩斯曾任美国拉美史学会主席。他以观点鲜明、视角新颖和分析精辟而受到同行们的称赞。他在《19世纪拉丁美洲进步的贫困》（1980年美国加州大学出版社出版）一书中，对民众表现出深切的同情和关注，努力反映出民众在现代化冲击下的真实遭遇。他深刻揭示了拉美"现代化"的负面效应，认为19世纪拉美的现代化只是盲目模仿和采纳欧美的思想、价值观、生活格调和工艺发明，是一种表面形式的现代化；铁路、轮船、电力、机械、巴黎的时装、英国的纺织品等"进步"的装饰物，虽然改善了上层人物和中等阶层的命运，但却没有改变传统的体制结构，结果导致了文化冲突、依附和贫困；它留给20世纪的遗产是"大众的贫困和持续的冲突"。他的结论是：拉美的现代化道路不足为训；拉美的出路在于以崭新的体制取代殖民地时期遗留下来的并在19世纪得到加强的传统体制；拉美不能带着旧体制的桎梏进入21世纪。

对20世纪拉美发生的5次社会革命（墨西哥1910年革命、危地马拉1944年革命、玻利维亚1952年革命、古巴1959年革命和尼加拉瓜1979年革命），伯恩斯给予了充分的同情、理解和支持。他严厉批评了美国政府对这些国家所采取的错误政策，特别是谴责了中央情报局的罪恶行径。他认为：美国总是把拉美发生的事情一成不变地套入美国和苏联的冲突以及资本主义和共产主义斗争的模子，而不能理解拉美人民为争取变革而斗争的意义；美国政府自诩为民主政府的典范，但却去维护拉美落后的体制和独裁统治。进入80年代，伯恩斯在报刊上不断撰文，抨击里根总统以"国家安全"为名卷入了反对尼加拉瓜的战争。1981 年后，他前后 6 次访问尼加拉瓜。他在洛杉矶加州大学专门开设了有关尼加拉瓜当代问题的讲座。他指出，尼加拉瓜反政府武装（"孔特拉"）完全是一支由美国提供经费和装备并由其控制和指挥的雇佣军，它的 48 名高级军官中，有 46 名是索摩查独裁政权旗下的国民警卫队成员。他认为，美国与尼加拉瓜的冲突，是美国历史上卷入的第二次时间最长的战争，仅次于侵越战争。伯恩斯的无情揭露，使里根总统十分恼火。里根竟亲自出马，在 1986 年 3 月 11 日的午间新闻发布会上不指名地攻击了伯恩斯，指责他在尼加拉瓜问题上替桑地诺民族解放阵线说话。伯恩斯不甘示弱，随即以"我和总统"为题撰文反驳。瞬时间，报刊和电台纷纷报道他对里根中美洲政策的批评。他坐落在好莱坞山丘上的住宅，顿时成了电视台 6 个频道的"播映室"。第二天，官方不得不假惺惺地宣布，"孔特拉"已经与索摩查脱离关系。伯恩斯勇敢捍卫自己学术观点和独立人格的精神，受到了美国知识界广大进步人士的敬佩。

伯恩斯不仅以犀利的学术见解和尊崇气节的人格魅力吸引人，而且对中国和中国的拉美研究事业怀有美好的情感。他多次对笔者说："凭你们中国人的亲身经历，你们最能了解拉美""张，什么时候，你们就现代化、工业化和城市化的问题比较一下中国和巴西的经验。"对于拉美研究所和中国社会科学院其他单位到他那里去的访问学者，他总是抽出时间给予热情友好的接待。1988 年 9 月伯恩斯还应邀访问过中国。在短短 10 天多的访问中，他不胜舟车之劳，在北京、上海和武汉作了许多次学术报告。他的精彩讲演受到了拉美研究所、世界历史研究所、中国人民大学、复旦大学、湖北大学和中国国际交流协会同行们的好评。在京逗留期间，他还慨然接受了中国国际广播电台西班牙语节目组的采访。伯恩斯还帮助中国学者与美国和其他国家的拉美学者结识。1986 年年初，笔者与英国伦敦大学莱斯利·贝瑟尔教授的一面之缘，就是经他介绍才结下的。后来，这位英国教授同笔者保持通信联系，渐渐地我们就翻译出版中文本《剑桥拉丁美洲史》一事达成了共识。伯恩斯心中总是燃烧着一团助人为乐的火苗。与笔者同时在洛杉矶加州大学访问的一位巴西女教授孔苏埃洛·诺瓦伊斯·桑帕约，也受到了他无私的帮助。伯恩斯不仅让她与他共用一间办公室，而且专门请她以"巴西的政治进程"和

"巴西的城市劳工运动"为题组织讲座，让她在异国异地一展才学。孔苏埃洛说，伯恩斯的"每一个行动、每一句话都充满激情"。

伯恩斯教授已经远行了。当我点检书架上他的赠书时，他仿佛又在向我走近，嘴角上泛着他时常带着的狡黠而友善的微笑。

（原载《拉丁美洲研究》1997 年第 4 期）

披露程博洪先生有关拉美问题研究的几封信

　　2004 年是复旦大学拉美研究室成立 40 周年和程博洪先生逝世 3 周年。程先生是复旦大学拉美室的创建人，是我国拉美研究事业最早的开拓者之一，也是我的恩师。1961—1964 年期间，我有幸被他选为拉美史研究生，并为他给本科生开的《世界近代史》和《拉丁美洲史》课程充当助教。程先生对我的恳切教诲，耳提面命，言传身教，令我终身获益。他的人品与文品，更是让我铭记不忘。

　　程先生对工作认真负责，尽心竭力而不务空名，这在复旦大学历史系是人所共知的。他把时间与精力都耗尽在教学、培养研究生（前后共 9 名）和组织拉美室的集体攻关项目上。拉美室一度有 20 人之多，每个人的工作和课题他都安排得井然有序。拉美室出版的 10 多部书和 20 来期刊物，从选题、审稿、编排到发稿，他都克尽厥职，力求做到精益求精。他为集体、为他人的科研和翻译成果，倾箱倒箧而在所不惜。程先生本人学术底蕴厚实，讨论问题时，常常是点石成金、一语中的、精当不易。40 年代下半叶，他曾是名噪一时的《时与文》杂志的发行人和主笔，下笔成章，是一位笔锋犀利、严气正性的政论家。他的文章体大思精，每每令读者茅塞顿开。但自 60 年代初承担拉美史教学与研究任务以后，他几乎没有以个人名义发表过科研作品。这一情况，我分析有两方面的原因。一则是因为他全身心地投入教学与科研组织工作，甘心为他人做嫁衣，雪中送炭，自己却淡泊名利。二则是他治学严谨，对研究文章的要求和标准近于苛刻。他时常告诫我们要多读书、多积累，千万不要匆忙写文章。在他看来，我们与其耗时费力写一大堆没有多大价值的文章，不如潜下心来，多读书，多充实，多思考。对待学问，他总是一丝不苟、百锻千炼而不求闻达。

直到 1987 年年届 70 岁退休之后，程先生才着手撰写他几十年来仅有的一篇学术文章——《联邦辨析》。文章分 6 个部分：（一）缘起；（二）国家结构的两种体制；（三）区别传统联邦制的传统单一制；（四）传统联邦制与传统联邦国；（五）社会主义联邦国家；（六）结尾。1990 年他把写完的前 4 个部分（约 4.75 万字），交由我先浏览。后来，他又说第五部分涉及苏联原型和南斯拉夫的变化，他决定不想写了。但他打算结尾写完后再给全文添一个续篇——《吁请不再滥用"联邦"称谓》。《复旦学报》在读了他的前 4 部分后希望他把全文压缩在 3.5 万字再付梓。程先生感到很为难，这一书稿就此搁浅，一直未正式印出来。直至他逝世我也没读到文章"结尾"和"续篇"，殊为痛惜。

程先生以《联邦辨析》为题进行科研，自有他耐人寻味的考虑。早在 1984 年在山东烟台市召开的中国拉丁美洲学会成立大会期间，他就私下对我说，巴哈马"联邦"、多米尼加"联邦"和波多黎各"自由联邦"的说法都是站不住脚的，应尽早纠正。后来我就设法向有关部门联系，要求更正上述 3 个译名，但拖了几年均未解决。（一直到 1994 年 1 月在外交部有关同志的帮助下，才正式发文更改了这三个译名，请参见《拉美史研究通讯》2004 年第 2 期，第 21—22 页）。为了及早地读到程先生的大作，我多次写信或当面请他把稿子交《复旦学报》付印，但他均以自我解嘲的方式把他多年来的研究心得搁置一旁。我担心他的"续篇"最后也会不了了之，于是就向他提出由我来根据他前四部分复印件中的有关内容摘录出《×××吁请不再滥用"联邦"称谓》的稿子，请他定夺。我还告诉他，同一题目，以"本刊讯"的名义登两处，一篇 1000 来字拟登中国社会科学院内刊《学术动态》，另一篇 4000 字左右拟登《拉丁美洲研究》。几个月后，他对我的一再请求，总算是勉强同意了。然而他似乎认为我是替他"超前报道传散"，甚至有"一稿两投"之嫌。尽管后来说我的报道还"写得够紧凑""很得要领"云云，他似乎还觉得言犹未尽，对"联邦"的认识尚需进一步追根究底，故而他迟迟不肯动笔改稿、定稿，最后稿子还是"胎死腹中"。

以下请允许我借《拉美史研究通讯》宝地，把他给我的六封通信予以披露，可惜有的信已经遗失了。这也许是程先生大半生从事拉美问题研究身后留下来仅有的遗墨。从现存的这些信函中，我们不难看到这位儒林长者对学问的执着追求以及划一不二的风骨，对名利的淡然漠然，对后学小辈的老牛舐犊之情。

古人云：经师易求，人师难得。程博洪先生就是这样的师长。

（2005 年 5 月于北京北辰绿色家园寓所）

通信之一（1991 年 2 月 4 日）

森根同志：1 月 3 日惠函诵悉。稽迟奉复，主因还是年老而懒透骨髓。复旦学报寄还原稿要我缩删，是将近三个月以前的事了，但我至今原封只字未动，懒劲可知。来信谈到有一处易滋误会，我特地翻看，觉得还不至于那样。我国肯定不会采用联邦制，根本犯不着轻率改制，只要认真贯彻民族区域自治就行。旧稿既未修删完工，续篇《吁请不再滥用"联邦"称谓》还提不上劳动日程，你想编发 1000 字报道，似乎不易着手。然而，盛情难却，我只好把"续篇"腹稿的有关部分简要"交底"，就请连同复印稿的片段论述一并参考，瞧着办吧。我准备揭开 commonwealth 一词之谜，再结合五个根本不是联邦的所谓"联邦"的具体体制，展开正名论证。其中三个属于拉美—加勒比地区。我建议千万不要抛开波多黎各。《拉丁美洲丛刊》撇开波多黎各"自由联邦"的正名问题不管，说不过去。波多黎各同古巴、海地、多米尼加共和国一样，既属加勒比地区，又在科学意义上的拉丁美洲的范围之内，带交叉性，两小国与一地区的体制同古今一切联邦绝无共同之处，它们不可能承认自己是联邦，一般第三者也不会称之为联邦。汉译不改过来，将贻后患。

the Commonwealth of Puerto Rico 姑且不说"自由联邦"之说不通。"联邦"云云，首先就是错套。波多黎各境内的地方政府类似美国 50 个州下面的地方政府；50 个州都是美国联邦的成员，它们本身是"邦""州"，而不是联邦；波多黎各不是美国联邦的成员，本身更不是"联邦"，而是同美国联邦相"联系"的联系邦，实质上是美称化了的从属邦。联合国 1953 年的决定认为它已不是殖民地而是一个自治地区。"联系邦"表明了它对美国的从属地位。"联邦"之说既扭曲了内部结构，又掩盖了外部关系。倘把波多黎各叫成"自由联邦",岂非美国联邦承认对比之下自己是不自由的! 在波多黎各,英语和西班牙语并用,同英语 commonwealth 并用的正式西语称谓为 Estado Libre Asociado de Puerto Rico,译成汉语当为波多黎各联系自由邦。这自由邦的称谓,使人联想到独立为共和国之前作为英国自治领的爱尔兰自由邦(Irish Free State,1922 - 1937)。实际上,今天的波多黎各比那一阶段的爱尔兰从属性更强。战后四五十年,它一直身处三岔路口:独立呢,继续作为美国的联系邦呢,还是变成美国联邦的第 51 个邦? 这是它的头号问题。附带提一下 1986 年出现的 the Commonwealth of Northern Mariana Islands。1947 年,北马里安纳群岛成为美国在西太平洋的托管地之一;1986 年托管正式结束后,明确升格为从属于美国的联系邦,却同样被杜撰为汉译"自由联邦"。

——the Commonwealth of the Bahamas 1969 年取名为 the Commonwealth of the Bahamas Islands,似受波多黎各影响,只能说当时是英国的联系邦。1973 年独立,改用现名(其实 Bahamas 仍是群岛的意思),成为由英国所任命的总督行使礼仪性元首职务的独立国家,应译为巴哈马国,犹如日本国、巴勒斯坦国、以色列国、卡塔尔国。"联邦"译法的要害在于无邦可联,不实行联邦制。大小岛屿上的地方政府由中央政府所任命的高级专员(senior commissioner)或助理专员(assistant commissioner)分别治理。大概晚至 1988 年,同台湾建立了"外交关系"。不知台湾怎样译其国名,值得查明。

——the Commonwealth of Dominica 曾是英属西印度联邦(Federation of West Indies,1958 - 1962)的成员之一,联邦成员有三大七小。短暂的联邦瓦解后,三大(Jamaica,Trinidad & Tobago,Barbados)七小,除了 Montserrat 以外,陆续独立。别致得很,人们就此连同圭亚那、伯利兹、苏里南陆续数出十多个新的"拉美国家"来,这似乎也成了"约定俗成"。多米尼加(向风群岛)在 1978 年独立为共和国之前,1967 年为英属西印度联系邦(West Indies Associated States)之一,有一定自治权。独立后以共和国(总统为国家元首)身份参加了"国家共同体"(就是所谓"英联邦")。新生的加勒比诸国,唯独 Federation of St. Christopher and Nevis 认定自己是联邦,并以国名全称昭告天下。余者,包括多米尼加,都采用了单一制。Dominica 全岛被划分为 10 个叫做 parish 的行政区,地名开头都有"圣"（saint）字，概由中央政府直辖治理，中间不存在上一级地方政府，同巴哈马一样。新国家也是内部无邦可联。大安的列斯群岛的多米尼加历来不忘带上"共和国"名称，以示同小安的列斯的多米尼加相区别。现在后者也独立为共和国了，为区别起见，译成多米尼加国最妥。它在 1984 年同台湾"建交"。

　　旧稿复印本在分析联邦和联邦制的特征和标志的过程中，曾附带地分散地指出以下三个政治实体连联邦的影子都不具有，此信则说了三个实体分别究竟是什么。信是写给你看的，除为答谢你的盛情之外，我也乐意借光于贵刊宝地，想把顽案翻倒，算是一种应用研究。如何缩成千字，看你的了。没有理由去提到《复旦学报》，那是来日之事，现在我只有学术动向而无"动态"。既是报道，就不必多提论据，还是突出介绍论点，只要扼要讲出理由就行。眼前有大堵的"约定俗成"。既是"约"，又是"俗"，一则曰"定"，再则曰"成"，而我的想法则是废约破俗。

　　预祝春节安好！

程博洪上，一九九一年二月四日

　　［附言］　　请暂时保存此信。

　　同北马里安纳联系邦相邻的以前兄弟托管地中间，有着密克罗尼西亚联邦（Federated States of Micronesia）这个新国家，汉译正确。它同马绍尔群岛共和国一样，都同美国签订了"自由联系公约"，内政外交自主，防务安全仍留在美国手里，关键在于虽受制于"自由联系"，却的确有了国格，身份地位迥异于北马里安纳联系邦。密、马先后同我国建交有外交关系。波多黎各与北马里安纳这两个 commonwealth 是不同于圣克里斯托夫－尼维斯与密克罗尼西亚的。前两者是美国的联系邦，后两个是主权联系国。诚然，"自由联系公约"仍然反映出对美国的霸权依恋。

　　通信之二（1991 年 5 月 1 日）

森根同志：我忙于出席会议，历时整整一周，打算休息几天之后，趁此春暖未热时机着手改稿。晤谈时听你谈到一个新打算，当时未弄清楚，数日来也没有去想它，直至昨天从报纸副刊上读到一篇短文，其中谈到一稿不能两投的原则，便自然而然地联想起来。记得你谈到某个社科刊物可匀出四千字篇幅①，让你从拙稿复印本中摘取某些段落予以刊登。我当时听了只问了一下关于四千字的这则新闻，实际上已隐然感到这是很长的篇幅了，现在，则进一步深感那四千字本身就难避"两投"（尽管是局部的）的嫌疑。那情况，是同《拉丁美洲丛刊》的千字学术动向报道不一样的②。我在前次信里写到的关于波多黎各和西印度群岛两小国的一些议论，只是《吁请不再滥用"联邦"称谓》这篇腹稿在某些结论上的浓缩，即使加上旧稿中直接相关的片纸只语，倘能借光于《拉丁美洲丛刊》报道一下，传播一番，我是心安理得的。然而，若就旧稿复印本搞出长达 4 千字的一篇东西，不管叫什么题目，采什么变相形式，那就是另一码事了。即使《复旦学报》将来不提什么异议，我自己怎能没有心理包袱？

还有一层衷情也很重要。旧稿写于 1989 年初，自那年春节期间我请黄瑞章同志③过目一遍，至今已逾两年，自己从未瞟过一眼。这次决定改稿，不会是简单地缩减为 35000 字，虽不是大改规模，也不可能是小修小改，不仅有删，而且删外有补。甚至要作些提法上或者重点上的变动。你就旧稿摘录，我放心不下。这同你为《拉丁美洲丛刊》写一篇简短的只关系到名称问题的报道相比，又是不可同日而语的。

总而言之，我赞成千字报道的原来打算，但不敢同意后来的延伸拟议。关于前者，你的报道不需预先寄来稿子；关于后者，就请作罢，必要时请向你曾商洽的那份杂志说明情由并代我致意。匆上，顺颂

近好！并请函复。

程博洪上，五月一日

---

① 指后来登载在《拉丁美洲研究》1991 年第 3 期上的文章：本刊讯《程博洪教授吁请不再滥用"联邦"称谓》，约 4000 字。

② 指登载在中国社会科学院内刊《学术动态》（1991 年 4 月 17 日）上的文章：本刊讯《程博洪教授吁请不再滥用"联邦"称谓》，约 1000 字。《拉丁美洲丛刊》早已更名为《拉丁美洲研究》，此处系程先生记忆有误。

③ 黄瑞章同志，复旦大学历史系教授。

通信之三（1991 年 6 月 5 日）

森根同志：近一周忙于偿还信债，你这封的紧迫性被排在第四位，拖了日子，甚歉。我碰上了稀奇古怪的私事，处理棘手，不由自主，耗费光阴。5 月 6 日惠书，曾说明给《拉丁美洲研究》所写那篇报道仅仅关系拉美国家，使我安下心来，因为旧稿关于拉美的部分一定分量很轻，它本身就不容琢磨，在全文中只居陪衬地位，但随即引向另一困惑：那么怎能凑得出四千字呢？既如来信所说"木已成舟"，就犯不着多去想它了。

《吁请不再滥用"联邦"称谓》既未写成文稿，前景又遥遥无期，劳你费神超前报道传散，总是件好事，谢谢！正因为"超前"，有些内容你实无从写起，怪不得谁。比如说，commonwealth 一词本身其实从来不具有"联邦"含义。统共只有一个澳大利亚才是联邦，然而若把 Commonwealth of Australia 汉译为澳联邦，却只在意译的意义上才能算对，倘循英语老师的严格标准从直译角度或方向去严格要求，就应该不译为"联邦"。澳宪法有着简短前言，昭告世人把澳大利亚建为"Federal Commonwealth"，但在国名中省略了"Federal"，单用 Commonwealth 一字做国名，所以澳大利亚实为不曾明文以"联邦"纳入国名而只用 Commonwealth 单字命名的一个联邦国。Commonwealth 就是澳联邦的国号，Federal 这个形容词（定语）被省略了。《牛津英语词典补编》第一卷联系到澳大利亚解释 Commonwealth 一字时，就说它是澳大利亚联邦的称号（title），我手头的 Webster's Collegiate Dictionary 作同样联系时则把它解释为国家（State）。我们直译起来，汉译也应该省略"联邦"而只保留"国"。却不料我们中国人反而把 Commonwealth 杜撰为与汉语"联邦"在字义上等同的一个单义词（那么 Federal Commonwealth 势将成为"联邦的联邦"而犯同义反复的笑话）从而导向延绵不断的条件反射和连锁反应，由此冒出五个不是联邦的"联邦"。我准备来揭开 Commonwealth 一词之谜，刚才所说，还只是"谜"的一个方面。倘要全面揭开，则需借重此词的"词义源流学"（etymology）。既然"揭开"还只是腹稿，当然无法如此要求你的报道。

我看，你的报道用千字去概括，还是写得够紧凑的，很得要领的。至于说到差错，主要出在最后一段的后半部。1."……同时以联邦成员资格，通过不同方式产生议员人选进入联邦参议院或众议院，直接参与

联邦政权"。把众议院写进去，或把社会主义国家的联邦院这个相对应的
机构也写进去，况且同参议院或社会主义国家的民族院（在南斯拉夫则
为共和国与自治省院）并列起来，那就"乱套"了，不能算"在行"。
（第三世界某些国家另有特色，如阿联酋，因是酋长政权制度，另是一
样。）2. "把五个根本不是'联邦'的政治实体误解为联邦，恰好犯了这
种欠通不妥的界限混淆。"这样就把 The Commonwealth of Nations 也摆进
去了。它不是国家，而是"国家共同体"，不发生国家结构问题。把它叫
做"联邦"，诚然也犯了"欠通不妥的界限混淆"，却是另一种的界限混
淆，不能同日而语。前文不是说到"三类互不相同的政治实体"吗？

　　一处小地方："目前由 48 个独立成员国组成"。大概没有把 Namibia
和重新加入的巴基斯坦算入。现在大概有 49 或 50 个。

　　目前，世界上还另有 4 个 Commonwealth，我们除非到了美国，不大
碰上，甚至读些关于美国历史、地理或现状的教科书，也碰不大上。最
早 13 州中的 Kentucky, Massachusetts, Pennsylvania, Virginia 直到现在仍
爱自称为 Commonwealth，显然只能译作"邦"。幸亏人们没有被作弄的
机遇。

　　此问　近好！

程博洪上，六月五日

通信之四（1991 年 6 月 19 日）

森根同志：来信和《拉丁美洲研究》俱已递到，多谢赠刊。《学术动态》
上的报道一千多字，较有概括性，然而尾端的两个差错特别触目，落实
更正，似属必要。第一项更正，最要紧的是必须砍掉众议院。你所指旧
稿复印本专讲、只讲了参议院，明确说明它代表州、邦之类的联邦成员。
也许我笔下没有表达清楚吧？此外，问题容易出自东拼西凑，于是出现
裂缝，需要弥补。那个主题本来不需要提到社会主义联邦国，但报道末
段摘取了泛多种性质国家和不同政权制度那段原文，所以在联系到传统
联邦国的参议院时，我觉得不得不添上括弧内关于苏联、南斯拉夫的补
充文字，勉求保持平衡和恢复一点科学性。这里就只举这个例子了。现
在又发生了节外生枝的新问题。更正稿寄出后，我仔细一想，既然讲到
南斯拉夫，起码不得不把该国特点写出，应该把联邦主席团包括进去，

这几个字不应该省略。（看报者知道，上月南斯拉夫连联邦主席团主席、副主席的新人选也成了问题，至今悬而未决。）诚然苏联最高苏维埃主席团的 15 名副主席也各由 15 个加盟共和国的最高苏维埃主席担任其职，但在实施总统制之后，进一步表现为虚职，象征意味转浓，倒可略而不谈。这样，这段更正稿全文就是：

"……并且一般以联邦成员资格，通过不同方式产生参议员人选进入联邦参议院（在社会主义联邦国则产生代表人选进入例如苏联最高苏维埃的民族院，例如南斯拉夫的联邦主席团以及联邦议会的共和国和自治省院），直接参与联邦政权。"

〔这是截至目前两国的情况，至于正处火热争执状态中的两国改制和修宪问题及其前景，当然管不上也不必去管了。〕

我认为只就《学术动态》作必要更正（两项）就行。4000 字的那篇，听之可也。

《拉丁美洲研究》，承惠赠两册，甚感。兹提出一个要求。北京的两个老朋友来沪时都在我案头见到那篇旧稿，当时约定付梓登出后赠予一阅。我鉴于改稿之事势将再拖，定稿遥遥无期。既然《学术动态》像内部刊物，我们不便索取，就打算以《拉丁美洲研究》的报道寄给，聊答盛意。可否请你在改正两处错字后★，按下开地址，为我各寄一册，只要在封套上具明"代程博洪寄赠"就行。麻烦你了。先申谢忱。

…………

匆上并颂

夏安！

程博洪上，六月十九日

★另对在刊物第 54 页第 12 行"把五个根本不是'联邦'的政治实体误解为联邦"一段文字，请用笔作如下简单修改：

把两个单一制主权小国误解为"联邦"，把两个缺少自由的联系邦误解为"自由联邦"，恰好……

通信之五（1992 年 1 月 12 日）

森根同志：多半是在去年 12 月初旬，在我收到《中国翻译》转载稿复印件的同时①，我发现你为社科院《学术动态》更正一事还有着一些心理上的误会，而其实我早感到满意，所以即刻奉复，表示此意，写在贺年明信片上，顺便拜了早年，记得是寄往府上的。你是否收到了呢？……请告。现把明信片上的大意重复函达，邮寄拉美所。

此致

　　敬礼！

程博洪上，一月十二日

通信之六（1998 年 12 月 25 日）

森根同志：恭贺 99 年新年春节双禧并颂安健欢畅。

　　收到你寄庞作《反思》一文②，曾读两页，知其内容梗概，将匀出看报、看电视时间加以通阅。拉美室现剩两员，97 年推出传记③，既未向我提起，更未赐我一册。这并不奇怪，我也并不介意。

程博洪寄贺，98. 12. 25

（原载《拉美史研究通讯》2005 年第 1 期）

---

　　①　1991 年第 3 期《拉丁美洲研究》上的文章：本刊讯《程博洪教授吁请不再滥用"联邦"称谓》一文，被转载于《中国翻译》1991 年第 6 期。

　　②　指庞炳庵写于 1998 年 8 月的文章：《对格瓦拉批判的反思》。详见拙文《研究型综合大学理应有拉美学一席之地》，收于《拉美史研究通讯》2004 年第 2 期，第 15—22 页。

　　③　指《传奇式游击英雄：切·格瓦拉》一书。